완벽한
종목 추천

완벽한 종목 추천

종목 발굴부터 피칭까지 월가의 실전 투자 수업

폴 손킨·폴 존슨 지음

이건·박성진·정채진 옮김

에프엔미디어

잘나가는 애널리스트의
'비기'가 공개되다

연극을 보다 보면 투자를 떠올리는 순간이 있다. 연극 하나가 무대에 올라오려면 극작가의 희곡이 필요하고, 무대를 준비해야 하고, 결국은 연기자가 관객의 마음을 사로잡아야 한다. 좋은 희곡이 연극 흥행의 전제가 되지만 희곡 못지않게 그 희곡을 관객들에게 얼마나 잘 전달하는가도 무척 중요하다. 희곡만으로는 부족하다. 무대에서의 연출과 전달 과정에서 희석되고 포장될 수 있기 때문이다.

그래서 등장인물의 배치와 동작, 무대장치, 조명 따위에 관한 총체적 설계를 의미하는 미장센을 이해하면 연극의 재미가 훨씬 더해진다. 가끔 내용이 부실하더라도 미장센이 아름다웠다고 기억되는 작품도 나온다.

투자도 다르지 않다. 기업이라는 잘 만들어진 희곡을 무대에 올려 아름다운 미장센을 덧붙이고 투자자에게 보인다. 관객이 작품에 감동을 받듯, 사람들은 그러한 기업에 투자한다. 무대에 오르는 기업들은 관객을 맞이하듯 투자자에게 선보이고자 한다. 기업은 좋은 성과를 보여주고, 애널리스트는 그런 내용을 분석해 보고서를 내놓고, 언론과 매체가 이를 잘 전달해야 펀드매니저나 개인 투자자들이 그 주식을 살 것이다.

하지만 아무리 멋진 투자 아이디어라도 전달되는 경로가 적절하지 않거나 짧은 시간 안에 관심을 끌 수 없다면 그 아이디어는 시장 참가자들에게 바로 잊힌다. 실제 '피치(pitch)'가 잘 전달되려면 다양한 경험이 필요하고, 이러한 생태계를 잘 이해하는 애널리스트와 펀드매니저가 성공한다. 지금까지 많은 주식 관련 책이 어떤 희곡이 좋은지를 주로 다뤘다면 《완벽한 종목 추천》은 희곡뿐 아니라 무대 위, 그 이면까지 다룬 보기 드문 역작이다. 투자의 미장센이 궁금하다면 이 책이 해답을 줄 것이다.

이 책의 원제는 'Pitch The Perfect Investment'이다. 투자업계에서 '피치(pitch)'는 기업을 분석하거나 투자 기회를 설명하는 제안서를 가리킨다. 본래 달콤하게 영근 복숭아(peach)에서 유래한 용어로, 가치에 비해 가격이 매력적인 자산을 의미한다. 오렌지와 비슷하게 생겼지만 시고 맛없는 레몬은 이와 대비되는 개념으로, 가격에 비해 가치가 떨어지는 불량 자산을 의미한다. 책은 원제처럼 가치에 비해 가격이 매력적인 종목을 찾아내서 분석한 다음, 이를 펀드매니저에게 추천하는 단계로 나아간다.

이 책은 컬럼비아대 경영대학원에서 증권 분석과 가치투자를 오랫동안 가르쳐온 두 저자의 체계적 지식과 실전 경험을 담았다.

1부 '완벽한 종목 분석(The Perfect Investment)'에서 폴 존슨은 가치 측정, 행동재무학, 컨센서스, 그리고 위험 관리까지 투자자가 알아야 할 기본 지식을 가상의 레모네이드 가판대사업과 다양한 데이터로 쉽게 설명한다. 그리고 현업에서 실제로 개념이 어떻게 적용되는가를 다룬다.

예를 들어 많은 투자 관련 도서가 미래 현금흐름의 중요성을 강조하지만 투자자 대다수는 적절한 할인율을 어떻게 구하는지 알지 못한다. 국채 수익률을 많이들 활용하지만 이보다 자본비용을 산출해야 의미 있는 할인율을 구할 수 있다. 하지만 워런 버핏조차 회사의 자본비용을 정확히 계산할 수 없다고 했다. 저자는 자본비용의 추정치로 그냥 10%를 사용하고, 회사가 직면한 불확실성에 대해 추가 통찰이 있다면 이 값을 위아래로 조금씩 조정하라고 한다. 길게 보면 할인율은 오늘 돈의 가치와 내일 돈의 가치를 연결해주는 통로다. 적절한 할인율을 적용함으로써 돈이 자유롭게 시공을 넘나들 수 있다.

1934년 탄생한 내재가치(intrinsic value)라는 용어도 마찬가지다. 창조자인 벤저민 그레이엄은 개념을 명확하게 정의하지 않았고 세스 클라먼도, 워런 버핏도 각기 제시한 내재가치의 기준이 조금씩 차이가 있다. 저자들은 내재가치의 실용적인 정의를 내리면서, 단일한 추정값보다는 대략적인 가치 범위로 표현하는 것이 좋다고 추천한다.

정보를 전달하는 경로도 체계적으로 다룬다. 정보가 어떻게 유포되고 처리되어 대중의 함의에 이르게 되는지를 현미경으로 들여다보듯이 정리했다. 현시점의 주가는 회사의 내재가치에 대한 컨센서스 추정치를 나타내고, 여기서 내재가치는 회사의 미래 현금 흐름에 대한 대중의 기대를 반영할 뿐이라는 주장도 매우 현실적이다. 투자자의 기대가 바뀌면 주가도 바뀌는 것은 투자자에게는 상식이기 때문이다. 어떠한 투자에서나 이익을 올리기 위해서는 기대수익률 이상의 수익률을 실제로 창출해야 하고, 이 책은 그것으로 향하는 길을 알려준다.

2부 '완벽한 종목 추천(The Perfect Pitch)'은 내가 읽어온 수많은 투자 관련 도서에서 찾기 힘든, 가장 독창적인 내용을 담고 있다. 여기에는 애널리스트와 펀드매니저로 일했고 역시 컬럼비아대 경영대학원에서 가치투자를 가르친 폴 손킨의 경험이 녹아 있다. 경영대학원 졸업 후 첫 번째 직업으로 애널리스트를 택한 손킨은 고민했다. 증권 분석, 경제 분석, 퀀트 투자 등의 지식은 학교에서 배우지만 정작 필요한, 자신만의 자료와 의견을 펀드매니저에게 전달하는 방법까지는 배우지 못했기 때문이다.

학교에서 배운 지식만으로는 리서치 결과를 전달하는 역량을 키울 수 없고, 분석한 결과를 전달하지 않는다면 사람들은 좋은 기업의 가치를 알 수 없다. 따라서 종목 분석이 아니라 종목 추천에 초점을 맞추는 원리를 이해하게 되었고 이 책은 그 경험을 담은 결과물이다. 애널리스트 지망생뿐 아니라 투자자에게도 이 책이 유용한 이유는 이러한 현실감에 있다.

나도 애널리스트로 근무하는 동안 모든 초점이 펀드매니저에게 향해 있었다. 긴 세미나가 잡히면 세미나에 들어오는 펀드매니저들의 포트폴리오가 어떤 상황인지, 그들의 성향은 어떠한지를 미리 파악하고 준비했던 기억이 있다. 펀드매니저는 매일매일 수많은 자료와 전화 속에 파묻혀 있다. 내가 준비한 아이디어를 그들에게 얼마나 설득력 있게 전달하는가는 매우 중요한 문제다.

'스키마'는 이 책을 읽어내는 열쇠다. 스키마는 본래 임마누엘 칸트의 철학 용어에서 시작되었지만 이제는 심리학과 인공지능 등 다양한 학문에서 사용된다. 프레임과 비슷한 개념으로 흔히 쓰는 스킴(scheme)과도 유사한 부분이 있다. 저자들은 투자에 이 개념을 적용한다. 펀드매니저들은 스키마를 사용해서 새 투자 아이디어를 신속하게 판단한다. 대개 스키마는 기업의 질을 보거나 위험 대비 수익을 보거나 둘 중 하나다. 애널리스트는 여기에 펀드매니저의 주관적 성향까지 감안해 의견을 피력하고, 펀드매니저는 자신의 스키마를 사용해 투자 아이디어를 평가한다.

그리고 애널리스트가 펀드매니저에게 어떻게 어필해서 마음을 사로잡을지에 대한 실질적인 내용을 다룬다. 데뷔를 앞둔 애널리스트라면 숙지해야 할 조언이다. 동시에 시장에 유통되는 정보를 이해하고 싶은 투자자에게도 유용하다. 논리에 부합하는 정보가 담기지 않은 주장은 삼가고, 증거와 주장의 관계는 반드시 이해해야 한다. 애널리스트뿐 아니라 모든 투자자가 정보를 다룰 때 한번 생각해볼 지점이기도 하다.

내가 여의도에 들어온 지 30년이 지나면서 정말 공감하는 것은 "아는 만큼 보인다"라는 말이다. 매일매일 새로운 내용이 나오지만 대개는 떠도는 정보를 짜깁기한 수준에 불과하다. 정보 과부하 상태에 빠진 투자자가 늘어나면서 무가치한 정보와 자료에 근거한 오판이 또한 늘어나고 있다. 날마다 쏟아지는 영상과 문자 홍수 속에서 시간을 나의 편으로 만드는 투자자가 되기 힘들다. 이 책이 반가운 이유는 여기에 있다. 불필요한 정보는 제거하고, 필요한 정보는 어떻게 해석해야 하는지 알려준다. 더 나아가 좋은 자산이 어떤 식으로 전달될 때 투자자들이 반응하는지도 알 수 있다.

연극이 무대에 올라갈 때마다 감동을 주고 흥행하는 것은 아니다. 비극이든 희극이든, 당시 관객이 원하는 것을 멋진 연기력과 최고의 무대장치로 표현할 때 관객의 선택을 받는다. 투자도 다르지 않다. 멋진 기업을 찾아내야 하고, 그 기업의 가치를 더 빛나게 해줄 장치를 이해해야 한다. 숨기고 싶었던 투자의 비기가 공개되었다. 정말 멋진 책이다.

윤지호
경제 평론가, 전 LS증권 리서치센터장

그레이엄의 후예들이 전수하는
가치투자 핵심 아이디어

컬럼비아대학 경영대학원은 가치투자의 산실입니다. 벤저민 그레이엄은 컬럼비아대학을 졸업하고 월스트리트에서 경력을 시작했는데, 당시는 채권만이 건전한 투자 대상이고 주식은 투기 수단으로 간주되던 시기였습니다. 주식시장은 도박판의 사촌처럼 여겨졌고 사람들은 내부 정보를 가장 중요하게 생각했습니다.

하지만 그레이엄은 기업들의 영업 실적과 재무 데이터를 꼼꼼하게 분석해 내재가치를 계산하고 차익거래(아비트리지) 기회를 찾아내 투자했습니다. 그리고 놀라운 성과를 거두며 명성을 쌓아갔습니다. 20대 후반의 나이에 자신의 투자회사를 설립하고 펀드매니저로 승승장구하며 눈부신 성공을 이어갔습니다. 자신의 투자 지식을 나누어주고 싶었던 그레이엄은 30대 중반인 1928년, 모교인 컬럼비아대학에서 '고급 증권 분석(Advanced Security Analysis)' 강의를 시작했습니다.

그는 강의에서 실제 사례를 많이 다루었고 여러 종목을 분석하고 토론했습니다. 그의 강의 내용은 실전에 그대로 적용할 수 있었는데, 수업이 가치 있다는 소문이 퍼지자 수강생이 급증했습니다. 월스트리트의 현직 애널리스트와 투자자들이 강의를 듣기 위해 몰려들었습니다. 다양한 투자 이슈에 대한 그레이엄의 견해를 듣기 위해 매년 수강하는 사람들도 있었다고 합니다.

그레이엄은 1956년 월스트리트를 은퇴할 때까지 28년 동안 강의를 계속했고 제자 수천 명이 그의 수업을 들으며 증권 분석을 배웠습니다. 그의 제자 가운데 금융계의 거물이 많이 탄생했는데 가장 유명한 제자는 아마도 워런 버핏일 것입니다. 버핏은 20년이 넘는 그레이엄의 강의에서 유일하게 A+를 받은 학생이었다고 합니다. 이후 현실에서도 세계 최고의 투자자가 되었습니다.

이제 그레이엄은 세상을 떠나고 없지만 컬럼비아대학의 '증권 분석' 강의는 그레이엄의 후예들에 의해 계승되어 지금까지 이어지고 있습니다. 그레이엄 은퇴 이후 로저 머리가 이어받은 강의는 결국 《완벽한 종목 추천》의 저자인 폴 존슨과 폴 손킨으로 이어졌습니다. 존슨은 1992년부터 지금까지 30년 넘게 증권 분석과 가치투자에 대해 강의하고 있으며, 손킨 역시 17년 동안 교수로 재직하며 가치투자를 가르쳤습니다.

그레이엄이 교수 이전에 뛰어난 실전 투자자였던 것처럼, 존슨과 손킨도 월스트리트에서 애널리스트이자 펀드매니저로 오랫동안 여러 기업을 분석하고 포트폴리오 운용을 해온 실전 투자자입니다. 그런 만큼 투자 세계에서 성공하기 위해 무엇이 필요한지 누구보다 잘 아는 사람들입니다. 《완벽한 종목 추천》은 두 저자가 자신의 제자들이 월스트리트에서 성공적으로 출발할 수 있도록 돕기 위해 쓴 책입니다. 아무런 준비 없이 정글과 같은 월스트리트 현장에 내던져진 초보 애널리스트들이 극도로 치열한 경쟁 환경에서 생존할 수 있도록 돕는 생존 가이드북과 같은 책이라고 저자들은 말합니다.

이 책에는 내재가치 계산부터 리서치를 통해 가격 오류를 발견하고 리스크를 평가하는 방법, 주식시장의 작동 방식과 투자자의 행동 특성을 파악하는 방법, 종목을 선정하고 발표하는 과정에 이르기까지 초보 애널리스트와 투자자에게 필요한 지식이 체계적으로 정리되어 있습니다.

특히 이 책의 백미는 종목 발표를 다루는 2부입니다. 2부의 내용은 펀드매니저에게 피칭을 하는 애널리스트를 염두에 두고 쓰였지만 모든 투자자에게 필요한 내용이라 생각합니다. 성공적인 투자자가 되려면 다른 뛰어난 투자자들과 교류하고 투자 모임을 함께할 필요가 있는데, 그러기 위해서는 자신이 뛰어난 투자자라는 것을 증명해야 합니다. 종목 발표 능력이 필수입니다.

우리 세 명의 옮긴이는 그동안 많은 투자자의 종목 발표를 들어볼 기회가 있었고 그들의 성공과 실패를 옆에서 지켜볼 수 있었습니다. 우리 경험에 따르면 대체로 뛰어난 투자자일수록 본인의 투자 아이디어를 짧은 시간에 명확하게 제시할 수 있었습니다. 자신이 분석한 기업에 대한 투자 아이디어를 2분 안에 깔끔하고 설득력 있게 제시하지 못한다면 해당 기업을 제대로 안다고 할 수 없습니다. 강의를 하거나 다른 사람을 가르치기 위해 준비하다 보면 자신이 모르는 부분을 깨닫게 되고 더욱 체계적이고 깊이 있게 해당 분야를 공부하게 되는 것과 같은 이치입니다. 종목 분석과 종목 발표는 서로를 강화하는 작업입니다.

그레이엄이 강의를 시작했던 100년 전과 지금의 세상은 크게 달라졌지만 가치투자의 핵심 아이디어는 크게 달라지지 않았습니다. 그리고 그 아이디어는 지금까지 계속 계승되어 진화, 발전하고 있습니다. 이 책을 읽는 독자 여러분에게도 그 아이디어가 잘 전달되면 좋겠습니다. 여러분의 성공 투자를 응원합니다.

2025년 5월

이건, 박성진, 정채진

옮긴이의 말

차례

1부 | 완벽한 종목 분석

1장. 자산과 사업의 가치 평가

2장. 경쟁우위와 성장의 가치 평가

2부 | 완벽한 종목 추천

9장. 좋은 종목을 선정하는 두 가지 기준

10장. 관심을 사로잡는 메시지 구성

11장. 30초에 관심 끌고 2분 안에 설득하라

일러두기

1. 단행본은 《 》, 잡지(일·월간지, 비정기 간행물)는 〈 〉, 영화와 기사와 논문은 ' '로 표기한다.
2. 외국 단행본 중 국내 번역서가 있는 경우는 《증권분석(Security Analysis)》, 번역서가 없는 경우는 《Safety Margin(안전마진)》 식으로 표기한다.

서문

종목 분석과 종목 추천,
월스트리트 성공 필살기 다 알려드려요

그림은 화가의 머릿속에서 모두 완성되어 화폭에 옮겨지는 것이 아니다. 그
려지는 동안에도 생각이 바뀌면 그림도 바뀐다. 완성 후에도 보는 사람들과
그들의 기분에 따라 계속 변해간다. 그림은 생명체처럼 매일매일 변화를 겪
는다. 그림은 보는 사람들을 통해 생명을 이어간다.

－파블로 피카소(Pablo Picasso)[1]

　피카소의 명언처럼 지난 3년간 책을 쓰며 우리(폴 존슨과 폴 손킨)
의 생각도 많이 바뀌었다. 여러 차례 마감일을 연기하며 "3년 전 계
약 때와 내용이 많이 달라졌지만 훨씬 좋은 책을 넘겨줄 수 있을
것"이라고 편집자를 설득해야 했다.
　마침내 완성된 책을 세상에 내놓으려니 기대와 설렘이 교차한
다. 피카소의 그림처럼 이 책도 자기 삶을 살아갈 것이다. 독자들
은 책에 담긴 개념들을 평가하고 검토할 것이다. 받아들이는 사람
도 있고, 반박하는 사람도 있을 것이다. 어떤 개념은 확장되고, 어
떤 개념은 버려지거나 대체될 것이다.[2] 이 모든 창조적 파괴 과정
을 환영한다. 증권 분석과 투자 분야에서 사람들의 생각을 자극하
는 책이 되길 희망한다. 피카소의 그림처럼 이 책도 독자들을 통해

오랫동안 살아가길 희망한다.

이 책은 우리의 첫 책이다. 수년 전부터 책을 쓰려고 했으나 여러 사정으로 시간을 낼 수 없었다. 인생의 많은 사건처럼 이 책을 쓰게 된 것도 우연한 계기였다.

2013년 10월 4일 금요일, 뉴욕시 피에르호텔에서 열린 제23회 그레이엄 & 도드 조찬 모임에서 대화를 나누던 중, 폴 손킨(Paul D. Sonkin)이 책을 쓸 계획이라고 말했다. 폴 존슨(Paul Johnson)이 무슨 책인지 제목을 묻자 손킨은 '완벽한 종목 추천(pitch)'이라고 대답했다. 존슨은 "이거 정말 재미있군. 나는 '완벽한 종목 분석'이라는 책을 쓰려고 하거든"이라고 했다.

그 후로 우리는 이메일을 주고받으며 두 책이 상호 보완적임을 금세 깨달았다. 손킨은 어떤 투자 아이디어를 채택하게 만드는 종목 추천의 과정에 관심이 많았고, 존슨은 좋은 투자 아이디어를 찾는 데 집중하고 있었다. 두 책이 동전의 양면과 같다는 것이 분명해졌고 하나의 책을 함께 쓰는 것이 더 좋겠다는 결론에 이르렀다. 그렇게 이 책이 탄생했다.

우리는 20년 가까이 만나며 서로를 존중했다. 투자 방식도 비슷했다. 우리 관계는 1994년 9월, 당시 컬럼비아 경영대학원 학생이던 손킨이 존슨의 증권 분석 과목을 수강하며 시작되었다. 존슨의 강의 내용과 수업 방식에 매료된 손킨과 학생들은 다음 학기에 심화 과정을 개설해달라고 요청했다. 존슨이 본인이 아는 내용을 이미 다 가르쳤다고 말했지만 손킨은 거듭 요청했다. "그래도 괜찮아요. 한 번 더 가르쳐주세요." 존슨은 새로운 강의를 개설했고 그 수업은 큰 성공을 거두었다.

다음 해 여름 손킨은 존슨에게 증권 분석 수업을 돕겠다고 제안했고 1995년 가을 존슨의 조교가 되었다. 이듬해 봄 손킨은 컬럼비아 경영대학원의 겸임교수가 되었고 지금까지 16년 동안 450명이 넘는 학생들을 가르쳤다. 존슨 역시 25년간 겸임교수로 재직하며 2,000명 넘는 학생들에게 40개 이상의 투자 수업을 강의했다.

손킨은 투자회사에서 일하며 종목 추천 과정에 관심을 갖게 되었다. 1995년 5월 학교를 졸업한 후, 초소형주 가치투자자로 명성을 날리던 척 로이스(Chuck Royce)의 사무실에서 리서치 애널리스트로 일했는데, 출근 첫날 불현듯 자신이 충분한 준비가 되지 않았다는 것을 깨달았다. 리서치 자체는 어렵지 않았지만 펀드매니저에게 리서치 결과를 전달하는 역량이 부족했다.

동기들도 비슷했다. 그들은 전화로 어려움을 토로했다. "출근 첫날 상사가 오더니 기업 연차보고서를 건네주며 읽어보고 의견을 달라고 했어. 뭘 물어보기도 전에 가버렸는데 어떻게 해야 할지 모르겠어." 이때 이 책에 대한 아이디어가 시작되었다.

이런 상황을 염두에 두었던 손킨은 1996년 봄, 자신의 첫 강의를 개설하며 애널리스트 업무에 필수적인 기술을 가르치는 데 주안점을 두었다. 수업 첫날 학생들에게 다음과 같이 안내했다. "용접을 배우기 위해 실업학교에 가는 것처럼 이 수업은 애널리스트 업무 수행에 필요한 직업 교육이 될 것입니다."

학생들은 기말 프로젝트로 한 학기 동안 자신들이 분석한 주식에 대해 20분간 종목 발표를 해야 했다. 발표는 지루했다. 주의력 결핍장애를 앓고 있던 손킨에게 가만히 앉아 학생들의 발표를 듣는 것은 매우 고통스러운 일이었다. 발표 시작 1~2분도 안 되어 손킨이 끼어들어 질문을 퍼붓기 시작했다.

이후로 손킨은 강의 구조를 완전히 바꾸었다. 학생들은 여전히 기말 프로젝트로 종목을 선정하고 발표를 해야 했지만 초점은 리서치가 아니라 발표에 맞추어졌다. 리서치는 발표를 위한 준비 작업일 뿐이었다. 발표 내용이 명확하고 질의응답을 성공적으로 마친다면, 그것이 리서치를 충분히 수행했다는 증거라고 보았다. 수업을 진행하며 손킨은 종목 추천이 중요하다는 믿음이 굳어졌다.

한편 존슨은 전에 크레디트스위스 퍼스트보스턴(Credit Suisse First Boston)에서 함께 일했던 찰리 울프(Charlie Wolf)의 추천으로 1992년 가을, 컬럼비아 경영대학원의 겸임교수가 되었다.

울프는 1996년부터 컬럼비아대학교의 종신교수로 재직하고 있었다. 이 대학교에서 최초로 증권 분석을 강의했던 벤저민 그레이엄(Benjamin Graham)이 1956년 은퇴하고 로저 머리(Roger Murray)가 강의를 이어받았고, 1978년 로저 머리가 은퇴하고 몇 년 동안 개설되지 않았던 강의를 울프가 맡아 다시 개설했다.

애널리스트 업무에 관심이 많았던 울프는 51세가 되었을 때 안식년을 갖고 1년 동안 퍼스트보스턴(나중에 크레디트스위스에 인수됨)에서 신입 애널리스트로 일했다. 그는 애널리스트 생활에 점점 매료되었고, 결국 종신교수직을 포기하고 학교에 복직하지 않았다. 대신 겸임교수로서 가을학기 증권 분석 강의를 맡았다. 그러다 1992년 가을 강의를 할 수 없는 사정이 생기자, 맞은편 사무실에서 일하던 존슨에게 강의를 대신 맡아줄 수 있을지 물어보았다. 학기 시작 4주 전이었다.

존슨은 언젠가는 강의를 하고 싶다는 생각이 있었지만, 강의를 준비하기에 시간이 빠듯했고 한 학기 동안 가르칠 자료도 충분치 않았다. 게다가 지난봄에야 MBA 학위를 받은 상태인지라 최고의 경영대학원에서 MBA 학생들에게 투자 강의를 하기에는 경험이 부족한 게 아닌지 걱정도 되었다. 하지만 울프의 설득으로 존슨은 수업을 맡게 되었고, 그 후 25년 동안 강의를 이어왔다.

존슨은 자신의 수업 내용을 출판하고 싶었다. 하지만 강의 노트를 준비하는 것과 책을 쓰는 것은 전혀 다른 일이었다. 일도 하고 가족도 건사하면서 따로 책 쓸 시간을 확보하는 것이 가장 힘든 부분이었다. 2013년 말 손킨의 재촉으로 집필 작업이 시작되었다.

이 책은 우리 좌절의 산물이라고 할 수 있다. 우리가 수업 시간에 다루는 강의 주제를 모두 포괄하는 교재가 없었다. 벤저민 그레이엄의 《현명한 투자자(The Intelligent Investor)》, 하워드 막스(Howard Marks)의 《투자에 대한 생각(The Most Important Thing)》, 조엘 그린블랫(Joel Greenblatt)의 《주식시장의 보물찾기(You Can Be a Stock Market Genius)》, 세스 클라먼(Seth Klarman)의 《Margin of Safety(안전마진)》, 버핏 투자조합 서한(Buffett Partnership letters)을 포함해 여러 책과 논문, 연구 보고서, 신문 기사 등을 발췌해 사용해야 했다.

우리는 많은 책과 논문, 출판물을 읽었고 여러 학생과 기업 임원, IR 담당자, 증권사 애널리스트와 전문 투자자들로부터 수없이 많은 종목 발표를 들었다. 그러는 동안 좋은 리서치와 종목 추천에 필요한 요소가 무엇인지 알게 되었고, 이런 지식과 경험을 이해하기 쉬운 한 권의 책으로 만들고 싶었다.

처음에는 별생각 없이 월스트리트 실무자를 위한 책을 쓰려고 했다. 하지만 책을 쓰면서 진짜 독자는 초보 투자자라는 것을 깨달았다. 경험 많은 실무자들은 우리가 들려주려는 교훈을 이미 얻었을 테니 초보자들만큼 이 책을 가치 있게 여기지 않을 것이었다.[3] 우리는 아직 어리고 경험이 부족한 초보자들을 이 책의 독자로 가정해 이들이 배워야 할 필수적인 문제들에 집중했다.

월스트리트에서는 신입 애널리스트 교육이 거의 이루어지지 않는다.[4] 우리 목표는 투자업계에서 경력을 시작하는 사람들을 위한 생존 가이드북을 쓰는 것이었다. 우리는 영국 특수부대 SAS의 생존 훈련 교관이었던 존 '로프티' 와이즈먼(John 'Lofty' Wiseman)이 쓴 《SAS 서바이벌 가이드(SAS Survival Handbook)》를 염두에 두었다. 와이즈먼의 책은 야생과 도시, 육지와 바다, 다양한 기후대의 여러 가지 재난 상황을 포괄적으로 다룬다. 와이즈먼은 서문에서 "생존은 기본 원칙을 실천하고 상황에 맞게 적용하는 능력에 달려 있다"라고 말하며 생존에 필요한 세 가지 요소로 생존 의지와 지식, 장비에 대해 설명한다.

월스트리트는 지독히 경쟁적인 곳이라 계속해서 생존 의지를 시험당할 것이므로 살아남으려는 강력한 의지가 있어야 한다. 장비는 "최소한으로 유지하고 사용법과 기능을 철저히 익혀야 한다"고 와이즈먼은 말한다. 월스트리트의 장비라면 컴퓨터, 전화기, 재무 데이터를 제공하는 팩트세트(Factset), 블룸버그, 증권사 리포트 같은 다양한 데이터 소스에 대한 접근 권한이 해당할 것이다.

지식도 생존에 필수적이다. 와이즈먼은 이렇게 조언한다. "더 많이 알수록 생존 가능성이 커진다. 지식은 두려움을 없애준다. 현지인들을 관찰해 그들의 생존 방식을 알아내는 것도 좋은 방법이다. 그들과 대화하며 그들의 경험에서 배워라." 더 나아가 "나와 내 동료들이 경험을 통해 얻은 생존 지식을 공유함으로써 여러분이 올바른 의사결정을 내릴 수 있도록 돕고자 이 책을 썼다. 이 방법과 기술이 우리의 생명을 구했듯이 여러분의 생존에도 도움이 될 것"이라고 집필 목적을 밝힌다.

와이즈먼의 책처럼 이 책은 월스트리트 애널리스트가 생존하고 성공하는 데 필요한 지식을 제공하는 '월스트리트 생존 가이드'이다.

우리는 책이 너무 두꺼워지지 않도록 '생존 가이드'에 가장 중요하다고 생각되는 내용만을 담고자 했다. 덜 중요한 내용을 덜어내는 과정에서 깊이와 난이도에 일관성을 유지하려고 노력했다. 이 책에 담긴 많은 주제에 대해 추가적인 공부가 필요할 수 있음을 염두에 두면 좋겠다.

이 책이 《SAS 서바이벌 가이드》와 다른 점도 있다. 《SAS 서바이벌 가이드》는 상상할 수 있는 모든 위험을 상정하고 그런 위험에 어떻게 대처할지 알려준다. 하지만 이 책은 예외적 상황이나 미묘한 차이, 일어날 가능성을 모두 설명하기보다 대부분의 경우에 들어맞는 보편적인 개념을 다룬다.

우리가 책을 쓴 또 다른 동기는 학술지에 실린 풍부한 정보들이 복잡하고 난해해 일반 투자자들이 쉽게 읽고 이해하기 어렵다는 점이다. 그래서 우리는 시장 효율성, 행동재무학, 리스크 같은 개념들이 가진 중요한 세부 요소들을 유지하면서도 이해하기 쉽게 설명하려 애썼다.

유감스럽게도 많은 개념이 대중에게 전달되면서 원래 의미가 왜곡되거나 완전한 의미를 잃어버린다. 노벨 경제학상 수상자인 유진 파마(Eugene Fama)가 CNBC에 출연했을 때 효율적시장 가설(efficient market hypothesis)을 30초로 핵심만 요약해달라는 요청을 받았던 사례가 대표적이다. 파마 교수의 연구는 30초로 명확히 표현할 수 있는 게 아니다.

책에 담긴 많은 아이디어가 다 우리 것은 아니다. 대부분은 중요한 개념들을 좀 더 친숙한 형태로 우리가 재포장했을 뿐이다. 손킨의 표현처럼 우리는 레고 블록을 발명하지는 않았지만 레고 블록으로 뭔가 독특한 것을 만들어낸 사람들이다.

이 책의 구성

책은 크게 1부와 2부로 구성된다.

1부는 '완벽한 종목 분석'에 해당하는 내용으로, 내재가치와 주가가 크게 차이 나는 좋은 투자 기회를 발견하는 작업을 수행하게 된다. 증권의 내재가치를 계산하고 정말로 주식 가격에 오류가 있는지 판단하며, 주가와 내재가치의 차이를 해소해 가격 오류를 수정할 촉매(catalyst)를 찾아낸다.

2부는 '완벽한 종목 추천'에 해당하는 내용으로, 투자 아이디어를 펀드매니저에게 효과적으로 전달하는 방법을 다룬다. 좋은 종목을 선정했다면 그것을 제대로 전달해 채택하게 만드는 것이 중요하며 이 과정은 종목 분석과는 완전히 다른 기량이 요구된다.

본문의 처음 세 장은 기업의 내재가치를 구하는 과정을 다룬다. 1장에서는 현금흐름할인모형(discounted cash flow model, DCF)을 이용해 자산의 가치를 구해본다. (특히 가치투자자라면) 주식 투자에서 가

[그림 P.1] 자산의 가치에 영향을 미치는 요인들

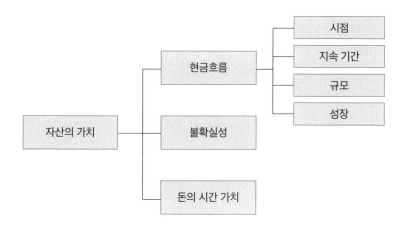

장 중요한 일은 주식의 가치를 산정하는 것이다. 주식은 사업의 일부에 대한 소유권을 나타낸다. 우리는 먼저 자산의 가치를 평가하는 방법에서 논의를 시작한다. 자산의 가치는 현금흐름과 불확실성, 돈의 시간 가치에 영향을 받는다(그림 P.1 참조).

자산의 가치를 구하기 위해서는 자산에서 나오는 미래 현금흐름의 시점과 지속 기간, 규모, 성장 가능성을 고려해 해당 자산의 미래 현금흐름을 추정한 다음 현재가치로 할인하는 과정이 필요하다. 간단한 사례로 자산의 가치를 구해본 다음 점차 제약을 완화하고 복잡성을 높여 현실의 사례를 다룰 것이다.

먼저 현금흐름할인모형 방식을 이용해 고정금리부 채권의 가치를 평가하고, 이어서 영구채(perpetuity)와 사업에서 나오는 현금흐름의 가치를 평가해볼 것이다. 이어서 가상의 레모네이드 가판대 사업을 대상으로 성장도 없고 경쟁도 없는 상황을 가정해 간단한 가치평가를 해볼 것이다.

하지만 현실에서 모든 사업은 경쟁에 직면한다. 이런 현실을 반영하기 위해서 2장에서 가정을 조금씩 완화해 기업의 경쟁우위를 평가할 것이다. 경쟁우위는 기업의 미래 현금흐름과 성장을 결정하는 핵심 요소이며 투하자본이익률(return on invested capital, ROIC)을 결정한다. 경쟁사 진입을 막는 장벽이 없다면 경쟁 압력에 의해 초과수익(시장 수익률보다 높은 투자수익률)은 사라질 것이고, 미래 현금흐름과 기업가치는 심각하게 훼손될 것이다.

많은 사람이 성장은 항상 좋다고 생각한다. 우리는 이런 생각이 틀렸다고 설명할 것이다. 모든 성장이 가치를 만들어내는 것은 아니다. 여러 사례를 통해 좋은 성장과 나쁜 성장, 불필요한 성장의 차이를 보여줄 것이다.

마지막으로 3장에서 증권의 내재가치 개념을 설명하며 가치평가 부분을 마무리할 것이다. 증권의 내재가치를 특정 값이 아니라 일정한 범위로 생각하는 것이 중요하다는 것을 살펴볼 것이다.

1~3장은 워런 버핏(Warren Buffett), 애스워드 다모다란(Aswath Damodaran), 데이비드 도드(David Dodd), 마리오 가벨리(Mario Gabelli), 벤저민 그레이엄, 브루스 그린왈드(Bruce Greenwald), 세스 클라먼, 마이클 모부신(Michael Mauboussin), 로저 머리, 존 버 윌리엄스(John Burr Williams)의 작업에서 많은 도움을 받았다.

다음 세 장에서는 시장 효율성과 시장에서 주가가 형성되는 과정을 다룬다. 우리는 시장에서 주가가 어떻게 결정되는지, 진짜 가격 오류인지 아닌지를 판단하기 위해 4장에서 시장 효율성을 탐구한다. 시장을 이기는 것이 얼마나 어려운지 살펴보고 효율적시장 가설을 논의한 다음 주가가 효율적으로 매겨진다는 것이 어떤 의

미인지 알아본다.

효율적시장 가설은 정보의 역할을 강조하는데, 주가에 '이용 가능한 모든 정보가 반영'된 경우를 효율적이라고 한다. 우리는 효율적시장이 되기 위한 세 가지 조건(정보의 적절한 유포, 체계적 편향이 없는 정보 처리, 주가에 정보가 반영)에 대해 살펴볼 것이다.

이어 5장에서 대중의 지혜를 통해 시장 효율성이 달성되는 메커니즘을 살펴본다. 많은 투자자가 대중의 지혜를 '대중이 개인보다 더 나은 답을 찾아낸다' 정도로 이해한다. 이렇게 과도하게 단순화하면, 대중을 현명하게 만들기도 하고 어리석게 만들기도 하는 핵심 요소를 놓칠 수 있다.

우리는 몇 가지 사례를 들어 대중의 지혜가 작동하는 방식을 다양한 측면에서 살펴볼 것이다. 잘 알려지지 않은 비틀스(The Beatles)의 다섯 번째 멤버 클래런스 워커(Clarence Walker)[5]가 피처링한 '하와이에서 전하는 인사(Aloha from Hawaii)' 앨범 이야기를 통해, 대중이 정답을 찾아내는 데 많은 정보가 필요하지 않음을 보여줄 것이다. 아울러 거짓 정보나 잘못된 정보가 결과를 왜곡하고 체계적 오류를 초래할 수 있음을 보여줄 것이다.

대중의 지혜가 무엇인지 확실히 이해하고 나서, 대중의 지혜가 주식시장에서 어떻게 작동하는지 살펴볼 것이다. 대중이(혹은 컨센서스가) 정확한 가치평가에 도달하려면 다음 네 가지 조건을 충족해야 한다.

1. 충분한 수의 투자자가 정보를 입수하고 관찰할 수 있어야 한다.
2. 투자자 집단이 다양해야 한다.

3. 투자자들은 서로 독립적으로 활동해야 한다.

4. 투자자들의 매매를 심하게 방해하는 요소가 없어야 한다. 그런 요소가 있다면 정보가 주가에 반영되지 못할 것이다.

이어서 정보의 유포, 처리, 반영 과정에 문제가 생길 때 대중이 잘못된 추정치를 내놓을 수 있음을 살펴볼 것이다. 이 과정의 한 곳에만 문제가 생겨도 주가가 잘못 매겨질 수 있다.

6장에서는 효율적시장 가설의 대안으로 여겨지는 행동재무학을 살펴본다. 인간 행동이 어떻게 대중의 지혜를 대중의 광기로 바꾸는지 알아보며, 시장이 다양성을 잃거나 독립성을 상실해 집단행동이 체계적 오류를 일으키는 상황을 다룬다. 시장의 다양성과 독립성은 대중을 현명하게 만드는 핵심 조건이다.

아울러 인간 행동이 어떻게 일을 망치고 대중의 지혜가 효력을 발휘하지 못하게 만드는지, 그 결과 정보가 주가에 반영되는 것을 방해해 결국 가격 오류가 발생하게 되는지를 살펴본다. 행동재무학이 효율적시장 가설을 대체하기보다는 보완하는 개념임을 논하며 이 장을 마무리할 것이다.

4~6장은 존 보글(John Bogle), 놀란 달라(Nolan Dalla), 유진 파마, 프랜시스 골턴(Francis Galton), 벤저민 그레이엄, 대니얼 카너먼(Daniel Kahneman), 앤드루 로(Andrew Lo), 마이클 모부신, 로저 머리, 스콧 페이지(Scott Page), 윌리엄 샤프(William Sharpe), 로버트 실러(Robert Shiller), 안드레이 슐라이퍼(Andrei Shleifer), 네드 스미스(Ned Smith), 제임스 서로위키(James Surowiecki), 아모스 트버스키(Amos Tversky), 로버트 비시니(Robert Vishny)의 작업에서 도움을 받았다.

7장에서는 종목 리서치 작업을 살펴본다. 훌륭한 리서치 결과를 만들어내려면 뛰어난 투자자 마이클 스타인하트(Michael Steinhardt)가 말한 '남다른 생각(variant perspective)'을 갖는 것이 중요하다. 남다른 생각을 가질 때 시장에서 주가 오류의 원천을 찾아내고 자신만의 경쟁력을 구축해나갈 수 있다.

투자자가 개발할 수 있는 경쟁력의 세 가지 우위는 다음과 같다. 이는 시장 효율성의 세 가지 조건에 대응된다.

1. **정보우위**: 시장에 충분히 유포되지 않은, 다른 투자자에게 없는 정보를 가질 때 정보우위가 발생한다. 정보우위를 가진 투자자는 "나는 이 일이 일어날 줄 알고 있었어"라고 말할 수 있다.
2. **분석우위**: 다른 투자자와 동일한 데이터를 보면서도 다른 투자자가 보지 못하는 것을 볼 때 분석우위가 발생한다. 분석우위를 가진 투자자는 "내 생각에는 이런 일이 일어날 것 같아"라고 말할 수 있다.
3. **거래우위**: 다른 투자자들이 어떤 주식을 살 수 없거나 보유하기를 꺼리는 동안 그 주식을 사거나 보유할 수 있을 때 거래우위가 발생한다.

촉매 개념에 대해서도 논의할 것이다. 촉매란 주식의 가격 오류를 바로잡을 수 있는 특정 이벤트를 말한다. 이 장을 읽고 나면 당신이 정말 남다른 생각을 가졌는지, 가격 오류가 확실한지, 다른 투자자보다 우위에 있는지 판단할 수 있을 것이다.

다음으로 리스크에 대해 논의한다. 사람들은 리스크와 불확실성을 자주 혼동하고 구별 없이 사용하곤 한다. 불확실성은 결과를 가늠할 수 없는 상황을 말하며, 리스크는 손실 가능성을 말한다. 재무

리스크는 자본을 투입하고 금전적으로 손실을 볼 가능성이 있는 경우를 말한다.

투자자는 자본을 투입할 때 두 가지 리스크에 직면한다. 하나는 내재가치를 잘못 추정하는 리스크이고, 다른 하나는 가격 오류가 수정되는 데 걸리는 시간을 잘못 추정하는 리스크다. 추정의 정확성과 정밀성을 높여 이런 리스크를 줄일 방법에 대해서도 살펴보겠다.

여기까지 우리는 1) 주식의 내재가치를 계산하고 2) 가격 오류가 발생하는 원인을 살펴보며 3) 자신이 남다른 생각과 경쟁력의 우위를 가졌는지 판단하고 4) 투자에 따른 리스크의 수준을 평가하는 방법에 대한 논의를 마무리한다.

7장은 유진 파마와 마이클 스타인하트의 작업에서 많은 아이디어를 얻었다. 리스크와 불확실성을 다룬 8장은 하워드 막스와 나심 니콜라스 탈렙(Nassim Nicholas Taleb)의 작업에서 도움을 받았다.

2부의 종목 추천은 세 부분으로 구성된다. 종목 선정, 메시지의 내용 구성, 메시지 전달이다. 적절한 종목을 선정하려면 애널리스트는 펀드매니저의 종목 선정 기준을 알아야 한다. 여기서 우리는 원형(template)과 스키마(schema, 과거 경험을 통해서 생성된 지식이나 반응 체계 - 옮긴이)라는 일종의 정신 모형에 대해 살펴볼 것이다.

이어서 설득력을 극대화하도록 메시지 내용을 구성하는 방법에 대해서도 논의한다. 여기서 우리는 스티븐 툴민(Stephen Toulmin)의 논증 모형을 이용해 정보를 설득력 있는 주장으로 구성하는 방법에 대해 알아볼 것이다. 끝으로 메시지를 효과적으로 전달하는 데 필요한 다양한 요소들을 논의한다. 핵심은 발표 자료를 간소하게 만들고 펀드매니저의 네 가지 질문, 즉 '얼마나 벌 수 있을까?' '얼마나 잃을 수 있을까?' '가격 오류가 분명한가?' '다른 투자자들은 언제, 어떻게 가격 오류를 알게 될까?'에 집중하는 것이다.

2부는 밀로 프랭크(Milo Frank), 존 몰로이(John T. Molloy), 마리안 라프랑스(Marianne LaFrance), 앨버트 머레이비언(Albert Mehrabian), 스티븐 툴민의 작업에서 많은 도움을 받았다.

다양한 금융자산을 논의하면서 편의상 '증권(stock)'이라는 용어를 주로 사용했지만 채권, 옵션, 빌딩, 토지, 금, 우표, 희귀 장식품을 포함해 어떤 자산으로 대체해도 괜찮다. 마찬가지로 이 책은 주식을 매수하는 상황에 대해 주로 얘기하지만 매도하는 상황도 동일하다. 표와 그림에서 개별 수치와 합산된 수치 사이에 차이가 있을 수 있는데, 반올림을 사용했기 때문이며 오류가 아니다.

이 책에 담긴 의견이나 관점, 해석은 모두 저자인 우리의 것이며 언급된 기업이나 개인들의 관점이 아님을 밝힌다. 마지막으로 이 책에 빠뜨린 부분이나 오류가 있다면 전적으로 모두 저자들의 책임이다. 투자 세계에서 앞으로 마주치게 될 많은 일을 준비하는 데 이 책이 도움이 되길 바란다.

1부

THE PERFECT INVESTMENT
완벽한 종목 분석

1부의 목표는 주가가 잘못 매겨져 크게 저평가된 완벽한 투자 대상을 찾아내는 방법을 설명하는 것이다. 투자자는 주가 오류가 바로잡히게 될 가능성을 포착하고 활용할 수 있어야 한다. 주가가 잘못 매겨졌는지 판단하기 위해서는 주식의 내재가치를 계산해야 하며, 이에 대해 1부 첫 세 장에서 자세히 다룬다.

1장에서는 자산의 가치를 정의하고 현금흐름할인모형을 사용해 사업의 가치를 평가하는 방법에 대해 설명한다. 성장 가치를 결정하는 데 경쟁우위 평가가 매우 중요하므로 2장에서는 이 주제를 심도 있게 논의한다. 마지막으로 3장에서는 이런 가치평가 도구를 사용해 증권의 내재가치를 산출하는 방법을 보여준다.

주가에 오류가 있는지 판단하려면 어떤 조건에서 주가가 효율적으로 형성되는지 알아야 하는데, 이를 위해 시장 효율성에 대해 자세히 논의한다. 4장에서는 유진 파마의 효율적시장 가설을 통해 시장에서 가격이 형성되는 과정을 살펴본다. 5장에서는 대중의 지혜에 대해 논의하고 대중의 지혜가 시장을 효율적으로 이끄는 메커니즘을 살펴본다. 6장에서는 행동재무학을 살펴보고 체계적인 오류로 인해 대중의 시각이 왜곡될 때 어떻게 효율적시장이 망가지고 변형되는지 살펴본다.

시장이 책정한 주가가 틀렸다고 설득하려면 투자자는 자신이 정보우위나 분석우위, 혹은 거래우위를 가지고 있음을 입증해야 한다. 자신이 맞고 다른 투자자가 틀렸다는 이유를 구체적으로 밝히고, 자신이 어떤 우위를 가졌는지 명확하게 설명할 수 있어야 한다. 그럴 수 없다면 주가가 잘못 책정된 종목이 아닐 가능성이 높다. 7장에서는 이런 주제를 논의한 다음, 주가와 추정된 내재가치 사이의 차이를 해소시킬 움직임을 촉발하는 촉매에 대해 살펴본다.

8장에서는 리스크와 불확실성은 다른 것이며 투자자들이 그 차이를 오해하는 경우가 많음을 살펴본다. 그런 다음 투자수익률을 결정하는 세 가지 요소인 매수 가격, 내재가치 추정치, 예상 투자 기간에 대해 논의한다. 저자의 경험에 따르면 많은 투자자가 내재가치를 계산하는 데 대부분의 시간을 할애하고, 투자 기간을 추정하는 것은 소홀히 한다. 최종 투자수익을 결정하는 데 투자 기간은 매우 중요하다. 따라서 투자자가 리서치를 통해 내재가치와 투자 기간을 보다 정확히 추정하여 위험을 크게 줄일 방법에 대해 논의한다.

마지막으로 투자 성과를 평가하는 방법을 살펴보며 1부를 마친다.

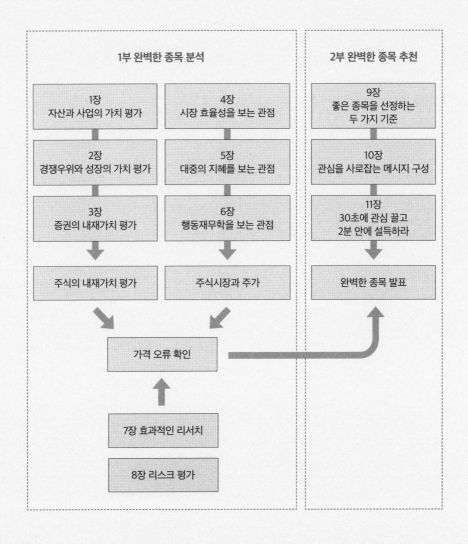

1장

자산과 사업의
가치 평가

자산의 가치를 평가하는 방법은 개념적으로 단순하다. 자산의 가치란 해당 자산의 내용연수 동안 그 자산에서 나오는 현금흐름을, 돈의 시간 가치와 현금 수령의 불확실성을 반영해 할인한 값으로 정의할 수 있다.

자산의 가치를 구성하는 핵심 요소 세 가지

1장에서는 자산의 가치를 평가할 때 고려해야 할 세 가지 핵심 요소인 현금흐름, 현금 수령의 불확실성, 돈의 시간 가치에 대해 알아본다(그림 1.1 참조).

[그림 1.1] 자산의 가치를 구성하는 요소

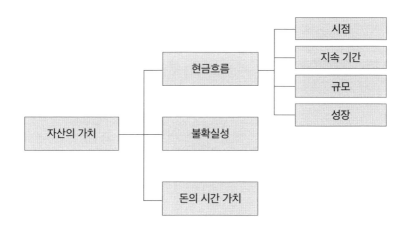

현금흐름의 4요소

자산의 가치를 구성하는 첫 번째 요소는 현금흐름이다. 현금흐름은 '해당 자산의 내용연수 동안 그 자산에서 나오는 것'이며 시점, 지속 기간, 규모, 성장으로 세분할 수 있다.

현금흐름의 첫 번째 요소인 시점은 '그 현금을 언제 받게 될까?'에 해당한다. 1년 후에 받게 될까, 5년 후에 받게 될까? 그림 1.2에서 동일한 금액의 현금흐름일지라도 A가 B보다 현금을 더 빨리 받게 된다. 다른 조건이 같다면 현금을 빨리 받는 것이 좋다.

현금흐름의 두 번째 요소인 지속 기간은 '그 현금흐름이 얼마나 지속될까?'에 해당한다. 예를 들어 8년 동안 매년 연금을 받는 것이 4년 동안 받는 것보다 더 좋을 것이다. 지속 기간이 긴 현금흐름이 더 좋다(그림 1.3).

[그림 1.2] 현금 수령이 **빠를수록 좋다**

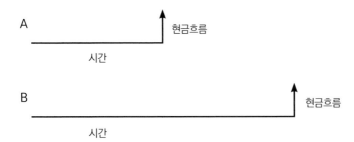

[그림 1.3] 현금흐름이 길게 지속될수록 좋다

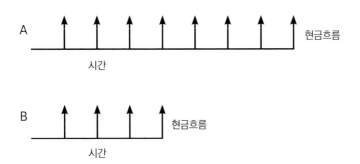

현금흐름의 세 번째 요소인 규모는 '얼마나 많은 현금을 받을 것
인가?'에 해당한다. 4달러의 현금흐름(A)이 2달러의 현금흐름(B)보
다 좋다(그림 1.4).

현금흐름의 네 번째 요소인 성장은 '시간이 흐를수록 현금흐름
이 증가하는가?' 또는 '현금흐름이 얼마나 빨리 커지는가?'에 해당
한다. 빠르게 성장하는 현금흐름이 느리게 성장하는 현금흐름보다
좋고, 줄어들거나 손실이 나는 현금흐름보다는 안정적인 현금흐름

[그림 1.4] 현금흐름 규모가 클수록 좋다

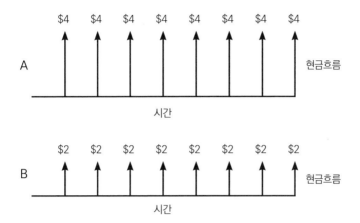

[그림 1.5] 현금흐름이 성장할수록 좋다

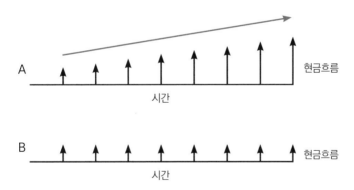

이 더 좋다. 나아가 시간이 흐를수록 현금흐름이 커지는 것이 좋다. 장기간 성장 없이 정체된 현금흐름(B)보다 성장률이 높은 현금흐름(A)이 더 좋다(그림 1.5).

자산의 미래 현금흐름을 예측하기 위해서는 네 가지 구성 요소

1장. 자산과 사업의 가치 평가

인 시점, 지속 기간, 규모, 성장을 모두 추정해야 한다.

불확실성

자산의 가치를 구성하는 두 번째 요소는 불확실성이다. 현금흐름은 '그 불확실성을 반영해 할인'해야 함을 앞서 보았다. 지금까지 설명한 현금흐름에는 불확실성이 없었다. (미국 장기 국채의 약정 이자율처럼) 현금흐름이 알려져 있고 보장된다고 가정한 것이다. 하지만 어떤 자산에서 나올 현금흐름은 미래에 발생할 사건의 영향을 받는다. 미래는 본질적으로 불확실하기 때문에 우리는 '미래 현금흐름이 얼마나 확실한가?'라는 질문을 해야 한다.

불확실성은 앞서 살펴본 현금흐름의 네 가지 구성 요소에 영향을 주고, 결과적으로 자산의 가치에도 영향을 미친다(그림 1.6).

[그림 1.6] 현금흐름의 불확실성은 자산의 가치에 영향을 준다

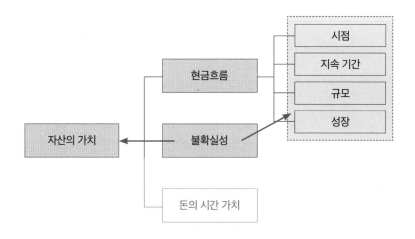

아무리 예측 가능성이 큰 현금흐름이더라도 어느 정도는 불확실성이 있다. 따라서 우리는 모든 현금흐름을 보장된 금액이 아니라 '기대' 현금흐름의 추정치로 생각해야 한다.

지금까지 논의한 내용을 반영해 자산의 가치 정의를 다음과 같이 수정한다.

자산의 가치 '추정치'는 해당 자산의 내용연수 동안 그 자산에서 나올 것으로 '기대되는' 현금흐름을, 돈의 시간 가치와 현금 수령의 불확실성을 반영해 할인하여 모두 더한 값이다.

미래 현금흐름을 그림 1.7과 같은 단일 추정치로 생각하기보다는 범위로 생각하는 것이 더 적절하다.

예를 들어 우리는 현금흐름을 4달러 정도로 기대하지만 그보다 더 크거나 작을 가능성도 고려할 필요가 있다. 그림 1.8처럼 미래 현금흐름을 여러 추정치의 분포, 즉 범위로 생각해볼 수 있다. 그래프의 중앙 부분에 있는 추정 현금흐름은 실현 가능성이 높고 꼬리

[그림 1.7] 현금흐름의 단일 추정치

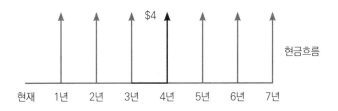

[그림 1.8] 현금흐름 추정치의 분포

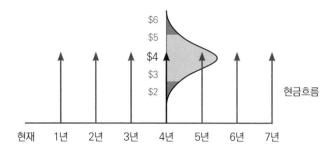

[그림 1.9] 먼 미래일수록 현금흐름 추정의 불확실성이 커진다

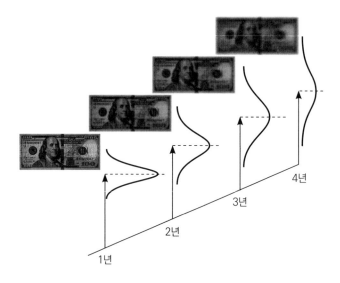

부분의 추정치는 실현 가능성이 낮다.

　미래는 예측하기가 어렵다. 더 먼 미래일수록 현금흐름 예측에는 불확실성이 커진다. 분포의 범위가 확대되고 추정치의 실현 가능성은 하락한다. 그림 1.9에서 먼 미래일수록 현금흐름을 상징하는 지폐가 흐려지는 것을 볼 수 있다.

돈의 시간 가치

자산의 가치를 구성하는 세 번째 요소는 돈의 시간 가치다. 현금흐름은 '돈의 시간 가치를 반영해 할인'해야 한다. 돈의 시간 가치란 오늘의 1달러는 미래의 1달러보다 더 가치 있다는 말과 같다. "손안의 새 한 마리가 숲속의 새 두 마리보다 낫다"라는 말도 같은 의미다.[1] 미래의 현금흐름을 지금 가치로 나타낸 값을 현재가치(Present Value, PV)라고 부른다.

현재가치를 이해하기에 앞서 복리와 미래가치(Future Value, FV)에 대해 먼저 알아보자. 예를 들어 수익률이 연 6%이고 복리를 적용하면 지금의 100달러는 1년 후에는 106.00달러가 되고 2년 후에는 112.36달러가 된다(그림 1.10).

100달러의 1년 후 미래가치 = 100달러 × (1 + 6%) = 106.00달러
100달러의 2년 후 미래가치 = 106달러 × (1 + 6%) = 100달러 × (1 + 6%) × (1 + 6%) = 112.36달러

이처럼 미래가치를 구하는 공식을 반대 방향으로 적용해 할인하면 현재가치를 구할 수 있다. 예를 들어 6% 할인율을 적용할 경우 1년 후 100달러의 현재가치는 94.34달러이고, 2년 후 100달러의 현재가치는 89.00달러다.

1장. 자산과 사업의 가치 평가

[그림 1.10] 100달러의 미래가치

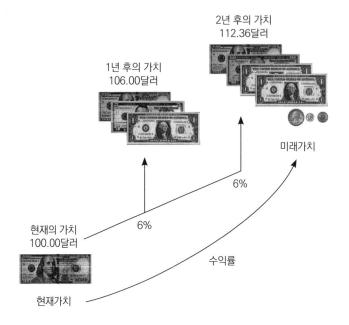

2년 후의 가치
112.36달러

1년 후의 가치
106.00달러

미래가치

현재의 가치
100.00달러

6%

6%

수익률

현재가치

1년 후 100달러의 현재가치 = 100달러 / (1 + 6%) = 94.34달러

2년 후 100달러의 현재가치 = 100달러 / $(1 + 6\%)^2$ = 89.00달러

이 공식에 따라 향후 4년 동안 매년 지급되는 100달러의 현재가
치를 계산해보면 그림 1.11처럼 346.51달러가 될 것이다.

여기서 현금흐름의 한 요소인 '시간'과 자산의 가치 구성 요소인
'돈의 시간 가치'를 구분할 필요가 있다. 시간은 돈을 받는 미래의
시점을 의미하고, 돈의 시간 가치는 미래의 현금흐름을 현재가치
로 할인하는 데 사용하는 비율을 뜻한다.

[그림 1.11] 4년 동안 지급되는 100달러의 현재가치

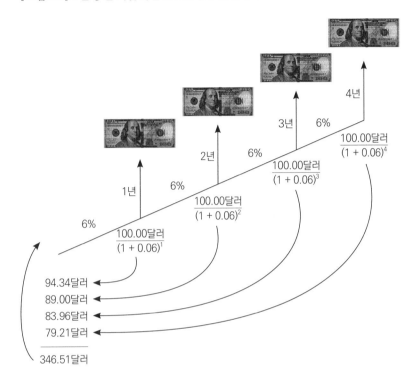

지금까지 자산의 가치를 평가하는 기본 틀을 세웠다. 이제 복잡성을 조금 높여 가상의 레모네이드 가판대사업을 가정해 사업의 가치를 평가해본다.[2]

현금흐름을 어떻게 정의할 것인가?

조(Zoe)는 레모네이드 가판대사업을 준비하고 있다. 이 사업이 얼마만큼의 가치가 있는지 따져보려면 사업이 운영되는 기간에 창

1장. 자산과 사업의 가치 평가

출될 현금흐름을 추정한 다음, 돈의 시간 가치와 현금흐름 추정치의 불확실성을 반영해 현재가치로 할인해야 한다.

먼저 현금흐름이 무엇인지 정의해보자. 하지만 아쉽게도 금융 분야의 다른 용어들처럼 현금흐름에 대해 단일하게 정의한 것은 없다. 여기서는 워런 버핏(Warren Buffett)이 1986년 버크셔 해서웨이(Berkshire Hathaway) 주주 서한에서 소개한 소유주 이익(owner earnings)을 어떤 사업의 현금흐름이라고 정의하겠다.

소유주 이익 = 순이익 + 유무형 자산 감가상각 − 유지·보수에 필요한 자본적 지출

가판대사업에서 나오는 순이익을 계산하려면 먼저 추정 재무제표를 만들어야 한다. 여기서는 단순하게 매출액, 매출원가, 판매관

[표 1.1] 조의 레모네이드 가판대사업의 손익계산서

	1년	2년	3년	4년
매출액	1,200	1,200	1,200	1,200
매출원가	−540	−540	−540	−540
매출총이익	660	660	660	660
판매관리비	−492	−492	−492	−492
영업이익	168	168	168	168
세금	−59	−59	−59	−59
순이익	109	109	109	109
감가상각	63	63	63	63
자본적 지출	−52	−52	−52	−52
소유주 이익	120	120	120	120

리비, 감가상각비, 세금만을 고려해 재무제표를 만들어보겠다. 가게를 운영하는 기간(여기서는 4년으로 가정)에는 매년 재무제표를 만들어야 한다. 사업 성장은 없는 것으로 가정한다. 결과는 표 1.1과 같다.

왜 EBITDA는 잉여현금흐름을 나타내지 못하는가?

EBITDA(Earnings Before Interest, Taxes, Depreciation, and Amortization, 이자, 세금, 감가상각비를 제하지 않은 이익)는 투자업계에서 일상적으로 사용되고 있지만 비교적 새로운 개념이다. 1980년대 차입매수(leveraged buyout, LBO)가 유행하면서 EBITDA가 재무지표로 널리 채택되었다.

차입매수란 사모펀드 같은 투자자 집단이 적은 자본과 많은 차입금으로 상장사(혹은 상장사의 일부 사업 부문)의 발행주식을 매입해 회사를 인수하는 금융 거래를 뜻한다. 경쟁 입찰에서 이기려면 최대한 높은 금액을 적어내야 했고, 그러려면 인수하려는 회사가 감당할 수 있는 부채 규모가 얼마인지 따져보아야 했다. (사모펀드는 회사를 인수하고 나서 그 회사의 현금으로 차입금을 상환한다. - 옮긴이) 이때 EBITDA가 적합한 지표로 여겨졌고(단기적으로는 그렇다) 이후 사모펀드업계의 핵심 재무지표로 차입매수에서 널리 이용되어왔다.

하지만 EBITDA는 사업의 실제 재무 성과를 제대로 측정하지 못하기 때문에 사업의 가치를 추정하는 용도로 사용하기에는 부적합하다. 소유주 이익이 더 정확한 지표다.

표 1.2는 조의 레모네이드 가판대사업에서 나오는 소유주 이익과 EBITDA를 비교해 보여준다. 조의 사업은 120달러의 소유주 이

익을 만들어낸다. 이 돈은 조의 사업에서 나오는 잉여현금흐름으로 미래 영업 활동에 악영향을 끼치지 않으면서 조가 가져갈 수 있는 현금이다.

반면 EBITDA는 231달러로 소유주 이익보다 훨씬 큰 금액이지만 사업의 잉여현금흐름을 나타내지 못한다. 조가 이 돈을 가져간다면 사업의 미래 영업 활동에 지장이 생긴다. 조가 가게를 유지, 보수하는 데 돈을 쓰지 않으면 가게는 시간이 지나면서 망가질 것이다. 조가 돈을 빌려 사업을 한다면 이자를 내야 한다. 이자를 내지 않으면 은행이 가게를 압류할 수 있다. 그리고 세금을 납부하지 않으면 조는 감옥에 갈 수도 있다. 감가상각비, 이자, 세금은 이렇게 실제로 나가야 할 돈이고, 지출하지 않으면 심각한 결과가 발생한다. 그럼에도 EBITDA는 이런 비용을 전혀 고려하지 않는다.

[표 1.2] 가판대사업의 첫해 소유주 이익과 EBITDA 비교

	소유주 이익	EBITDA
매출액	1,200	1,200
매출원가	−540	−540
매출총이익	660	660
판매관리비	−492	−492
영업이익	168	168
세금	−59	
순이익	109	
감가상각	63	63
자본적 지출	−52	
소유주 이익	120	231

EBITDA는 회사가 감당할 수 있는 최대 한도의 부채를 나타내는 지표이지, 사업의 재무 성과를 보여주는 지표가 아니다. 사업을 유지하는 데 필요한 중요하고 불가피한 현금 지출을 전혀 고려하지 않기 때문이다. 반면 소유주 이익은 모든 비용을 제하고 남은 현금으로 주주가 가져갈 수도 있고 성장을 위해 재투자할 수도 있는 돈이다. 사업의 가치를 계산할 때 이용하기에 가장 적합한 지표다.

DCF를 이용한 현재가치 계산

우리는 조의 가판대사업에서 나오는 예상 현금흐름(표 1.1)의 현재가치를, 그림 1.12와 같이 향후 4년의 현금흐름을 추정해 계산할 수 있다. 할인율로 8.5%를 사용하면 현재가치는 393달러가 된다. 이처럼 할인율을 적용해 현재가치를 계산하는 방식을 현금흐름할

[그림 1.12] 향후 4년 동안 조의 사업에서 나오는 현금흐름의 현재가치

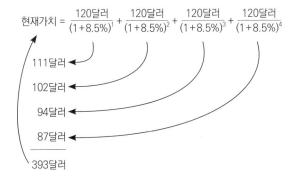

$$현재가치 = \frac{120달러}{(1+8.5\%)^1} + \frac{120달러}{(1+8.5\%)^2} + \frac{120달러}{(1+8.5\%)^3} + \frac{120달러}{(1+8.5\%)^4}$$

111달러
102달러
94달러
87달러
393달러

                       1장. 자산과 사업의 가치 평가

인모형(DCF)이라고 한다.

다음과 같은 의문이 생길 수 있다. 왜 4년 치 현금흐름만 추정하는가? 조의 사업은 4년 후에는 현금을 만들어내지 못하는가? 가게를 4년만 운영할 것이 아니라면 5년째, 6년째 현금흐름도 추정해야 할 것이다. 실제로는 가게를 운영하는 전체 기간 동안 사업에서 나오는 모든 현금흐름을 추정해야 한다. 앞에서 논의했듯이 현금흐름의 시점, 지속 기간, 규모, 성장을 고려해 모든 미래 현금흐름을 추정해야 한다.

DCF를 이용해 6년 후 현금흐름까지 추정한 현재가치를 산출해보면 다음과 같다.

$$\text{현재가치(PV)} = \frac{CF_1}{(1+i)^1} + \frac{CF_2}{(1+i)^2} + \frac{CF_3}{(1+i)^3} + \frac{CF_4}{(1+i)^4} + \frac{CF_5}{(1+i)^5} + \frac{CF_6}{(1+i)^6}$$

6년 후 현금흐름까지 추정한 가판대사업의 현재가치 = 546달러

문제는 미래 현금흐름을 추정하기가 매우 어렵다는 것이다. 나아가 추정한 현금흐름의 불확실성과 돈의 시간 가치도 고려해야 한다. 할인율은 신문에서 손쉽게 찾아볼 수 있는 수치가 아니다. 개념은 단순하지만 적절한 할인율을 결정하는 것은 쉽지 않다.

실제로 많은 애널리스트가 미국 국채 이자율을 돈의 시간 가치를 구하기 위한 대리 지표(proxy)로 사용한다. 미래에 발생할 현금흐름 추정치를 할인하기 위해 10년물 국채처럼 장기 채권의 이자율을 이용하는 것이 일반적이다.

미래 현금흐름의 불확실성을 고려하는 것은 더 어렵다. 예측하기 어려운 현금흐름은 그렇지 않은 현금흐름보다 가치가 더 낮기

때문에 더 큰 할인율로 할인해야 한다. 어느 정도 할인하는 것이 좋을지 판단하려면 사업의 특성과 미래 현금흐름의 불확실성 정도에 대한 특별한 지식이 필요하다.

DCF가 미래 현금흐름의 가치를 구하는 정확한 방법이지만, 현금흐름의 여섯 가지 요소를 먼 미래까지 추정하는 것은 현실적으로 불가능하기 때문에 투자자 대부분은 DCF의 약식 버전을 이용한다. 이에 대해서는 뒤에서 이야기하겠다.

나는 DCF 사용하지 않아!

현업 펀드매니저 대부분은 DCF 사용에 부정적이며 대체로 다음과 같이 반응한다. "나는 DCF 사용 안 해. 주식시장에서 가치를 따지는 방식이 아니야." 하지만 펀드매니저가 어떤 가치평가 방법을 사용하든 실제로는 자신도 모르게 DCF 계산을 수행한다.

예를 들어 어떤 펀드매니저가 "2018년 이익에 주가이익배수(price to earnings ratio, PER) 6배면 애플은 저평가됐어"라고 말하거나 "GM을 2017년 EBITDA의 7배에 산다면 잘 산 거야"라고 말한다면 그는 실제로 DCF 분석을 하는 셈이다. 어떤 사업의 가치를 평가하기 위해 청산가치를 계산해보거나 SOTP(sum of the parts, 사업 부문별 가치 합산)를 계산할 때도 사실은 DCF 분석을 하는 것이다.

사적시장가치법(Private Market Value, PMV)[3]을 이용할 때도 마찬가지다. 사적시장가치법은 업계 전문가가 비슷한 사업이나 자산을 구매할 때 지불할 의향이 있는 금액으로 가치평가하는 법을 말한다.

펀드매니저가 "그 회사는 인수 후보로 탐나는 물건이야"라고 말한다면, 사업을 처음부터 직접 시작하는 것보다 회사를 인수하는 편이 비용이 덜 들거나 더 빠르다는 것을 의미한다. 이 경우 그는 그 회사의 PMV를 추정한 것이고 본질적으로 DCF를 사용한 셈이다.

PER이나 EBITDA 멀티플, 이익수익률(earnings yield, PER의 역수 - 옮긴이), 자본환원율(cap rate, 상업용 부동산 가치평가에서 많이 사용하는 지표로 순임대수익을 부동산 가격으로 나눈 값 - 옮긴이)을 이용하는 경우도 마찬가지다. 자신은 DCF를 사용하는 것이 아니라고 말하지만 실제로는 DCF를 사용하는 것과 같다.

왜냐하면 이 값들은 모두 어떤 사업의 시장가치에 대한 대리 지표 값을 그 사업의 현금흐름에 대한 대리 지표 값으로 나눈 비율이기 때문이다. 이는 영구채(perpetuity)에서 나오는 현금흐름의 현재가치를 계산하는 것(단순화된 DCF)과 같다.

영구채의 현재가치를 구하는 공식은 다음과 같다.

$$영구채의\ 현재가치(PV) = \frac{현금흐름(CF)}{할인율(i)} = 사업의\ 시장가치$$

PER과 이익수익률, 영구채의 현재가치 공식을 비교하면 다음과 같다.

$$PER = \frac{P}{E} = \frac{주가}{주당이익(EPS)} = \frac{사업의\ 시장가치}{CF}$$

$$이익수익률 = \frac{E}{P} = i$$

주당이익이 8.66달러이고 주가가 117.16달러인 기업의 PER과 이익수익률, 영구채의 현재가치는 다음과 같다.

PER = P / E = 117.16 / 8.66 = 13.5

이익수익률 = E / P = 8.66 / 117.16 = 7.4

영구채의 현재가치 = CF / i = 8.66 / 7.4 = 117.16

즉 이 회사의 주가(117.16달러)는 주당이익 8.66달러가 영구히 계속 된다고 가정하고 이를 7.4%의 할인율로 할인한 값이다. 이는 8.66달 러의 쿠폰이 지급되는 영구채의 현재가치와 같다.

EBITDA 멀티플(EV/EBITDA) 역시 PER을 변형한 것으로 사업의 가치를 현금흐름으로 나눈 다른 버전일 뿐이다. 이 모든 경우에 현 금흐름(EPS 또는 EBITDA)이 영구히 계속된다고 가정하는데 이는 영 구채 가치평가와 동일하고 따라서 약식 DCF를 사용한 것이나 마찬 가지다.

펀드매니저가 청산가치나 대체 가치를 이용해 기업가치를 평가하 는 경우도 마찬가지다. 펀드매니저는 미래에 해당 자산을 청산해 현 금화하거나 M&A 거래를 통해 제삼자에게 매각할 수 있다고 가정한 다. 이때 상대방은 자신의 매수 가격을 정당화할 만큼 해당 사업에서 충분한 현금흐름이 창출될 수 있다고 믿어야 매수를 진행할 것이다. 이 경우에도 가치평가는 누군가가 지불할 의사가 있는 가격에 기반 하기 때문에 궁극적으로 DCF를 사용한 것과 같다.

심지어 펀드매니저가 다른 투자자들의 예상치에 근거해 투자하 는 경우에도 결국 다른 누군가가 계산한 해당 사업의 미래 현금흐 름 가치를 이용하는 것이며, 기본 가정은 DCF와 동일하다.

펀드매니저가 선호하는 가치평가 방법이 무엇이든, 스스로 인정 하든 하지 않든, 명시적이든 암묵적이든, 실제로는 근저에서 DCF 분석이 이루어지고 있다.

미래 예측은 쉽지 않다

DCF를 사용해 사업의 가치를 평가하는 작업이 어려운 것은 미래 예측이 쉽지 않기 때문이다. 미래에 어떤 일이 발생할지 확실히 알 수 없기 때문에 미래 현금흐름을 예측할 때는 많은 가정을 해야 한다. 조의 레모네이드 가판대처럼 단순한 사업조차도 다양한 시나리오를 생각해볼 수 있다. 각 시나리오가 발생할 확률이 다르고 결과적으로 현금흐름도 다를 것이다.

예를 들어 단기간에 설탕 가격이 급등하고 이를 고객에게 전가하지 못하는 시나리오를 생각해볼 수 있다. 사업의 이익이 줄고 미래 현금흐름도 줄어들 것이다. 여름 내내 주말에 비가 내리고 오가는 사람이 줄어들어 매출이 하락하는 경우도 생각해볼 수 있다. 가판대가 태풍 피해를 입어 수리 비용이 크게 들어가는 경우도 고려해볼 수 있다. 수많은 시나리오를 그려보고 발생 가능성을 따져 미래 현금흐름을 신뢰도 높게 추정하는 작업은 보통 일이 아니다.

그림 1.13은 현금흐름에 영향을 미치는 여러 외부 요인들을 보여준다.

레모네이드 가판대처럼 단순한 사업조차도 미래 예측이 쉽지 않다면, 더 복잡한 사업의 미래 현금흐름을 예측하기란 훨씬 더 어려울 것이다. 우리는 먼저 미래 현금흐름 예측이 용이한 고정금리부 채권의 가치를 평가하는 간단한 사례부터 살펴보겠다. 그런 다음 점차 복잡성을 높여가며 사업의 가치를 평가해볼 것이다.

[그림 1.13] 레모네이드 가판대사업의 현금흐름에 영향을 미치는 외부 요인들

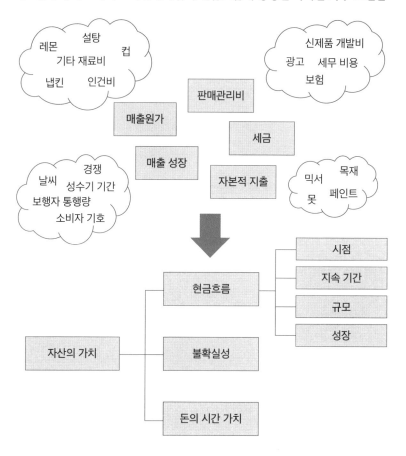

채권의 현재가치를 계산하는 방법

DCF를 이용해 고정금리부 채권의 가치를 평가하려면 다음과 같은 정보가 필요하다.

• 시점: 이자 지급 시기와 원금 상환 시기

1장. 자산과 사업의 가치 평가

- 지속 기간(듀레이션): 이자 지급 횟수(채권 만기까지의 기간)
- 규모: 이자액
- 성장: 고정된 이자를 지급하기 때문에 해당 사항 없음
- 불확실성: 채무 불이행 가능성(지불 능력)
- 돈의 시간 가치

채권은 계약에 의해 대부분의 변수가 결정되므로 가치평가가 간단하다. 이자 지급 시기와 지급 횟수, 지급 금액이 확정되고 매번 동일한 금액이 지급되므로 성장은 고려할 필요 없다. 할인율에는 돈의 시간 가치와 이자 지급 및 원금 상환의 불확실성이 반영된다.
채권이 다음과 같은 조건으로 발행되었다고 가정해보자.

- 시점: 매년 이자 지급, 만기 원금 상환
- 지속 기간(듀레이션): 만기 5년
- 규모: 이자율 6%
- 성장: 해당 사항 없음, 고정금리
- 불확실성: 낮음
- 돈의 시간 가치: 5%[4]

이 채권의 현재가치는 그림 1.14와 같이 구할 수 있다.

영구채의 현재가치를 계산하는 방법

만기가 없는 채권을 영구채라고 한다. 영구채는 채권처럼 정기

[그림 1.14] 고정금리부 채권의 현재가치

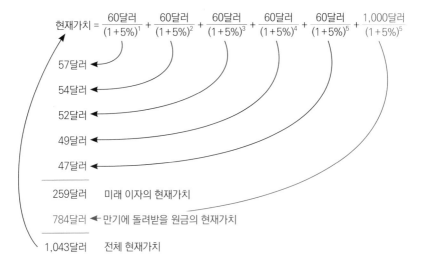

$$\text{현재가치} = \frac{60\text{달러}}{(1+5\%)^1} + \frac{60\text{달러}}{(1+5\%)^2} + \frac{60\text{달러}}{(1+5\%)^3} + \frac{60\text{달러}}{(1+5\%)^4} + \frac{60\text{달러}}{(1+5\%)^5} + \frac{1{,}000\text{달러}}{(1+5\%)^5}$$

57달러

54달러

52달러

49달러

47달러

259달러   미래 이자의 현재가치

784달러 ← 만기에 돌려받을 원금의 현재가치

1,043달러   전체 현재가치

적으로 이자를 지급하지만 만기가 없다. 따라서 영구히 이자가 지급되고 원금은 상환되지 않는다. 영구채의 변수값은 아래와 같다.

- 시점: 매년 이자 지급
- 지속 기간(듀레이션): 만기 무한대
- 규모: 이자율 6%
- 성장: 해당 사항 없음, 고정금리
- 불확실성: 극히 낮음
- 돈의 시간 가치: 5%

다음에서 보는 것처럼 영구채의 가치 계산은 일반 채권의 가치 계산보다 훨씬 단순하다.

영구채의 현재가치 = CF / i = 60달러 / 5% = 1,200달러

사업의 현재가치를 계산하는 방법

우리는 계속기업을 가정하고 사업에서 영원히 현금흐름이 창출될 것(최소한 이론상으로는)으로 기대하기 때문에, 사업의 가치를 구하는 것은 영구채의 가치를 구하는 것과 비슷하다. 차이점은 영구채는 이자(현금흐름)가 계약을 통해 매년 동일한 금액으로 정해지는 데 비해, 사업은 미래 현금흐름이 해마다 달라지고 크게 변동할 수 있다는 점이다.

표 1.3은 고정금리부 채권과 영구채, 사업의 차이를 보여준다.

채권에서는 모든 변수가 계약으로 정해지지만 사업을 운영하는 경우 변수값은 알 수 없거나 불확실하다.

영구채 공식을 이용해 어떤 자산의 가치를 구하려면 동일한 현

[표 1.3] 고정금리부 채권과 영구채, 사업의 비교

	고정금리부 채권	영구채	레모네이드 가판대
이자 지급 시점	매년	매년	불확실
지속 기간(이자 지급 횟수)	5년	영구히 지속	불확실
규모(이자율)	6%	6%	불확실
성장	고정 금액	고정 금액	불확실
불확실성(채무 불이행 가능성)	매우 낮음	매우 낮음	불확실
돈의 시간 가치	5%	5%	불확실

금흐름이 계속 유지되어야 한다. 사업에 이런 가정을 적용하는 것은 매우 비현실적이지만 우선 여기서 시작해보자. 표 1.1에 나온 것처럼 조의 가게는 연간 120달러의 현금흐름을 만들어낸다. 이 현금흐름이 영구히 유지된다고 가정하면 이 사업의 현재가치는 영구채의 가치를 구하는 것과 동일하다. 이자 대신 사업에서 나오는 현금흐름에 영구채 공식을 적용하면 사업의 가치를 구할 수 있다. 할인율을 8.5%로 가정하면 사업의 현재가치는 1,412달러가 된다.

레모네이드 가판대사업의 현재가치 = 120달러 / 8.5% = 1,412달러

2단계 DCF
: 성장하는 현금흐름의 현재가치 계산

지금까지 설명한 가치평가 사례들은 매우 간단했다. 가정도 단순하고 모델에 필요한 입력값도 모두 주어졌다. 아울러 성장을 무시했다. 하지만 모든 기업은 성장하려 애쓴다. 성장은 사업의 현재가치를 계산하는 데 중요한 요소다. 그러나 유감스럽게도 성장 가치의 평가는 어떤 가정이냐에 따라 결과가 매우 민감하게 달라지기 때문에 쉽지 않은 작업이다.

성장 가치를 평가하는 표준 방식은 미래를 몇 개 구간으로 나눈 다음 각 구간에 다른 성장률을 적용해 현금흐름을 추정하고 해당 구간의 가치를 개별적으로 평가하는 것이다. 대체로 두 개 구간으로 나누어 가치평가하는 2단계 모형이 많이 사용된다.

첫 번째 단계에서는 구체적인 예측 기간을 설정한 다음, 예측 기간에 대해 연도별 현금흐름을 추정하고 각 현금흐름을 현재가치로 할인한다. 두 번째 단계에서는 예측 기간 이후에 발생하는 현금흐름의 가치, 다시 말해 잔존가치를 구한다. 잔존가치 역시 현재가치로 할인해줄 필요가 있다. 따라서 사업의 현재가치는 구체적 예측기간 동안 발생하는 현금흐름의 현재가치와 잔존가치의 현재가치의 합으로 나타낼 수 있다.

이제 구체적인 예측 기간 동안 10% 성장하는 경우와 15% 성장하는 경우의 성장 가치를 구해보자. 두 경우 모두 예측 기간 이후에는 성장이 없다고 가정한다.

10% 성장을 가정한 경우

구체적 예측 기간 동안 연간 현금흐름이 10% 성장하고, 이후에는 성장이 없다고 가정하자(표 1.4).

DCF를 사용해 예측 기간 동안의 개별 현금흐름과 예측 기간 이후 잔존가치의 현재가치를 계산할 수 있다. 예측 기간 이후에는 일정한 현금흐름이 영구히 지속된다고 가정했기 때문에 영구채 공식을 이용해 잔존가치를 구할 수 있다. 구체적 예측 기간인 6년 동안 현금흐름의 현재가치는 687달러이고 잔존가치의 현재가치는 1,394달러. 사업의 현재가치는 총 2,081달러다. 자세한 공식은 그림 1.15를 참조하라.

[표 1.4] 연간 10% 성장을 가정한 레모네이드사업의 소유주 이익 6년 추정

(단위: 달러)

	1년	2년	3년	4년	5년	6년
매출액	1,200	1,320	1,452	1,597	1,757	1,933
순이익	109	120	132	145	160	175
소유주 이익	120	132	145	160	176	193

[그림 1.15] 연간 10% 성장을 가정한 레모네이드사업의 현재가치

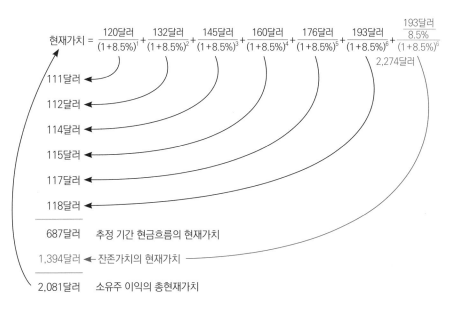

15% 성장을 가정한 경우

다음으로 구체적 예측 기간인 6년 동안 연간 현금흐름이 15% 성
장하고, 이후에는 성장이 없다고 가정해보자(표 1.5).

구체적 예측 기간인 6년 동안 현금흐름의 현재가치는 772달러이

1장. 자산과 사업의 가치 평가

[표 1.5] 연간 15% 성장을 가정한 레모네이드사업의 소유주 이익 6년 추정

(단위: 달러)

	1년	2년	3년	4년	5년	6년
매출액	1,200	1,380	1,587	1,825	2,099	2,414
순이익	109	126	144	166	191	219
소유주 이익	120	138	159	183	210	241

[그림 1.16] 연간 15% 성장을 가정한 레모네이드사업의 현재가치

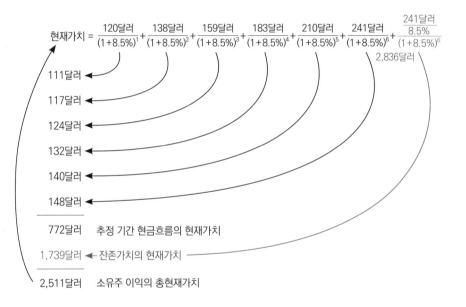

고 잔존가치의 현재가치는 1,739달러다. 레모네이드사업의 총 현재가치는 2,511달러다. 자세한 공식은 그림 1.16과 같다.

당연한 얘기지만 15% 성장하는 사업의 현재가치가 10% 성장하는 사업의 현재가치보다 더 크다. 앞에서 설명했듯이 높은 성장률이 낮은 성장률보다 더 가치 있다.

할인율이란 무엇인가?

지금까지 우리는 사업의 현재가치를 구할 때 8.5% 할인율을 사용했다. 이제 '8.5%가 적절한 할인율인가?' 또는 '적절한 할인율을 어떻게 정해야 하는가?'라는 질문을 다뤄보자. 할인율에 대한 심도 깊은 논의는 이 책의 범위를 넘어서므로 여기서는 적절한 할인율이 무엇인지 생각해보는 선에서 논의를 진행하겠다.

자본비용 계산

할인 과정에서 사용할 '올바른' 할인율은 그 사업의 자본비용(cost of capital)이어야 한다. 이는 투자자의 기회비용(opportunity cost)이며, 사업의 자본비용과 투자자의 기회비용은 동전의 양면과 같다. 자본비용은 투자자가 요구하는 투자수익률이다. 기회비용은 투자자가 하나의 투자 기회를 선택함으로써 포기한 수익이다.

회사의 자본비용은 세 가지 요소로 구성된다.

1. 부채(타인자본)와 자기자본의 비율
2. 차입에 대한 세후 이자 비용(부채비용)
3. 자기자본비용

자본비용은 사용한 자본의 조달비용을 부채와 자기자본 비율로 가중 평균한 값으로, 가중평균자본비용(Weighted Average Cost of Capital, WACC)이라 부른다. WACC는 다음과 같이 구한다.

$$WACC = \frac{부채}{부채+자기자본}(부채비용)\times(1-법인세율) + \frac{자기자본}{부채+자기자본}(자기자본비용)$$

사업의 부채비용(타인자본비용)을 계산하는 것은 간단하지만 자기자본비용을 계산하는 것은 다소 복잡하다. 사업의 자기자본비용은 투자자가 그 회사에 투자하는 데 대한 보상으로 요구하는 수익률이다. 다시 말해 투자자가 그 회사 주식을 보유함으로써 얻을 것으로 기대되는 수익률이다. 해당 수익률은 돈의 시간 가치와 사업의 미래 재무 성과의 불확실성을 보상할 수 있어야 한다. 즉 회사의 자기자본비용은 투자자가 회사의 주식을 매수하도록 만드는 데 필요한 수익률이다. 주식의 기대수익률이 사업의 자기자본비용이다.

자본자산가격결정모형(capital asset pricing model, CAPM)[5]

재무 이론에서는 자기자본비용을 계산하기 위해 CAPM을 사용한다. CAPM은 1960년대에 윌리엄 샤프(William Sharpe)와 존 린트너(John Lintner)가 처음 제안한 모형이며 다음과 같이 구한다.

$$r_e = r_f + \beta(r_m - r_f)$$

여기서 r_e는 주식의 기대수익률, r_f는 무위험 수익률, β(베타)는 해당 주식이 전체 시장 대비 위험한 정도, r_m은 시장의 기대수익률, $r_m - r_f$는 무위험 수익률 대비 시장의 초과수익률 혹은 시장 리스크 프리미엄을 나타낸다.

쉽게 얘기하자면 CAPM에서 주식의 기대수익률은 무위험 수익률에 해당 주식의 개별 리스크 프리미엄을 더한 값과 같다. 무위험

수익률은 투자자의 시간 가치를 보상하는 부분이며, 일반적으로 미국 국채 같은 장기 국고채권의 수익률을 사용한다. 개별 리스크 프리미엄은 해당 사업의 불확실성에 대한 보상을 나타낸다.

베타라는 망상

어떤 주식의 베타는 해당 주식의 수익률과 시장 포트폴리오 수익률의 공분산 값이다. 주식의 베타가 1.5라면 주식시장이 1.0% 오를 때 이 주식은 1.5% 오르고, 주식시장이 1.0% 떨어질 때 이 주식은 1.5% 떨어진다는 것을 의미한다. 즉 베타는 시장 대비 해당 주식의 상대적인 변동성을 나타내는데, 학계에서는 베타를 리스크라고 생각한다.

시장 리스크 프리미엄은 투자자가 국채 같은 무위험 자산 대신 주식을 매수할 때 추가로 요구하는 수익률을 말한다. CAPM은 주식의 베타와 시장 리스크 프리미엄을 곱해 주식의 개별 리스크 프리미엄을 구하고, 이 값에 무위험 수익률을 더해 주식의 기대수익률을 구한다. 이것이 CAPM에서 구한 기업의 자기자본비용이다.

베타는 정확한 리스크 측정 도구가 아니다

베타는 개별 주식의 변동성을 전체 주식시장의 변동성과 비교한 지표이며, 학계에서 주식의 리스크를 측정하는 핵심 지표로 여긴다. 베타가 1보다 큰 주식은 전체 시장보다 변동성이 더 크기 때문에 더 위험한 자산으로 여겨지고, 베타가 1보다 작은 주식은 시장보다 변동성이 작으므로 덜 위험하다고 여겨진다.

하지만 많은 투자 대가는 주식의 변동성을 리스크로 생각하지 않는다. 베타는 사업의 펀더멘털을 전혀 고려하지 않고 계산되므로 리스크 지표로 타당하지 않다.

세스 클라먼은 자신의 책 《안전마진》에서 "과거의 가격 변동을 반영하는 하나의 숫자가 어떻게 주식의 위험을 완전하게 나타낸다고 생각할 수 있는지 놀랍다. 베타의 관점은 위험을 전적으로 시장 가격의 변화에서 찾기 때문에 특정 기업의 펀더멘털이나 경제 상황을 전혀 고려하지 않는다. 실제로는 과거의 주가 변동이 미래 투자 성과(혹은 미래의 변동성)를 신뢰성 있게 예측하지 못한다. 따라서 위험의 척도로 사용하기에 부적합하다"라고 지적했다.[6]

가중평균자본비용 계산의 사례

CAPM을 이용해 상장기업인 정밀화학회사 켐추라(Chemtura)의 가중평균자본비용(WACC)을 구해보자. 기업의 부채비용은 계산하기 쉽다. 이 분석이 이루어진 2016년 켐추라는 2021년 7월 만기인 4억 5,000만 달러의 채권을 이자율 5.93%에 발행했다. 추가로 이자율 3.78%에 8,200만 달러의 기간 대출(term loan)도 받고 있었다. 이자는 세금 공제가 되므로 아래와 같이 세후 부채비용을 계산할 수 있다. 켐추라의 세후 부채비용은 3.6%다.

이자 비용 = (450 × 5.93%) + (82 × 3.78%) = 29.8

세후 부채비용 = 이자 비용 × (1 − 법인세율) / 총부채

= 29.8 × (1 − 35%) / (450 + 82) = 3.6%

* 2016년 5월 기준, 미국 법인세율 35% 가정, 금액 단위: 100만 달러

켐추라의 자기자본비용은 다소 계산이 까다롭다. 부채는 명시된 이자율이 있지만 자기자본은 그렇지 않다. CAPM을 이용해 켐추라의 자기자본비용을 계산해보자. 2016년 5월 기준 10년물 미국 국채 이자율인 2.2%를 무위험 이자율로, S&P500의 장기 수익률인 9.7%를 시장 수익률로 선택했다. 회사의 베타는 야후파이낸스(Yahoo! Finance)에서 제공하는 1.2를 사용했다.[7] 이렇게 계산한 켐추라의 자기자본비용은 아래에서 보는 것처럼 11.2%다.

자기자본비용 = 2.2% + 1.2 × (9.7% − 2.2%) = 11.2%

부채비용 3.6%와 자기자본비용 11.2%(자기자본 20억 달러)를 이용해 WACC를 계산할 수 있다. 켐추라의 WACC는 9.6%다.

$$WACC = \frac{부채}{부채+자기자본}(부채비용) + \frac{자기자본}{부채+자기자본}(자기자본비용)$$

$$= \frac{532}{532+2,000}(3.6\%) + \frac{2,000}{532+2,000}(11.2\%) = 9.6\%$$

* 금액 단위: 100만 달러

계산이 매우 인상적이고 정밀해 보이지만 이 계산에는 사업의 펀더멘털에 관련된 요소가 없다. 자본 구조(capital structure) 정도만

반영되었을 뿐이다. 사업의 전망과 경쟁 강도, 경영진의 자질 같은 사업의 모든 펀더멘털 요소가 무시되었다.

이런 이유로 실전 펀드매니저 대부분은 사업의 자본비용을 계산하는 데 CAPM을 사용하지 않는다. CAPM을 이용해 사업의 WACC를 구하는 것에는 심각한 결함이 있다.

할인율 결정 요소

회사의 자본비용을 결정하려면 주가의 상대적 변동성뿐 아니라 다른 수많은 요소를 고려해야 한다(그림 1.17).

그림 1.17에 나온 요소들이 할인율을 결정하는 요소 전부라고 생각하지 않기를 바란다. 이 표는 공식이 아니다. 단지 회사의 자기자본비용을 추정할 때 고려할 요소가 많음을 보여주기 위한 것이다.

잘 모르겠으면 그냥 10%를 적용하라

자본비용은 경영진이 내리는 모든 투자 의사결정의 기준이 되어야 한다. 하지만 정확한 자본비용을 계산하는 것은 불가능하며 경영진과 투자자 모두 대략적인 추정치를 받아들일 수밖에 없다.

역사상 가장 뛰어난 투자자인 워런 버핏과 찰리 멍거(Charlie Munger)는 2003년 버크셔 해서웨이 주주총회에서 다음과 같이 말했다.

버핏 찰리와 나는 우리 회사의 자본비용을 모릅니다. 경영대학원에서 가르

[그림 1.17] 할인율을 결정하는 주요 요소

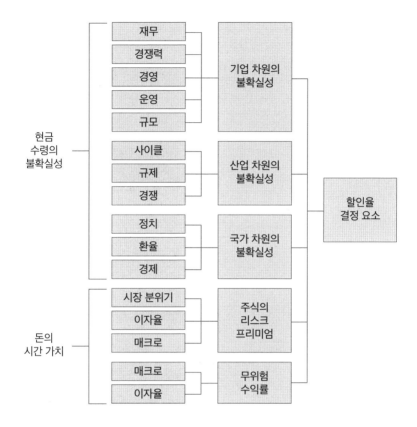

치고 있지만 우리는 회의적입니다. 우리는 단지 우리가 가진 자본을 가장 현명하게 사용하려고 노력합니다. 우리는 모든 것을 우리가 가진 대안들과 비교합니다. 나는 합리적이라고 생각되는 자본비용 계산 방법을 본 적이 없습니다. 찰리, 자네는 본 적이 있나?

멍거 한 번도 본 적 없지. 맨큐의 경제학 교과서를 보면 현명한 사람들은 기회비용을 고려해 의사결정을 내린다고 합니다. 다시 말해 대안이 중요하다는 말입니다. 우리는 모든 의사결정을 이렇게 내립니다. 세상

이 어떤 주술에 홀딱 빠져서 이상한 것들을 만들고 있습니다. 심각한 정신 결함입니다.[8]

버핏과 멍거는 회사의 자본비용을 결코 정확하게 계산할 수 없다고 말한다. 이처럼 뛰어난 투자자들이 회사의 자본비용을 계산하는 도구로 베타와 CAPM은 부적절하다고 말하는데, 왜 우리가 굳이 CAPM을 이용해 켐추라의 WACC를 계산했는지 독자들은 궁금할 것이다.

여기에는 두 가지 이유가 있다. 첫째, 전 세계 수많은 경영대학원에서 어떤 방식으로 자본비용을 계산하는지 설명하기 위해서다. 둘째, 매우 정밀해 보이는 공식을 이용해서 켐추라의 WACC를 9.6%로 계산했는데 이 값이 S&P500의 장기 수익률인 9.7%와 거의 같다는 것을 보여주기 위해서다. 우리는 S&P500의 장기 수익률이 투자자의 장기 기회비용을 나타내는 훌륭한 지표라고 생각한다.

컬럼비아대학교 브루스 그린왈드 교수는 가치투자 수업 시간에 학생들에게 "그냥 10%를 쓰세요. 별 차이가 없고 계산하기도 쉽습니다"라고 가르친다. 우리도 자본비용의 추정치로 10%를 사용하는 것이 합리적이라고 생각한다. 회사가 직면한 불확실성에 대해 추가적인 통찰이 있다면 이 값을 위아래로 조금씩 조정하면 될 것이다.

```
┌──────────────────┐
│     1장 핵심      │
└──────────────────┘
```

- 자산의 가치는 해당 자산의 내용연수 동안 창출되는 현금흐름을, 돈의 시간 가치와 현금 수령의 불확실성을 반영해 할인한 값이다.
- 현금흐름
  · 현금 수령이 빠를수록 좋다.
  · 현금흐름이 오래 지속될수록 좋다.
  · 현금흐름의 규모가 클수록 좋다.
  · 현금흐름의 성장률이 높을수록 좋다.
- 불확실성은 현금흐름의 네 가지 구성 요소에 영향을 미치고 결과적으로 자산의 가치에도 영향을 미친다.
- 미래 현금흐름의 불확실성을 반영해 자산의 가치 정의를 다음과 같이 변경한다. 자산의 '추정' 가치는 해당 자산의 내용연수 동안 창출될 것으로 '기대되는' 현금흐름을, 돈의 시간 가치와 현금 수령의 불확실성을 반영해 할인한 값이다.
  · 먼 미래일수록 불확실성이 커지므로 예측이 어렵다.
  · 자산의 현금흐름은 돈의 시간 가치를 반영해서 할인해야 한다. 오늘의 1달러는 미래의 1달러보다 더 가치가 있고, "손안의 새 한 마리가 숲속의 새 두 마리보다 낫다". 미래의 현금흐름을 지금 가치로 나타낸 값을 현재가치(PV)라고 한다.
- EBITDA는 사업의 실제 재무 성과를 제대로 측정하지 못하기 때문에 사업의 가치를 추정하는 용도로 사용하기에는 부적합하다. 소유주 이익(owner earnings)이 더 정확한 지표다.
- DCF가 미래 현금흐름의 가치를 구하는 정확한 방법이지만, 현금흐름의 여섯 가지 요소를 먼 미래까지 추정하는 것은 현실적으로 불가능하기 때문에 투자자 대부분은 약식 버전을 이용한다.

- 펀드매니저가 선호하는 가치평가 방법이 EBITDA 멀티플이든 PER이나 자본환원율이든 무엇이건 간에 근본은 DCF를 사용하는 셈이다.
- 회사의 부채비용(타인자본비용)은 간단히 계산할 수 있지만 자기자본비용은 계산이 쉽지 않다. 자기자본비용은 투자자가 요구하는 수익률로, 돈의 시간 가치와 사업의 미래 재무 성과의 불확실성을 보상할 수 있어야 한다. 즉 회사의 자기자본비용은 투자자가 회사 주식을 매수하도록 유인할 수 있는 수익률이다.
- 전문 투자자들은 주식의 변동성을 투자의 주된 리스크로 생각하지 않기 때문에, 투자할 때 베타와 CAPM을 크게 신경 쓰지 않는다. 베타와 CAPM은 사업의 중요한 펀더멘털을 전혀 고려하지 않는다.
- 자본비용은 경영진이 내리는 모든 투자 의사결정의 기준이 되어야 한다. 하지만 정확한 자본비용을 계산하는 것은 불가능하며 경영진과 투자자 모두 대략적인 추정치를 받아들일 수밖에 없다.
- 브루스 그린왈드 교수의 조언대로 "그냥 10%를 적용하라".

2장

경쟁우위와 성장의
가치 평가

지금까지 우리는 기업이 사업을 계속한다는 가정 아래 사업에서 나오는 미래 현금흐름을 추정해 사업의 가치를 계산했다. 기업이 자산을 운용해 현금흐름을 만들어내는 것이 일반적이지만 때로는 자산을 매각해 현금흐름을 만들 수도 있다.

자산 매각을 통해 창출하는 현금흐름

기업은 사용하던 자산의 운용을 중단하고 매각하기로 결정할 수 있다. 이 경우 자산 매각을 통해 들어오는 현금을 추정해서 사업의 가치를 계산해볼 수 있다. 이런 가치평가 방법을 청산가치법(liquidation value)이라고 한다.

[그림 2.1] 청산가치와 사적시장가치

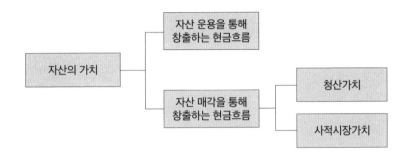

기업은 재무적 투자자나 전략적 투자자에게 사업의 일부나 전체를 매각하는 의사결정을 내릴 수도 있다. 기업 인수자에게 해당 사업이 갖는 가치를 판단해 기업가치를 평가하는 방법을 사적시장가치법(private market value)이라고 한다(그림 2.1).

책상의 가치는 얼마일까?

폴 손킨이 허밍버드밸류펀드(The Hummingbird Value Fund)라는 투자회사를 운영할 때 주드 칸(Judd Kahn)과 사무실을 함께 썼다. 거기서 제프 도(Jeff Doe, 가명)라는 유명한 투자자를 만났는데, 하루는 손킨의 사무실에 들른 제프가 말했다. "이번에 사무실 인테리어를 바꾸면서 책상도 새로 주문했는데, 혹시 우리가 쓰던 책상에 관심이 있나요?"

손킨은 쓰고 있는 책상에 만족했지만 한번 볼까 하는 생각에 물어보았다. "얼마에 팔고 싶은데요?" 제프는 300달러를 불렀고 손킨은 그냥 지금 쓰는 책상이 좋다고 대답했다. 제프가 다시 100달러를 제안했고 손킨은 사양했다. 그러자 제프는 "필요하면 그냥 가져가도 돼요"라고 말했다. 손킨은 잠깐 고민하다 지금 쓰고 있는 책상을 바꾸고 싶지 않아 제프에게 말했다. "그냥 굿윌(Goodwill) 같은 곳에 기부하면 어떨까요?"

그러자 제프가 말했다. "이미 연락해봤어요. 그런데 책상을 가져가려면 운송업체를 이용해야 하니 돈이 든다고 하더군요. 책상 한 개당 300달러의 기부금을 내라고 하네요. 건물에 그냥 버리려고 해도 비슷한 비용이 들어요."

자산은 그 자산이 만들어내는 현금흐름만큼 가치가 있고, 때로는 제프의 책상처럼 마이너스 가치를 가질 수도 있다.

청산가치

다양한 전기차의 모터 컨트롤러를 제조하는 상장기업 세브콘 (Sevcon)이 청산된다고 가정하고 청산가치법을 적용해보자. 우리는 회사가 보유한 여러 자산이 청산 과정에서 얼마에 팔릴 수 있을지 추정해야 한다. 현금과 시장성 있는 유가증권 같은 유동자산은 장부가를 그대로 인정해줄 수 있다.[1] 팔기도 쉽고 장부가와 큰 차이 없이 매각할 수 있을 것이다. 반면 재고자산과 매출채권처럼 유동성이 떨어지는 자산은 할인이 필요하다.

청산 과정에서 장부가를 모두 인정받기는 쉽지 않다. 예를 들어 완성품 재고는 장부가 근처에서 팔 수 있지만 생산 중인 미완성 제품이나 전선, 자석, 전원공급장치 같은 원재료들은 헐값에 처분해야 할 것이다. 또한 계속기업 상태일 때에 비해 청산 과정에서는 매출채권 회수에 추가 비용이 발생할 수 있다. 반면 청산하더라도 채무와 법적 의무는 모두 이행해야 한다. 자산 매각 대금에서 이를 공제해 청산의 순현금흐름을 추정할 수 있다. 표 2.1은 세 가지 청산 시나리오를 가정해 청산가치를 구해보았다.

[표 2.1] 세브콘 청산가치 분석

(금액 단위: 100만 달러, 주당 순청산가치 제외)

재무상태표	2015/07/04 기준	나쁜 상황		보통		좋은 상황	
현금 및 현금 등가물	8,548	95%	8,121	100%	8,548	100%	8,548
매출채권	8,328	70%	5,830	80%	6,662	90%	7,495
재고자산	6,596	30%	1,979	40%	2,638	50%	3,298
선급비용 및 기타 유동자산	2,573	5%	129	10%	257	15%	386
유동자산	26,045						
비유동자산	7,821	10%	782	20%	1,564	30%	2,346
자산 총계	33,866		16,840		19,670		22,073
유동부채	7,112	100%	7,112	90%	6,401	80%	5,690
연금부채	8,674	62%	5,378	62%	5,378	62%	5,378
기타 비유동부채	500	100%	500	90%	450	80%	400
부채 총계	16,286		12,990		12,229		11,467
지배기업 소유주 지분	17,492						
비지배지분	88						
부채와 자본 총계	33,866						
순청산가치			3,850		7,440		10,606
발행주식 수(100만)			4,959		4,959		4,959
주당 순청산가치			0.78달러		1.50달러		2.14달러

[그림 2.2] 세브콘의 청산가치 분포

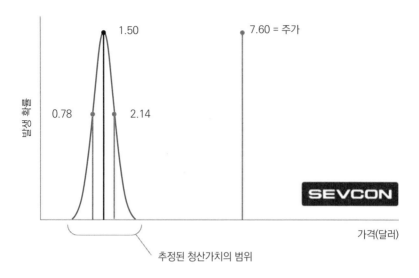

이렇게 구한 세 가지 추정치를 이용해 세브콘의 청산가치 분포를 만들어볼 수 있다(그림 2.2). 흥미롭게도 2015년 8월 세브콘의 주가 7.6달러는 매우 호의적인 청산가치보다도 훨씬 높다.

기업이 보유 자산의 일부나 전부를 실제로 청산하고자 하는 것이 아니라면 청산가치 분석은 실용적이지 않다. 하지만 계속기업으로 생존하기 어려운 경우라면 최소 수준의 사업 가치를 추정해볼 수 있다.

사적시장가치

기업은 보유 자산의 일부나 전부를 해당 자산을 운용해 사업을 하고자 하는 구매자에게 매각할 수 있다. 사적시장가치(PMV)

란 업계를 매우 잘 아는 합리적인 구매자가 해당 자산을 매입하기 위해 지불할 의향이 있는 가격을 말한다. 1977년 마리오 가벨리(Mario Gabelli)가 처음 만들었다. 1982년 3월 '루이스 루케이저(Louis Rukeyser)의 월스트리트위크(Wall $treet Week)'라는 TV 쇼에 출연한 가벨리는 다음과 같이 말했다.

사적시장가치라는 아이디어는 사업에서 나오는 변동성이 큰 이익 관점이 아니라, 업계를 잘 아는 전문가가 지불할 만한 가격의 관점에서 해당 사업의 가치를 평가하는 것입니다. 기본적으로 바텀업(bottoms-up) 방식입니다. 업계 전문가가 열 명 있다고 가정해보죠. 나는 그들에게 "제가 입찰을 붙이려고 하고, 가격을 가장 높게 부르는 사람이 가져갑니다. 얼마를 지불하시겠습니까?"라고 물을 것입니다. 회사를 여러 부문으로 분할해 따로 매각하면 어떻게 될지도 따져봅니다. 누구나 참여하는 주식시장에서 매기는 가격과 사적시장가치가 얼마나 차이가 나는지 살펴보는 겁니다.

어떤 투자자가 "그 회사는 인수해볼 만해"라고 말할 때는 그 회사의 사적시장가치를 말하는 것이다.

로저 머리는 1993년 초 강연에서 사적시장가치에 대해 좀 더 구체적으로 정의했다.

나는 사적시장가치를 내재가치에 컨트롤 프리미엄(control premium)을 더한 것이라고 정의하고 싶습니다. '사적'이라는 단어가 말해주듯 인수자는 그 기업을 인수해 개인 소유 기업으로 전환할 수 있습니다. 그럼 신경 쓰이는 애널리스트와 주주들의 간섭을 받지 않고 멀리 보고 운영할 수 있습니다.

컨트롤 프리미엄이 생기는 것입니다. 물론 인내심이 요구됩니다. 주식시장에 가장 부족한 것이 인내심입니다. 내가 기업을 사적으로 소유할 수 있다면 좀 더 인내심을 발휘할 수 있을 것입니다.

물론 단점도 있습니다. 기업공개를 함으로써 기업은 재무적인 측면에서 좀 더 유연해지고 효율성을 높일 수 있습니다. 자본시장을 이용하기도 용이하고 심지어 단기간에 큰 규모의 채권을 발행할 수도 있습니다. 이런 장점들은 사적시장가치에서 차감해야 합니다.[2]

정리하자면 로저 머리는 사적시장가치를, 기업의 내재가치에 컨트롤 프리미엄과 인내심을 더한 값에서 시장 접근성을 차감한 값으로 정의한다.[3]

사적 시장에는 재무적 인수자와 전략적 인수자라는 두 인수 주체가 있다. 재무적 인수자로는 콜버그크래비스로버츠(Kohlberg Kravis and Roberts, KKR)와 블랙스톤(Blackstone Group) 같은 사모펀드 운용사를 들 수 있고, 전략적 인수자로는 활발하게 인수 활동 작업을 하는 로퍼테크놀로지(Roper Technologies)와 일리노이툴웍스(Illinois Tool Works) 같은 상장기업을 들 수 있다.

재무적 인수자는 저평가되었다고 생각되는 상장기업 중에서 자신들이 개입해 재무 구조를 개선하고 기업의 내재가치를 올릴 수 있는 대상을 찾는다. 그런 기업을 찾으면 인수해 비공개로 전환하고 로저 머리가 말한 인내심을 발휘해 상장기업일 때보다 훨씬 긴 시간 지평을 가지고 기업의 운영 효율성을 개선하는 데 집중한다. 재무적 인수자는 이런 조치들이 기업의 가치를 큰 폭으로 증가시킬 수 있다고 믿는다.

반면 전략적 인수자는 시장 지위를 키우고 싶어 하는 경쟁자이거나 해당 시장에 신규 진출을 원하는 기업일 수 있다. 이런 기업들은 자신이 처음부터 시작할지 아니면 인수할지 결정해야 한다. 다시 말해 노력해서 기존 기업의 자산을 복제해낼 것인지, 아니면 기존 기업을 인수해 해당 자산에 대한 통제권을 확보할 것인지 선택해야 한다. 시장 진입에 필요한 시간과 인수 비용을 비교해 어느 것이 더 효과적인지 따져본다. 대부분의 자산은 시간만 주어지면 충분히 복제 가능하기 때문에, 전략적 인수에서 컨트롤 프리미엄은 대체로 시장 진입 시간을 줄여주는 대가에 해당한다.

자산 운용을 통해 창출하는 현금흐름

현금흐름을 만들어내려면 어떤 형태로든 자본 투자가 필요하다. 선제적 자본 투자 없이 양의 현금흐름을 만들어낼 수 있는 사업은 거의 없다. 이렇게 투자한 자본을 투하자본(invested capital)이라고 하고, 이 자본에 대한 이익률을 투하자본이익률(return on invested capital, ROIC)이라고 한다. 1장에서 보았듯이 투하자본에는 비용이 발생하는데 이 비용을 자본비용이라고 부른다.

경제학에서는 ROIC가 가중평균자본비용(WACC = 자본비용)보다 클 때 기업이 초과수익을 냈다고 말한다. 이 초과수익이 경쟁을 부른다. 잠재적 경쟁자들은 투자를 통해 만들 추가 현금흐름이 투자에 필요한 추가 자본비용을 넘어서는 수익을 만들어낼 수 있다고 확신하는 경우에만 시장 진입을 고려할 것이다.

기업이 초과수익을 만들었는지 알려면 사업의 자본비용과 ROIC를 알아야 한다. 예를 들어 조가 레모네이드 가판대사업에 투자하는 경우, 그 자본은 조가 가지고 있던 돈이거나 빌린 돈일 것이다. 만약 조가 자신의 돈을 로이스 스페셜이퀴티펀드(Royce Special Equity Fund, 2017년 3월 기준 과거 10년간 연 수익률 8.5% 기록)에 투자하고 있었다면, 가판대사업에 투자하는 것은 이 수익을 포기하는 행위다.[4]

아마도 조는 로이스펀드 수익보다 가능한 한 더 높은 수익을 올리고 싶을 것이기에, 그럴 가능성이 있다고 생각할 때만 가판대사업에 투자할 것이다. 그렇지 않다면 그냥 펀드에 돈을 두는 편이 더 낫다. 1장에서 설명한 것처럼 이렇게 조가 포기한 수익이 조의 기회비용이자, 레모네이드 가판대사업의 자본비용이다.

레모네이드 가판대사업에 투자하는 것이 합리적인지 따져보려면 그 사업에 투자해서 얻을 수 있는 잠재 수익을 자본비용인 8.5%와 비교해야 한다. 가판대사업의 예상 ROIC를 계산해, ROIC가 자본비용을 초과하는 경우에만 투자를 통해 더 큰 경제적 이익을 얻을 수 있다.

ROIC 계산은 일반적인 투자수익률 계산과 크게 다르지 않다. 레모네이드 가판대사업의 ROIC는 가판대사업에서 나오는 현금을, 그 사업에 투자된 자본으로 나눈 값이다.

투하자본이익률(ROIC) = 소유주 이익 / 투하자본

소유주 이익은 1장에서 정의했으니 여기서는 투하자본에 대해 좀 더 알아보자.

만약 조가 채권을 산다면 채권에 투자한 금액이 얼마인지 정확히 알 수 있으므로 ROIC를 계산하는 것은 어렵지 않다. 하지만 개념적으로 비슷해 보여도 사업에 투자된 자본의 액수를 정확히 산정하는 것은 현실에서는 다소 까다로울 수 있다. 여기서는 그냥 단순하게 투하자본이 사업에 투자된 현금과 같다고 하자. 투하자본은 다음과 같이 표현할 수 있다.[5]

투하자본 = 유동자산 − 유동부채 + 순유형자산

표 2.2에서 조의 레모네이드 가판대사업의 투하자본은 600달러임을 알 수 있다.

1장에서(표 1.1) 조는 가판대사업 운영 첫해에 120달러의 소유주 이익을 만들 수 있을 것으로 추정했다. 이는 가판대사업의 ROIC가 20%(120달러 ÷ 600달러)라는 것을 의미한다.

로이스펀드의 수익률은 8.5%였다. 조가 로이스펀드에 600달러를 투자하면 연간 51달러의 수익을 올릴 수 있다는 뜻으로, 이 펀드의 ROIC는 8.5%(51달러 ÷ 600달러)다.

앞서 말한 것처럼 로이스펀드의 기대수익률이 조의 기회비용이자 가판대사업의 자본비용이다. 가판대사업의 ROIC가 자본비용보다 커서 조는 가판대사업에 투자해 초과수익을 올릴 수 있다.

2장. 경쟁우위와 성장의 가치 평가

[표 2.2] 조의 레모네이드 가판대사업의 재무상태표

(단위: 달러)

현금	50.00	
재고		
레몬	21.00	
탄산음료	21.94	
빨대	3.04	
설탕	4.19	
재고자산 합계	50.17	
유동자산 합계	**100.17**	
매입채무	18.19	
미지급 급여 및 비용	35.00	
유동부채 합계	**53.19**	
순유동자산		**46.98**
고정자산		
가판대 설치 비용	398.96	
피처	28.16	
얼음 틀	8.94	
금전등록기	63.99	
쿨러	38.99	
믹서	13.98	
순유형자산	**553.02**	553.02
투하자본 합계		**600.00**

가판대사업의 초과수익률 = ROIC − WACC = 20.0% − 8.5% = 11.5%

가판대사업의 초과수익 = (ROIC − WACC) × 투하자본

= (20.0% − 8.5%) × 600달러 = 69달러

소유주 이익과 ROIC의 관계는 다음과 같다.

ROIC = 소유주 이익 / 투하자본

소유주 이익 = ROIC × 투하자본

레모네이드 가판대사업의 소유주 이익은 120달러(20% × 600달러)다.

소유주 이익은 다음과 같이 나눌 수 있다.

소유주 이익 = ROIC × 투하자본

　　　　　 = (초과수익률 + 자본비용) × 투하자본

　　　　　 = (초과수익률 × 투하자본) + (자본비용 × 투하자본)

　　　　　 = (11.5% × 600달러) + (8.5% × 600달러)

　　　　　 = 69달러 + 51달러 = 120달러

자본비용에 투하자본을 곱한 금액을 자본이용료(capital charge)라고 부른다. 자본이용료는 자본비용을 상환하기 위해 사업을 통해 만들어내야 할 현금흐름이다.

레모네이드 가판대사업의 자본이용료는 51달러다. 조가 가판대사업에 투자한다면 소유주 이익(120달러)에서 자본이용료(51달러)를 차감한 69달러의 초과수익을 매년 기대할 수 있다.

자본이용료는 자본비용에 투하자본을 곱한 금액으로서 해당 자본을 사용한 대가에 해당하는 금액이다. 예를 들어 조의 자본비용이 8.5%라면 조가 투자한 자본 600달러의 자본이용료는 연간 51달러다.

만약 조가 투자금을 전액 대출(타인자본)로 조달하고 대출금리가 연 8.5%라면 해당하는 이자 비용만큼 현금이 나갈 것이다. 이자 비용은 손익계산서상에 표시되기 때문에 조가 얼마만큼의 자본이용료를 부담하고 있는지 쉽게 알 수 있다.

하지만 조가 전액 자기자본으로 투자한다면 자기자본에 대한 자본이용료는 이자 비용처럼 실제 유출이 발생하지 않기 때문에 손익계산서상에 나타나지 않는다. 그럼에도 조는 자본이용료를 부담하고 있다.

자기자본에도 분명히 비용이 존재하는데, 많은 투자자와 대부분의 경영자는 현금이 나가지 않고 손익계산서상에 표시되지도 않기 때문에 자본이용료의 중요성을 제대로 이해하지 못한다. 타인자본이든 자기자본이든 모든 자본은 이용에 따른 대가가 있다.

초과수익은 경쟁을 부른다

레모네이드 가판대사업의 ROIC 20%는 경쟁자를 끌어들일 가능성이 크다. 예를 들어 여름의 처음 몇 주간 날씨가 좋아 사업이 번창하고 있다고 가정해보자. 사업이 잘되어 조가 그달 말에 새로운

[표 2.3] 조의 레모네이드사업: 독점일 경우

	조의 가게
판매 수량(잔)	600
잔당 가격(달러)	2
매출액(달러)	1,200
비용(달러)	1,080
소유주 이익(달러)	120
투하자본(달러)	600
ROIC	20.0%

자전거를 살 만큼의 이익이 났다. 조의 집 건너편에 사는 샬럿은 조가 돈을 잘 번다는 것을 알아차렸고 다음과 같이 생각한다. '나도 새 자전거가 갖고 싶은데, 조가 저렇게 돈을 잘 버니 나도 레모네이드 가판대사업을 한번 해봐야겠다.'

조가 동네에서 혼자 레모네이드를 판매할 때 그 시장은 조의 독점이다. 아무도 제공하지 않는 제품을 고객에게 판매해 20%라는 높은 이익률을 달성할 수 있다(표 2.3).

그러나 독점이 장기간 지속되기는 쉽지 않다. 조만간 경쟁자들이 제품을 복제할 방법을 찾아내고 시장에 진입해 고객을 두고 경쟁할 것이다. 제품의 독특함도 시간이 지나면 일시적이었던 것으로 드러난다. 샬럿의 시장 진입을 막을 수단이 없다면 샬럿은 레모네이드를 팔게 될 것이고 조의 매출을 조금씩 가져갈 것이다. 조의 이익은 줄어들고 ROIC도 낮아질 것이다.

만약 샬럿이 조의 매출 절반을 가져간다면 조의 ROIC는 10%로 하락하게 된다(표 2.4).

[표 2.4] 조의 레모네이드사업: 경쟁우위가 없을 경우

	조의 가게	샬럿의 가게
판매 수량(잔)	300	300
잔당 가격(달러)	2	2
매출액(달러)	600	600
비용(달러)	540	540
소유주 이익(달러)	60	60
투하자본(달러)	600	600
ROIC	10.0%	10.0%

샬럿이 시장에 진입했을 때 수익성이 훼손되지 않으려면 조는 경쟁우위를 가져야 한다.[6]

경쟁우위란 무엇인가?

기업이 자본비용보다 큰 ROIC를 만들어내는 방법은 경쟁자보다 더 높은 가격에 제품을 팔거나, 더 낮은 비용으로 제품을 만들거나, 더 효율적으로 자본을 활용하는 것뿐이다. 가격 우위, 원가 우위, 자본 효율성이라는 세 가지가 기업의 경쟁우위이며 초과수익의 원천이다(표 2.5).

예를 들어 조가 레모네이드를 좀 더 높은 가격에 팔 수 있다면 샬럿보다 더 높은 ROIC를 만들어낼 것이다. 조는 가격 우위를 통해 더 높은 수익을 향유한다(표 2.6).

아니면 조가 운영 비용을 낮춰 더 높은 ROIC를 만들어낼 수도 있

[표 2.5] 초과수익의 원천

	1년 차	
매출액	1,200	← 더 높은 가격
매출원가	-535	
매출총이익	665	더 낮은 비용
판매관리비	-453	
영업이익	212	
세금	-80	
순이익	131	
감가상각	52	
자본적 지출	-63	
소유주 이익	120	

ROIC =

유동자산	100	
유동부채	-53	
순운전자본	47	← 더 효율적인 자본 활용
순유형자산	553	
투하자본	600	

[표 2.6] 조의 레모네이드사업: 가격 우위

	조의 가게	샬럿의 가게
판매 수량(잔)	300	300
잔당 가격(달러)	**3**	**2**
매출액(달러)	900	600
비용(달러)	810	540
소유주 이익(달러)	90	60
투하자본(달러)	600	600
ROIC	**15.0%**	**10.0%**

2장. 경쟁우위와 성장의 가치 평가

[표 2.7] 조의 레모네이드사업: 원가 우위

	조의 가게	샬럿의 가게
판매 수량(잔)	300	300
잔당 가격(달러)	2	2
매출액(달러)	600	600
비용(달러)	**450**	**540**
소유주 이익(달러)	150	60
투하자본(달러)	600	600
ROIC	**25.0%**	**10.0%**

[표 2.8] 조의 레모네이드사업: 자본 효율성

	조의 가게	샬럿의 가게
판매 수량(잔)	300	300
잔당 가격(달러)	2	2
매출액(달러)	600	600
비용(달러)	540	540
소유주 이익(달러)	60	60
투하자본(달러)	**295**	**600**
ROIC	**20.3%**	**10.0%**

다. 원가 우위를 통해 더 많은 수익을 창출하는 것이다(표 2.7).

마지막으로 조는 자본을 더 효율적으로 활용해 더 높은 ROIC를 만들어낼 수도 있다(표 2.8).

경쟁우위의 원천

경쟁우위는 초과수익을 만들어낼 수 있는 기업의 능력이다. 지속 가능한 경쟁우위는 미래 장기간에 걸쳐 초과수익을 만들어낼 수 있는 기업의 능력이다. 경쟁우위를 유지하려면 초과수익을 잠식하는 경쟁자의 진입을 막을 수 있는 진입장벽이 필요하다.

경쟁우위의 원천은 고객관계 우위, 원가 우위, 효율성 우위, 정부 정책이라는 네 가지가 있다. 각각을 자세히 알아보자.

경쟁사보다 더 높은 가격을 부과할 수 있는 기업의 경쟁우위를 고객관계 우위(소비자 선호)라고 한다. 고객관계 우위가 존재할 때 고객은 더 낮은 가격을 제시하는 경쟁사로 전환하지 않고 더 높은 가격을 지불하며 그대로 남는다. 검색 비용이나 전환 비용이 발생하는 경우, 또는 구매 습관이 형성되는 경우에 고객관계 우위가 존재한다.

검색 비용 때문에 고객을 묶어두는 효과가 생길 수 있다. 고객이 경쟁 제품이나 서비스를 비교할 시간을 낼 수 없거나 내지 않는 경우가 해당하는데, 이런 고객 행동은 대체로 구매가 드물게 일어나거나 매우 중요한 구매 의사결정일 때 나타난다. 예를 들어 새로운 냉장고를 검색하는 것은 쉽지만 새로운 의사를 찾아내는 것은 쉽지 않다.

전환 비용은 한 제품에서 다른 제품으로 전환하려면 시간적으로나 금전적으로 큰 비용을 지불해야 할 때 발생한다. 예를 들어 오랫

동안 체이스은행을 이용해서 계좌에 자동이체가 여러 개 걸려 있고 자주 이용하는 지점도 가까이 있다면 씨티은행 전환을 주저할 것이다.

검색 비용과 전환 비용이 낮더라도 몸에 밴 습관 때문에 남을 수 있다. 습관에 기반해 구매 의사결정을 하는 것은 샴푸, 치약, 맥주, 세제, 담배처럼 일상적으로 구매하는 제품인 경우가 많다.

많은 사람이 브랜드를 경쟁우위의 원천이라고 생각하지만 브랜드가 검색 비용이나 전환 비용, 고객의 구매 습관을 강화하지 못한다면 브랜드 자체는 아무것도 아니다. 거의 모든 제품에 브랜드가 있다. 심지어 유기농 슈퍼마켓 홀푸드(Whole Foods)의 '365 Everyday Value'도 브랜드다. 모든 제품에 브랜드가 있다면 브랜드가 경쟁우위의 원천이라고 말할 수 없다.

브랜드가 진정으로 경쟁우위의 원천인 대표적인 예는 타이레놀이다. 두통약을 살 때, 대형 약국 체인 CVS의 자체 브랜드인 6달러짜리 아세트아미노펜과 9달러짜리 타이레놀을 앞에 두고 사람들은 타이레놀 브랜드에 더 많은 돈을 지불한다. 두 약품의 화학 성분이 동일한데도 말이다.

고객을 묶어두는 상황에 기반한 경쟁우위는 고객의 취향, 필요, 욕구가 변함에 따라 시간이 지나면서 약화한다. 사회 규범이나 대중문화의 변화, 제품이나 서비스의 효과에 대한 새로운 정보의 영향을 받아 소비자 선호가 바뀌기도 한다. 빠르게 변화하는 신기술은 과거에 강력하게 고객을 붙잡아 두었던 제품들의 수요마저 완전히 파괴하는 혁신적인 제품과 서비스를 시장에 내놓는다.

정보 확산 역시 고객관계 우위를 약화할 수 있다. 소비자들은 더 나은 정보를 바탕으로 구매 의사결정을 바꿀 수 있다. 예를 들어 제품을 구매하기 전에 인터넷을 통해 철저히 살펴보고 여러 제품을 더 쉽게 비교해볼 수 있다.

원가 우위를 가진 기업은 경쟁사보다 더 낮은 비용으로 제품을 만들 수 있다. 경쟁사와 동일한 가격으로 제품을 판매해 더 높은 이익과 ROIC를 추구할 수도 있고, 공격적인 가격 책정으로 경쟁사의 수익성을 악화하고 장기적으로 시장점유율을 높이는 전략을 취할 수도 있다.

표 2.9는 두 가지 경우의 손익 상황을 보여준다. 왼쪽은 조가 샬럿과 동일한 가격을 책정해 높은 수익을 향유하는 경우다. 낮은 원가 덕분에 ROIC가 매우 높다. 오른쪽은 조가 공격적인 가격 정책을 취하는 경우다. 시장점유율을 뺏기지 않으려면 샬럿도 함께 가격을 인하할 수밖에 없고 샬럿의 ROIC는 자본비용을 상환하기 힘든 수준까지 떨어질 수 있다.

[표 2.9] 조의 레모네이드사업: 두 가지 가격 책정

	조의 가게	샬럿의 가게		조의 가게	샬럿의 가게
판매 수량(잔)	300	300	판매 수량(잔)	300	300
잔당 가격(달러)	2.00	2.00	잔당 가격(달러)	1.25	1.25
매출액(달러)	600	600	매출액(달러)	375	375
비용(달러)	450	540	비용(달러)	281	338
비용/매출액	**75%**	**90%**	**비용/매출액**	**75%**	**90%**
소유주 이익(달러)	150	60	소유주 이익(달러)	94	38
투하자본(달러)	600	600	투하자본(달러)	600	600
ROIC	**25.0%**	**10.0%**	**ROIC**	**15.6%**	**6.3%**

2장. 경쟁우위와 성장의 가치 평가

원가 우위는 독점적 생산 기술, 낮은 투입 원가, 우월한 유통망에서 나온다.

독점적인 생산 기술을 가진 기업은 경쟁사가 복제하기 어려운 제품을 만든다. 예를 들어 인텔(Intel)의 제조 기술은 다른 반도체 제조사들이 따라 하기 어려운 마이크로프로세서를 생산하고 경쟁사들보다 훨씬 높은 ROIC를 만들어낸다.

하지만 기업이 독점 기술을 오랫동안 유지하기는 쉽지 않다. 결국 경쟁사들이 이를 복제하거나 재현하면서, 원가 우위 대부분은 시간이 지나면서 사라진다.

원재료 비용이 낮거나 독특한 자원이 있다면 구조적인 원가 우위를 가질 수 있다. 예를 들어 조가 동네에서 유일하게 뒷마당에 레몬 나무를 가지고 있어서 레몬 원가가 들지 않는다면 경쟁자보다 레모네이드 제조원가를 낮추고 초과수익을 향유할 수 있다.

마지막으로 경쟁자가 이용하지 못하는 유통망에 접근할 수 있을 때도 기업은 원가 우위를 가진다. 예를 들어 유명 음료회사 닥터페퍼스내플그룹(Dr. Pepper Snapple Group)이 새로운 맛의 레모네이드를 출시하는 경우, 이 회사는 핵심 유통업체들과 이미 좋은 관계를 구축해놓았기 때문에 프리미엄 공간에 제품을 진열할 수 있을 것이다. 하지만 조가 자신의 제품을 소매점에 납품하려고 한다면 진열 공간을 얻기가 매우 힘들고 비용도 많이 들 것이다.

기업은 학습곡선, 규모의 경제 또는 범위의 경제, 네트워크 효과를 통해 효율성 우위를 가질 수 있다.

첫 번째, 어떤 프로세스의 학습 시간이 누적됨에 따라 시간이 흐르면서 더욱 비용 효율적이 될 때 학습 효과(혹은 경험 효과)가 생기는데 이런 변화의 흐름을 학습곡선이라 한다. 기업이 제품을 더 효율적으로 혹은 덜 낭비하며 만드는 법을 학습하면서 지속적으로 효율성을 개선하고 제조 비용을 낮출 수 있다.

효율성 우위의 두 번째 원천은 높은 고정비를 대량의 제품에 분산함으로써 단위당 고정비가 줄어들 때 생긴다. 이 이점을 규모의 경제 혹은 범위의 경제라고 한다. 예를 들어 막대한 규모로 음료를 판매하는 코카콜라(Coca-Cola)는 경쟁사보다 더 많은 개별 제품에 광고비를 분산할 수 있다. 경쟁사는 코카콜라만큼 광고를 집행하지 못해 제품 수요를 이끌어내는 데 어려움을 겪고, 음료 1개당 운영 비용이 코카콜라에 비해 현저히 높아진다. 이 같은 규모의 이점은 고정생산비, 연구개발비, 유통망 관리비에도 동일하게 적용된다. 대체로 이런 비용들은 단기간 고정적이므로 제품을 대량 판매하는 회사는 개별 제품에 고정비를 분산해 원가 우위를 가질 수 있다.

효율성 우위의 세 번째 원천은 네트워크 효과다. 예를 들어 페이스북(Facebook), 링크드인(LinkedIn), 에어비앤비(Airbnb), 우버(Uber)처럼 사용자가 증가할수록 소비자에게 더 많은 가치가 생기는 제품이나 서비스에서 발생한다. 네트워크 효과는 승자독식 시장을 만드는 경향이 있다.

한편 방대한 시장에서 상대보다 큰 규모를 유지해나가기는 쉽지 않다. 네트워크 효과를 제외하면 규모 우위는 대체로 특정 지역이나 시장에 한정된다. 상대적인 규모는 시간이 지나면서 계속 변하므로 경쟁우위를 유지하려면 부단히 노력해야 한다. 나아가 성장하는 시장에서 상대보다 큰 규모를 유지하는 것은 더 힘들다. 새로운 고객은 계속 생겨나며 증가하는 수요를 보고 경쟁자들이 끊임

없이 시장에 참여하고 규모를 늘려 시장점유율을 확보하려고 노력할 것이기 때문이다.

경쟁우위의 마지막 원천은 정부 정책에서 나온다. 때때로 정부는 특정 시장에 진입하는 것을 제한할 수 있다. 이렇게 만들어진 장벽을 통해 기존 기업은 정부 규제가 계속되는 동안 경쟁우위를 가질 수 있다. 경쟁에 영향을 미치는 정부 정책으로는 반독점, 지역 제한, 환경 규제, 특허, 관세, 쿼터, 보조금 등이 있으며, 대표적인 사례로 미국의 특허 시스템이나 전력사업에 대한 규제를 들 수 있다. 정부 규제에서 생겨난 우위는 정부가 정책을 변경하기로 결정하면 곧바로 사라질 수 있다. 특허도 발급일에서 17년이 지나 만료되면 그로 인한 경쟁우위는 순식간에 사라진다.

지금까지 살펴본 경쟁우위의 네 가지 원천은 그림 2.3과 같다.

지속 가능한 경쟁우위

효율성 우위와 고객관계 우위가 결합하면 지속 가능한 경쟁우위가 생길 수 있다. 소비자 선호(고객관계 우위)는 경쟁자가 고객을 빼앗기 어렵게 만들고, 규모 우위(효율성 우위)는 기존 사업자의 운영 비용을 낮춘다. 소비자 선호와 규모 우위가 상호 강화하면서 새로운 기업의 시장 진입을 매우 힘들게 만든다.

이제 경쟁우위에 대한 논의를 마치고 기업이 자산 운용을 통해 창출하는 현금흐름의 가치를 평가해보자. 경쟁우위가 없을 때의 가치(투하자본의 가치), 경쟁우위의 가치(성장이 없는 경우), 추가 성장의 가치라는 세 가지 유형으로 나누어 살펴보겠다(그림 2.4)

[그림 2.3] 경쟁우위의 원천

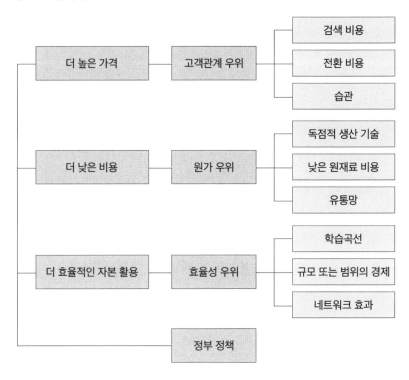

[그림 2.4] 현금흐름의 원천

2장. 경쟁우위와 성장의 가치 평가

경쟁우위가 사업의 가치평가에 미치는 영향[7]

자산의 가치 추정치란 '해당 자산의 내용연수 동안 그 자산에서 나올 것으로 기대되는 현금흐름을, 돈의 시간 가치와 현금 수령의 불확실성을 반영해 할인하여 모두 더한 값'이라고 앞서 정의했다. 그리고 경쟁우위는 '장기간에 걸쳐 초과수익을 만들어내고 유지하는 능력'으로 정의할 수 있다.

그렇다면 기업이 가진 경쟁우위의 가치는 이렇게 정의한다.

어떤 기업이 가진 경쟁우위의 가치는 그 기업이 초과수익을 만들어내는 기간 동안 초과수익에서 나올 것으로 기대되는 현금흐름을, 돈의 시간 가치와 현금 수령의 불확실성을 반영해 할인하여 모두 더한 값으로 추정한다.

레모네이드 가판대사업의 가치: 성장이 없는 경우

조의 레모네이드 가판대사업이 보유한 경쟁우위의 가치는 사업에서 나오는 현금흐름 중에서 초과수익으로부터 나오는 현금흐름이 얼마나 되는지 계산해 구할 수 있다.

시나리오 1: 성장이 없고 ROIC가 자본비용보다 큰 경우

1장에서 성장 없이 매년 120달러의 소유주 이익이 영구히 나오는 레모네이드 가판대사업의 현재가치는 1,412달러로 계산했다(자본비용 8.5%).

레모네이드 가판대사업의 현재가치 = 120달러 ÷ 8.5% = 1,412달러

이렇게 구한 가판대사업의 현재가치 가운데 경쟁우위에서 나오는 초과수익에 해당하는 부분을 구해보자. 앞에서 보았듯이 레모네이드사업에서 나오는 소유주 이익은 초과수익과 자본이용료(자본비용 × 투하자본)로 나눌 수 있다(ROIC 20% 가정).

소유주 이익 = 120달러 = 20% × 600달러

       = ROIC × 투하자본

       = (초과수익률 + 자본비용) × 투하자본

       = (초과수익률 × 투하자본) + (자본비용 × 투하자본)

       = (11.5% × 600달러) + (8.5% × 600달러)

       = 69달러 + 51달러 = 120달러

레모네이드 가판대사업의 연간 소유주 이익 120달러는 초과수익 69달러와 자본이용료 51달러의 합이다. 따라서 가판대사업의 현재가치 1,412달러(120달러 ÷ 8.5%)는 초과수익의 현재가치 812달러(69달러 ÷ 8.5%)와 자본이용료의 현재가치 600달러(51달러 ÷ 8.5%)의 합이다.

가판대사업의 가치 중에서 812달러가 초과수익에서 나왔다. 초과수익을 만들어내는 능력이 경쟁우위이므로, 조의 사업이 가진 경쟁우위의 가치는 812달러다. 가판대사업은 경쟁우위가 있으므로 조는 가지고 있는 돈을 사업에 투자하는 것이 좋다.

시나리오 2: 성장이 없고 ROIC가 자본비용과 같은 경우

조의 가게가 경쟁우위가 없다고 가정하면 ROIC는 자본비용과 같고, 사업에서 나오는 초과수익은 없다.

초과수익률 = ROIC − WACC = 8.5% − 8.5% = 0.0%

초과수익이 없으므로 소유주 이익은 자본이용료와 같다.

소유주 이익 = (초과수익률 × 투하자본) + (자본비용 × 투하자본)

= (0.0% × 600달러) + (8.5% × 600달러)

= 0달러 + 51달러 = 51달러

자본이용료의 현재가치가 600달러(51달러 ÷ 8.5%)이고 초과수익이 없으므로 레모네이드사업의 현재가치 역시 600달러다.

이 경우 레모네이드 가판대는 초과수익을 만들어내지 못하므로 경쟁우위가 없다. 가판대사업의 가치는 투하자본의 가치, 즉 연간 자본이용료의 현재가치와 같다. 사업에 투자한 돈은 초과수익을 만들어내지 못하므로 조는 돈을 그냥 가지고 있는 편이 낫다.

시나리오 3: 성장이 없고 ROIC가 자본비용보다 낮을 경우

ROIC가 자본비용보다 낮다면 레모네이드사업의 가치는 어떻게 될까? 예를 들어 ROIC가 6.4%라고 가정해보자. 자본비용은 여전히 8.5%다.

이 경우 레모네이드사업의 초과수익은 마이너스가 된다. 이 사업을 할수록 가치는 파괴된다.

초과수익률 = ROIC − WACC = 6.4% − 8.5% = −2.1%

초과수익은 마이너스(-13달러)이고 소유주 이익(38달러)은 자본이용료(51달러)보다 적어 가치가 파괴된다.

소유주 이익 = (초과수익률 × 투하자본) + (자본비용 × 투하자본)

= (−2.1% × 600달러) + (8.5% × 600달러)

= −13달러 + 51달러 = 38달러

소유주 이익의 현재가치는 452달러(38달러 ÷ 8.5%)이며, 이는 초과수익의 현재가치 -148달러(-13달러 ÷ 8.5%)와 자본이용료의 현재가치 600달러(51달러 ÷ 8.5%)를 더한 값이다. 이 경우 사업은 투하자본보다 낮은 가치를 창출하므로 조는 사업에 투자해서는 안 된다.

시나리오 4: 성장이 없고 ROIC가 자본비용 수준까지 계속 하락하는 경우

만약 샬럿이 시장에 진입하면 어떻게 될까? 샬럿이 고객을 빼앗는 것을 막을 지속 가능한 경쟁우위가 없다면, 조의 사업에서 나오는 현금흐름은 계속 하락하고 초과수익도 점차 사라질 것이다. ROIC는 자본비용 수준까지 하락할 것이다.

예를 들어 조의 레모네이드사업 ROIC가 20%에서 시작하고 샬럿의 진입으로 경쟁이 증가하면서 6년 후 자본비용 수준까지 하락

[표 2.10] 경쟁 압력 증가와 소유주 이익 감소

(단위: 달러)

		1년	2년	3년	4년	5년	6년	잔존가치
소유주 이익		120	106	92	79	65	51	600
소유주 이익의 현재가치		111	90	72	57	43	31	368
소유주 이익의 현재가치 합계	772							
초과이익		69	55	41	28	14	0	0
초과이익의 현재가치		64	47	32	20	9	0	0
초과이익의 현재가치 합계	172							
자본이용료		51	51	51	51	51	51	600
자본이용료의 현재가치		47	43	40	37	34	31	368
자본이용료의 현재가치 합계	600							

한다고 해보자. 조의 레모네이드사업 소유주 이익은 표 2.10에서 보는 것처럼 매년 하락하게 된다.

경쟁 압력 증가로 ROIC가 자본비용 수준까지 하락하면서 조의 레모네이드사업의 초과수익도 점차 사라진다. 초과수익을 만들어 내는 동안에는 사업이 부가가치를 창출하지만, 초과수익이 사라지고 나면 사업의 가치는 투하된 자본과 같아질 것이다.

조의 레모네이드사업에서 나오는 소유주 이익의 현재가치는 다음과 같이 772달러로 계산된다.

소유주 이익의 현재가치 =

$$\frac{120달러}{(1+8.5\%)^1} + \frac{106달러}{(1+8.5\%)^2} + \frac{92달러}{(1+8.5\%)^3} + \frac{79달러}{(1+8.5\%)^4} + \frac{65달러}{(1+8.5\%)^5} + \frac{51달러}{(1+8.5\%)^6} + \frac{\frac{51달러}{8.5\%}}{(1+8.5\%)^6} = 772달러$$

이는 다음과 같이 초과수익의 현재가치 172달러(수식의 갈색)와 자본이용료의 현재가치 600달러(수식의 회색)로 나눌 수 있다.

소유주 이익의 현재가치 =

$$\frac{69+51}{(1+8.5\%)^1} + \frac{55+51}{(1+8.5\%)^2} + \frac{41+51}{(1+8.5\%)^3} + \frac{28+51}{(1+8.5\%)^4} + \frac{14+51}{(1+8.5\%)^5} + \frac{0+51}{(1+8.5\%)^6} + \frac{\frac{0+51}{8.5\%}}{(1+8.5\%)^6}$$

= 172달러 + 600달러 = 772달러

조의 사업은 6년 동안 772달러의 가치를 창출한다. 투하자본의 가치보다 레모네이드사업의 가치가 크니 조는 사업에 투자하는 것이 좋다. 하지만 경쟁우위가 지속 가능하지 않기 때문에 사업 초반에 발생하는 초과수익은 오랫동안 이어지지 않는다. 초과수익이 발생하는 기간에만 가치가 창출된다.

성장이 사업의 가치평가에 미치는 영향

지금까지 살펴본 것처럼 단순히 소유주 이익이 발생했다고 해서 소유주를 위한 가치가 창출되었다고 할 수는 없다. 반드시 자본비용을 넘어서는 초과수익을 만들 때만 가치가 창출된다.

따라서 우리는 성장을 이야기할 때 신중해야 한다. 모든 성장이 가치를 증대시키는 것은 아니다. 소유주 이익이 성장한다고 할 때 그 성장이 초과수익을 만드는 경우에만 가치는 증대한다. 그리고 모든 성장에는 추가 투자가 필요한데, 추가로 늘어난 소유주 이익에서 그 성장을 만들어내기 위해 추가로 투자한 자본의 자본이용료를 제외해야 진정한 가치를 알 수 있다.

명목 성장: 나아가고 있다는 착각

당신이 런던행 비행기를 타기 위해 공항에 도착했다고 상상해보자. 보안 검색을 마치고 출발 게이트로 걸어가는데 게이트까지 거리가 꽤 멀어 보인다. 빨리 가기 위해 무빙워크에 올라탄다. 게이트까지 절반 정도 왔는데 무빙워크가 갑자기 멈추더니 초당 3미터의 속도(속도 3)로 뒤로 움직이기 시작한다.

그대로 서 있으면 처음 탔던 지점으로 돌아갈 것이다. 당신은 속도 1로 걷기 시작한다. 앞으로 나아가고는 있지만 뒤로 움직이는 무빙워크보다 속도가 낮으니 실제로는 뒤로 가는 셈이다. 이제 당신은 속도를 높여 속도 3으로 빨리 걷는다. 앞으로 걸어가고 있지만 여전히 제자리다. 좀 더 속도를 올려 속도 6으로 달리기 시작한다. 당신은 6의 속도로 앞으로 달려가지만 실제로는 속도 3으로 나아가는 셈이다. 다시 말해 명목속도는 6이지만 실제 속도는 3이다. 마침내 무빙워크 끝에 도착해 비행기를 탄다.

기업의 성장도 이와 같다. 모든 성장에는 추가 투자가 필요하다. 추가 투자에 따른 추가투하자본이익률(return on incremental invested capital, ROIIC)을 명목이익률이라고 하자. 이 자본의 자본비용(WACC)은 반대 방향으로 움직이는 무빙워크와 같다. ROIIC와 자본비용의 차이가 실제로 앞으로 나아가는 속도이고, 성장을 통해 추가로 창출된 실질이익률이다(표 2.11).

[표 2.11] 추가 투자의 명목이익률과 실질이익률

	ROIIC	WACC	실질이익률	
ROIIC < WACC	3.0%	8.5%	−5.5%	가치 감소(가치 파괴)
ROIIC = WACC	8.5%	8.5%	0.0%	가치 변동 없음
ROIIC > WACC	20.0%	8.5%	11.5%	가치 증가

표에서 볼 수 있듯이 추가 투자가 3% 이익(ROIIC = 3%)밖에 만들어내지 못하면 그 성장은 가치를 파괴한다.

진짜 성장: 착각 걷어내기

앞서 보았듯이 조의 레모네이드 가판대사업(기본 사업)의 가치는 소유주 이익의 현재가치이며, 소유주 이익은 초과수익과 자본이용료로 구성된다.

레모네이드사업(기본 사업)의 현재가치[A]
= 초과수익의 현재가치 + 자본이용료의 현재가치

투자를 통해 추가로 늘어난 소유주 이익의 명목 현재가치는 다음과 같다.

명목 현재가치[B] = 증가한 초과수익의 현재가치 + 증가한 자본이용료의 현재가치

A와 B를 더하면 성장을 반영한 레모네이드사업의 총 명목 현재

가치가 구해진다.

이제 표 2.11에 나타난 세 가지 시나리오를 차례로 살펴보자. 세 경우 모두 소유주 이익이 추가로 늘어나고 따라서 레모네이드 가판대사업의 명목가치도 증가하지만, 모든 경우에 실질가치가 증가하는 것은 아니다.

시나리오 5: ROIIC가 자본비용과 같을 경우 가판대사업의 실질가치

조가 매년 자본의 10%를 계속 투자해서 사업 규모를 조금씩 키운다고 가정해보자. 첫해에는 기존 사업에 투자된 600달러의 10%인 60달러가 투자될 것이다. 둘째 해는 660달러의 10%인 66달러가 투자되고, 셋째 해는 726달러의 10%인 73달러(반올림)가 또 투자될 것이다. 이렇게 여섯째 해까지 투자가 계속 이어진다(표 2.12). 사업 확장을 위해 6년간 추가 투하된 자본의 자본이용료 현재가치는 284달러다.

하지만 새로 확장한 매장은 기존 매장에 비해 매출이 덜 나오고 운영비도 많이 들어 수익성이 떨어진다. ROIIC가 자본비용 수준인 8.5%밖에 나오지 않는다. 당신이 속도 8.5로 앞으로 나아가고 있는데 공항 무빙워크는 속도 8.5로 뒤로 가는 것과 같은 상황이다. 제자리걸음을 하는 것이다. 조가 추가로 투자한 자본은 추가 가치를 만들어내지 못한다. 소유주 이익의 추가 성장(명목성장)은 표 2.13과 같이 계산된다.

추가 성장의 명목 현재가치는 284달러다. 앞서 계산한, 추가로 투하된 자본의 자본이용료 현재가치 284달러와 동일하다. 조는 제자리걸음을 한 것이다.

[표 2.12] 연간 10% 성장을 가정한 레모네이드사업의 자본이용료 현재가치

(금액 단위: 달러)

	1년	2년	3년	4년	5년	6년	잔존가치
성장을 위해 추가로 투하한 자본(누계)	60	126	199	278	366	463	
자본비용		8.5%	8.5%	8.5%	8.5%	8.5%	
자본이용료 증분		5	11	17	24	31	366
자본이용료 증분의 현재가치		4	8	12	16	19	225
자본이용료의 현재가치 합계	**284**						

[표 2.13] 추가 성장의 현재가치(명목가치)

(금액 단위: 달러)

	1년	2년	3년	4년	5년	6년	잔존가치
성장을 위해 추가로 투하한 자본(누계)	60	126	199	278	366	463	
ROIIC(명목)		8.5%	8.5%	8.5%	8.5%	8.5%	
성장(명목)		5	11	17	24	31	366
성장의 현재가치		4	8	12	16	19	225
성장의 현재가치 합계	**284**						

조의 레모네이드 가판대의 총가치(명목가치)는 기존 사업의 가치 1,412달러에 추가 성장의 현재가치 284달러를 더한 1,696달러가 된다.

성장을 위한 투자로 가판대사업의 가치가 284달러만큼 증가한 것처럼 보이지만, 이는 추가 자본이용료를 고려하지 않은 것이다. 추가 자본이용료 284달러를 제하면 가판대사업의 실질적인 총가치는 1,412달러로 투자 이전과 동일하다.

추가 투자는 초과수익을 추가로 만들어내지 못하기 때문에 실질적인 가치도 전혀 늘어나지 않는다. 조가 사업을 확장하는 것은 경제적으로 그리 좋은 선택이 아니다.

시나리오 6: ROIIC가 자본비용보다 적을 경우 가판대사업의 실질가치

조가 새로 확장한 매장의 운영 비용이 더 많이 든다고 가정하자. 손님을 더 많이 끌어들이기 위해 할인 판매를 해야 할 수도 있다. 그 결과 ROIIC는 자본비용보다 적은 3.0%밖에 나오지 않는다고 하자. 이 경우 추가 성장의 현재가치(명목가치)는 100달러로 계산된다(표 2.14).

가판대사업의 총가치(명목가치)는 기존 사업의 가치 1,412달러에 추가 성장의 가치 100달러를 더한 1,512달러다. 성장을 통해 사업의 가치가 100달러 증가한 것처럼 보이지만, 이는 추가 자본이용료를 고려하지 않은 결과다.

성장의 현재가치를 추가로 늘어난 자본이용료의 현재가치와 초과수익의 현재가치로 나눠 보면 표 2.15와 같다.

[표 2.14] 추가 성장의 현재가치(명목가치)

(금액 단위: 달러)

		1년	2년	3년	4년	5년	6년	잔존가치
성장을 위해 추가로 투하한 자본(누계)		60	126	199	278	366	463	
ROIIC(명목)			3.0%	3.0%	3.0%	3.0%	3.0%	
성장(명목)			2	4	6	8	11	129
성장의 현재가치			2	3	4	6	7	79
성장의 현재가치 합계	100							

[표 2.15] 추가로 늘어난 초과수익과 자본이용료의 현재가치

(금액 단위: 달러)

		1년	2년	3년	4년	5년	6년	잔존가치
성장(명목)		0	2	4	6	8	11	129
성장의 현재가치		0	2	3	4	6	7	79
성장의 현재가치 합계	100							
초과이익		0	-3	-7	-11	-15	-20	-237
초과이익 증분의 현재가치		0	-3	-5	-8	-10	-12	-145
초과이익 증분의 현재가치 합계	-184							
자본이용료 증분		0	5	11	17	24	31	366
자본이용료 증분의 현재가치		0	4	8	12	16	19	225
자본이용료 증분의 현재가치 합계	284							

성장을 위해 새로 확장한 매장은 음의 초과수익을 내고 가치를 파괴한다.

조의 레모네이드 가판대의 실질적인 총가치는 1,512달러에서 추가 자본이용료의 현재가치 284달러를 차감한 1,228달러가 된다. 이 값은 기존 사업의 가치(1,412달러)보다 적기 때문에 성장이 가치를 파괴하고 있음을 알 수 있다. 이 경우 조는 사업을 확장하지 않는 편이 더 낫다. 추가 투자는 가치를 파괴한다.

시나리오 7: ROIIC가 자본비용보다 클 경우 가판대사업의 실질가치

조가 새로 넓힌 매장의 영업이 잘된다고 가정하자. 여전히 손님이 많고 수익성이 좋아서, 기존 사업과 동일하게 추가 투자에 대해서도 ROIIC 20%가 나온다고 하자.

이 경우 추가 성장의 현재가치(명목가치)는 669달러로 계산된다

[표 2.16] 추가 성장의 현재가치(명목가치)

(금액 단위: 달러)

	1년	2년	3년	4년	5년	6년	잔존가치
성장을 위해 추가로 투하한 자본(누계)	60	126	199	278	366	463	
ROIIC(명목)		20.0%	20.0%	20.0%	20.0%	20.0%	
성장(명목)		12	25	40	56	73	862
성장의 현재가치		10	20	29	37	45	528
성장의 현재가치 합계	**669**						

[표 2.17] 추가로 늘어난 초과수익과 자본이용료의 현재가치

(금액 단위: 달러)

	1년	2년	3년	4년	5년	6년	잔존가치
성장(명목)	0	12	25	40	56	73	862
성장의 현재가치	0	10	20	29	37	45	528
성장의 현재가치 합계	669						
초과이익	0	7	14	23	32	42	496
초과이익 증분의 현재가치	0	6	11	16	21	26	304
초과이익 증분의 현재가치 합계	385						
자본이용료 증분	0	5	11	17	24	31	366
자본이용료 증분의 현재가치	0	4	8	12	16	19	225
자본이용료 증분의 현재가치 합계	284						

(표 2.16).

추가 성장의 현재가치를 추가로 늘어난 자본이용료의 현재가치와 초과수익의 현재가치로 나눠 보면 표 2.17과 같다.

조의 레모네이드 가판대의 총가치(명목가치)는 기존 사업의 가치(1,412달러)에 추가 성장의 가치(669달러)를 더한 2,081달러다. 여

기서 추가 자본이용료의 현재가치 284달러를 차감하면 가판대의 실질적인 총가치는 1,796달러가 된다. 이 값은 기존 사업의 가치 1,412달러보다 훨씬 크다. 이 경우 투자는 추가 가치를 창출하므로 조는 투자해서 사업을 확장하는 것이 좋다.

ROIIC가 자본비용보다 높은 성장이 가치를 증가시킨다. ROIIC가 자본비용과 같거나 낮은 성장은 무용하거나 가치를 파괴한다. 경쟁우위를 유지할 수 있는 성장만이 가치를 창출한다.

실제 기업 분석: 경쟁우위와 성장의 가치

지금까지 배운 개념들을 이용해 상장기업 맥코믹(McCormick Inc.)의 경쟁우위와 성장의 가치를 계산해보자. 맥코믹의 IR 자료에 나온 데이터를 이용해서 자본이용료를 계산하면 표 2.18과 같다.

[표 2.18] 맥코믹의 자본이용료 계산

(금액 단위: 100만 달러)

	2016년
단기 차입금	393
장기 차입금	1,054
자기자본(주주자본)	1,638
총자본	**3,085**
총자본(평균)	3,083
WACC	8.0%
자본이용료	**247**

자료: "Other Information—ROIC", 맥코믹의 IR 웹사이트(2017/02/04)

2장. 경쟁우위와 성장의 가치 평가

[표 2.19] 맥코믹의 ROIC

(금액 단위: 100만 달러)

	2016년
순이익	472
세후 이자 비용	41
세후 순영업이익	514
총자본(평균)	3,083
ROIC	**16.7%**

2016년 초과수익 = (ROIC × 투하자본) − (자본비용 × 투하자본)

= (16.7% × 3,083) − (8.0% × 3,083)

= 514 − 247 = 267

* 금액 단위: 100만 달러

맥코믹의 초과수익 역시 회사가 제공한 정보를 이용해 표 2.19와 같이 구할 수 있다.

계산 결과를 보면 맥코믹이 2016년 만들어낸 연간 현금흐름 5억 1,400만 달러는 초과수익에서 나오는 현금흐름 2억 6,700만 달러와 자본비용을 부담하기 위한 현금흐름 2억 4,700만 달러로 나눠 볼 수 있다. 초과수익에서 나오는 현금흐름이 더 큰 것에서 회사가 강력한 경쟁우위를 보유하고 있음을 알 수 있다.

기업이 지속 가능한 경쟁우위를 가진다면 미래에도 초과수익을 만들어낼 것이다. 이 초과수익에서 나오는 현금흐름의 현재가치가 기업이 보유한 경쟁우위의 가치다. 맥코믹의 초과수익이 미래에도 일정하다고 가정하면, 영구채 가치평가 공식을 이용해 초과수익의 현재가치를 33억 3,800만 달러(2억 6,700만 달러 ÷ 8.0%)로 계산할 수

[표 2.20] 맥코믹의 기업가치 계산

주가(2017/02/04, 달러)	95.86
발행주식 수(100만)	125
주식의 시장가치(100만 달러)	11,983
− 현금(100만 달러)	118
+ 차입금(100만 달러)	1,456
= 기업가치(100만 달러)	13,321

있고, 이것이 맥코믹이 가진 경쟁우위의 현재가치다.

마지막으로 시장에서 추정한 성장의 현재가치를 알아보자. 맥코믹의 기업가치(enterprise value, EV)를 표 2.20과 같이 구할 수 있다. 그런 다음 기업가치 133억 2,100만 달러에서 자본이용료의 현재가치 30억 8,300만 달러(2억 4,700만 달러 ÷ 8.0%)와 경쟁우위의 현재가치 33억 3,800만 달러를 뺀다. 이렇게 구한 69억 달러가 시장이 평가하는 성장의 가치다.

여기에 현금을 더하고 부채를 뺀 다음 발행주식 수로 나누면 표 2.21과 같이 맥코믹 주식 한 주당 가치의 원천을 구분할 수 있다.

[표 2.21] 맥코믹의 가치 원천

	주당 금액(달러)	비중
주가(2017/02/04)	95.86	100%
− 투하자본(자본이용료의 현재가치)	22.19	23%
− 경쟁우위의 현재가치	24.02	25%
= 성장을 반영하지 않은 주가	46.21	48%
시장에서 부여한 성장의 가치	49.65	52%

77%

[그림 2.5] 경쟁우위와 성장, 주가

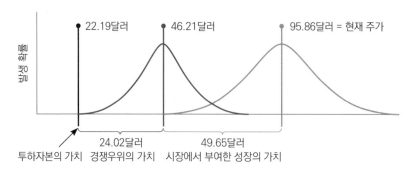

시장에서 평가하는 맥코믹의 성장 가치는 주당 49.65달러로 주가의 50% 이상을 차지한다.

회사는 지속 가능한 경쟁우위를 가질 경우에만 장기적으로 초과수익을 만들어낼 수 있다. 성장하기 위해 추가적으로 투자한 자본의 비용보다 수익이 더 클 경우에만(초과수익이 생길 때만) 성장은 가치를 창출한다. 따라서 초과수익과 성장은 경쟁우위의 함수다. 표 2.21은 맥코믹의 시장가치 중 77%가 초과수익(경쟁우위)의 현재가치와 시장이 평가한 성장 가치로부터 나오고 있음을 보여준다. 그림 2.5는 이를 도표로 표현한 것이다.

- 기업은 사업을 중단하고 자산을 매각할 수 있다. 이 경우 매각을 통해 확보 가능한 현금을 추정해 사업의 내재가치를 계산해볼 수 있다. 이런 가치평가 방법을 청산가치법이라고 한다.

- 기업은 보유 자산의 일부나 전부를 재무적 인수자나 전략적 인수자에게 매각할 수 있다. 이런 잠재적 인수자가 부여하는 가치를 기준으로 평가한 사업의 내재가치를 사적시장가치라고 한다. 로저 머리는 사적시장가치를, 사업 가치에 컨트롤 프리미엄과 인내심을 더하고 시장 접근성을 차감한 값으로 정의한다.

- 사업은 투하자본에 대한 수익이 자본비용보다 클 때 초과수익을 창출한다.

- 투하자본에 대한 수익률이 자본비용을 크게 상회한다고 해서 진정한 경쟁우위를 확보했다고 보장할 수 없다. 초과수익은 경쟁자를 끌어들이고 경쟁자가 시장 진입에 성공하면 사업의 재무 성과가 급격히 하락할 것이기 때문이다. 따라서 경쟁우위가 진정한 진입장벽이 되려면 장기간 지속 가능해야 한다.

- 경쟁우위란 초과수익을 창출하는 능력을 뜻한다. 지속적인 경쟁우위를 확보하려면 장기간 초과수익을 창출하는 능력이 필요한데, 이를 위해서는 경쟁자들이 초과수익을 잠식하지 못하게 막을 진입장벽이 필요하다.

- 경쟁우위의 주요 원천 네 가지
  - 고객관계 우위는 경쟁자가 비슷한 제품을 더 낮은 가격에, 혹은 더 좋은 제품을 동일한 가격에 제공하더라도 고객이 경쟁자에게 가지 않고 남아 있게 만든다.
  - 원가 우위는 경쟁사보다 더 낮은 비용으로 제품을 생산할 수 있게 한다.
  - 효율성 우위는 사업에 규모의 경제를 제공한다.

· 정부 정책은 특정 시장 진입을 효과적으로 제한할 수 있다.

· 경쟁우위의 가치

　· 경쟁우위가 없다면 ROIC는 WACC와 같아지고 초과수익과 주주가치를 창출하지 못한다.

　· 지속 가능한 경쟁우위가 있다면 ROIC는 WACC보다 크고 초과수익과 주주가치가 창출된다.

　· ROIC가 WACC보다 작으면 초과수익은 마이너스(-)가 되고 주주가치는 파괴된다.

· 성장 가치

　· ROIIC가 WACC와 같으면 초과수익이 없고 소유주 이익은 추가 투입된 자본비용과 같기 때문에 성장은 가치를 창출하지 않는다.

　· ROIIC가 WACC보다 크면 초과수익이 창출되고 소유주 이익은 추가 투입된 자본비용보다 크기 때문에 성장은 가치를 창출한다.

　· ROIIC가 WACC보다 작으면 초과수익은 마이너스(-)가 되고 소유주 이익은 추가 투입된 자본비용보다 작기 때문에 성장은 가치를 파괴한다.

3장

증권의
내재가치 평가

우리는 1장에서 현금흐름할인모형을 사용해 사업의 내재가치를 평가하는 방법을 살펴보았다. 2장에서는 경쟁우위를 통해 성장하고 초과수익을 창출하는 방법을 알아보았다.

이 과정에서 우리는 사업의 내재가치를 하나의 수치로 측정했다. 하지만 사업의 내재가치는 범위로 생각하는 것이 더 바람직하다. 먼저 내재가치가 무엇인지 알아보자.

내재가치란 무엇인가?

벤저민 그레이엄과 데이비드 도드는 1934년 출간한 《증권분석(Security Analysis)》에서 '내재가치(intrinsic value)'라는 용어를 사용했는데 정의를 명확히 내리지는 않았다. 대신 예시를 통해 대략적으로 개념을 설명했다. 예를 들어 다음과 같이 내재가치를 설명한다.

[1922년에] 라이트항공(Wright Aeronautical Corporation) 주식은 뉴욕증권거래소에서 겨우 8달러에 거래되고 있었다. 그러나 이 주식은 배당금이 1달러였고, 이익이 한동안 2달러를 넘었으며, 현금성 자산이 주당 8달러가 넘었다. 이 주식을 분석했다면 내재가치가 시가보다 훨씬 높다는 사실을 즉시 간파할 수 있었을 것이다.[1]

왜 그레이엄은 내재가치를 명확하게 정의하지 않았을까? 아마도 독자들 스스로 개념을 생각해보도록 의도적으로 그랬을 수 있다. 그레이엄은 내재가치를 정확하게 정의하는 대신 다소 추상적으로 설명한다.

핵심은 해당 증권의 내재가치를 명확하게 산정할 필요가 없다는 점이다. 단지 가치가 채권이나 주식을 매입하기에 적정한지, 아니면 시장가격보다 매우 높은지 낮은지만 밝히면 된다. 이런 목적이라면 내재가치의 근사치를 대충 산정하는 것으로도 충분하다. 간단하게 비유하자면, 어떤 여자의 정확한 나이를 모르더라도 대충 훑어보면 그 여자가 유권자 연령층인지 충분히 판단할 수 있으며, 어떤 남자의 정확한 체중을 모르더라도 대충 훑어보면 그 남자가 비만인지 알 수 있다.[2]

아울러 그레이엄은 내재가치 계산이 쉽지 않다고 강조한다.

하지만 내재가치는 이해하기 어려운 개념이다. 일반적으로 내재가치는 자산, 이익, 배당금, 확실한 전망처럼 사실로 뒷받침되는 가치로 생각해볼 수 있다. (…) 그러나 내재가치가 주가처럼 분명하고 확정적일 것으로 생각한다면 이는 커다란 착각이다.[3]

그레이엄이 내재가치를 단일한 추정값으로 생각하지는 않았을 것이다. 그보다는 내재가치를 하나의 개념으로 제시한 것에 가깝다. 그레이엄은 '내재가치 개념의 유연성'에 대해 "불확실성이 커지면 이 범위도 넓어진다"라고 설명했다.[4]

세스 클라먼 역시 자신의 책 《안전마진》에서 정확한 내재가치 추정의 어려움을 이야기한다.

많은 투자자가 불확실한 세상에서 확실성을 추구하며 정확한 투자 가치를 구하려 노력하지만 사업의 가치는 정확하게 결정할 수 있는 것이 아니다.[5]

그레이엄의 가장 유명한 제자인 워런 버핏도 버크셔의 '소유주 안내서(Owner's Manual)'에서 비슷한 말을 했다.

내재가치를 계산하는 것은 쉽지 않습니다. 내재가치는 정확한 숫자가 아니라 추정치입니다. 금리가 바뀌거나 미래 현금흐름에 대한 예측이 수정되면 추정치도 바뀌어야 합니다. 게다가 똑같은 사실을 보더라도 두 사람의 내재가치 추정치가 똑같을 수는 없습니다. 찰리와 나의 경우도 마찬가지입니다.[6]

2014년 버크셔 해서웨이 주주 서한에서도 버핏은 내재가치를 단일한 숫자로 만들어내는 것은 힘들다고 언급했다.

찰리와 내가 사업의 내재가치에 관해 말하고 있지만 우리 회사인 버크셔 해서웨이의 내재가치조차도 정확히 얼마인지 말할 수 없습니다. 그 어떤 기업에 대해서도 마찬가지입니다.[7]

지금까지 살펴본 의견들을 종합해보자.

1. 그레이엄은 내재가치를 결코 하나의 수치로 생각하지 않았다. 그보다는 가치에 대해 생각해보도록 추상적인 개념을 제시한 것에 가깝다.
2. 사업의 내재가치는 정밀하게 계산해낼 수 없다.
3. 따라서 하나의 수치로 내재가치를 추정하려는 시도는 현실성이 떨어진다. 그보다는 대략적인 범위를 추정해보는 것이 목표가 되어야 한다.

이 책에서 우리는 내재가치의 실용적인 정의를 내려보겠다. 구체적인 정의에 앞서 버핏과 클라먼, 머리의 의견을 좀 더 살펴보자. 버핏은 1999년 버크셔 소유주 안내서에서 내재가치를 다음과 같이 간결하게 정의했다.

내재가치는 절대적으로 중요한 개념으로서 투자와 기업의 상대적 매력도를 평가하는, 유일하게 합리적인 방법입니다. 내재가치는 간단하게 정의할 수 있습니다. 기업이 잔여수명 동안 창출하는 현금을 할인한 가치입니다.[8]

세스 클라먼도 《안전마진》에서 비슷하게 표현했다.

사업의 가치를 평가하는 많은 방법이 있지만 내가 유용하다고 생각하는 방법은 세 가지뿐이다. 첫 번째 방법은 순현재가치(net present value, NPV)로 알려진 계속기업가치 분석이다. NPV는 사업이 창출할 것으로 기대되는 모든 미래 현금흐름을 할인한 값이다.[9]

로저 머리[10]는 1993년 마리오 가벨리가 주최한 강연[11]에서 비슷하지만 다른 방식으로 내재가치를 언급한다.

회사의 경제적 가치에 대한 추정치를 언급할 때 우리는 내재가치라는 용어를 사용합니다. (…) 내재가치는 합리적인 세상에서 시장가격을 자신에게 끌어당기는 자석과 같습니다. 이런 경향을 평균으로의 회귀 혹은 내재가치를 향해 간다고 말할 수 있습니다. 그리고 이것은 최소한 어느 정도는 내재가치가 기업 가치평가의 참되고 근본적인 중심치라는 것을 의미합니다. 우리가 이야기하는 것이 부동산이든 기업이든 달라지는 것은 없습니다. 해당 물리적 자산에 재무적 가치를 부여하는 요소는 동일해야 합니다. 바로 그 자산이 만들어내는 수익의 크기가 얼마인가, 그 수익 흐름이 미래에 어떻게 발생할 것인가입니다.

로저 머리의 강연 내용 중 가장 인상적인 부분은 내재가치가 주가를 끌어당기는 자석과 같다는 비유다. 이 비유에 대해서는 6장에서 좀 더 자세히 다루겠다.

버핏과 로저 머리, 클라먼의 견해는 앞 장에서 우리가 내렸던 가치의 정의와 일치한다. '가치'라는 말을 '내재가치'로 바꾸면 내재가치에 대한 실용적인 정의로 충분해 보인다.

어떤 자산의 '내재가치' 추정치는 해당 자산의 내용연수 동안 그 자산에서 나올 것으로 기대되는 현금흐름을, 돈의 시간 가치와 현금 수령의 불확실성을 반영해 할인하여 모두 더한 값이다.

내재가치를 가치의 범위로 생각하기

내재가치에 대해 우리가 내린 정의를 보면 내재가치가 특정한 수치처럼 생각될 수 있다. 하지만 목표는 대략적인 가치의 범위를 추정하는 것이어야 한다.

1장에서 살펴본 것처럼 사람들은 예측 가능성이 높은 현금흐름을 가진 자산을 그렇지 못한 자산보다 선호한다. 예측 가능성이 낮은(더 불확실한) 현금흐름을 갖는 사업은 예측 가능성이 높은 현금흐름을 갖는 사업보다 내재가치 추정치의 분포가 더 넓을 것이다.

본질적으로 불확실한 미래를 다루는 투자자는 미래 현금흐름을 예측하고 내재가치를 구할 때 다양한 시나리오를 고려해야 한다. 각각의 시나리오마다 현재가치 추정치가 달라질 것이고, 이를 이용해 가능한 내재가치 범위를 그려볼 수 있다.

예를 들어 2장에서 우리는 조의 레모네이드 가판대사업에 대해 시나리오 일곱 가지를 생각했고 시나리오별 내재가치 추정치를 구했다. 투자에 적합하지 않은 것을 제외한 세 가지 시나리오의 현재가치와 주당 가치는 표 3.1과 같다(발행주식 150주를 가정).

[표 3.1] 조의 레모네이드사업: 세 가지 시나리오의 내재가치

	현재가치(달러)	주당 가치(달러)
시나리오 4: 성장이 없고 ROIC가 WACC로 수렴	772	5.15
시나리오 1: 성장이 없고 ROIC > WACC	1,412	9.41
시나리오 7: 성장하며 ROIIC > WACC	1,796	11.97

투자자는 다른 시나리오를 추가적으로 생각해볼 수 있고 가능한 내재가치를 더 구해볼 수 있다. 실제 미래가 펼쳐지기 전에는 어떤 시나리오가 현실이 될지, 레모네이드 가판대사업의 진정한 가치가 얼마일지 불확실하기 때문에 투자자는 내재가치를 그림 3.1과 같은 범위로 생각해야 한다.

투자자가 사업의 실제 내재가치를 반영할 가능성이 높다고 믿는 값일수록 중심에 가깝다. 바닥에서부터 분포곡선의 높이는 그 가

[그림 3.1] 다양한 시나리오를 가정한 레모네이드사업의 내재가치 분포

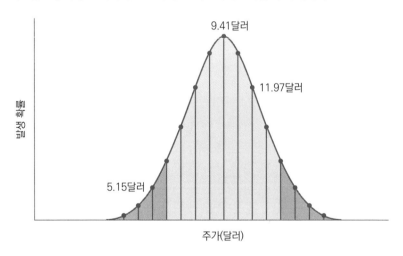

능성에 대한 투자자의 믿음 정도를 나타낸다. 그림 3.1에서 가판대 사업에서 투자자가 가장 가능성 높다고 판단한 시나리오의 내재가치는 주당 9.41달러로 추정되며, 이는 성장 없는 시나리오 1번을 기반으로 한다는 것을 알 수 있다.

다른 사례로 분포 범위(분포곡선의 모양)가 어떻게 달라지는지 살펴보자. 어떤 기업의 유일한 자산이 액면가 1,000달러인 10년 만기 미국 국채이고 이 국채가 시장에서 995.31달러에 거래된다면 그 기업의 내재가치에 대한 최선의 추정치는 995.31달러일 것이다.

여기서는 기업의 내재가치 추정이 비교적 용이하다. 국채 가격이 얼마인지만 알면 된다. 그림 3.2는 다른 가능한 내재가치 범위를 나타내는데, 이자율 변동에 따라 국채의 가치가 변하고 그에 따라 기업의 내재가치도 변하기 때문이다. 다만 이자율이 단기간에 크게 변동할 가능성은 크지 않아 분포가 좁다.

[그림 3.2] 자산이 미국 국채뿐인 기업의 내재가치 추정 범위

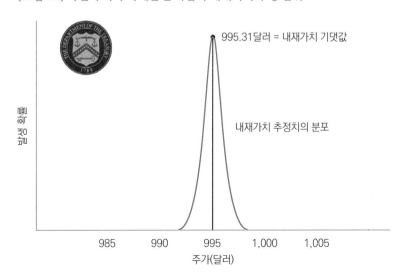

　　　　　　　　　　　　　　3장. 증권의 내재가치 평가

그림 3.2에서 내재가치 범위가 정규분포로 표현되었지만 이는 단지 설명을 위해 임의로 사용한 것일 뿐, 내재가치가 반드시 정규 분포가 된다는 뜻은 아니다.

이번에는 다른 사례로 전기차 기업인 테슬라(Tesla)의 내재가치 범위를 구해보자. 테슬라는 기존 자동차 제조사들과는 완전히 다른 신기술에 기반한, 비교적 작은 자동차 제조사(이 책이 쓰인 2017년 시점 - 옮긴이)이므로 미래 전망이 매우 불확실하다. 차량 수요는 가격, 기능, 신뢰성의 영향을 크게 받는데, 이에 따라 기업의 미래 수익과 현금흐름도 크게 달라진다. 예상할 수 있듯이 테슬라의 내재가치에 대한 애널리스트들의 추정치는 큰 차이를 보인다.

그림 3.3에 애널리스트 15명이 발표한 테슬라의 1년 목표 주가 (내재가치 추정치의 대리 지표로 사용)를 표시했다. 목표 주가는 평균

[그림 3.3] 애널리스트들이 추정한 테슬라 1년 목표 주가 분포

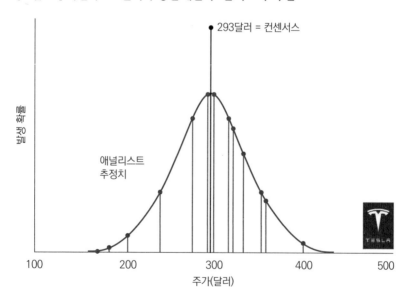

293달러(컨센서스라고 부름)이며 178달러부터 400달러까지 넓게 분포되어 전망이 상당히 불확실함을 알 수 있다. 2015년 8월 이 추정치가 발표된 시점에 테슬라 주가는 245달러였다.

테슬라가 창출하는 현금흐름의 시점, 지속 기간, 규모, 성장이 매우 불확실하기 때문에 목표 주가 추정치의 범위가 매우 넓다. 이는 이용 가능한 데이터를 애널리스트마다 다르게 분석했고 전망에 대해 저마다 상당히 다른 관점을 가지고 있다는 것을 보여준다. 앞서 소개한 워런 버핏의 말처럼 "똑같은 사실을 보더라도 두 사람의 내재가치 추정치가 똑같을 수는 없다". 추정치 분포의 범위가 넓다는 것은 어떤 추정치가 실제 내재가치에 근접할 가능성이 낮고, 내재가치는 컨센서스보다 훨씬 크거나 작을 가능성이 높다는 것을 보여준다.

이번에는 125년 전 설립되어 다양한 요리용 향신료를 판매하는 맥코믹을 살펴보자. 사업의 특성상 맥코믹의 미래 현금흐름은 테슬라에 비해 상당히 일관되고 예측 가능성이 크다(그림 3.4).

미국 국채 보유 기업, 테슬라, 맥코믹의 목표 주가 추정치 분포를 함께 나타낸 그림 3.5를 보면 그 차이가 잘 드러난다. 맥코믹에 대한 애널리스트들의 목표 주가 분포는 테슬라보다는 자산으로 국채를 가진 기업과 비슷하다.

맥코믹은 수백 가지 제품을 수백만 명의 고객에게 판매하기 때문에 테슬라보다 사업이 안정적이고 현금흐름을 좀 더 쉽게 예측할 수 있다. 사람들은 계피와 육두구(nutmeg) 같은 향신료를 자주 사용하고 제품이 떨어지면 다시 구매한다. 불황이 오면 구매를 조금 줄일 수는 있지만 제품에 대한 수요는 크게 변하지 않을 것이고

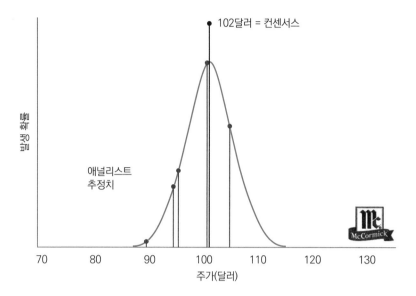

[그림 3.4] 애널리스트들이 추정한 맥코믹 1년 목표 주가 분포

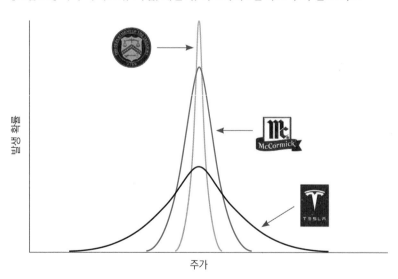

[그림 3.5] 미국 국채 보유 기업, 테슬라, 맥코믹의 1년 목표 주가 분포 비교

[표 3.2] 맥코믹의 가치 원천

	주당 금액(달러)	비중(%)
주가(2017/02/04)	95.86	100
– 투하자본(자본이용료의 현재가치)	21.86	23
– 경쟁우위의 현재가치	24.02	25
= 성장을 반영하지 않은 주가	45.88	48
시장에서 부여한 성장의 가치	**49.98**	**52**

그만큼 회사의 영업이익도 변동성이 낮다. 따라서 회사의 내재가치에 대한 추정치의 범위도 비교적 좁다. 맥코믹의 주가가 95달러(2017년 1월 주가)에서 단기간에 140달러로 급격히 오를 가능성은 매우 낮다.

반면 테슬라가 판매하는 전기차에 대한 수요는 예측 가능성이 매우 낮아서 테슬라의 매출과 손익이 크게 출렁거릴 수 있다. 결과적으로 테슬라의 주가는 단기간에 50% 이상 얼마든지 오르내릴 수 있다.

앞 장에서(표 2.21 참조) 우리는 맥코믹의 가치 원천을 표 3.2와 같이 계산했다.

이 값들을 애널리스트들이 추정한 맥코믹의 목표 주가(그림 3.4)와 함께 그려보면 그림 3.6과 같다.

애널리스트들이 추정한 맥코믹의 가치 범위에 회사의 성장 가치 영역이 포함된 것을 볼 수 있다. 비록 애널리스트마다 기대하는 성장률은 조금씩 다르지만, 애널리스트 대부분은 맥코믹이 성장할 것으로 전망하고 있다.

[그림 3.6] 맥코믹의 가치 원천과 목표 주가 추정치

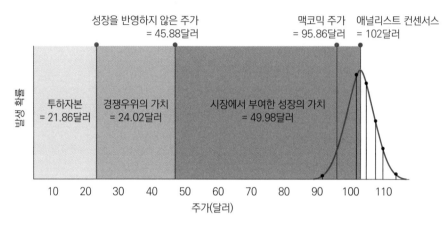

성장을 반영하지 않은 주가 = 45.88달러

맥코믹 주가 = 95.86달러

애널리스트 컨센서스 = 102달러

투하자본 = 21.86달러

경쟁우위의 가치 = 24.02달러

시장에서 부여한 성장의 가치 = 49.98달러

주가(달러)

- 기업의 내재가치를 추정할 때 염두에 두어야 할 요소는 다음과 같다.
  - 내재가치는 정확히 계산할 수 있는 값이라기보다는 개념적 틀에 가깝다.
  - 내재가치는 궁극적으로 자산에서 창출되는 현금흐름을 할인한 값이다.
  - 내재가치는 자산, 이익, 사업 전망과 같은 사실에 기반해 추정해야 한다.
  - 내재가치는 단일한 추정값보다는 대략적인 가치 범위로 표현하는 것이 좋다.
  - 불확실성이 커질수록 내재가치 범위도 넓어진다.
- 내재가치란 해당 자산의 내용연수 동안 그 자산에서 나올 것으로 기대되는 현금흐름을, 돈의 시간 가치와 현금 수령의 불확실성을 반영해 할인하고 모두 더한 값이다.

4장

시장 효율성을
보는 관점

투자의 핵심 개념이자 이 책의 주요 토대는 시장 효율성이다. 시장 효율성 논의는 이 책의 바탕이므로 다른 모든 주제에서도 함께 다루게 된다. 그러나 유감스럽게도 기본 법칙을 간단히 서술하고 이 법칙이 모든 상황에 적용되는 사례를 제시하는 방식으로는 시장 효율성을 설명할 수가 없다(유클리드 기하학이라면 먼저 공리를 서술하고 이로부터 온갖 추론을 도출할 수 있겠지만 말이다). 그래서 이 책에서는 시장 효율성을 구성하는 핵심 요소들을 하나씩 설명하면서 주요 측면들에 대한 설명을 추가하는 방식으로 진행하고자 한다.

시장 효율성이 중요한 것은 아이러니하게도 시장이 효율적이어야 알파(초과수익)가 창출되기 때문이다. 예컨대 시장에 가격 오류가 발생했다면,

시장이 결국 효율적이어야만 이 가격 오류가 바로잡힐 수 있기 때문이다. 즉 시장이 자신의 실수를 깨닫고 이를 바로잡아야 투자자들이 초과수익을 얻을 수 있다. 그러지 않으면 시장의 가격 오류가 끝없이 유지되므로 아무도 초과수익을 얻을 수 없다.

시장 효율성은 법칙이 아니라 개념

리처드 파인먼(Richard Feynman)은 탁월한 지성인이다. 투자에 대한 지식이나 관심을 드러낸 적은 없지만 일반 지식, 학습, 교육에 관한 관심은 많았다. 그는 양자역학 연구로 명성을 얻은 이론물리학자로서 1965년 노벨 물리학상을 받았다. 그는 교수 겸 저자, 금고털이, 화가, 봉고 연주자였다. 제2차 세계대전 기간에 원자폭탄 개발을 지원했고 우주왕복선 챌린저호(Challenger) 사고 조사 위원으로 활동했다.

'탁월한 해설자'로 불린 그는 역대 물리학 서적 중 최고의 인기를 누리면서 이른바 '붉은 책(the Red Books)'으로 불리는 《파인먼의 물리학 강의(The Feynman Lectures on Physics)》를 저술했다. 다음은 그가 붉은 책에서 언급한 시장 효율성 개념과 관련된 설명이다.

자연 일부나 전부는 (지금까지 우리가 아는) 완벽한 진실의 근사치에 불과하다. 사실은 우리가 아는 모든 것이 일종의 근사치에 불과하다. 우리는 아직 모든 법칙을 아는 것이 아니기 때문이다. 그러므로 우리는 배우더라도 배운 것을 잊고 다시 배우거나 정정해야 한다.

예를 들어 사물의 질량은 절대 바뀌지 않는 것처럼 보인다. 팽이는 돌 때나 멈췄을 때나 무게가 똑같다고 생각한다. 그래서 질량은 속도에 상관없이 일정하다는 '법칙'이 등장했다. 그러나 이 '법칙'이 지금은 맞지 않는 것으로 밝혀졌다. 질량은 속도가 빨라지면 증가하지만, 주목할 만큼 증가하려면 광속에 근접해야 하는 것으로 밝혀졌다. 그러므로 정확한 법칙은 다음과 같다. 사물의 속도가 초속 100마일 미만이면 질량의 변화는 100만분의 1 이내로 유지된다. 사람들은 이 새 법칙이 실제로는 과거 법칙과 큰 차이가 없다고 생각할 수도 있다. 이 생각은 옳을 수도 있고 틀릴 수도 있다. 일상적인 속도에서는 새 법칙을 무시하고 질량 불변의 법칙을 사용해도 큰 문제가 없다. 그러나 높은 속도에서는 우리 생각이 틀릴 수 있으며, 속도가 높아질수록 오류가 더 커진다.[1]

시장 효율성도 질량 개념과 비슷하다. 파인먼의 설명에 의하면, 특수한 상황을 제외하면 대부분은 질량 불변의 법칙이 적용된다. 시장 효율성도 마찬가지다. 특수한 상황을 제외하면 대부분은 효율적시장 가설이 적용된다. 어떤 상황에서 이 가설이 적용되고 어떤 상황에서 적용되지 않는지 살펴보자.

먼저 질량 불변의 법칙에 대한 파인먼의 설명으로 돌아가자.

그러면 무엇을 먼저 가르쳐야 할까? 예컨대 상대성 이론, 4차원 시공간 등 정확하지만 생소하고 어려운 개념을 먼저 가르쳐야 할까? 아니면 추정에 불과하지만 어렵지 않은 질량 불변의 법칙을 먼저 가르쳐야 할까? 전자가 더 짜릿하고 놀라우며 재미있지만 처음에 이해하기 쉬운 것은 후자이며, 전자를 제대로 이해하기 위한 첫 단계이기도 하다. 이는 물리학 교육 과정에 거듭 등장하는 쟁점이다. 시점에 따라 문제 해결 방식이 달라져야 하지만 각 단계에서 우리는 그 법칙이 얼마나 정확한지, 우리가 모르는 것이 무엇인지, 다른 상황에는 얼마나 잘 적용되는지, 더 학습하면 그 법칙이 어떻게 바뀔 수 있는지를 배워야 한다.[2]

우리는 파인먼의 기법을 따른다. 시장 효율성 중 '처음에 이해하기 쉽고' '제대로 이해하기 위한 첫 단계'인 측면들을 먼저 논의한다는 말이다. 그러나 걱정할 필요 없다. 파인먼이 말한 '더 짜릿하고 놀라우며 재미있는' 내용도 다룰 것이니까. 파인먼이 물리학 개념을 단계적으로 가르쳤듯이, 우리도 시장 효율성 개념을 쪼개서 단계적으로 논의한다.

첫째, 논의의 근간인 효율적시장 가설(efficient market hypothesis)을 살펴본다. 둘째, '대중의 지혜(wisdom of crowds)'에 의해서 시장에서 효율적시장 가설이 작동하는 과정을 알아본다. 셋째, 사람들의 행동이 시장가격을 왜곡하여 이 가설을 압박할 때 나타나는 현상을 살펴본다. 넷째, 투자자가 가격 오류를 찾아내고 이용해서 초과수익을 얻는 방법을 알아본다. 진행 순서는 다음과 같다.

4장. 시장 효율성을 보는 관점: 효율적시장 가설
5장. 대중의 지혜를 보는 관점: 대중의 지혜에 의해서 시장에서 효율적시장 가설이 작동하는 과정
6장. 행동재무학을 보는 관점: 사람의 행동이 대중의 지혜를 훼손해 시장가격 오류를 만들어내는 과정

7장. 효과적인 리서치: 투자자가 시장가격 왜곡을 이용해서 초과 수익을 얻는 방법

펀드매니저의 유일한 목표는 초과수익, 즉 시장 수익률보다 높은 투자수익률 달성이다. 자산운용업에서는 이를 '알파 창출'이라고 한다. 펀드매니저가 보수 차감 후 초과수익을 내지 못한다면 투자자는 저비용 인덱스펀드를 선택하는 편이 낫다. 월스트리트에서 성공을 판단하는 척도는 단순한 수익 창출이 아니라 벤치마크(또는 전체 시장)를 초과하는 수익 창출이다.

투자자 대부분이 선택하는 벤치마크는 S&P500, 다우존스산업평균(Dow Jones Industrial Average, DJIA), 러셀마이크로캡(Russell Microcap) 지수 등이다. 장기간에 걸친 초과수익 창출이 투자의 성배다. 그러나 역사를 돌아보면 이 목표를 달성한 펀드매니저는 극소수에 불과하다.

[그림 4.1] 자산 운용의 성배: 알파 창출

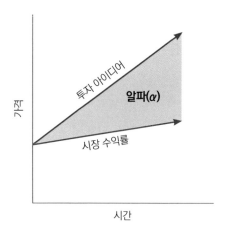

> 장기간에 걸쳐 초과수익(알파)을 창출하기는 지극히 어렵다. 액티브(active) 자산 운용으로 이 목표를 달성한 사례는 매우 드물다.

초과수익 달성의 어려움을 집중 분석한 최초의 논문은 1933년 앨프리드 카울즈 3세(Alfred Cowles III)가 쓴 '주식시장 예측가들은 예측할 수 있나?(Can Stock Market Forecasters Forecast?)'이다.

카울즈는 화재보험사 20곳, 금융서비스회사 16곳의 투자 실적과 금융 간행물 24종의 추천을 분석해 이들이 초과수익을 달성했는지 조사했다. 4.5년 동안 기록한 평균 초과수익률이 화재보험사들은 연 -4.72%, 금융서비스회사들은 연 -1.43%였고, 24종 금융 간행물이 발표한 예측 3,300여 개의 초과수익률 역시 실망스럽게도 연 -4%였다.

2015년 3월 뱅가드(Vanguard)가 발표한 보고서에 의하면 5년 투자 실적이 시장 수익률보다 낮은 펀드가 약 85%였다. 2016년 말 작성된 S&P 다우존스지수 스피바(SPIVA) 미국 점수표에 의하면, 2016년 12월까지 15년 동안의 투자 실적이 벤치마크보다 나쁜 펀드는 대형주 펀드의 92.2%, 중형주 펀드의 95.4%, 소형주 펀드의 93.1%였다.[3]

'과거 실적이 중요한가?(Does Past Performance Matter?)'라는 논문에 의하면, 5년 동안 실적이 가장 좋았던 미국 뮤추얼펀드 703개 중에서 그다음 5년 동안에도 실적 상위 25%에 들어간 펀드는 하나도 없었다.[4]

학생들에게 주는 냉정한 조언

2017년 봄 폴 손킨은 뉴욕주립대학교 올버니캠퍼스의 (데이비드 스미스 교수 재무학 장학생) 학부생 약 35명을 대상으로 강의했다. 그가 학생들에게 말했다. "펀드매니저가 되고 싶은 사람은 손을 들어보세요." 학생 대부분이 손을 번쩍 들었다. 그러자 손킨은 "펀드매니저가 되려면 명심해야 하는 통계를 살펴봅시다"라고 운을 떼더니 이어서 말했다.

"여러분은 나이가 21세 정도죠? 제정신인 사람이라면 여러분이 10년 이상 경력을 쌓기 전에는 여러분에게 돈을 맡기지 않을 것입니다. 그러면 여러분은 빨라야 30대 초부터 투자 실적을 쌓게 될 것입니다. 만일 70대 중반에 은퇴한다면(그런 사람은 아무도 없지만) 여러분은 40년 투자 실적을 갖게 됩니다.

생각해보세요. 지난 40년 동안 300베이시스포인트(basis point, 1bp = 0.01%이므로 3%를 뜻함 - 옮긴이) 이상 초과수익을 달성한 사람이 얼마나 있을까요? 12명? 50명? 100명? 200명? 나도 모릅니다. 그러나 그 숫자는 놀라울 정도로 적을 것입니다.

여러분이 장래에 맞이할 환경은 지난 40년 동안 초과수익을 달성한 그 극소수의 환경과 다르다는 사실을 명심하십시오. 지금은 온갖 신기술이 이용되고 있습니다. 예컨대 인공위성을 이용한 주차 차량 집계, 컴퓨터 프로그램을 이용한 신용카드 '한도 소진'과 기타 '빅 데이터' 분석, 컴퓨터 자연어 처리를 통한 전화 회의 음성 분석(과거에 CIA는 사람이 분석) 등 사례는 끝이 없습니다. 이런 신기술은 여기서 그치지 않고 계속 더 쏟아져 나옵니다.

앞으로 40년 동안 여러분과 경쟁할 사람들을 생각해보세요. 우선 경쟁자들이 십중팔구 증가할 것입니다. 그리고 이들은 영리하고 의욕적일 뿐 아니라 고도로 훈련된 사람입니다. 20년 전에도 이 학교에 이런 프로그램이 있었나요? 없었습니다. 지금 미국 전역의 대학교에 비슷한 프로그램이 많이 있나요? 네. 훨씬 많아졌습니다. 요즘은 대부분 학교에 학생들이 운용하는 펀드는 물론 함께 진행되는 수업도 있습니다.

그러면 전문가들이 분석하는 기업 숫자는 어떨까요? 1995년 미국의 정규 증권거래소에 상장된 기업은 약 7,000개였습니다. 지금은 약 3,500개입니다. 그 결과 기업을 분석하는 고도로 훈련된 애널리스트가 증가했는데도, 분석 대상 상장기업의 수는 20년 전의 절반으로 감소했습니다.

이 모든 사실을 고려하면, 더 좋은 기술로 무장한 더 많은 사람이 더 적은 수의 기업을 분석하고 있습니다. 다음 40년 동안 시장의 효율성이 더 높아질까요, 낮아질까요? 십중팔구 더 높아질 것입니다. 훨씬 더 말이죠. 이런 난관을 고려할 때, 장래에 초과수익을 달성하는 사람의 수가 증가할까요? 십중팔구 증가하지 않겠지요.

나는 여러분이 꿈을 포기하게 하려는 것이 아닙니다. 다만 두 눈을 똑바로 뜨고 꿈을 추구하라는 말입니다. 여러분이 기업 분석을 즐긴다면 좋은 선택이 되겠지만, 벼락부자를 원한다면 좋은 선택이 아닙니다. 여러분의 목표가 초과수익이라면, 과거에도 초과수익 달성이 매우 어려웠고 미래에는 더 어려워진다는 사실을 명심하기 바랍니다."

4장. 시장 효율성을 보는 관점

알파 창출은 제로섬 게임

알파 창출이 그토록 어려운 이유는 무엇일까? 우선 주식시장에서 알파 창출은 제로섬 게임이기 때문이다.[5] 제로섬 게임에서는 한 사람이 돈을 벌면 나머지 사람들은 그 금액만큼 잃을 수밖에 없다. 다음은 고든 게코(올리버 스톤이 감독한 영화 '월스트리트(Wall Street)'에 등장하는 기업 사냥꾼 - 옮긴이)가 남긴 유명한 대사다.

> 제로섬 게임에서는 누군가 돈을 벌면 누군가 돈을 잃는다. 돈 그 자체는 사라지거나 만들어지지 않는다. 단지 직관적인 한 사람으로부터 다른 사람으로 이전될 뿐이다.[6]

제로섬 게임의 간단한 예가 포커 게임이다. 금요일 저녁에 친구 네 사람이 각각 250달러씩 모두 1,000달러를 갖고 한 테이블에서 게임을 시작했다고 하자. 밤늦게 한 사람이 1,000달러를 모두 땄다면 나머지 친구들은 각각 250달러씩 잃은 것이다. 그러나 친구 네 사람이 방에서 나갈 때 가져가는 돈도 방에 들어올 때와 마찬가지로 1,000달러다. 포커는 제로섬 게임이다. 이 사례에서 한 사람이 따고 세 사람이 잃으면서 돈이 이전되었지만, 돈이 새로 만들어지지는 않았다.

1990년 자본자산가격결정모형으로 노벨 경제학상을 수상한 윌리엄 샤프는 〈파이낸셜 애널리스트 저널(Financial Analysts' Journal)〉에 발표한 논문 '액티브 자산 운용의 산수(The Arithmetic of Active Management)'에서, 주식시장도 포커 게임과 마찬가지로 제로섬 게임이라고 설명했다.

먼저 샤프는 특정 시장에 참가한 모든 투자자가 보유한 주식을 더하면 그 시장이 된다고 주장한다. 다시 말해서 모든 투자자를 더한 것이 시장이다. 그러므로 누군가 돈을 벌 때마다 누군가는 돈을 잃는다. 따라서 모든 투자자가 시장을 이기는 것은 불가능하다.

실제로 액티브 자산 운용은 제로섬 게임보다 불리해서, 거래비용과 (고객에게 부과하는) 운용보수 탓에 네거티브섬 게임이다.

다시 포커 게임으로 돌아가서, 이번에는 친구 네 사람이 근처 컨트리클럽에서 포커 게임을 한다고 가정하자. 그런데 컨트리클럽에서는 테이블 사용료로 100달러(1인당 25달러)를 부과한다. 전에 집에서 포커 게임을 할 때는 게임 자금 총액이 1,000달러였지만 이제는 900달러가 된다. 테이블 사용료 때문에 네거티브섬 게임이 된 것이다.

만일 밤늦게 게임 자금을 네 사람이 똑같이 나눠 갖는다면, 각자 가져가는 돈은 처음에 가져왔던 250달러가 아니라 225달러가 된다. 여기서 한 사람이 창출할 수 있는 알파는 최대 675달러다. 누군가 돈을 따려면 누군가는 돈을 잃어야 하며, 사용료 탓에 게임 자금 총액은 처음에 가져온 금액보다 감소할 수밖에 없다.

주식시장은 고도로 훈련된 영리한 투자자들이 치열하게 경쟁하는 곳인 데다가 제로섬 게임(사실은 네거티브섬 게임)이므로 장기간 초과수익을 얻기가 지극히 어렵다. 초과수익을 얻는 유일한 방법은 시장에서 가격이 잘못 설정되는 상황을 체계적으로 반복해서 찾아내는 것이다. 그러려면 이런 상황이 어떤 모습인지 파악해야 한다.

4장. 시장 효율성을 보는 관점

알파 창출을 어렵게 하는 요인 또 하나는 전문 투자자들 사이의 치열한 경쟁이다. 주식시장에는 풍부한 자원을 투입하면서 알파 창출을 시도하는 의욕적인 고학력, 고지능 투자자가 많다. 알파를 창출하려고 주식시장에 새로 진입하는 투자자가 상대하는 경쟁자들은 아마추어가 아니라 업계 최고의 전문가들이다. 포커 게임에 비유하면 월드 시리즈 오브 포커(World Series of Poker) 우승 후보들과 경쟁하는 셈이다.

라스베이거스와 월스트리트에서 상어와 수영하기

놀란 달라(Nolan Dalla)는 2014년 2월 12일 웹사이트 '포커뉴스(PokerNews)'에, '포커에서 승리하기가 어려워졌나?(Has Poker Become Unbeatable?)'라는 제목의 글을 기고했다.

그는 글 초반에서 이렇게 말했다. "한동안 활동했던 포커 선수들에게 물어보면 대부분 돈 벌기가 예전만큼 쉽지 않다고 말할 것이다. 게임이 갈수록 치열해지고 있다."

이 글에는 포커 세계의 변천에 관한 해설이 풍부하다. 달라는 포커에서 승리하기 훨씬 어려워졌다고 생각하는 원인 몇 가지를 제시하는데, 이는 투자자에게도 중요한 교훈을 제공한다.

돌아보면 포커 전략을 진지하게 다루는 책이 처음 출간된 시점은 1970년대 말이었다. 그 덕분에 사람들은 포커 전략의 미묘한 차이를 더 잘 이해하게 되었다. 그리고 신세대 포커 선수들이 책을 낼 때마다 더 정교한 전략이 소개되었다.[7] 예상했던 일이다.

선수들 사이의 경쟁 양상은 빠르게 변화한다. 이제는 초보자도 정교한 전략을 배울 수 있고 온라인으로 끝없이 게임을 하면서 카드 기술과 직관을 연마할 수 있다. 그 결과 포커는 경쟁이 극적으로 치열해져서 게임에서 승리하기가 정말 어려워졌다. 달라는 다음과 같이 썼다.

> 초보 전략은 이제 통하지 않는다. 누구나 정보를 입수할 수 있다. 이제는 과거에 없던 책, 훈련원, 온라인 포럼이 있어서 게임에 관해서 아이디어를 교환하고 비판적으로 사고할 수 있다. 시간을 투입할 의지만 있으면 비교적 빨리 게임을 숙달하기가 그다지 어렵지 않다. 그 결과 최고의 포커 선수들을 위협하는 강력한 경쟁자가 대폭 증가했다. 이제 포커의 온갖 비밀을 파악하면서 최첨단 사고력까지 갖춘 슈퍼엘리트 선수들과 나머지 선수들 사이의 정보 격차가 계속 축소되고 있으므로, 게임은 더 치열해지고 수익성은 더 낮아졌다.[8]

정보 격차가 축소되어 수익성이 더 낮아졌다는 말이 흥미롭다. 이 말은 주식시장에도 대체로 적용된다. 즉 투자자의 정보 접근성이 개선되고 실력이 향상되어 '초과수익(알파)' 창출이 감소했다는 말이다.

달라는 포커 분야에서 나타났던 군비 경쟁이 월스트리트에서도 나타나고 있다고 말한다.

첫째, "포커 지식의 최정점에 도달하는 선수가 계속 증가하고 있으므로 뚜렷한 우위를 확보한 선수가 아무도 없어서, (누군가 심리를 이용할 수 있는 상황이 아니라면) 게임의 승패가 오로지 운에 좌우되는 경지에 이를 수도 있다". 여기서 '심리를 이용할 수 있는 상황'이라는 말에 관심이 가는데, 이는 나중에 살펴볼 효율적시장 가설과 행동재무학의 상호작용과 매우 유사하다.

둘째, 달라의 말 중 "최고의 선수들은 승리의 기본 원리를 파악해서 고수했으나, 이후 다른 선수들도 모두 따라 하자 수익이 사라졌다" 역시 전문 투자자들의 실력 수준 향상과 일맥상통한다.

끝으로 달라는 말한다. "지금은 이른바 '혼잡 현상'이 나타나고 있다. 전에는 세계적인 포커 선수들이 방 하나를 채우는 정도였다. 지금은 이런 선수 수백 명이 세계 전역에 흩어져 있다. 이런 엘리트 선수들은 최고 자리를 다툴 만한 새롭고 창의적인 기법들을 과시한다."

월스트리트에서 가장 실력 있는 사람은 지속적으로 초과수익을 내는 사람이다. 달라의 말은 투자에도 거의 그대로 적용된다. 엘리트 투자자들은 초과수익을 내는 '새롭고 창의적인 기법들을 과시'하고 있다.

달라의 글은 이렇게 요약할 수 있다. "포커 테이블에서 나오는 이익 대부분은 우리가 우수해서가 아니라 남들이 실수한 덕분이라는 점을 명심해야 한다." 제로섬 게임에서는 누군가 실수해야 다른 사람이 돈을 번다.

그러나 이제는 모든 투자자의 실력이 향상되어 실수가 감소했기 때문에 무능한 투자자를 이용할 기회가 과거 어느 때보다도 적어진 듯하다. 전에는 전문 투자자가 개인 투자자를 이용할 수 있었고, 노련한 투자자가 서툰 투자자를 먹이로 삼을 수 있었다. 그러나 이제는 아니다. 그동안 투자자 중 전문가의 비중이 확실히 증가했고, 서툰 투자자는 거의 모두 시장에서 퇴출당했다.

헤이버애널리틱스(Haver Analytics)가 연준의 데이터를 분석한 통

[그림 4.2] 지난 70년간 개인의 주식 보유 비중이 대폭 감소했다

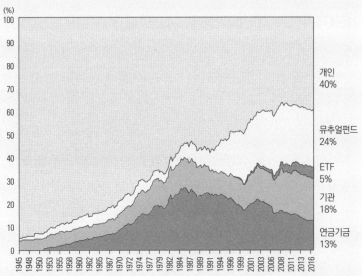

계[9]에 의하면, 개인이 보유한 주식 비중이 1945년 95%에서 2015년 40%로 급락했다(그림 4.2 참조). 그 결과 지금은 주식을 주로 기관들이 보유하고 있다. 이는 과거에는 개인 투자자 수천만 명이 주식 매매를 결정했지만, 지금은 펀드매니저 수만 명이 주식 매매를 결정한다는 뜻이다.[10]

달라가 말한 포커 세계와 투자 세계의 경쟁 심화 현상을 흔히 실력의 역설(paradox of skill)이라고 한다.[11] 이제 투자의 세계에는 물고기가 부족하므로 상어들끼리 초과수익을 놓고 경쟁할 수밖에 없다. 안타깝지만 이제는 포커 세계나 투자 세계나 호구가 거의 남지 않았다.

효율적시장의 정의

효율적시장[12]이란 주가가 어느 순간에도 회사 관련 모든 가용 정보를 반영하며, 그 시점 회사 내재가치의 최적 추정치가 되는 시장을 가리킨다. 이 이론이 개념적으로는 쉬울지 몰라도 현실 세계에 적용하면 엉망이 된다.

2013년 시카고대학교 재무학 교수 유진 파마(Eugene Fama)는 (그가 1965년에 만들어낸) 효율적시장에 관한 획기적인 연구로 노벨 경제학상을 공동 수상했다.

효율적시장 개념은 후속 연구를 통해서 50년 동안 논쟁을 이어 갔다. 논쟁의 세부 사항은 이 책의 범위를 벗어나지만,[13] 여기서는 파마의 이론을 토대로 효율적시장을 잠정적으로 정의하고자 한다. 파마는 1991년 논문 '효율적 자본시장 2(Efficient Capital Markets II)'에서 다음과 같이 말했다.

> 효율적시장 가설에서는 증권 가격이 모든 가용 정보를 완전히 반영한다고 본다.[14]

여기서 파마가 가치평가에 관해서 언급하지 않았다는 점을 주목하기 바란다. 사실 그는 증권 가격에 어떤 정보가 반영되어야 하는지도 언급하지 않았다. 그리고 모든 가용 정보를 반영하는 가격이 합리적인 가격인지도 언급하지 않았다.

> 증권 가격이 더 많은 시장 정보를 반영하여 조정될수록, 증권 가격은 내재(진정한)가치에 수렴한다고 가정한다. 다시 말해서 증권 가격에 모든 가용 정보가 충분히 반영되면, 그 결과 형성되는 시장가격은 기업의 진정한 내재가치에 매우 근접할 것이다.

조의 레모네이드 가판대 사례를 다시 떠올려보자. 3장에서 성장률이 0이고 ROIC가 20%라고 가정하면 가판대의 가치는 1,412달러, 주당 9.41달러가 된다. 시장에서 이 주식이 모든 가용 정보를 충분히 반영한다면 주가가 효율적으로 형성되어 내재가치와 같아질 것이다.

시장가격 = 내재가치 = 9.41달러

이 시나리오에서는 시장가격이 내재가치와 같아서 가격 오류가 존재하지 않으므로 투자자가 초과수익을 얻을 수 없다. 가판대의 내재가치를 추정하려고 우리는 레몬 가격, 날씨, 레모네이드 판매량 등의 정보를 사용했다. 시장에 이런 모든 가용 정보가 있으며 증권 가격에 이런 정보가 충분히 반영된다면, (파마에 의하면) 그 결과 가판대 주식에는 효율적인 시장가격이 형성된다.

파마의 이론에 추가로 설명할 사항이 두 가지 있다. 첫째, '모든 가용 정보'가 어떻게 구성되는가, 둘째, 주가에 정보가 '충분히 반영'되었는지를 어떻게 아는가.

'모든 가용 정보'의 구성을 정의하려면 먼저 정보를 정의하고 관련 용어를 정리해야 혼동을 피할 수 있다.

유의 사항: 비공개 정보 이용의 적법성은 이 책의 범위를 벗어나므로 논의하지 않는다. 이후 논의 내용은 법률 조언이 아니며 부정확하거나 진부할 수도 있다. 비공개 정보와 내부자 거래에 관한 법규[15]는 끊임없이 바뀐다는 점을 깊이 유념해야 한다.

정보의 정의

먼저 미국 증권거래위원회(Securities and Exchange Commission, SEC)가 2000년 8월 발표한 공정공시규정(Regulation FD)에서 정보의 정의를 살펴보자.[16]

"투자자 대부분이 이용할 수 있는 방식으로 유포되지 않은 정보는 비공개 정보다."[17] 예컨대 통신사 보도자료로 발표되었거나 SEC에 보고된(SEC 웹사이트에 올라온) 기업 정보는 일반적으로 적절하게 유포된 정보로 간주된다. 이와 방식이 달라도 충분한 수의 참가자가 정보를 입수하면 정보가 적절하게 유포된 것으로 간주된다.

공정공시규정에 의하면 "합리적인 투자자가 투자 판단에 중요하다고 생각할 가능성이 큰 정보는 중요한 정보다". 중요성 요건을 충족하려면 합리적인 투자자가 보기에 가용 정보의 전반적인 배합(total mix)을 크게 바꿔놓을 만한 정보여야 한다.[18] 나는 증권 가격에 큰 영향을 미칠 가능성이 상당한 정보라면 중요한 정보라고 생각한다. 이것이 법적으로 정확한 표현은 아니더라도 중요성을 판

단하는 좋은 척도라고 믿는다.[19]

'중요하지 않은 비공개 정보'의 정의는 공정공시규정에 없지만 추론할 수는 있다. 이는 적절하게 유포되지 않은 정보로서, 합리적인 투자자의 투자 판단에 영향을 미치지 않고 증권 가격에도 큰 영향을 미치지 않는 정보다.

예컨대 실적이 실망스럽다는 정보나 인수 제안을 받았다는 정보를 공개적으로 발표하기 전에 CEO에게서 입수했다면, 이는 중요한 비공개 정보에 해당한다.[20] 두 정보 모두 공개되면 주가에 큰 영향을 미칠 만한 정보이기 때문이다. 반면 최근 매출 증가 사실을 발표한 CEO가 직원을 추가로 고용하려고 주차장을 확장 중이라고 내게 알려주었다면, 이는 아마도 중요하지 않은 비공개 정보다.

정보의 중요성을 판단하는 시금석은 "그 뉴스에 반응해 주가가 바뀔 것인가?"라는 질문이다. 대답이 '바뀐다'이면 그 정보는 대개 중요한 정보다. 수업에 강사로 초빙한 폴 손킨의 친구는 이렇게 말했다. "중요한 비공개 정보를 입수하면 여러분은 본능적으로 그 사실을 직감하게 됩니다." 그림 4.3은 정보의 세 가지 유형이다.

[그림 4.3] 정보의 유형

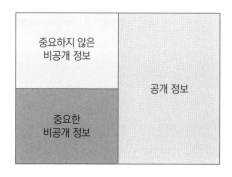

　　　　　　　　　　　　　4장. 시장 효율성을 보는 관점

중요한 비공개 정보가 유포되면 어떤 일이 발생하는가?

SEC의 정의에 따르면 중요한 정보는 "합리적인 투자자가 투자 판단에 중요하다고 생각할 가능성이 큰 정보"다.[21] 중요한 정보에는 실적 발표, 주요 고객 획득이나 상실, 주요 자산의 취득이나 처분, 기타 기업의 중요한 활동이나 사건 등이 포함된다.

기업이 발표하는 새 정보는 모든 이해관계자에게 유포된다. 새 정보가 처음에는 일부에만 유포될 수도 있지만 투자자들이 그 중요성을 실감하면 빠르게 확산한다. 그러나 충분히 많은 시장 참가자가 그 정보를 알고 있어야 비로소 충분히 유포된 것으로 간주된

[그림 4.4] 정보의 유포

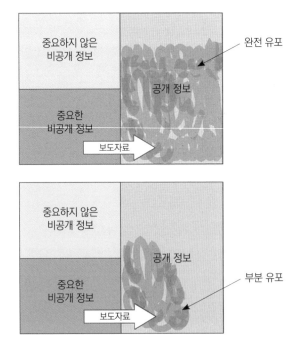

다. 현대에는 이 과정이 빠르게 진행된다. 대부분 기업이 통신사를 이용해서 주요 정보를 모든 이해관계자에게 동시에 유포하기 때문이다. 이렇게 해서 완전히 유포되면 그 정보는 공개 정보가 된다(그림 4.4).

'모든 가용 정보'의 정의

이제 정보를 잠정적으로 정의했으니 '가용 정보'에 대해서 논의하자. 모든 공개 정보는 당연히 입수할 수 있다. 그러나 공개 정보 중에도 입수하기 어렵거나 비용이 드는 정보가 있다. 이런 정보를 우리는 '준공개 정보'[22]라고 부른다. 형식상으로는 공개 정보이지만 실제로는 '중요하지 않은 비공개 정보'의 특성이 많기 때문이다.

이런 준공개 정보를 입수하는 방법에는 인공위성 영상 데이터 수집, 웹 스크래핑 소프트웨어 이용,[23] 소비자 조사, 정보공개법(The Freedom of Information Act, FOIA)[24]에 의한 정보 요청, 법정 문서 조사, 기타 다양한 방법이 포함된다. 그림 4.5에서 보듯이 이런 정

[그림 4.5] 가격에 반영할 수 있는 정보: 준공개 정보

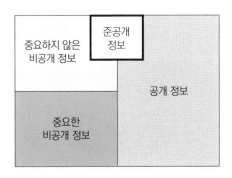

보도 가격에 반영할 수 있다.

중요하지 않은 비공개 정보 중에는 모든 투자자가 아니라 일부 투자자만 이용할 수 있는 정보도 있다. 이런 정보를 얻으려면 돈보다는 시간을 들여야 한다. 예를 들어 일부 투자자는 장기간 유지해온 관계 덕분에 경영진, 경쟁자, 고객, 공급자, 업계 전문가 등의 정보에 쉽게 접근할 수 있다. 증권회사가 개최하는 투자 콘퍼런스가 그런 예로서 증권사 고객들만 참석이 허용된다. 이때 정보를 입수하는 대가는 돈이 아니라 시간이다.

공정공시규정은 어떤 상황에서도 중요한 정보의 선택적 공개는 허용하지 않지만, (이런 경로로 입수 가능한) 중요하지 않은 정보의 선택적 공개는 금지하지 않는다. 그림 4.6은 가격에 반영할 수 있는 중요하지 않은 비공개 정보와 준공개 정보를 나타낸다.

그림 4.7에서 입수에 법적 제약이 있는 중요한 비공개 정보는 쇠창살로 표시했고, (시간과 노력을 들이지 않으면) 입수하기 어려운 중요하지 않은 비공개 정보는 철사 울타리로 표시했다.[25]

[그림 4.6] 중요하지 않은 비공개 정보 입수에도 비용이 든다

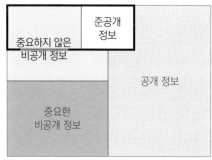

[그림 4.7] 가격에 반영할 수 없는 정보: 중요한 비공개 정보

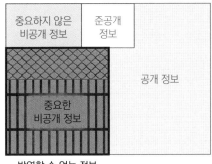

[그림 4.8] 파마의 모든 가용 정보

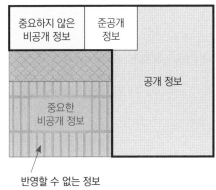

끝으로 그림 4.8은 파마의 '모든 가용 정보'를 나타낸다.

이제 '모든 가용 정보'를 정의했으므로 다음 질문으로 넘어가자.

이 정보는 시장가격에 충분히 반영되었을까?

효율적시장의 조건

주가에 모든 가용 정보가 충분히 반영되기 위한 세 가지 조건은 다음과 같다.

1. 모든 가용 정보가 충분히 많은 투자자에게 유포된다.
2. 그 정보를 충분히 많은 투자자가 체계적 오류 없이 처리한다.
3. 그 정보를 충분히 많은 투자자가 증권 매매를 통해서 시장가격에 반영한다.

이런 내용을 이론이나 가설로 표현하기도 하지만 실상은 훨씬 더 미묘하다. 로저 머리 교수에 의하면 효율적시장 가설은 '시장가격을 내재가치로 끌어당기는 합리적 세계의 자석'이라고 생각할 수 있다. 이는 효율적시장 가설이 자발적, 무의식적으로 발생하는 정리 과정이라고 보는 것이다.

애덤 퍼거슨(Adam Ferguson)의 《The History of Civil Society(시민사회 역사론)》에 빗대어 표현하면, 이 이론은 인간이 설계한 결과가 아니라 인간의 행동에서 비롯된 결과다. 십계명과는 달리, 효율적시장 가설은 신이 만들어준 것이 아니라 저절로 등장한 것이다. 그림 4.9는 세 가지 조건의 진행 과정을 보여준다.

효율적시장의 조건을 충족하려면 세 가지 조건 모두에서 충분히 많은 투자자가 필요하다는 점에 유의하라. 충분히 많은 투자자가 어느 정도인지를 쉽게 판단하는 기준은 없지만, 다음 비유가 유용할 것이다.

[그림 4.9] 효율적시장의 세 가지 조건

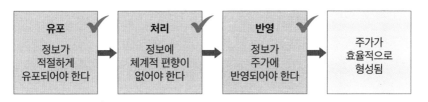

약학에서 정의하는 임계 투여량은 원하는 효과가 나오는 약물의 최소량이다. 예를 들어 당신이 시험공부를 마치려면 몇 시간 깨어 있어야 한다고 가정하자. 이때 커피를 적당량 마셔야지, 과도하게 마시면 신경과민이 된다. 일반적으로 커피 한 잔에는 카페인 95밀리그램이 들어 있고 한 잔은 약 16모금이므로 한 모금에 카페인 약 6밀리그램이 포함된다. 물론 한 모금으로는 부족할 것이다. 약리학자에게 문의하면 깨어 있는 데 필요한 최소 모금 수(임계 투여량)를 들을 수 있을 것이다.

효율적시장 가설에도 임계 투여량 개념을 적용할 수 있다. 즉 정보가 적절하게 유포되고 처리되어 주가에 충분히 반영되려면 필요한 투자자의 수가 임계 투여량에 해당한다. 그 수를 파악할 수 없는 경우도 많긴 하지만, 다음 장에서는 투자자의 수가 증가함에 따라 임계 수준에 근접하는 과정을 설명한다.

앞으로 몇 장에 걸쳐 우리가 다룰 내용을 예시하면 다음과 같다.

조건 1: 유포

시장가격이 효율적으로 형성되려면 모든 가용 정보가 충분히 많은 투자자에게 유포되어야 한다. 그러려면 투자자들이 정보를 입수하거나 정보가 있다는 사실을 알고 있어야 한다. 주요 정보가 충분히 유포되지 않으면 주가가 잘못 형성될 수 있다.

조건 2: 처리

정보가 주식의 내재가치 추정치에 미치는 영향을 판단하려면 투자자들이 정보를 처리해야 한다. 그러려면 투자자들의 정보 처리 과정에 심각한 체계적 오류가 없어야 한다. 그리고 투자자들이 정보를 처리해서 주식의 내재가치 추정치를 산출하는 것만으로는 주가에 정보가 반영되지 않는다.

정보를 처리하는 투자자가 충분히 많지 않거나, 충분히 많더라도 내재가치를 산출하는 정보 처리 과정에 체계적 오류에 의한 편향이 있다면 주가가 잘못 형성될 수 있다.

조건 3: 반영

주가에 정보가 충분히 반영되려면 내재가치 추정치가 시장에 명시되어야 한다. 나중에 더 논의하겠지만 오로지 매매 활동을 통해서만 주가에 정보가 반영될 수 있다. 예컨대 주식의 매수나 매도를 추천하는 보고서가 있거나 누군가 TV, 블로그, 웹사이트 등을 통해서 주식에 대한 견해를 밝혀도, 투자자들이 그 정보를 이용해서 매매를 실행해야만 주가에 정보가 반영된다.

투자자들의 주식 매매를 가로막는 장애물이 있으면 주가가 잘못 형성될 수 있다. 추정치가 명시되지 않아도 주가에 정보가 반영되지 않는다.

효율적시장 가설의 조건이 완벽하게 충족되는 사례

다음은 효율적시장 가설의 세 가지 조건이 완벽하게 충족되는 사례다. 2016년 2월 23일 주식시장이 열리기 전, MKS인스트루먼트(MKS Instruments)는 뉴포트코퍼레이션(Newport Corporation)을 주당 23달러에 현금으로 인수할 계획이라고 발표했다. 23달러는 뉴포트의 전날 종가 15.04달러에 상당한 프리미엄이 붙은 가격이다.

공식 발표 전까지 뉴포트 주가의 특이한 흐름과 거래량 증가가 없었으므로, 이는 이 거래에 관한 정보가 발표 시점 직전까지 시장에 유출되지 않았다는 뜻이다. 이런 기습적인 인수 계획 발표는 확실히 중요한 비공개 정보에 해당하므로, 투자자들 모두 이 정보가 당연히 주가에 큰 영향을 미치리라 기대한다.

MKS가 상세한 인수 계획을 발표한 시점은 동부 시간 오전 7시였는데, 그림 4.10에서 보듯이 오전 9시 30분 주식시장이 열리자 뉴포트 주가에 이 발표가 즉시 반영되었다.

MKS의 보도자료 발표를 통해서 새 정보가 적절하게 유포되었으므로 효율적시장의 첫 번째 조건이 충족되었다. 충분히 많은 투자자가 새 정보를 체계적 오류 없이 처리했으므로 두 번째 조건도 충족되었다. 차익을 노리는 투자자들의 매매를 통해서 주가에 새 정보가 즉시 반영되었으므로 세 번째 조건도 충족되었다.

[그림 4.10] 인수 발표 직후 뉴포트 주가에 정보가 반영되었다

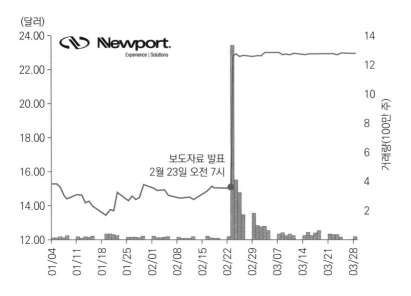

효율적시장의 조건들이 충족되는 메커니즘

효율적시장의 조건들이 충족되어 시장가격이 효율적으로 형성되는 과정은 다음과 같다.

개인의 정보 처리 과정

개인들은 장래에 주가가 상승하리라 믿기 때문에 주식을 매수한다. 이는 자신이 산출한 내재가치 추정치가 시장가격보다 높다는 뜻이다. 이런 판단을 내리려면 개인들은 주식의 내재가치 추정치를 알고 있어야 한다.

[그림 4.11] 개인이 내재가치 추정치를 산출하는 과정

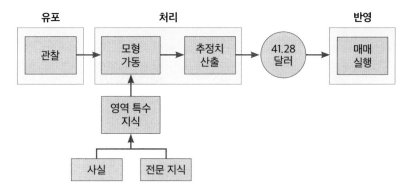

그림 4.11은 개인이 주식의 내재가치 추정치를 산출하는 기초 과정을 나타낸다. 이 모형은 나중에 더 자세히 다루기로 한다.

이 그림에서 보듯이 개인은 먼저 기업 관련 사건들을 관찰한다. 여기에는 최근 보도자료, 기업 CEO의 인터뷰, 블로그, 기타 기업의 펀더멘털 관련 정보가 포함된다. 그다음에는 모형[26]으로 정보를 처리해서 기업의 내재가치 추정치를 산출한다. 그리고 현재 주가가 이 추정치보다 높은지 낮은지에 따라 매매를 결정한다. 그가 매매를 실행하면 주가에 그의 견해가 반영된다.

개인의 정보 처리 과정과 정보 증식 과정

주식시장은 전 세계 수많은 투자자의 다양한 내재가치 추정치를 대변하는 모든 매매를 종합해 단일 시장가격을 도출하는데, 이것이 기업 내재가치의 컨센서스 추정치에 해당한다. 그림 4.12는 효율적시장 가설의 조건들이 충족되고 처리가 종합되면서 시장가격

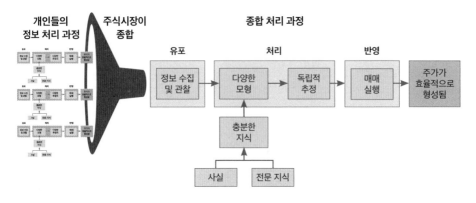

[그림 4.12] 개인의 정보 처리 과정 합계 = 종합 처리 과정

이 효율적으로 형성되는 과정을 보여준다.

    이 종합 처리 과정이 효율적시장의 세 가지 조건을 지배하는 구조다. 이 과정이 적절하게 진행되면 체계적인 오류 없이 주가가 효율적으로 형성되므로 초과수익 달성이 불가능해진다.

    이 지배 구조가 이른바 대중의 지혜다. 다음 장에서는 대중이 효율적시장의 조건들을 충족해 주가를 효율적으로 형성하는 과정을 살펴보기로 한다.

- 알파를 창출하려면 시장이 효율적이어야 한다. 일시적인 비효율성이나 가격 오류가 바로잡히려면 결국 시장이 효율적이어야 한다. 만일 비효율성이나 가격 오류가 영원히 유지된다면 아무도 안정적으로 초과수익을 달성할 수 없다.

- 펀드매니저의 유일한 목표는 초과수익을 얻는 것이다. 펀드매니저가 보수를 차감하고서도 초과수익을 내지 못하면 투자자는 그 돈을 저비용 인덱스펀드에 넣는 편이 낫다. 월스트리트에서 성공을 판단하는 척도는 단순한 수익 창출이 아니라, 벤치마크(또는 전체 시장)를 초과하는 수익 창출이다.

- 장기간에 걸쳐 초과수익(알파)을 창출하기는 지극히 어렵다. 액티브 자산 운용으로 이 목표를 달성한 사례는 매우 드물다.

- 주식시장은 고도로 훈련된 영리한 투자자들이 치열하게 경쟁하는 곳인데다가 제로섬 게임(사실은 네거티브섬 게임)이므로 장기간 초과수익을 얻기가 지극히 어렵다. 초과수익을 얻는 유일한 방법은 시장에서 가격이 잘못 설정되는 상황을 체계적으로 반복해서 찾아내는 것이다.

- 증권 가격에 모든 가용 정보가 충분히 반영되면, 그 결과 형성되는 시장 가격은 기업의 진정한 내재가치에 매우 근접할 것이다.

- 주가에 모든 가용 정보가 충분히 반영되기 위한 세 가지 조건
  - 모든 가용 정보가 충분히 많은 투자자에게 유포된다.
  - 그 정보를 충분히 많은 투자자가 체계적 오류 없이 처리한다.
  - 그 정보를 충분히 많은 투자자가 증권 거래를 통해서 시장가격에 반영한다.

5장

대중의 지혜를
보는 관점

오스카상 수상자를 알아맞혀라

　1994년 가을 컬럼비아대학교에서 증권 분석을 강의하던 폴 존슨은 수강생 폴 손킨과 21명의 요청에 따라 1995년 봄학기에 고급 투자 과정을 개설하게 되었다.

　손킨의 친구 조디 헬러(Jodi Heller)는 연례 아카데미상 파티를 여러 해 진행했는데, 내빈들을 대상으로 몇몇 부문에서 수상자를 예측하는 투표를 하게 했다. 흥미를 더하려고 헬러는 내빈들이 돈을 걸게 했고 가장 정확하게 예측한 사람에게 상금을 지급했다.

　67회 아카데미상 시상식을 몇 주 앞두고 손킨은 존슨의 수업에서도 비슷한 예측 대회를 열면 흥미롭겠다고 생각했다. 목적은 예측력 시험이 아니라 단지 오락이었다. 손킨은 헬러가 사용한 방식을 그대로 사용하자고 제안했다.

우연히도 존슨은 당시 잭 트레이너(Jack Treynor)[1]의 논문을 읽었다. 트레이너가 서던캘리포니아대학교(USC) 투자 수업에서 항아리에 담긴 콩의 개수를 학생들에게 맞히게 한 실험에 기반한 논문이었다.

논문에 의하면 트레이너는 이 실험을 두 번 했다. 첫 실험에서는 항아리에 담긴 콩이 810개였다. 학생들의 예측치 평균은 841개였고, 이 평균보다 더 정확하게 예측한 학생은 46명 중 2명뿐이었다. 두 번째 실험에서는 항아리에 담긴 콩이 850개였다. 이번에는 예측치 평균이 871개였고, 이보다 더 정확하게 예측한 학생은 1명뿐이었다. 트레이너는 다음과 같이 분석했다.

콩, 항아리, 포장 등에 대한 지식은 학생들의 정확한 예측에 아무 영향도 미치지 못한다. 오로지 독립성만 유지되면 충분하다.[2]

흥미를 느낀 존슨은 트레이너의 콩 항아리 실험을 1995년 아카데미상 수상식에 그대로 적용하기로 했다. 그는 학생들에게 12개 부문에서 수상자를 예측하게 했다.

아울러 각 부문에서 득표수가 가장 많은 후보를 '그룹 선정' 후보로 지정해 컨센서스 견해로 간주했다. 아카데미상 수상자 발표 후 존슨은 반에서 승자를 선정하고 상금을 지급했다. 실험 결과는 트레이너의 분석인 '컨센서스가 개인을 능가한다'와 일치했다.

표 5.1에서 보듯이 컨센서스 예측은 수상자 12명 중 9명을 맞혀 적중률이 무려 75%였다. 반에서 적중률 1위 학생만 12명 중 9명을

[표 5.1] 아카데미상 수상자 예측 실험 결과

	컨센서스	개인		
		1위	2위	평균
적중 수	9/12	9/12	8/12	5/12
적중률	75%	75%	67%	43%

맞혔을 뿐, 나머지 학생들의 적중률은 이보다 낮았다. 적중률 2위인 학생은 12명 중 8명을 맞혀 67% 적중했고, (1등과 2등을 제외한) 나머지 학생들은 평균 12명 중 5명을 맞혀서 적중률이 43%에 불과했다.

폴 존슨은 이듬해 봄에도 똑같은 방법으로 더 많은 학생에게 실험해 비슷한 결과를 얻었다. 이번에는 컨센서스 예측과 1위 학생의 예측 모두 수상자 12명 중 8명을 맞혀 적중률이 67%였으며, 2위는 12명 중 7명을 맞혀 적중률이 58%였다. 나머지 학생들의 평균 적중률은 38%에 불과했다.

이제 존슨은 트레이너의 콩 항아리 실험과 아카데미상 수상자 예측 실험 사이의 관련성을 분명히 파악했고, 주식시장에서 컨센서스가 형성되는 과정도 이해하게 되었다. 이런 통찰을 통해서 그는 효율적시장 가설과 자신의 증권사 애널리스트 경험 사이의 역설을 해소하고 싶어졌다.

존슨은 이후 몇 년 동안 봄마다 자신의 수업에서 아카데미상 수상자 예측 실험을 했다. 그리고 1997년에는 친구인 컬럼비아대학교 겸임교수 마이클 모부신과, 캘리포니아대학교 버클리캠퍼스에서 투자 과목을 가르치던 폴 스티븐스(Paul Stevens)에게 수업에서 똑같은 실험을 해달라고 요청했다.

세 사람의 실험에서 비슷한 결과가 나왔다. 컨센서스 예측이 단연 가장 정확해 모든 학생의 예측 적중률보다 높았다. 1998년 존슨은 연례 실험 결과를 설명하는 짧은 논문을 발표했다.[3] 논문에서 그는 독립적으로 활동하는 개인들 사이에서 탄탄한 컨센서스가 형성되는 과정을 설명했고, 이것이 효율적시장에 주는 의미도 제시했다.

이후 몇 년 동안 존슨의 아카데미상 논문이 월스트리트에 퍼졌다. 〈뉴요커(The New Yorker)〉 전속 작가 제임스 서로위키는 2001년 칼럼 '금융 페이지(The Financial Page)'에서 존슨의 아카데미상 실험에 관해서 언급했다. 그는 주식시장 컨센서스가 주요 매체로부터 어떻게 영향받는지 설명했다.

이틀 동안 시청하고서 시시각각 이어지는 CNBC의 주식시장 보도가 의미 없다는 교훈을 얻었다. 독립적으로 사고하는 다양한 투자자들을 왜곡하여 단일한 집합적 사고에 빠진 대중으로 보게 하기 때문이다.[4]

서로위키는 존슨의 실험을 인용하면서 말했다. "집단의 선택이 가장 뛰어난 개인보다 언제나 더 정확했다. 시장이 전문가보다 한 수 위라는 증거다. 주목할 점이 또 있다. 학생들이 독립적으로 판단했다는 사실이다." 그는 결론적으로 말했다. "모든 독립적 의사결정을 종합하면 그 결과는 거의 완벽해진다. 시장은 보통 이런 식으로 돌아간다."

이 주제에 계속 관심을 기울인 서로위키는 마침내 2005년 8월

《대중의 지혜(The Wisdom of Crowds)》를 출간했다. 그는 1841년 출간된 찰스 맥케이(Charles Mackay)의 《대중의 미망과 광기(Extraordinary Popular Delusions and the Madness of Crowds)》에 대응해서 '대중의 지혜'라는 용어를 만들어 책 제목으로 사용했다.

서로위키가 《대중의 지혜》를 출간하기 10년 전인 1995년, 미시간대학교 경제학 교수 스콧 페이지는 이미 다양성 기반 모형을 연구하기 시작했다.[5] 연구를 계속한 그는 2007년 2월 탁월한 책 《The Difference(차이)》를 출간했고, 이 책에 자극을 받은 마이클 모부신은 2007년 3월 훌륭한 논문 '다양성 이론을 적용한 대중의 지혜 해석(Explaining the Wisdom of Crowds, Applying the Logic of Diversity)'[6]를 발표했다.

놀랍게도 20여 년 전 교수와 학생들이 장난삼아 시작한 실험을 계기로 대중 행동에 관한 연구가 확대되어 수많은 논문, 저서, 학술 연구로 이어졌고, 그 결과 개발된 대중의 지혜 모형들은 주식시장의 흐름에 대해 더 깊은 통찰을 제공했다. "훌륭한 아이디어는 여러 사람이 참여할 때 나온다"라는 옛말이 맞는 듯하다.

대중의 지혜가 효율적시장의 핵심

앞에서 논의했듯이 효율적시장의 세 가지 조건이 충족되면 주가는 효율적으로 형성된다. 그러면 대중의 지혜는 왜 중요한가? 대중의 지혜가 효율적시장의 세 가지 조건을 충족시키는 지배적 구조로서 기능하기 때문이다.

대중의 지혜가 작동하는 과정에 대해서는 뒤에 설명하기로 한다.

- 정보가 적절히 유포된다: 투자자들이 정보를 수집, 추출, 종합한다.
- 정보가 처리된다: 투자자들이 편견 없이 가치를 평가하고 추정한다.
- 정보가 명시, 종합, 매매를 통해서 심각한 방해 없이 주가에 반영된다.

그 결과 모든 가용 정보가 주가에 충분히 반영되어 유진 파마의 효율적시장 정의가 충족된다.

대중의 지혜가 효율적시장의 조건을 충족하는 과정

여기서는 대중의 지혜가 효율적시장의 조건을 충족해 주가를 효율적으로 형성하는 과정을 살펴본다. 이 과정을 깊이 이해하면 어떤 상황에서 이 과정이 잘못 작동해 가격 오류가 발생하는지 찾아낼 수 있다. 아울러 가격 오류를 투자에 유리하게 이용할 만한 상황도 찾아낼 수 있다.

투자자도 여기서 비효율성의 패턴을 인식하고 그 비효율성이 정정되는 과정을 이해하면 안정적으로 알파를 창출할 수 있다.

대중의 지혜가 작동하는 조건

여기서는 효율적시장의 세 가지 조건을 여섯 가지로 세분해 대중의 지혜가 작동하는 과정을 분석한다. 이 여섯 가지 조건 충족에는 모든 투자자가 아니라 충분한 수의 투자자만 있으면 된다.

유포

(1) 정보를 입수하고 관찰할 수 있어야 한다.

처리

(2) 대중이 사실이나 전문 지식 형태로 적정량의 영역 특수 지식 (domain-specific knowledge)을 보유해야 한다.

(3) 대중의 구성이 다양해야 한다.

(4) 대중이 서로 독립적으로 활동해야 한다.

반영

(5) 매매를 심하게 방해하는 요소가 없어서 가격 추정치가 명시되고 종합되어 주가에 반영되어야 한다.

(6) 대중이 자신의 추정치를 명시할 유인이 있어야 한다.

위 여섯 가지 조건이 충족되면 대중은 개인이 따라올 수 없을 정도로 정확한 답을 제시한다. 그림 5.1은 여섯 가지 조건 중 다섯 가지[7]를 대중의 지혜가 충족하는 과정을 보여준다.

대중의 지혜를 잘 설명하는 일본 속담에 "집단보다 똑똑한 개인

[그림 5.1] 대중의 지혜가 적절하게 작동하면 주가가 효율적으로 형성된다

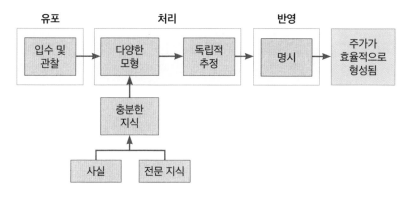

주가가 효율적으로 형성되려면 정보를 입수하고 관찰할 수 있어야 한다. 충분한 지식을 갖춘 사람들이 다양한 모형을 이용해서 독립적으로 정보를 처리하여 추정치를 산출하고 명시해야 하며, 매매에 큰 방해물이 없어야 한다. 이 과정에 오류가 발생하면 주가가 잘못 형성될 수 있다.

은 없다"가 있다. 정보를 일부만 보유한 개인이 어떻게 집단보다 더 정확한 답을 제시할 수 있겠는가.

조건 1: 정보 유포

세부 조건 (1) 대중의 지혜가 정확한 추정치를 산출하기 위한 첫 번째 조건은 충분히 많은 투자자가 정보를 입수하고 관찰하는 것이다. 정보가 적절히 유포되지 않아서 간과되거나 무시되면 투자자들은 정보를 모형에 이용하지 못해서 주가가 잘못 형성될 수 있

[그림 5.2] 정보의 유포가 불충분하면 주가가 잘못 형성된다

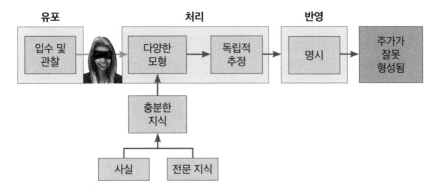

[그림 5.3] 효율적시장의 첫 번째 조건 충족

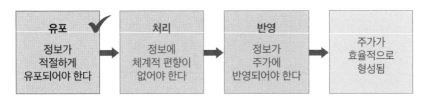

다(그림 5.2).

이것이 효율적시장 가설의 첫 번째 조건으로서, 모든 가용 정보가 충분히 많은 투자자에게 유포되어야 한다는 것이다(그림 5.3).

조건 2: 정보 처리

세부 조건 (2) 대중의 지혜가 적절히 작동하려면 충분히 많은 투자자가 체계적 오류 없이 정보를 처리해야 한다. 이는 대중이 다양하고 독립적이어야 한다는 뜻이다. 그러려면 충분히 많은 투자자

에게 적절한 수준의 영역 특수 지식이 있어서 정보 처리에 필요한 인식 모형을 구성할 수 있어야 한다. 다시 말해서 길잡이가 없으면 대중의 지혜는 정확한 답을 제시하지 못한다.

스콧 페이지는 저서 《차이》에서 간단한 예를 들어 설명했다. 초등학교 1학년 학생 1만 명에게 보잉 747 비행기의 무게를 알아맞히라고 하면, 이들의 추정치는 종합해도 실제 무게와 비슷할 수가 없다. 이들에게는 실제 무게를 추정할 기준이 전혀 없기 때문이다. 그 영역의 특수 지식을 갖춘 사람이 아무도 없어서 대중의 지혜가 정확한 답을 제시하지 못한다는 말이다. 아이들은 보잉 747이 장난감이라고 생각해 무게가 몇 킬로그램에 불과하다는 추정치를 내놓을 수도 있다.

이번에는 상업용 항공기 조종사들에게 보잉 747의 무게를 추정하게 해보자. 조종사들은 보잉 747에 관한 지식이 풍부하므로 무게를 대강 알고 있으리라 기대할 수 있다. 또 이번에는 항공 엔지니어들에게 똑같은 질문을 던진다고 생각해보자. 이들은 즉석에서 정확한 무게를 말하지는 못하겠지만, 전문 지식을 갖추고 있으므로 정확한 추정치를 제시할 수 있다. 나중에 더 논의하겠지만, 조종사나 항공 엔지니어들처럼 적절한 영역 특수 지식이나 전문 지식이 없어도 대중은 정확한 추정치를 제시할 수 있다.

심지어 대중이 다양한 직업으로 구성되어 있어도 (예컨대 의사, 변호사, 인디언 추장; 사상가, 재단사, 군인, 정보원; 정육점 주인, 제빵사, 요리사) 정확한 추정치를 제시할 수 있다. 이들에게 조종사나 항공 엔지니어가 갖춘 전문 지식은 없지만, 트럭이나 화물선 등 다양한 물체의 무게에 대한 지식은 있다. 이를 이용하면 이들도 보잉 747의 무

[그림 5.4] 대중의 영역 특수 지식이 부족하면 주가가 잘못 형성된다

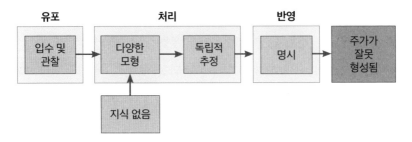

게를 어느 정도 추정할 수 있을 것이다. 체계적 오류가 없다고 가정하면, 이렇게 다양한 사람들의 모든 추정치를 평균함으로써 지식이 다소 부족한 대중도 매우 정확한 추정치를 제시할 수 있다.

정확한 정보까지는 아니더라도 적정 수준의 영역 특수 지식을 갖춘 사람이 충분치 않으면 대중이 제시하는 답은 정확하기가 어렵다. 초등학교 1학년 학생들이 보잉 747의 무게를 추정할 때처럼 말이다(그림 5.4).

사적 정보

개인의 영역 특수 지식을 사적 정보(private information)라고 부르기도 한다. 경제학에서 정보 비대칭(information asymmetry) 이론은 거래할 때 한쪽 당사자가 상대방보다 더 많은 정보를 보유한 상황을 가리킨다.

1970년 조지 애컬로프(George Akerlof)는 '레몬 시장(The Market for Lemons)'이라는 독창적인 논문을 발표해 2001년 노벨 경제학상을

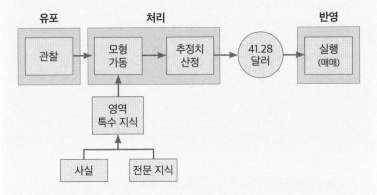

[그림 5.5] 영역 특수 지식은 개인의 정보 처리 모형을 형성하는 사실과 전문 지식으로 구성된다

받았다. 그는 판매자가 구매자보다 더 많은 정보를 보유한 중고차 시장 사례를 분석했다. 이 사례에서 구매자는 중고차시장에 좋은 차도 있고 나쁜 차도 있다는 사실은 알지만 둘을 구분할 만한 정보는 부족하다. 반면 판매자는 그 차를 사용한 사람이므로 좋은 차인지 나쁜 차인지 안다. 따라서 판매자는 구매자가 모르는 사적 정보를 보유하고 있다. 이 사례에서 판매자는 정보우위가 있어서 유리하고, 구매자는 차의 품질 정보가 없어서 불리하다.

　모든 투자자는 서로 다른 지식과 경험으로 구성되는 사적 정보를 보유하고 있으며, 이 사적 정보는 기업의 내재가치 추정에 영향을 미친다. 투자자 중에는 공개 정보만 보유한 사람도 있고, 준공개 정보, 중요하지 않은 비공개 정보, 중요한 비공개 정보를 결합해서 보유한 사람도 있다. 그림 5.6은 세 종류의 시장 참여자(기업 CEO, 정보가 풍부한 투자자, 정보가 부족한 투자자[8])가 보유한 정보 조합의 예를 나타낸다.

[그림 5.6] 사적 정보

| 기업 CEO | 정보가 풍부한 투자자 | 정보가 부족한 투자자 |

7장에서 더 논의하겠지만, 적극적인 투자자는 공개 정보와 준공 개 정보를 중요하지 않은 비공개 정보와 결합해서 정보우위를 창출 하려고 시도한다. 그는 이 우월한 사적 정보를 처리해서 (합법적인) 중요한 비공개 판단을 내린다.

세부 조건 (3) 세 번째는 다양성으로서 교육, 경험, 분석 기법, 정 보 처리 모형 등이 서로 다른 투자자가 충분히 많아야 한다는 조건 이다. 개인의 인식 모형은 수집한 사실과 전문 지식 등 영역 특수 지식으로 구성된다.

그림 5.7은 개개인의 다양한 인식 모형을 다양한 자동차 모델로 나타낸 것이다. 주식시장에서는 서로 다른 인식 모형을 현금흐름 분석, 기술적 분석, 점성술,[9] 거시경제 분석, 기본적 분석 등으로 구 분할 수 있다.

모든 투자자가 보유한 사실과 전문 지식이 똑같거나 사고방식이 똑같으면 대중의 다양성이 사라진다. 대중의 다양성이 사라지면 각 투자자가 제시하는 답도 비슷해지므로 대중의 컨센서스는 단일

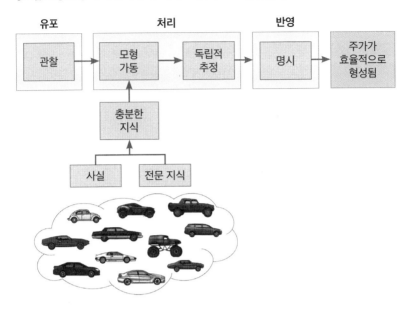

[그림 5.7] 모형이 다양하면 주가가 효율적으로 형성된다

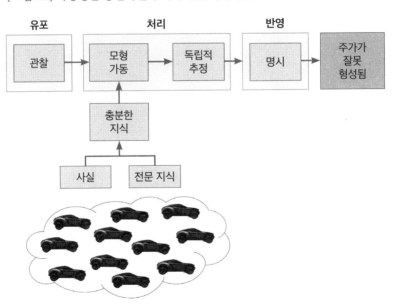

[그림 5.8] 다양성을 상실하면 주가가 잘못 형성된다

5장. 대중의 지혜를 보는 관점

견해만 반영하게 된다. 그 결과 주가가 잘못 형성되기 쉽다.[10] 그림 5.8은 모든 사람의 자동차 모델이 똑같은 모습으로 다양성 상실을 표현했다.

세부 조건 (4) 네 번째 조건은 독립성으로서, 추정치를 독자적으로 산정하는 투자자가 충분히 많아야 한다. 특정 정보 등 외부 요소의 영향을 받는 투자자가 있더라도 그 수는 비교적 적어야만 한다. 만일 그 수가 지나치게 많으면 대중의 컨센서스는 몇몇 사람이나 한 사람의 견해로 정리되어 다양성이 사라지게 된다.

매우 많은 사람이 남의 영향을 받아 독립적인 판단을 포기하는 현상을 정보 폭포(information cascade)라고 하는데, 이는 6장에서 논의한다.

만일 대중이 체계적으로 외부의 영향을 받으면 주가가 잘못 형성되기 쉽다. 극단적으로는 독립성이 무너지면 사람들은 광기에 빠져 지나치게 상황을 낙관하거나, 아니면 지나치게 공포에 질려 대참사가 닥친다고 비관할 수 있다. 대중에게 독립성이 없으면 주가가 크게 일탈할 수 있다는 말이다. 그림 5.9는 이 상황을 로저 머리 교수의 자석 비유로 나타내보았다.

다양성과 독립성은 대중의 지혜를 이해하는 데 지극히 중요한 개념이므로 간단한 사례로 그 차이점과 상관관계를 더 설명하겠다.[11]

예를 들어 어느 날 아침에 일어나서 거울을 보니 내 코가 형광 노란색이 되었다고 가정하자. 나는 맨해튼에 있는 마운트시나이 종합병원의 저명한 이비인후과 전문의 에임스 박사에게 응급 진료를 예약한다. 그녀는 몇 가지 검사를 하고 나서 악성 형광 코 질환이라

[그림 5.9] 독립성을 상실하면 주가가 잘못 형성된다

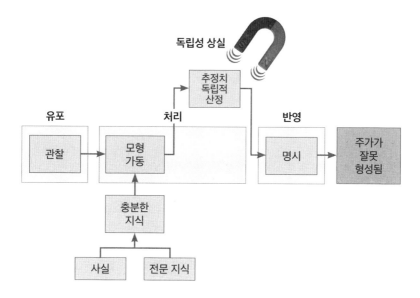

고 진단한다. 이어서 감염이 확산해 온몸이 형광 노란색으로 바뀌기 전에 코 절제 수술을 받으라고 권유한다.

　10분 후 그녀는 최근 레지던트를 마친 젊은 이비인후과 전문의 반즈 박사를 데려와서 소개한다. 반즈 박사는 온화하게 바라보며 내게 말한다. "에임스 박사가 증상을 설명해주었습니다. 이번에는 제가 증상을 확인해보겠습니다." 반즈 박사는 두 가지 검사를 하고 나서 단언한다. "에임스 박사의 진단에 동의합니다. 코를 제거해야 합니다."

　나는 수술을 결정하기 전에 다른 의사의 진단을 받아보기로 한다. 그래서 웨일코넬의대 메디컬센터의 세계적으로 유명한 이비인후과 전문의 코너 박사에게 진료를 예약한다. 코너 박사도 몇 가지 검사를 하고 나서 앞의 두 의사와 똑같은 진단(악성 형광 코 질환)을

　　　　　　　　　　　　　　　5장. 대중의 지혜를 보는 관점

내리면서 역시 수술을 권유한다. 코너 박사에게 나를 진단했던 두 의사를 아는지 물었더니 모른다고 대답한다.

대체의학을 그다지 신뢰하지는 않지만 나는 내 여동생이자 건강 상담사인 도나에게 전화해서 내 코가 형광 노란색으로 변한 원인이 무엇이라고 생각하는지 물어본다. 여동생은 자신의 친구 윌리엄 더글러스를 만나보라고 추천한다. 더글러스는 동료와 환자들에게 존경받는 침술사 겸 한의사다. 그날 오후 나는 뉴욕대 메디컬센터 근처에 있는 더글러스 박사의 진료실을 방문한다. 진맥과 혀 검사 등 전통 한의학 기법으로 진단한 더글러스 박사는 악성 형광 코 질환일 가능성은 매우 낮다고 말한다. 그는 한약 캡슐이 담긴 병을 건네주면서 매일 두 알씩 복용하면 1주일 후에는 회복될 것이라고 말한다. 나는 말문이 막힌 상태로 일어선다. 1주일 후 아침에 일어나 거울을 보니 코가 정상으로 돌아왔다.

나는 의사의 소견을 네 건 받았다고 생각했지만, 실제로 받은 소견은 두 건에 불과했다. 내가 진단받은 의사들이 다양하고 독립적이지 않았기 때문이다. 그림 5.10은 그 의사들의 검사, 출신 대학, 근무처, 진단, 최종 권고를 보여주는데, 세 의사는 서로 관련된 것으로 나타난다.

에임스 박사의 권고는 수술이었다. 한편 다른 검사를 통해서 실제로 반즈 박사가 내린 진단은 '악성(惡性)'이 아니라 '양성(良性)' 코 질환이었지만, 그는 자신의 판단을 무시하고 경험이 더 풍부한 선배 에임스 박사의 소견을 따랐다. 반즈 박사의 최종 권고는 독립적이지 않았으므로, 출신 의대가 다르고 검사도 달랐지만 다양성을 상실했다. 따라서 두 의사에게서 내가 받은 소견은 두 건이 아니라

[그림 5.10] 의사들의 진단 과정

관찰			모형으로 처리		추정치 산정	실행
검사			지식 출신 대학 / 근무처		진단	권고
에임스 박사	인후 배양	MRI	심전도	존스홉킨스	마운트시나이 병원	악성	수술
반즈 박사	생체 검사	반사 검사	심전도	아인슈타인	마운트시나이 병원	양성	수술
코너 박사	인후 배양	MRI	심전도	존스홉킨스	웨일코넬의대 메디컬센터	악성	수술
더글러스 박사	혈액 검사	반사 검사	심전도	콜로라도 한의대	뉴욕대 랑곤메디컬센터	양성	식이보충제

단 한 건이었다.

다른 의사의 소견을 얻는 것은 다른 관점을 얻기 위해서다. 이 목적을 달성하려면 그 소견이 독립적이고 다양해야 한다. 나는 코너 박사가 근무지가 다르고 에임스 박사와 반즈 박사를 알지 못하기 때문에 독립적이라고 추정했다. 그러나 무늬만 독립적이었다.

코너 박사가 한 검사는 에임스 박사와 똑같았고 둘은 출신 의대도 똑같았다. 코너 박사와 에임스 박사는 의대 재학 시절에는 전혀 모르는 사이였지만 사실은 똑같은 진단 기법을 배우면서 똑같은 수련 과정을 거친 대학 동기생이었다. 두 사람의 모형을 구성한 영역 특수 지식은 똑같았다. 두 사람은 독립적이었지만 다양하지 않았으므로 권고가 똑같았다. 두 사람은 똑같은 모형을 이용해서 똑같은 방식으로 정보를 처리했기 때문이다.

[그림 5.11] 효율적시장의 두 번째 조건 충족

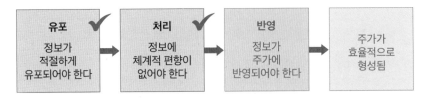

반즈 박사는 에임스 박사의 소견을 따랐고, 코너 박사는 영역 특수 지식이 에임스 박사와 똑같았으므로, 내가 받은 소견은 세 건이 아니라 단 한 건이었다.

반면에 더글러스 박사는 한의대 출신이었다. 그는 다른 의사들의 소견에 휘둘리지 않고 독립적이면서 다양하게 진단했다.[12]

그림 5.11에서 보듯이 세부 조건 (2) 영역 특수 지식 (3) 다양성 (4) 독립성이 충족되면 효율적시장의 두 번째 조건도 충족된다. 즉 충분히 많은 투자자가 체계적 오류 없이 정보를 처리한다.

조건 3: 반영

세부 조건 (5)는 매매를 심하게 방해하는 요소가 없어서 가격 추정치가 명시되고 종합되어 주가에 반영되어야 한다는 것이다. 그리고 **세부 조건** (6)은 대중이 자신의 추정치를 명시할 유인이 있어야 한다는 것이다.

투자자가 추정치를 산정하더라도 그 추정치가 반영되지 않으면 이는 유권자가 기권한 상황과 같아진다. 충분히 많은 추정치가 반영되지 않으면 그 추정치에 담긴 투자자들의 영역 특수 지식도 추정치 컨센서스에 반영되지 않으므로, 이는 그 유명한 '숲속에서 쓰러지는 나무'와 같다. 나무 주변에 소리를 들을 사람이 없으면, 나무가 쓰러져도 소리가 들리지 않는다.

예를 들어 아카데미상 실험에서 누군가 12개 부문 수상자를 정확하게 예측하더라도 투표에 참여하지 않는다면 그의 예측은 집계에서 누락되어 컨센서스에 반영되지 않을 것이다. 그렇다면 그는 예측을 아예 하지 않은 셈이다.

마찬가지로 자신의 답을 명시하는 사람이 충분히 많지 않으면 컨센서스에는 소수의 견해만 반영되므로 그 결과물의 정확도는 낮아지기 마련이다. 주식시장이라면 그 결과 주가가 잘못 형성되기가 쉽다. 그림 5.12는 투자자들이 추정치를 산정하더라도 이를 명시하지 않아서 반영되지 않을 때 발생하는 상황을 보여준다.[13]

마지막 세부 조건 (6) 유인도 중요하다. 사람들은 제시하는 보상에 걸맞게 노력하기 때문이다. 예를 들어 항아리에 담긴 콩의 개수

[그림 5.12] 정보가 반영되지 않으면 주가가 잘못 형성된다

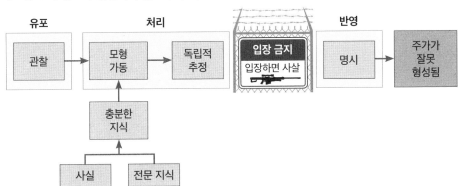

5장. 대중의 지혜를 보는 관점

를 정확하게 예측했을 때 주는 상금이 10달러일 때보다 1만 달러일 때, 사람들은 정확도를 높이려고 더 많은 시간과 노력을 투입한다. 상금이 10달러이면 유인이 작아서 사람들은 대충 예측해버리지만, 상금이 1만 달러이면 정확한 답을 내려고 훨씬 더 정교한 기법을 사용해 훨씬 더 많은 노력을 기울인다.[14]

유인이 꼭 돈이어야 하는 것은 아니다. 인정이나 평판이 될 수도 있고, 자랑이 될 수도 있다. 만일 부정적 유인이 있다면 사람들은 불이익을 당하지 않으려고 터무니없는 예측을 삼갈 것이다.

세부 조건 (5)와 (6)이 충족되면 효율적시장의 세 번째 조건도 충족된다. 충분히 많은 투자자가 매매를 통해서 주가에 정보를 반영한다.

그림 5.13에서 보듯이 대중의 지혜에 필요한 세부 조건 여섯 가지가 모두 충족되면 모든 가용 정보가 충분히 반영되어 주가가 효율적으로 형성된다.

[그림 5.13] 효율적시장의 세 번째 조건 충족

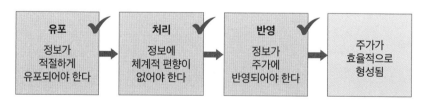

사례 분석: 대중의 지혜가 효율적시장의 조건을 충족하는 과정

이제 몇 가지 예시를 통해서 대중의 지혜가 효율적시장의 세부 조건 여섯 가지를 충족하는 과정을 살펴본다. 먼저 펜 식별 실험 사례를 통해서 대중이 개인들의 정보를 종합해 개인을 능가하는 과정을 알아보자. 이어서 전형적인 대중의 지혜 사례인 프랜시스 골턴(영국의 인류학자)과 황소 무게 예측 대회 사례를 살펴본다. 여기서는 독립성과 다양성의 차이를 논의하고, 이 둘이 대중의 정확한 답 제시에 중요한 이유를 알아본다. 아울러 편향이 개입될 때 결과가 어떻게 되는지도 살펴본다.

그다음에는 비틀스(영국의 록 밴드) 사례를 보면서, 정확한 정보를 보유한 사람의 비중이 매우 낮아도 대중이 어떻게 정확한 답을 제시할 수 있는지 알아본다. 끝으로 이 모든 요소가 주식시장과 어떤 관계가 있는지 살펴본다.

대중의 지혜가 개개인의 사적 정보를 종합하는 과정

이번 사례에서는 대중의 지혜가 개인들의 정보를 종합해서 다른 어떤 개인보다도 정확한 답을 제시하는 과정을 살펴본다.

뉴욕에 있는 만년필 수리소(Fountain Pen Hospital)에서 매년 펜 식별 대회[15]를 개최한다고 가정하자. 이 대회의 목적은 펜 100개(4개 회사가 각각 제조한 펜 25종) 각각의 제조사와 모델을 정확하게 식별해내는 것이다. 참가자들은 대회에 출품된 펜이 어느 회사의 제품

[그림 5.14] 각 팀원이 보유한 펜 지식

펠리칸   라미   몽블랑   워터맨

인지 사전에 알지 못한다. 참가 팀은 최대 4명으로 구성되며, 우승한 팀은 1년 동안 무료로 펜 리필을 받는다.

당신 팀에서 각 팀원이 1개 브랜드에 대한 지식이 풍부하다고 가정하자. 그림 5.14는 팀원의 지식 분포를 나타낸다.

대회에 출품된 펜 100개가 공개되었는데, 4개 브랜드 모두 당신 팀원 4명이 각각 잘 아는 브랜드로 밝혀졌다.

당신 팀은 각 팀원의 지식을 종합해 출품된 펜 100개 모두 정확하게 식별할 수 있었고 다른 팀은 50개만 정확하게 식별했다. 당신 팀원 4명은 각각 1개 브랜드에 대한 지식만 있어서 각자 100개 중 25개만 정확하게 식별할 수 있었다. 그러나 각자의 영역 특수 지식을 종합해, 출품된 펜 100개를 모두 정확하게 식별해냈다.

이 사례의 핵심은 혼자서 모든 펜을 식별할 영역 특수 지식을 갖춘 팀원이 없었는데도, 팀원 4명이 전문 지식을 종합하자 모든 펜을 식별할 수 있었다는 점이다. 이 사례가 주는 교훈은 두 사람의 지혜가 한 사람의 지혜보다 낫다는 것이다.

대중의 지혜는 개인의 영역 특수 지식을 집단으로 이전하는 종합 과정을 통해서 정확한 답을 창출한다. 이 사례에서는 영역 특수 지식이 팀원 4명에게 각각 25%씩 분산되어 있었으나 종합 과정을

[그림 5.15] 집단의 지식이 개인의 지식보다 풍부하다

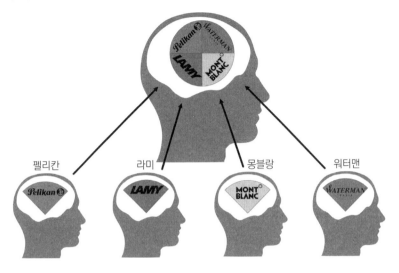

펠리칸　　　　라미　　　　몽블랑　　　　워터맨

통해서 팀이 영역 특수 지식을 100% 보유하게 되었다.[16]

대중의 지혜를 보여주는 전형적인 사례: 프랜시스 골턴

　대중의 지혜를 보여주는 가장 유명한 사례는 〈네이처(Nature)〉 1907년 3월 7일 호에 실린 프랜시스 골턴 경의 논문 '민중의 소리 (Vox Populi)'에 등장한다.

　영국의 박식한 통계학자인 골턴은 1906년 영국 플리머스에서 개최되었던 서부 지역 가축 및 가금류 전시회에서 열린 황소 무게 예측 대회를 분석해서 발표했다. 도살 후 황소의 무게가 얼마가 될지 추정하는 이 대회의 참가비는 6펜스(2016년 기준 물가상승률을 반영하면 3.84달러)[17]였고, 가장 근접하게 맞힌 사람이 상을 받았다. 골턴이 참가자 787명의 추정치 평균을 계산해보니 1,197파운드였고,[18]

실제 무게는 1,198파운드여서 오차가 불과 1파운드였다. 86세이던 골턴조차 컨센서스의 정확도와 대중의 추정 능력에 놀랐다.

이 이야기는 대중의 지혜에 관한 거의 모든 책과 논문에 지겹도록 반복되지만 매우 중요한 개념이 들어 있어서 여기에 설명했다.

이 이야기를 읽고 나서, 대중을 구성하는 개인들이 상황을 거의 몰라도 대중은 거의 모든 문제에 정확한 답을 제시할 수 있다고 착각하는 사람이 많다. (그러나 초등학교 1학년생 학생들이 보잉 747의 무게를 알아맞히는 사례에서 논의했듯이, 대중이 정확한 답을 제시하려면 영역 특수 지식을 갖춘 구성원이 충분히 많아야 한다.)

스콧 페이지는 이런 착각을 이해하고 저서 《차이》에서 다음과 같이 지적했다. "1906년에는 사람들이 황소에 대해 지식이 풍부했다. 사람들은 저마다 황소의 무게를 예측하는 소박한 모형을 갖고 있었으므로 이 모형으로 무게를 예측했다. 따라서 예측은 순박한 어림짐작이 아니었다."[19]

칼 피어슨(Karl Pearson, 영국의 통계학자)은 자신이 쓴 골턴의 전기에서 이렇게 말했다. "기분에 좌우되는 편향된 판단이 아니었다. 사람들은 참가비로 6펜스를 낸 데다 상을 받으려는 기대감과 경쟁이 주는 기쁨 때문에 예측에 최선을 다했다. 참가자 중에는 도살자와 농장주도 있었으며, 그중 일부는 황소 무게 예측 전문가였다."[20]

그리고 가축 및 가금류 전시회에 참가하는 사람들은 일반인보다 황소에 대한 관심과 지식이 훨씬 많다고 보아야 타당하다. 아마 참가자도 젊은이에서 노인에 이르기까지 연령과 지식, 경험 수준이 매우 다양했을 것이다. 도살자, 소 목장주, 소 경매인, 농부, 수의사, 말 조련사, 돼지 사육농, 요리사, 기타 소비자들도 참가했을 것이다. 이 사례는 영역 특수 지식과 유인의 중요성을 강조한다.

판매된 입장권이 800장이었다는 사실도 주목해야 한다. 골턴의 논문에 의하면 "판독하기 어려운 입장권 13장을 제외하고 나머지 787장을 검토했다". 이 분석에서 강조하는 요점은 다음과 같다. 개인이 예측하더라도 그 예측이 반영되지 않으면 (마치 개인이 예측을 아예 하지 않은 것처럼) 집단의 예측에 보탬이 되지 않는다. 그러므로 예측은 반드시 명시되어야 하며, 종합 과정을 통해서 적절히 반영되어야 한다.

그림 5.16은 참가자가 기본 처리 모형을 이용해서 황소 무게를 예측하는 과정을 나타낸다. 참가자는 먼저 관찰을 통해서 데이터

[그림 5.16] 황소 무게 예측 대회에서 참가자의 판단 과정

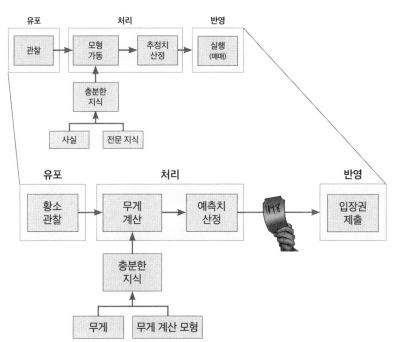

5장. 대중의 지혜를 보는 관점

를 수집하고 (영역 특수 지식을 이용해서) 이 데이터를 처리해 황소의 무게를 예측한다.[21] 그리고 입장권에 무게를 적어 제출함으로써 자신의 견해를 명시한다.

앞에서도 언급했듯이 대중의 지혜가 정확한 답을 제시하려면 구성원들이 사용하는 기법이 다양해야 하고 분석과 결론도 서로 독립적이어야 한다. 그림 5.17은 다양성과 독립성의 중요성을 심층 분석하려고 소개하는 다양성 예측 공식으로서 조금 어려워 보일 수 있다. 2007년 스콧 페이지가 처음 소개한 이 공식은 황소 무게 예측 대회 등에서 대중이 정확한 예측치를 제시하는 과정에 대해 중요한 통찰을 제공한다.

[그림 5.17] 스콧 페이지의 다양성 예측 공식

대중의 오차 = 개인 오차의 평균 − 다양성

$$(c - \theta)^2 = \frac{1}{n}\sum_{i=1}^{n}(s_i - \theta)^2 - \frac{1}{n}\sum_{i=1}^{n}(s_i - c)^2$$

c = 대중의 예측치
θ = 실제 측정치
s_i = 각 개인의 예측치

이 공식은 대중의 오차(대중 예측의 정확도)가 개인 오차의 평균(개인 예측의 정확도)과 다양성(대중 예측의 다양성)의 함수라고 간주한다. 달리 표현하면 개인의 오차에서 다양성을 차감해서 대중의 오차를 산출한다.

이 공식은 실제로는 처음 볼 때만큼 그리 어려운 것은 아니다.[22] 첫 번째 항 '대중의 오차'는 '대중의 예측치'와 '실제 측정치'의 차이를 나타낸다. 예를 들어 황소 무게 예측 대회에서 대중의 예측치는

1,197파운드였고 실제 측정치는 1,198파운드였으므로 '대중의 오차'는 1파운드에 불과했다.

두 번째 항 '개인 오차의 평균'은 개인 예측치가 실제 측정치에서 벗어나는 정도를 나타낸다. 황소 무게 예측 대회에서 개인 예측치는 실제 측정치 1,198파운드에서 평균적으로 약 74파운드 벗어났다. 두 번째 항은 대중의 독립성을 나타낸다.

세 번째 항 '다양성'은 각 개인의 예측치가 대중의 예측치에서 벗어난 정도를 측정한다. 세 번째 항은 개인들의 영역 특수 지식의 차이를 나타낸다. 이 차이에는 사실과 전문 지식의 수준 차이도 포함된다.

이 공식에 의하면 다양성은 '개인 오차의 평균'을 상쇄하여 대중의 오차를 줄여준다. 예를 들어 골턴의 실험에서는 다양성이 개인 오차의 평균을 대폭 줄여주어서 대중의 오차가 겨우 1파운드로 감소했다.

$$(c - \theta)^2 = \frac{1}{n} \sum_{i=1}^{n} (s_i - \theta)^2 - \frac{1}{n} \sum_{i=1}^{n} (s_i - c)^2$$

대중의 오차 = 개인 오차의 평균 − 다양성

1파운드 = 74파운드 − 73파운드

= 1파운드

위 계산에서 보듯이 개인 오차의 평균은 약 74파운드로 비교적 컸는데도 개인의 예측치가 다양한 덕분에 대중의 오차는 놀라울 정도로 작아져서 1파운드에 불과했다. 이 결과를 나타낸 그림 5.18

[그림 5.18] 황소 무게 예측 대회: 다양성이 오차를 줄인다

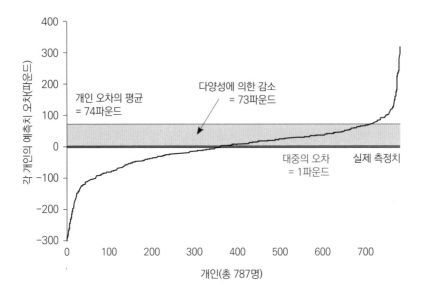

은 각 개인의 오차, 개인 오차의 평균, 대중의 오차를 보여준다. 차
트의 회색 지대는 대중의 다양성 덕분에 감소한 개인 오차의 평균
을 나타낸다.

　개인들이 황소의 무게를 예측하기는 어려우므로 개인 오차의 평
균이 크다. 여기서는 대중의 구성이 컨센서스 예측치의 정확도에
중대한 영향을 미친다. 만일 대중의 구성이 다양하지 않으면 개인
의 예측치는 모두 비슷해지며 빗나가기 쉬워진다. 다시 황소 무게
예측 대회를 예로 들면, 다양성이 부족하더라도 개인 오차의 평균
은 74파운드가 될 것이며, 다양성 덕분에 감소하는 개인 오차의 평
균이 작아서 대중의 오차는 커질 것이다.

　반면 개인들이 정확하게 예측하기 쉬운 문제라면 개인의 예측이

실제 측정치와 비슷해서 개인 오차의 평균이 작을 것이다. 이때는 다양성의 중요도가 감소한다. 모든 개인의 예측이 비슷하면서도 정확해서 대중의 오차도 작아지기 때문이다.

예를 들어 황소 무게 예측이 쉬워서 개인의 오차가 실제 측정치의 ±1%에 불과하다고 가정하자. 그러면 대중의 오차는 0이 되어 컨센서스 예측치는 실제 측정치 1,198파운드와 같아질 것이다. 개인 오차의 평균은 7파운드에 불과할 것이다(실제 대회에서는 약 74파운드). 예측하기 쉬운 시나리오에서는 다양성에 의해서 감소한 개인 오차의 평균이 훨씬 작았다.[23]

대중의 오차 = 개인 오차의 평균 − 다양성

0파운드 = 7파운드 − 7파운드

= 0파운드

그림 5.18과 같은 척도로 표시한 그림 5.19를 보면 대중의 오차와 개인 오차의 평균 사이에 큰 차이가 없다.

만일 두 번째 조건인 독립성에 편향이 개입되면 어떻게 될까? 황소 무게 예측 대회에 유명한 황소 전문가가 등장해서 대중에게 "내가 예측하는 황소의 무게는 1,400파운드입니다"라고 발표했다고 가정하자. 이 전문가의 예측치는 정확하지 않은데도 일부 개인에게 영향을 미쳐 대중의 독립성을 축소함으로써 오차를 확대할 수도 있다.

예를 들어 개인들이 자신의 예측치보다 전문가의 예측치가 더 정확할 거라고 믿는다고 가정하자. 그래서 자신의 예측치를 완전

[그림 5.19] 황소 무게 예측 대회: 예측이 쉬우면 다양성이 주는 이점이 작다

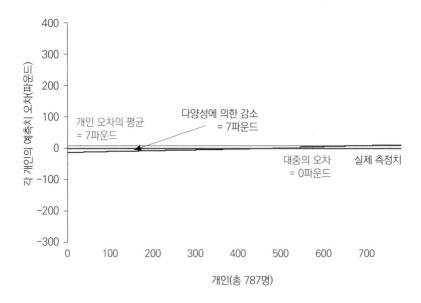

히 무시하는 대신, 자신의 예측치와 전문가의 예측치를 평균하기
로 했다고 가정하자.[24] 그 결과 대중의 예측치는 1,298파운드로 증
가한다. 이제 컨센서스는 황소의 실제 무게보다 약 100파운드 증
가한다. 전문가의 예측치가 실제 측정치보다 약 200파운드 크기
때문이다. 그리고 개인 오차의 평균은 74파운드에서 106파운드로
증가한다.

대중의 오차 = 개인 오차의 평균 − 다양성
100파운드 = 106파운드 − 6파운드
= 100파운드

[그림 5.20] 황소 무게 예측 대회: 전문가가 편향을 일으켜 대중을 오도한다

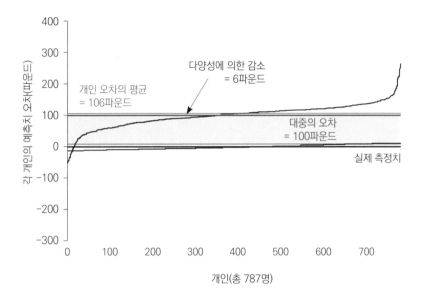

이번에는 다양성이 개인 오차의 평균을 크게 줄여주지 못했다. 그림 5.20을 보면 전문가의 발표에 따라 편향이 개입되어 대중의 독립성이 감소하면서 개인 오차의 평균이 증가했으나, 다양성이 이를 축소하지 못했다.

개인들의 지식이 부족해도 대중은 정확한 답을 제시할 수 있다

효율적시장의 두 번째 조건을 충족하려면 적정 수준의 영역 특수 지식을 보유한 개인이 충분히 많아야 한다. 그러나 대중 대부분이 상황에 대한 지식이 부족해도 대중은 정확한 답을 제시할 수 있다. 다만 일부 개인이 부분적인 지식이라도 보유하고 있으면 된다. 펜

식별 대회 사례에서 보았듯이, 개인들이 보유한 부분 지식을 종합하면 그 팀은 정확한 답을 제시할 수 있다. 이 사례에서 모든 지식을 보유한 개인이 없었는데도 대중은 매우 정확한 답을 제시했다.

다음은 소수만 부분적인 지식을 보유할 뿐, 모든 지식을 보유한 개인이 없는데도 정확한 답을 제시하는 사례다. 게다가 이 사례에서는 지식을 보유한 개인이 증가할수록 대중의 답이 더 정확해진다.

이 사례는 스콧 페이지가 대중의 지혜를 설명하면서 사용한 사례를 수정한 것이다. 페이지는 1960년대 말 미국 록 밴드 몽키스(Monkees)를 사례로 사용했으나 우리는 비틀스를 사용했다. 이 사례에서는 "다음 중 비틀스 멤버가 아닌 사람은 누구인가요?"라는 질문을 800명에게 던졌다.[25]

A. 링고 스타(Ringo Starr)

B. 폴 매카트니(Paul McCartney)

C. 클래런스 워커(Clarence Walker)

D. 조지 해리슨(George Harrison)

E. 존 레넌(John Lennon)

비틀스의 노래[26]를 들으면서 자란 사람이라면 쉽게 답할 수 있는 질문이다. 이 사례에서 비틀스에 관한 응답자들의 지식 수준은 다양하다. 지식이 풍부해서 질문에 즉시 답할 수 있는 응답자는 소수에 불과하다. 일부 응답자는 밴드 멤버를 한두 사람만 알 뿐, 정답은 알지 못한다. 그리고 응답자의 75%는 밴드의 이름조차 들어보지 못해서 가짜 멤버를 무작위로 고를 수밖에 없다.

사람들 대부분이 비틀스를 잘 모르거나 전혀 모르는 상황이므로 직관적으로는 대중의 지혜가 큰 역할을 하지 못할 것처럼 보인다. 응답자들의 지식 분포는 다음과 같다.

- 2.5%에 해당하는 20명은 멤버 4명을 모두 안다.
- 5.0%에 해당하는 40명은 멤버 4명 중 3명을 안다.
- 7.5%에 해당하는 60명은 멤버 4명 중 2명을 안다.
- 10%에 해당하는 80명은 멤버 4명 중 1명을 안다.
- 75%에 해당하는 600명은 멤버 4명을 모두 모른다.

이 사례에서는 약간의 지식만으로도 대중의 지혜가 어떻게 정답을 찾아가는지 살펴보기로 한다.

먼저 응답자 600명은 비틀스의 이름조차 들어보지 못했다고 가정하자. 이들은 관련 지식이 전혀 없어서 보잉 747의 무게를 추측할 수 없는 초등학교 1학년 학생들처럼, 비틀스에 대한 지식이 전혀 없어서 정확한 답을 고를 수 없다. 그래서 답을 무작위로 선택한다고 가정하자. 그 결과 그림 5.21에서 보듯이 후보자 5명 모두 선택되는 횟수(120회)가 똑같아진다.

[그림 5.21] 비틀스: 그룹 1 집계

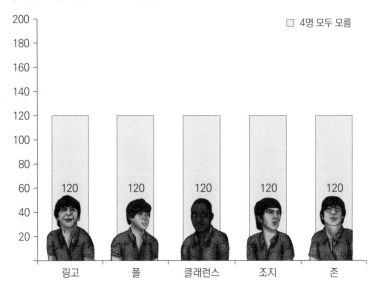

이 과정이 순조롭게 진행되려면 무작위가 필수적이다. 형광 코 질환 사례와 황소 전문가의 사례에서 보았듯이, 독립성이 부족하 면 편향이 개입해 오차가 확대된다.

이 응답자들은 비틀스를 들어본 적도 없으므로 마치 오면체 주 사위[27]를 던지듯 무작위로 선택한다고 가정하자. 예를 들어 1이 나 오면 링고를 선택하고, 2가 나오면 폴을 선택하는 식이다. 어느 숫 자든 나올 확률은 20%다. 그러므로 응답자들이 무작위로 선택할 때 각 멤버가 선택되는 횟수는 120회다.

오면체 주사위

무작위의 겉모습에 속지 말라

응답자 600명의 선택 결과가 그림 5.22와 같다고 가정하자. 이는 무작위에 의한 결과일까? 실제로 무작위에 의한 결과다.

무작위 선택 1회를 통해서 각 밴드 멤버가 120회씩 선택될 확률은 지극히 낮다. 우리는 엑셀의 난수 생성기(random number generator)를 이용해서 응답자 600명이 1만 번씩 선택하는 실험을 했다. 무작위 반복 선택 1만 번 중 182번째에서 클래런스는 85회, 존은 142회 선택되었다(그림 5.22 참조).

표 5.2는 무작위 선택을 10회, 50회, 200회, 1만 회 반복한 결과를 평균한 값이며, 1만 회 반복 중 최솟값과 최댓값이다.

분석에 의하면 반복 횟수가 증가할수록 각 멤버의 평균 선택 횟수가 120회에 접근한다. 그러나 182번째에서 클래런스가 85회, 존

[그림 5.22] 비틀스: 무작위 추정

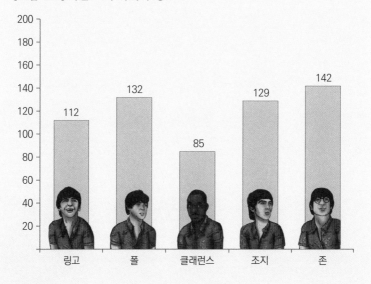

5장. 대중의 지혜를 보는 관점

[표 5.2] 비틀스: 반복 횟수가 증가할수록 무작위 선택 횟수가
평균에 접근한다

반복 횟수	링고	폴	클래런스	조지	존
10회 평균	117	121	120	118	124
50회 평균	121	119	120	119	120
200회 평균	121	120	119	120	120
1만 회 평균	120	120	120	120	120
1회 최솟값	86	83	85	79	85
1회 최댓값	166	157	170	155	160

이 142회 선택된 것도 무작위 선택의 결과다. 이렇게 편향된 것처럼
보이는 결과도 순수한 무작위 선택일 수 있다는 점에 유의하라.

다음 응답자 80명은 비틀스 멤버를 1명만 알고 있다고 가정하자.
이들은 자신이 아는 밴드 멤버 1명을 제외하고 나머지 4명 중 1명
을 선택하게 된다.

예를 들어 첫 번째 응답자는 링고가 멤버라는 사실만 안다. 그는
링고를 제외한 4명 중 1명을 정사면체 주사위를 던지듯[28] 무작위
로 선택한다고 가정하자. 그 결과 부정확하게
도 그림 5.23처럼 조지가 선택되었다.

정사면체 주사위

[그림 5.23] 비틀스: 무작위 선택 오답

| 식별 | 미식별 | 미식별 | 미식별 | 미식별 |
| 링고 | 폴 | 클래런스 | 조지 | 존 |

두 번째 응답자는 폴이 밴드 멤버라는 사실만 안다. 그는 폴을 제외한 4명 중 1명을 무작위로 선택한다고 가정하자. 그 결과 정확하게도 그림 5.24처럼 클래런스가 선택되었다.

[그림 5.24] 비틀스: 무작위 선택 정답

| 미식별 | 식별 | 미식별 | 미식별 | 미식별 |
| 링고 | 폴 | 클래런스 | 조지 | 존 |

응답자들이 서로 독립적이라고 가정하면, 비틀스 멤버를 1명만 알고 있는 나머지 응답자 78명도 똑같은 방식으로 선택할 것이다. 이 과정이 끝나면 클래런스가 근소한 차이로 가장 많이 선택되었을 것이다. 그림 5.25를 보면 클래런스는 20.6%에 해당하는 140회 선택되었고, 나머지 4명은 각각 19.9%에 해당하는 135회씩 선택되었다.

5장. 대중의 지혜를 보는 관점

[그림 5.25] 비틀스: 그룹 1과 2 집계

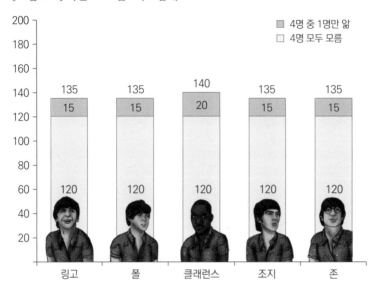

이제는 다음 응답자 60명이 비틀스 멤버를 2명 알고 있다고 가정하자. 이들은 자신이 아는 밴드 멤버 2명을 제외하고 나머지 3명 중 1명을 선택하게 된다. 예를 들어 첫 번째 응답자는 링고와 폴이 밴드 멤버라는 사실을 안다. 그가 나머지 3명 중 1명을 정삼면체 주사위를 던지듯[29] 무작위로 선택한다고 가정하자. 그 결과 부정확하게도 그림 5.26처럼 존이 선택되었다.

정삼면체 주사위

[그림 5.26] 비틀스: 무작위 선택 오답

두 번째 응답자는 폴과 조지가 밴드 멤버라는 사실을 안다. 그는 나머지 3명 중 1명을 무작위로 선택한다고 가정하자. 그 결과 부정확하게도 그림 5.27처럼 링고가 선택되었다.

[그림 5.27] 비틀스: 무작위 선택 오답

응답자들이 서로 독립적이라고 가정하면 비틀스 멤버를 2명 알고 있는 나머지 응답자 58명도 똑같은 방식으로 선택할 것이다. 이 과정이 끝나면 클래런스가 전보다 살짝 더 큰 차이로 가장 많이 선택되었을 것이다. 그림 5.28을 보면 클래런스는 21.6%에 해당하는 160회 선택되었고, 나머지 4명은 각각 19.6%에 해당하는 145회씩 선택되었다.

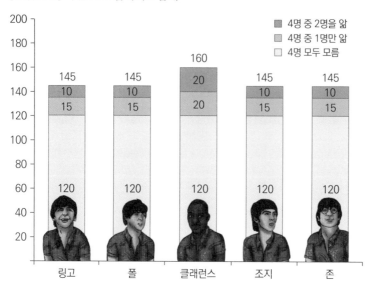

[그림 5.28] 비틀스: 그룹 1, 2, 3 집계

이제는 다음 응답자 40명이 비틀스 멤버를 3명 알고 있다고 가정하자. 이들은 자신이 아는 밴드 멤버 3명을 제외하고 나머지 2명 중 1명을 선택하게 된다. 예를 들어 첫 번째 응답자는 링고, 폴, 조지가 밴드 멤버라는 사실을 안다. 그가 나머지 2명 중 1명을 동전 던지듯 무작위로 선택한다고 가정하자. 그 결과 부정확하게도 그림 5.29처럼 존이 선택되었다.

두 번째 응답자는 링고, 폴, 조지가 밴드 멤버라는 사실을 안다. 그가 나머지 2명 중 1명을 무작위로 선택한다고 가정하자. 그 결과 정확하게도 그림 5.30처럼 클래런스가 선택되었다.

응답자들이 서로 독립적이라고 가정하면 비틀스 멤버를 3명 알고 있는 나머지 응답자 38명도 똑같은 방식으로 선택할 것이다. 이 과정이 끝나면 클래런스가 전보다 더 큰 차이로 가장 많이 선택되

[그림 5.29] 비틀스: 무작위 선택 오답

[그림 5.30] 비틀스: 무작위 선택 정답

었을 것이다. 그림 5.31을 보면 클래런스는 전체의 23.1%에 해당하는 180회 선택되었고, 나머지 4명은 각각 19.2%에 해당하는 150회씩 선택되었다.

이제는 나머지 응답자 20명이 비틀스 멤버 4명을 모두 알고 있다고 가정하자. 이들은 모두 클래런스가 가짜 멤버라고 정확하게 지적할 테니 클래런스의 선택 횟수가 20회 증가하게 된다. 이렇게 선택 절차가 끝났을 때 그림 5.32에서 보듯이 클래런스는 25%에 해당하는 200회 선택되었고, 나머지 4명은 각각 18.8%에 해당하는 150회씩 선택되었다.

[그림 5.31] 비틀스: 그룹 1, 2, 3, 4 집계

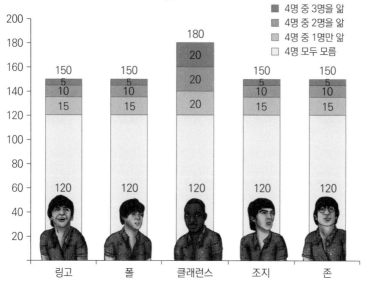

[그림 5.31] 비틀스: 그룹 1, 2, 3, 4 집계

- 4명 중 3명을 앎
- 4명 중 2명을 앎
- 4명 중 1명만 앎
- 4명 모두 모름

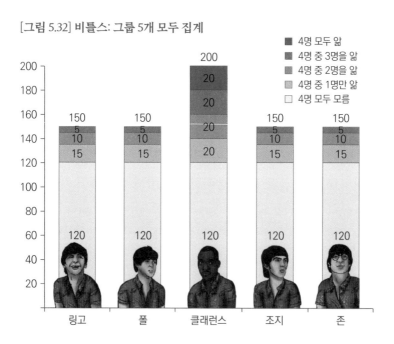

[그림 5.32] 비틀스: 그룹 5개 모두 집계

- 4명 모두 앎
- 4명 중 3명을 앎
- 4명 중 2명을 앎
- 4명 중 1명만 앎
- 4명 모두 모름

응답자 800명의 선택을 요약하면 다음과 같다.

- 비틀스 멤버 4명을 모두 아는 20명은 가짜 멤버로 클래런스를 선택했다.
- 비틀스 멤버 4명 중 3명을 아는 40명 중에서 20명(50%)이 클래런스를 선택했다.
- 비틀스 멤버 4명 중 2명을 아는 60명 중에서 20명(33%)이 클래런스를 선택했다.
- 비틀스 멤버 4명 중 1명을 아는 80명 중에서 20명(25%)이 클래런스를 선택했다.
- 비틀스 멤버 4명을 모두 모르는 600명 중에서 120명(20%)이 클래런스를 선택했다.

그림 5.33[30]에서 보듯이, 지식이 풍부한 응답자가 증가함에 따라 정답 비율은 증가하고 오답 비율은 감소한다. 그러나 첫 번째 사례에서 보듯이, 지식이 전혀 없는 응답자들만으로는 명확한 컨센서스가 형성되지 않는다. 응답자들이 무작위로 선택하는 탓에 다섯 명 모두 20%씩 선택받기 때문이다. 하지만 이후 사례가 보여주듯이, 지식을 갖춘 응답자가 증가하고 이들의 지식 수준도 높아짐에 따라 정답 비율도 빠르게 증가한다.

응답자 대부분(75%)이 비틀스를 전혀 몰랐는데도 대중은 가짜 멤버로 클래런스를 정확하게 선택했다. 이 사례는 지식을 갖춘 응답자가 많지 않아도 대중이 정답을 낸다는 사실을 알려준다. 믿기 어렵겠지만, 완벽한 지식을 갖춘 사람이 전혀 없어도 대중은 정답

[그림 5.33] 비틀스: 대중으로부터 나오는 정답

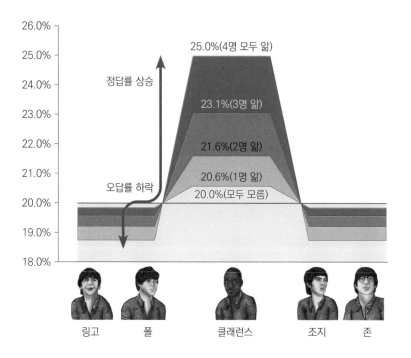

을 찾아낼 수 있다. 그림 5.31을 보면 멤버 4명을 모두 아는 사람이 전혀 없었는데도 클래런스 선택 횟수(180회)가 나머지 멤버 선택 횟수(150회)보다 확실히 많았다.

그러나 그림 5.21에서 보듯이, 지식을 갖춘 사람이 전혀 없으면 대중에게서 추출할 지혜가 존재하지 않는다. 비틀스 실험은 효율적시장의 네 번째 조건, 즉 대중의 지혜가 작동하려면 적정 수준의 영역 특수 지식(사실이나 전문 지식)을 갖춘 구성원이 충분히 많아야 한다는 사실을 알려준다.

대중에게 편향이 발생하면

이번에는 비틀스 사례를 수정해서 (황소 무게 예측 대회에 황소 전문가가 등장한 사례처럼) 대중이 독립성을 상실하면 어떻게 되는지 살펴보자. 여기서는 응답자들에게 질문하기 전에 가짜 음반 앨범(사라진 비틀스, '하와이에서 전하는 인사')을 보여주어 독립성을 훼손하고 편향을 유도한다. 이어서 원래의 질문을 던진다. "다음 중 비틀스의 멤버가 아닌 사람은 누구인가요?"

비틀스 멤버를 모두 아는 (그리고 비틀스가 하와이 앨범을 만든 적이 없다는 사실도 아는) 응답자 20명은 가짜 앨범에 영향받지 않고, 앞서와 같이 가짜 멤버로 클래런스를 정확하게 선택할 것이다.

나머지 응답자 780명은 가짜 앨범의 영향을 받았다고 가정하자. 앨범 사진에서 클래런스가 가운데 자리를 차지하고 있으므로, 이들은 클래런스가 진정한 비틀스 멤버일 뿐만 아니라 가장 중요한 멤버라고 믿는다.

그중 비틀스를 들어본 적이 없는 응답자 600명은 편향 탓에 클래런스가 진짜 비틀스 멤버라 믿고 가짜 후보에서 제외한다. 그리고서 이들은 나머지 4명 중 1명을 무작위로 선택한다(그림 5.34).

비틀스 멤버 4명 중 1명만 아는 응답자 80명도 편향 탓에 자신이 아는 1명과 함께 클래런스를 가짜 후보에서 제외한다. 이어서 이들은 나머지 3명 중 1명을 무작위로 선택한다. 그림 5.35에서 보듯이 이들도 오답을 선택한다.

멤버 4명 중 2명을 아는 응답자 60명과, 4명 중 3명을 아는 응답자 40명도 같은 실수를 저질러 모두 오답을 선택한다. 그림 5.36을

[그림 5.34] 비틀스: 편향에 의한 오답

미식별	미식별	오식별	미식별	미식별
선택				
링고	폴	클래런스	조지	존

[그림 5.35] 비틀스: 편향에 의한 오답

식별	미식별	오식별	미식별	미식별
				선택
링고	폴	클래런스	조지	존

보면 진짜 비틀스 멤버 4명은 가짜 앨범에 영향받은 응답자 780명에게 가짜라고 선택된다. 반면 가짜 멤버 클래런스를 정확하게 선택한 사람은 멤버 4명을 모두 아는 응답자 20명뿐이다. 지나치게 단순하긴 해도 이 사례는 편향이 발생해서 독립성이 손상되면 지혜로운 대중이 어리석은 대중으로 바뀔 수 있음을 보여준다.

인간의 감정도 마찬가지로 편향을 불러와 다양성과 독립성을 훼손함으로써 대중의 지혜를 망쳐놓을 수 있다. 이런 편향은 효율적 시장 가설을 약화해 시장을 왜곡하고 주가가 잘못 형성되게 할 수 있다. 이런 편향이 일부에게는 문제를 안겨주지만 일부에게는 기회를 안겨준다. 이에 대해서는 7장에서 더 상세히 논의한다.

[그림 5.36] 비틀스: 편향이 빚어낸 대중의 오답

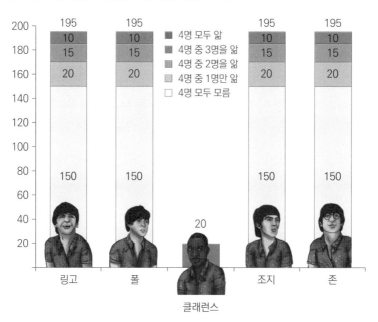

대중의 지혜를 주식시장에 적용하면

앞에서 논의했듯이 시장가격이 효율적으로 형성되려면 효율적 시장 가설의 조건이 충족되어야 하며, 이 조건을 충족하는 지배적 구조가 바로 대중의 지혜다. 애플(Apple)의 2015년 4분기 이익에 대한 개인들의 예측이 노련한 증권사 애널리스트들의 예측보다 정확했다는 사실을 보면 대중의 지혜가 얼마나 강력한지 알 수 있다.

이 책의 일관된 주장이기도 하지만, 자산의 내재가치 추정치는 내용연수 동안 그 자산에서 기대되는 현금흐름을, 돈의 시간 가치와 현금 수령의 불확실성을 고려하여 현재가치로 할인한 값이다.

애플의 보고이익은 기업의 현금흐름을 알려주는 합리적인 대리 지표이므로 다음 사례에서 보고이익을 사용할 수 있다.

대부분 상황에서 대중이 전문가들보다 더 현명하다

이번에는 에스티마이즈(Estimize)가 제공하는 독특한 데이터를 이용해서 대중의 지혜가 정확한 이익 추정치에 도달하는 과정을 살펴보자.

레이 드로겐(Leigh Drogen)이 설립한 에스티마이즈는 개인들이 산출한 분기 이익 추정치를 종합해서 제공하는 기업이다. 에스티마이즈 웹사이트에는 월스트리트 전문가들(애널리스트와 펀드매니저)을 포함해서 학생, 학자, 업계 전문가, 기타 다양한 이해관계자들이 방문한다. 에스티마이즈가 데이터를 종합하는 방식은 골턴의 방식과 비슷해서, 개인들의 모든 추정치를 집계해 평균을 산출한다.

에스티마이즈 웹사이트에 올라온 애플의 2015년 4분기(7~9월) 이익 추정치를 살펴보자. 개인 1,185명의 추정치를 평균하면 주당 1.91달러였다.[31] 반면 월스트리트 증권사 애널리스트 42명의 컨센서스 추정치는 1.88달러였다.[32]

애플의 2015년 4분기 보고이익은 1.96달러였다. 에스티마이즈의 추정치는 보고이익보다 0.05달러 낮은 1.91달러였고, 증권사 애널리스트 42명의 추정치 평균은 0.08달러나 낮은 1.88달러였다. 이 사례에서는 대중이 전문가들보다 확실히 더 정확했다.

그림 5.37은 에스티마이즈와 월스트리트 애널리스트들의 추정

[그림 5.37] 애플: 2015년 4분기 이익 추정치 분포

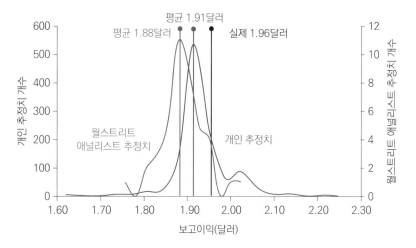

치 분포를 보여준다.

　이 사례는 특이한 일회성 실적이 아니다. 지금까지 줄곧 논의했지만 대중의 지혜는 대부분 상황에서 전문가들을 능가하며, 이는 학계 연구로도 뒷받침된다. 실제로 에스티마이즈의 추정치가 월스트리트 애널리스트 추정치보다 더 정확한 사례가 74%에 이른다.[33]

　애플 사례에서 다양성은 추정치의 정확도를 높여준다. 스콧 페이지의 다양성 예측 공식으로 에스티마이즈의 애플 실적 추정치를 분석해보면 대중의 오차(대중의 추정치 1.91달러와 실제 이익 1.96달러의 차이)는 0.05달러다. 개인 오차의 평균(개인 추정치가 실제 측정치에서 벗어난 정도)은 0.09달러로서, 이는 다양성(각 개인의 추정치가 대중의 추정치에서 벗어난 정도)이 대중의 추정치를 0.04달러만큼 개선했다는 의미다.

[그림 5.38] 애플: 다양성이 대중의 오차를 줄여준다

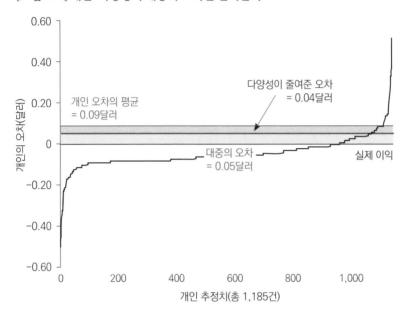

대중의 오차 = 개인 오차의 평균 − 다양성

= 0.09달러 − 0.04달러 = 0.05달러

그림 5.38은 개인의 오차, 개인 오차의 평균, 대중의 오차를 보여 준다. 회색 지대는 다양성이 줄여준 대중의 오차를 나타낸다.

표 5.3은 에스티마이즈에 추정치를 제출한 개인의 유형별로 추 정치를 분류했다. 개인 유형에는 학자, 금융 전문가, 학생, 비전문 가, 그리고 나머지에 해당하는 '미상'이 포함된다. 에스티마이즈는 증권사 애널리스트 42명이 발표한 분기 이익 추정치 데이터도 수 집했다. 대중의 오차가 큰 유형부터 나열한 결과가 놀랍다.

가장 충격적인 점은 월스트리트 증권사 애널리스트 대중의 오차

[표 5.3] 애플: 제출자 집단 유형별 이익 추정치

	제출자 수	대중의 오차 (달러)	개인 오차의 평균(달러)	다양성 (달러)	다양성이 줄여준 오차(%)
증권사	**42**	**0.080**	**0.094**	**0.014**	**15**
미상	77	0.059	0.078	0.019	24
학생	91	0.050	0.083	0.033	40
금융 전문가	170	0.047	0.104	0.057	55
개인 총계	**1,185**	**0.045**	**0.086**	**0.041**	**48**
비전문가	813	0.043	0.084	0.041	49
학자	34	0.040	0.064	0.041	37

가 0.080달러(실제 이익은 1.96달러, 추정치 평균은 1.88달러)로 가장 컸다는 사실이다. 특히 애널리스트 개인 오차의 평균은 0.094달러이고 다양성이 줄여준 오차의 평균은 15%에 불과한 0.014달러여서, 이 집단이 그다지 다양하지 않다는 것을 나타냈다.

월스트리트 애널리스트 42명이 다양하지 않다는 점은 놀랄 일이 아니다. 애널리스트들은 컨센서스에서 벗어날 유인이 거의 없는 데다가[34] 경영진에게 접근하기가 개인들보다 훨씬 쉬워서 추정치가 십중팔구 경영진의 가이던스(guidance)에 편향된다. 이는 앞에서 논의한 황소 무게 예측 대회에서 발생한 편향과 유사하다.

그리고 이들은 증권사 애널리스트이므로 분석보다 영업이 더 중요하다. 끝으로 이들은 모두 기업 경영진에게서 똑같은 이야기를 듣는 데다가 추가로 분석할 시간이 많지 않으므로 각자의 추정치가 비슷한 것도 전혀 놀랍지 않다. 애널리스트 집단이 그다지 다양하지 않은 것은 당연하다.

가장 흥미로운 집단은 펀드매니저와 전문 애널리스트가 포함된 '금융 전문가'다. 금융 전문가는 개인 오차의 평균이 0.104달러로 가장 컸는데, 이는 정확한 추정이 어려운 복잡한 문제에서 흔히 나타나는 현상이다. 그러나 금융 전문가 대중의 오차는 0.047달러에 불과해서, 다양성이 줄여준 오차가 55%에 해당하는 0.057달러로 제출자 집단 중 가장 컸다.

이는 얼핏 보기에 직관을 거스르는 결과다. 금융 전문가들은 모두 서로 소통하고, 똑같은 정기 간행물을 읽으며, 똑같은 분석 보고서를 읽으므로, 추정치도 비슷해서 다양성이 부족할 것으로 예상하기 때문이다.

그러나 이들은 에스티마이즈에 직접 추정치를 입력한 투자 전문가들이어서 추정치를 손수 산출했을 공산이 크다는 점을 명심하기 바란다. 단지 월스트리트에서 제공하는 추정치에 의존하는 사람이라면 번거롭게 에스티마이즈에 추정치를 입력하지 않을 것이다. 이들 분석가는 십중팔구 독립적이고 경쟁적이며 추정치를 정확하게 맞히려는 동기가 있다. 그중 일부는 추정치 적중을 통해서 심리적 보상을 얻으려 할 것이다. 그러므로 독자적으로 생각하면서 더 연구하고 더 노력할 것이다. 이런 관점에서 금융 전문가를 바라보면 이런 결과가 나오는 것도 그다지 놀랍지 않다.

애플의 사례를 살펴보면 월스트리트 애널리스트처럼 집단이 동질적이어서 독립성이 부족한 경우, 이들의 추정치는 개인 오차의 평균이 크고, 다양성이 부족한 탓에 대중의 오차도 크다는 사실을 알 수 있다. 반면 금융 전문가처럼 다양하고 독립적인 집단은 개인 오차의 평균은 크지만 풍부한 다양성 덕분에 대중의 오차는 작다.

만일 편향을 유발해서 독립성을 훼손한다면 컨센서스는 어떻게 될까?

편향이 대중을 속일 수도

2015년 10월 27일, 애플은 4분기(7~9월) 실적을 발표했다. 그리고 애플의 최대 경쟁사인 삼성은 2015년 10월 7일 3분기(7~9월, 미국과 한국의 회계연도가 달라서, 시기는 같지만 미국은 4분기, 한국은 3분기다. - 옮긴이) 실적을 발표했다.

이제 가짜 이야기를 만들어보자. 삼성 경영진이 보도자료에서 스마트폰 매출 둔화 탓에 3분기 순이익이 현재 컨센서스 추정치보다 10% 적을 것으로 예상한다고 발표했다고 가정하자.

애플 주식 투자자들은 (당시 스마트폰 최대 생산자이던) 삼성 관련 뉴스를 지켜보고 있었다. 이 뉴스에 영향받은 개인들이 자신의 추정치를 5%만 낮췄다고 가정하자. 그 결과 대중의 추정치가 1.91달러에서 1.82달러로 낮아진다.

이 사례에서 삼성 관련 뉴스는 1906년 황소 무게 예측 대회에서 황소 전문가가 일으킨 편향과 같다. 이 편향 탓에 개인 오차의 평균이 0.09달러에서 0.16달러로 높아져, 이제 대중은 애플의 분기 실적을 0.05달러가 아니라 0.14달러나 저평가하게 되었다. 앞선 애플 사례에서는 다양성 덕분에 '개인 오차의 평균'과 '대중의 오차'의 차이가 대폭 감소했다. 그러나 편향이 개입된 이 애플 사례에서는 다양성 덕분에 감소한 대중의 오차가 0.02달러에 불과하다. 다음 방

[그림 5.39] 애플: 편향 탓에 다양성이 대중의 오차를 크게 줄이지 못한다

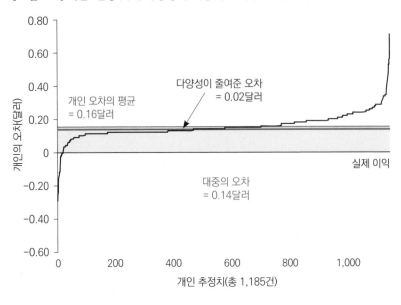

정식을 보라.

대중의 오차 = 개인 오차의 평균 − 다양성

= 0.16달러 − 0.02달러

= 0.14달러

그림 5.39에서 보듯이 강력한 편향이 개입되면 다양성은 대중의 오차를 크게 줄여주지 못한다.

대중의 지혜가 적절히 작동하려면 다음 조건이 필요하다.

- 정보가 적절히 유포된다: 투자자들이 정보를 수집, 추출, 종합한다.
- 정보가 처리된다: 투자자들이 편견 없이 가치를 평가하고 추정한다.
- 정보가 명시, 종합, 매매를 통해서 심각한 방해 없이 주가에 반영된다.
  - 적극적 투자자는 공개 정보와 준공개 정보를 중요하지 않은 비공개 정보와 결합해서 정보우위를 창출하려고 시도한다. 그는 이 우월한 사적 정보를 처리해서 (합법적인) 중요한 비공개 판단을 내린다.
  - 주가가 효율적으로 형성되려면 정보를 입수하고 관찰할 수 있어야 한다. 충분한 지식을 갖춘 사람들이 다양한 모형을 이용해서 독립적으로 정보를 처리하여 추정치를 산출하고 명시해야 하며, 매매에 큰 방해물이 없어야 한다. 위 과정에 오류가 발생하면 주가가 잘못 형성될 수 있다.
  - 모든 투자자가 보유한 사실과 전문 지식이 똑같거나 사고방식이 똑같으면 대중의 다양성이 사라진다. 대중의 다양성이 사라지면 각 투자자가 제시하는 답도 비슷해지므로 대중의 컨센서스는 단일 견해만 반영하게 된다. 그 결과 주가가 잘못 형성되기 쉽다.
  - 만일 대중이 체계적으로 외부의 영향을 받으면 주가가 잘못 형성되기 쉽다. 극단적으로는 독립성이 무너지면 사람들은 광기에 빠져 지나치게 상황을 낙관하거나, 아니면 지나치게 공포에 질려 대참사가 닥친다고 비관할 수 있다. 대중에게 독립성이 없으면 주가가 크게 일탈할 수 있다는 말이다.
  - 투자자가 추정치를 산정하더라도 그 추정치를 명시하지 않으면 이는 유권자가 기권한 상황과 같아진다. 충분히 많은 추정치가 반영되지 않으면 그 추정치에 담긴 투자자들의 영역 특수 지식도 추정치 컨센

서스에 반영되지 않으므로, 이는 그 유명한 '숲속에서 쓰러지는 나무'
와 같다. 나무 주변에 들을 사람이 없으면, 나무가 쓰러져도 소리가
들리지 않는다.

· 대중의 지혜는 개인의 영역 특수 지식을 집단으로 이전하는 종합 과
정을 통해서 정확한 답을 창출한다.

· 대중 대부분이 상황에 대한 지식이 부족해도 대중은 정확한 답을 제
시할 수 있다. 다만 일부 개인이 부분적인 지식이라도 보유하고 있으
면 된다.

6장

행동재무학을
보는 관점

'가치투자의 아버지'로 불리는 벤저민 그레이엄도 인간의 감정이 주가에 미치는 영향을 깊이 인식하고 있었다. 1934년 출간된 《증권분석》 초판에서 그는 말했다.

"증권의 가치는 자동 반응이나 수학적 관계가 아니라 매수자와 매도자들의 생각과 판단을 통해서 주가에 반영된다는 사실을 투자 이론은 인정해야 한다."

그는 피드백 고리의 중요성도 이해하고 있었다.

"투자자의 정신 자세는 시장가격에 영향을 미칠 뿐만 아니라 시장가격의 영향을 강하게 받기도 한다."[1]

변덕스러운 미스터 마켓

1949년 출간된 《현명한 투자자》 초판에서 그레이엄은 당신의 상냥한 동업자인 미스터 마켓(Mr. Market)을 이렇게 소개한다.

"그는 매일 찾아와서 자신이 생각하는 주가를 제시하면서, 이 가격에 당신 주식을 모두 팔아도 좋고 더 사도 좋다고 제안한다. 그가 제시하는 주가는 회사의 실적과 전망에 비추어 보면 타당해 보일 때도 가끔 있다. 반면 흥분하거나 공포심에 휩싸일 때는 그가 제시하는 주가가 어이없을 때도 많다."[2]

그레이엄은 미스터 마켓을 이용해서 인간의 공포와 탐욕이 주가에 미치는 영향을 설명했다. 시장이 정상적으로 작동할 때 "미스터 마켓이 제시하는 주가는 회사의 실적과 전망에 비추어 보면 타당해 보인다." 이때 미스터 마켓이 사거나 팔겠다고 제시하는 가격은 회사의 내재가치와 비슷하다.

그러나 미스터 마켓은 탐욕과 도취감에 빠져 현실을 못 본 채 회사의 내재가치보다 더 높은 가격에 사거나 팔겠다고 제안할 때도 있다. 아니면 걱정, 불안감, 우울증에 빠져 참담한 미래만 보면서 회사의 내재가치보다 낮은 가격에 사거나 팔겠다고 제안할 때도 있다. 그림 6.1은 미스터 마켓의 다양한 심리 상태를 보여준다.

다시 자산의 내재가치를 정의해보자.

자산의 내재가치 추정치는 내용연수 동안 그 자산에서 기대되는 현금흐름을, 돈의 시간 가치와 현금 수령의 불확실성을 고려해 현재가치로 할인한 값이다.

6장. 행동재무학을 보는 관점

[그림 6.1] 미스터 마켓의 다양한 심리 상태

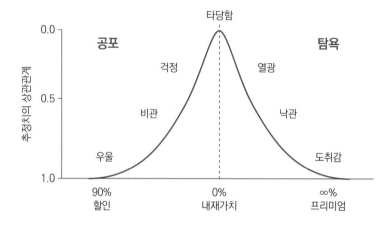

'기대되는'이라는 단어를 주목하기 바란다. 투자자들은 미래에 대한 자신의 기대를 바탕으로 판단을 내린다. 이 정의를 받아들이면, 대부분 상황에서 회사의 미래 현금흐름에 대한 미스터 마켓의 기대는 '회사의 실적과 전망에 비추어 보면 타당'할 것이다. 그러나 탐욕이나 공포에 휩싸인 미스터 마켓이 회사의 미래 현금흐름에 대한 기대를 변경할 때도 있을 것이다. 이런 과잉 반응이 나타나면 시장가격이 회사의 내재가치에서 벗어나므로 가격 오류가 발생한다.

한 시점의 주가는 회사의 내재가치에 대한 컨센서스 추정치를 나타낸다. 여기서 내재가치는 회사의 미래 현금흐름에 대한 대중의 기대를 반영한다. 그러므로 회사의 내재가치에 대한 컨센서스 추정치가 바뀌면 주가도 당연히 바뀐다. 즉 회사의 미래 현금흐름에 대한 대중의 기대가 바뀌면 주가도 바뀐다. 더 쉽게 말하면, 투자자들의 기대가 바뀌면 주가도 바뀐다. 투자자들의 기대가 지나치게 낙관적이거나 비관적이면 회사의 미래 현금흐름에 대한 대중의 추정치에 오류가 발생하여 주가가 잘못 형성된다.

오해를 통해서도 미스터 마켓의 기대가 바뀔 수 있다. 즉 현금흐름의 4대 요소(시점, 지속 기간, 규모, 성장), 불확실성, 돈의 시간 가치가 바뀔 수 있다(그림 6.2).

3장에서 다룬 조의 레모네이드 가판대 가치평가 사례로도 이 내용을 설명할 수 있다. 표 6.1에서 보듯이 성장률에 대한 가정이 달라지면 주당 가치도 달라진다.

조의 레모네이드 가판대 매출성장률에 대한 컨센서스 추정치가 연 15%이고, 주가가 효율적으로 형성되어 주당 13.63달러라고 가정하자. 그런데 뜻밖에도 인접 지역에서 영업하던 패리스(Paris)의

[그림 6.2] 자산의 가치: 기본 요소

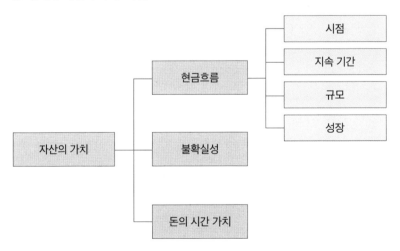

6장. 행동재무학을 보는 관점

[표 6.1] 성장률 가정에 따라 달라지는 레모네이드 가판대의 현재가치

성장률(%)	현금흐름의 현재가치(달러)	주당 가치(달러)
0	1,412	9.41
10	1,796	11.97
15	2,044	13.63
20	2,336	15.57

레모네이드 가판대가 조의 시장에 진입할 계획이라고 발표한다. 이 정보가 유포되고 처리된 후 사람들이 패리스의 시장 진입이 성공할 것으로 믿자, 조의 매출성장률에 대한 컨센서스 추정치가 연 15%에서 연 10%로 하락한다. 그리고 시장이 새 정보를 충분히 반영함에 따라 조의 주가는 13.63달러에서 11.97달러로 하락한다.

그러나 패리스가 시장 진입 계획을 발표한 날 미스터 마켓이 유난히 비관적이어서, 조의 사업이 심각한 충격을 받으리라는 두려움에 빠지는 바람에 조의 매출성장률 추정치를 연 0%로 낮춘다고 가정하자. 그러면 이 비관론에 시장이 과잉 반응해 주가는 9.41달러로 다시 하락한다.

대중의 지혜가 대중의 광기로 바뀔 때

앞에서 논의했듯이 시장이 체계적 오류 없이 정보를 처리하면 주가는 효율적으로 형성된다. 반면 시장에 체계적 편향이 있다면 컨센서스가 과잉 반응해 주가가 잘못 형성될 수 있다. 그러나 명백

한 주가 오류는 필연적으로 정보의 유포, 처리, 반영과 연계되어 발생한다. 주가 오류를 부르는 체계적 편향은 다음 대중의 지혜 조건 중 적어도 하나가 충족되지 않을 때만 발생하기 때문이다.

1. 충분히 많은 투자자가 정보를 입수하고 관찰해야 한다.
2. 충분히 많은 투자자가 사실이나 전문 지식 형태로 적정량의 영역 특수 지식을 보유해야 한다.
3. 대중의 구성이 다양해야 한다.
4. 대중이 서로 독립적으로 활동해야 한다.
5. 매매를 심하게 방해하는 요소가 없어서 가격 추정치가 명시되고 종합되어 주가에 반영되어야 한다.
6. 대중이 자신의 추정치를 명시할 유인이 있어야 한다.

행동재무학이 가격 오류를 일으키는 요소는 위에 열거한 여섯 가지 중 다양성, 독립성, 반영의 세 가지뿐이라는 사실을 먼저 밝혀둔다. 펜 식별 대회, 골턴의 황소 무게 예측 대회, 비틀스, 애플 사례에서 보았듯이 소수의 개인만 정보를 입수하고 관찰할 수 있어도 대중은 정확한 추정치를 제시할 수 있다. 그러나 영역 특수 지식이나 유인이 부족해서 심각한 가격 오류가 발생하는 때도 일부 있다.

대중의 다양성이 부족하거나 독립성이 훼손되거나 견해가 잘 반영되지 않는 상황에서 미스터 마켓이 감정에 휩쓸리면 체계적 편향에 의해서 가격 오류가 발생한다.

6장. 행동재무학을 보는 관점

수렵 채취에 유용했던 진화가 투자에는 불리

행동재무학이 미스터 마켓에 미치는 영향을 살펴보려면 인류의 태동기로 돌아가야 한다. 인류학에 의하면 해부학상 신인형(新人型) 호모사피엔스가 등장한 시점은 약 20만 년 전이다. 그러나 행동 면에서 진화가 시작된 시점은 불과 5만 년 전이다. 그리고 수렵 채취로 살아가던 조상이 농업 기술을 습득하고 가축을 키우면서 정착해 이른바 문명을 시작한 시점은 겨우 1만 년 전이다.

인류의 통신 관련 기술이 크게 발전한 기간은 지난 150년이다. 전기, 전화, 라디오, TV, 컴퓨터, 휴대전화, 인터넷 등에 의해서 인류의 가용 정보가 급증했다. 기술 진보의 관점에서 보면 인류의 역사는 20만 년일지 몰라도, 정보가 넘치는 현대 사회의 관점에서 보면 인류의 역사는 150년에 불과하다. 투자 정보의 양과 속도의 관점에서 보면 인류의 역사는 40년에 불과하다는 주장도 나올 만하다.

간단히 말해서 인류는 시간이 부족한 탓에, 현재 매일 쏟아지는 막대한 투자 정보를 효과적으로 처리할 만큼 충분히 진화하지 못했다.

진화생물학에 의하면 인류는 노고를 삼가고 에너지를 아끼도록 진화했다. 하버드대학교 진화생물학자인 대니얼 리버먼(Daniel Liberman) 교수는 수렵 채취 시대에는 식량이 매우 부족했으므로 육체적 에너지를 아껴 생존에 사용한 사람들만 번식할 수 있었다고 말한다. 다시 말해서 우리 유전자는 게으르게 지내도록 구성되어 있다.

우리 두뇌 역시 정신적 노력을 최소화하도록 구성되어 있는데,

인지 부하(cognitive load, 과제 해결에 필요한 정신적 노력의 양)라는 학계 용어에서도 알 수 있다. 그래서 우리 두뇌는 가능하면 언제나 손쉬운 방법에 의존하도록 진화했다.

진화인류학에 의하면 인류는 자기 보호 목적으로 조건반사를 하게 되었다. 예를 들어 대초원에서 살던 우리 조상들은 덤불에서 바스락거리는 소리가 들리면 즉시 겁에 질려 달아났다. 즉시 달아나지 않은 조상은 맹수에게 잡아먹혔다.

인류는 생존을 위해서 어림법(heuristics)도 개발하게 되었는데, 일종의 지름길인 이 어림법 덕분에 에너지를 최대한 아끼면서 돌아다닐 수 있었다. 그러나 과거 인류를 생존하고 번식할 수 있게 해준 이 어림법이 현대 사회, 특히 주식시장에서는 우리에게 해로울 수 있다.

인류의 감정은 크게 두 종류로 구분된다. 욕구가 충족되면 긍정적 감정인 행복, 흥분, 평화, 자신감, 희망, 소속감을 느낀다. 반면 욕구가 충족되지 않으면 부정적 감정인 분노, 공포, 혼란, 피로, 스트레스, 당혹, 질투, 슬픔을 느낀다.

우리 수렵 채취형 두뇌의 오류를 알려주는 행동재무학

긍정적 감정과 부정적 감정에 휩싸인 개인은 흔히 수많은 인지 편향을 일으켜 추론, 가치평가, 기억 등 인지 과정에서 실수를 저지를 수 있다. 투자에서 이런 편향들은 대개 공포와 탐욕으로 나타나 최적의 의사결정을 가로막는다.

대니얼 카너먼과 아모스 트버스키는 예루살렘 히브리대학교의 젊은 심리학 교수였던 1969년부터 함께 연구했다. 이들은 14년 동안 함께 체계적으로 연구하면서 논문들을 발표했다.

이들이 1974년 9월에 공저로 발표한 논문 '불확실한 상황에서의 판단: 어림법과 편향(Judgment Under Uncertainty: Heuristics and Biases)'[3] 과, 1979년 3월에 발표한 논문 '전망 이론: 위험 아래서의 결정 분석 (Prospect Theory: An Analysis of Decision under Risk)'[4]이 행동경제학에 혁신을 일으켰다.

논문 '불확실한 상황에서의 판단'에서는 박식하고 현명한 개인들조차 잘못된 직관에 빠지기 쉽다는 점을 입증했다. 이런 통찰은 이른바 합리적 의사결정 모형(rational-agent model)으로 불리는 고전경제학의 두 가지 핵심 가정에 이의를 제기했다. 첫 번째 가정은 개인이 일반적으로 합리적이며 사고도 대개 건전하다는 것이고, 두 번째 가정은 개인이 합리성에서 벗어나는 이유 대부분은 공포, 애정, 증오 등의 감정으로 설명할 수 있다는 것이다.

'불확실한 상황에서의 판단' 논문은 두 가정을 모두 반박했다. 실험을 통해서 개인 대부분이 불확실한 상황에서 판단할 때 어림짐작(어림법)과 근거 없는 믿음(편향)에 의존한다는 사실을 입증한 것이다. 두 저자는 이 실험에서 관찰한 세 가지 어림법을 설명했다.

대표성(representativeness) 편향은 개인이 어떤 사건의 확률을 판단할 때 기저율(base rate), 표본 규모, 무작위성 등의 정보는 무시한 채로 자신이 쉽게 떠올리는 다른 사건과 유사한 정도로 판단하는 경향을 말한다.

가용성(availability) 편향은 기억이 잘 나는 사건일수록 발생 확률이 높다고 평가하는 경향이다.

기준점(anchoring) 편향은 자신이 익숙한 숫자를 기준으로 삼아 의지하는 경향이다.

심리학자들은 이런 어림셈이 일으키는 오류가 체계적이며 예측 가능하다는 사실을 밝혔다. 그 결과 개인들의 의사결정 과정을 바라보는 학자들의 관점이 근본적으로 바뀌었다.

전망 이론에서 카너먼과 트버스키는 효용이 재산 규모에 따라 결정된다는 고전경제학 이론에 대안을 제시했다. 그리고 개인의 효용이 기준점 대비 재산 규모의 변화에 따라 결정된다는 사실을 입증했다.

또한 이익을 볼 때 경험하는 기쁨보다 손실을 볼 때 경험하는 고통이 두 배라는 사실을 밝혔다. 당시 경제학자들의 믿음을 정면으로 반박하는 통찰이다. 두 사람은 이런 행동을 손실 회피(loss aversion)라고 불렀으며, 개인들은 불확실성을 피하고자 프리미엄을 지불하려 하고, 손실 가능성에도 불구하고 위험을 떠안을 수 있음을 입증했다. 이런 행동은 의사결정 이론의 기본 가정을 훼손하므로 고전경제학 이론가들에게는 불합리해 보인다.

이들의 연구는 행동재무학의 토대가 되었고, 2002년 카너먼은 경제학자가 아닌 사람으로서는 처음으로 노벨 경제학상을 받았다. 트버스키도 1996년에 사망하지 않았다면 노벨상을 함께 받았을 것이다.

행동재무학은 카너먼과 트버스키가 처음 논문을 발표해서 이론적 토대를 확립한 이후 40년 이상 번창하고 있다. 행동재무학은 서로 연관된 두 가지 학문으로 구성된다는 점을 명심해야 한다. 하나는 개인의 의사결정과 행동을 다루는 미시 행동재무학(micro behavioral finance)이고, 다른 하나는 집단의 행동을 다루는 거시 행동재무학(macro behavioral finance)이다.[5] 개인의 행동이 집단의 행동에 영향을 줄 수는 있지만 그 관계가 명확하지 않아서 당황하는 사람이 많다.

행동재무학에 의하면 투자자들의 행동이 항상 합리적인 것은 아니며, 투자 판단은 고전경제학 이론보다 감정에 더 좌우될 수 있다. 이런 이론에 이끌려 인간은 비합리적이고 시장은 비합리적인 인간들로 구성되므로[6] 시장 역시 비합리적이라고 속단하는 사람도 많다. 결국 개인 투자자들의 행동(미시 행동재무학)을 확대하면 집단의 행동(거시 행동재무학)이 된다고 믿는 것이다.

개인의 행동은 대중의 행동을 설명하지 못한다

그러나 이런 믿음은 틀렸다. 개인들의 행동만 예측(미시경제학)해서는 경제의 방향을 예측(거시경제학)할 수 없듯이, 개인 투자자들의 행동만 예측해서는 주식시장의 흐름을 예측할 수 없다. 개인의 행동을 종합해도 집단의 행동을 설명하지 못하는 주된 이유는 주식시장이 복잡 적응계(complex adaptive system)라는 점에 있다.

복잡 적응계의 가장 중요한 특성은 창발적 행동(emergent behavior)을 보인다는 사실이다. 여기서 창발적 행동은 개인들의 행동을 분석해도 예측할 수 없는 행동 패턴을 가리킨다. 간단히 말하면 전체가 부분의 합보다 크다는 뜻이다. 다시 말해서 개인들의 행동만 분석해서는 집단의 행동을 예측할 수 없다.

2013년 행동재무학 연구로 유진 파마와 노벨상을 공동 수상한 로버트 실러는 개인들의 행동 대신 집단의 행동을 집중적으로 분석했다.

1981년에 발표한 논문 '배당 흐름 분석으로는 그 회사의 주가 흐름을 설명할 수 없는가?(Do Stock Prices Move Too Much to Be Justified by Subsequent Changes in Dividends?)'에서 실러는 주가의 변동성과 그 회사 배당의 변화를 분석하고서, 투자자들의 행동이 효율적시장 가설과 부합하는 증거를 발견하지 못했다고 말했다.

다시 말해서 실러는 주식시장의 변동성이 개인들의 합리적인 경제적 행동보다 훨씬 크다는 사실을 발견했다. 이렇게 투자자들의 행동이 합리적이지 않다면, 주식시장을 주도하는 주체는 기분과 감정일 수밖에 없다. 즉 행동재무학이 주도한다는 말이다.

실러는 효율적시장 가설은 모순이 너무 많아서 정확한 이론으로 간주할 수 없다고 믿으며 "거품 등 효율적시장의 모순들을 이해하려면 심리학 등 다른 사회과학을 참고할 수밖에 없다"라고 말한다.[7] 그는 투기 거품을 다음과 같이 정의한다.

투기 거품이란 주가 상승 뉴스가 자극한 흥분이 사람들 사이에 확산하는 과정에서 주가 상승을 정당화하는 이야기가 증폭되면서, 갈수록 더 많은 투자자가 실제 가치를 의심하면서도 남들의 성공에 대한 질투나 도박이 주는 흥분 때문에 투기에 빠져드는 상황을 가리킨다.[8]

실러는 시장 흐름이 사회심리학의 영향을 크게 받는다고 믿는다. 그는 대중이 합리적 의사결정자가 아니라 "기본적 가치 지표에 그다지 관심을 기울이지 않는 투자자들"이며 야성적 충동에 감정적으로 사로잡히는 사람들이라고 본다.[9]

흥미롭게도 실러는 행동재무학 연구로 노벨상을 받았으면서도 33쪽 분량의 수락 강연에서 카너먼과 트버스키의 연구를 두 번만 짧게 언급했다. 미시 행동재무학을 명백하게 무시하는 실러의 언행은 개인들의 행동을 분석해서는 집단의 행동을 예측할 수 없다는 그의 주장과 일치한다.

실제로 개인의 행동은 집단의 행동에 체계적 오류를 유발할 때만 중요하다. 6장에서 자세히 논의했듯이, 대중은 다양성이 부족하거나 독립성이 훼손될 때만 오류를 일으킨다. 사용하는 모형이 다양하고 독립성이 유지되면 개인의 오류는 다른 개인의 오류와 상쇄되어 대중의 오류를 유발하지 않기 때문이다. 따라서 개인들이 오류를 일으키고 불합리하게 행동하더라도 체계적인 상관관계가 존재하지 않는 한 개인의 오류는 상쇄되므로 대중의 오류에 영향을 미치지 않는다.

(미시) 행동재무학은 개인 투자자들의 오류에 중요한 통찰을 제공하지만, 이들의 오류에 체계적인 상관관계가 존재하지 않는 한 집단의 (거시적) 행동에 큰 영향을 미치지 않는다. 그러므로 개인 투자자들의 행동이 항상 합리적인 것은 아니지만, 이들의 오류를 분석해도 집단의 행동을 예측할 수는 없다. 집단의 체계적 오류는 다양성이 부족하거나 독립성이 훼손될 때만 발생한다.

다양성이 부족할 때 나타나는 대중의 행동

다양성 부족은 투자자들이 내재가치 추정에 같거나 유사한 모형을 사용하는 탓에 사고방식도 같아질 때 발생한다. 다양성이 부족해지면 대중은 개인들의 다양한 견해 대신 극소수의 견해만 반영하게 된다. 이런 상황에서 대중이 흔히 제시하는 답은 여러 사례에서 보았듯이 개인 오차의 평균에서 조금만 벗어날 뿐이다.

독립성 훼손은 다양한 투자자들이 똑같은 외부 자극의 영향을 받아, 견해를 명시할 때 자신의 추정치나 사적 정보를 무시하는 경우에 발생한다. 내재가치 추정에 서로 다른 모형을 사용하는 다양한 개인들도 남들의 견해를 모방하거나 받아들이면 독립성을 상실한다. 다시 말해서 다양성은 사용하는 모형이 단조로울 때 부족해지고, 독립성은 추정치가 외부 자극에 체계적으로 영향받을 때 훼손된다. 그림 6.3은 이 상황을 로저 머리 교수의 자석에 비유해서 보여준다.

이번에는 3장의 단순한 사례를 이용해서 다양성이 감소하면서 주가가 잘못 형성되는 과정을 살펴보자. 앞에서는 자산을 운용하거나 매각하는 방식으로 현금흐름을 창출할 수 있다고 설명했다. 자산을 매각할 때의 내재가치 평가에는 청산가치법과 사적시장가치법을 사용한다. 자산을 운용할 때의 내재가치 평가에는 추가 성장의 가치, 경쟁우위의 가치(성장이 없는 경우), 투하자본의 가치라는 세 가지를 분석한다(그림 6.4).

그림 6.5는 각 평가 기법으로 산출한 내재가치 추정치의 분포를 나타낸다. 여기서는 다섯 가지 평가 기법을 '모형'으로 간주하고,

6장. 행동재무학을 보는 관점

대중의 각 20%가 5개 모형 중 하나만 사용해서 내재가치를 산출한다고 가정한다.[10]

[그림 6.3] 혼란에 빠져 다양성이 부족해지거나 독립성을 상실하면
주가가 잘못 형성된다

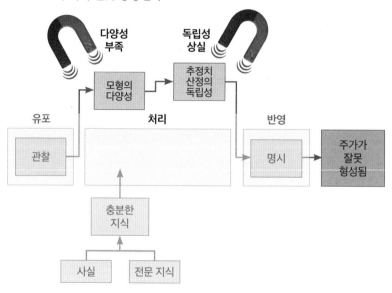

[그림 6.4] 내재가치의 평가 기법

[그림 6.5] 평가 모형별 내재가치 추정치의 분포

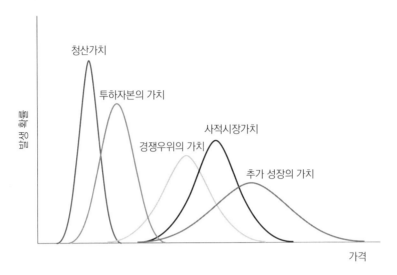

세브콘의 청산가치 추정치 분포는 주당 0.50~3.00달러이고 가장 유력한 청산가치는 1.50달러다(그림 6.6). 참고로 분석 당시 주가는 7.60달러였다.

[그림 6.6] 세브콘: 청산가치 추정치의 범위

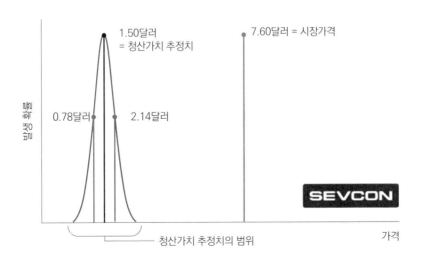

　　　　　　　　　　　　　　　6장. 행동재무학을 보는 관점

세브콘이 주요 고객 하나를 상실했다고 발표했다고 가정하자. 이 뉴스를 듣고 공포, 불안, 우울증에 사로잡힌 미스터 마켓은 회사의 가치를 청산가치로 낮게 평가한다. 그러자 다른 모형을 사용하던 나머지 투자자 80%도 고객 상실이 추세 변화의 시작이라고 생각해 모두 청산가치 모형으로 세브콘을 평가하게 되고, 이제 체계적 편향이 발생하면서 주가는 7.60달러에서 청산가치 추정치인 1.50달러로 하락한다.

이렇게 다양성을 상실한 투자자들은 모두 똑같은 모형을 사용해서 똑같은 방식으로 세브콘의 내재가치를 산출한다.

당신도 이 회사를 오랜 기간 분석해왔다고 가정하자. 사적시장가치법을 사용하는 당신은 이 주식의 공정 가치가 7.60달러라고 생각한다. 당신도 주요 고객 상실 뉴스를 듣고 이 정보를 가치평가 모형에 반영한다. 이제 새로 산출한 당신의 내재가치 추정치는 5.45달러다. 당신이 자신의 분석을 확신한다면, 미스터 마켓은 과잉 반응으로 가격 오류를 일으켰으므로 투자 기회를 만들어준 셈이다(그림 6.7). 당신의 내재가치 추정치는 7.60달러에서 5.45달러로 하락했지만 시장가격은 7.60달러에서 1.50달러로 하락했기 때문이다. 당신이 5.45달러로 평가하는 주식을 1.50달러에 사면 헐값에 사는 셈이다.

그러나 대중이 다양성을 상실했다는 이유 하나만으로 가격 오류가 발생했다고 볼 수는 없다. "당신이 자신의 분석을 확신한다면"이라는 조건문에 유의하라. 이는 '당신의 견해'에 의하면 컨센서스가 틀렸다는 뜻이다. 즉 당신이 보기에 가격이 잘못 형성되어서 주가가 헐값처럼 보였다는 의미다. 실제로 가격이 잘못 형성되었을

[그림 6.7] 주요 고객 상실 전후의 내재가치 추정치

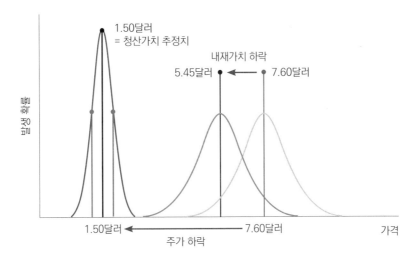

[그림 6.8] 미스터 마켓의 과잉 반응

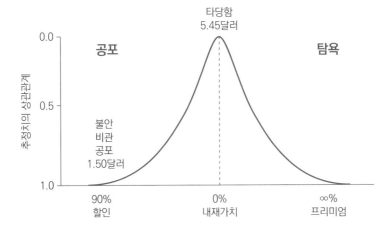

지도 모르지만, 대중이 다양성을 상실했다고 해서 필연적으로 가격 오류가 발생하는 것은 아니다.

그림 6.8도 극단적인 주가 흐름을 보여준다.

세브콘 사례가 지나치게 단순하긴 해도 시장의 구성원이 다양하다는 사실을 반영하고는 있다. 현실 세계에서도 시장을 구성하는 투자자 중에는 장기에 집중하는 사람도 있고 단기에 집중하는 사람도 있다. 투자자 중에는 기술적 분석, 기본적 분석, 정량 분석에 집중하는 사람이 있다. 물론 같은 분석 기법을 사용하는 사람은 흔히 생각이나 모형이 비슷해서 산출하는 내재가치 추정치까지 비슷해지기도 한다.

예를 들어 기본적 분석가들은 주가순자산배수(PBR)나 주가현금흐름배수(PCR)로 가치를 평가하고, 기술적 분석가들은 주가의 200일 이동평균과 50일 이동평균을 비교 분석해서 매매하기도 한다. 매출성장률이나 이익성장률에 주목하는 성장주 투자자들은 주가매출액배수(PSR)나 이익 모멘텀으로 가치를 평가한다.

주주가 다양한 기법을 사용하는 수많은 투자자로 구성되면 흔히 그 대중은 지혜로워서 주가가 효율적으로 형성된다. 반면 주주 대부분이 단일 기법을 사용해서 다양성이 부족하면 그 대중은 지혜롭지 못해서 주가가 효율적으로 형성되지 않는다. 이 말이 지나친 단순화일지 모르지만, 투자자의 다양성이 중요하다는 사실은 얼마든지 입증할 수 있다.

투자자들의 군집행동 때문에 개별 종목이나 업종에서 다양성이 부족해지는 현상은 현실 세계에서도 자주 발생한다. 이런 상황에서는 투자자들이 사용하는 모형이 비슷해서 사소한 사건으로도 미스터 마켓을 흥분에 빠지게 할 수 있다. 주주 구성이 다양할 때는 사건에 대해 '적절한' 반응이 나타나지만, 다양성이 부족할 때는 똑같은 사건에 대해서도 과잉 반응이 나타나기 쉽다.

2007년 퀀트 위기(Quant Crisis) 때 그런 사례가 발생했다. 퀀트(정량 분석) 투자자들은 컴퓨터 모형으로 증권 가격의 패턴을 분석해 사소한 가격 오류를 찾아내고, 이를 이용해 수많은 종목을 매매한다. 이 전략은 오랜 기간 매우 성공적이었으므로 르네상스테크놀로지(Renaissance Technologies)의 제임스 사이먼스(James Simons), 시타델(Citadel)의 켄 그리핀(Ken Griffin), AQR캐피털(AQR Capital)의 클리프 애스니스(Cliff Asness) 등은 억만장자가 되었다. 그러나 성공적이었던 전략이 간혹 실패해서 대혼란을 부르기도 한다.

2007년 8월 초의 단 며칠 만에 여러 헤지펀드와 월스트리트 프랍 트레이딩(proprietary trading, 금융회사의 수익 목적 자기자본 매매 – 옮긴이)에서 막대한 손실이 발생했으나, 그 이유를 정확히 아는 사람이 아무도 없었다. 이들 대부분은 사용하는 전략(모형)이 유사했고 막대한 레버리지(차입금)를 쓰고 있었으므로, 담보로 제공한 증권의 가격이 하락하기 시작하자 동시에 마진콜(margin call, 추가 증거금 요청)을 당해 그 증권 일부를 매도할 수밖에 없었다. 이들은 포트폴리오의 구성도 비슷했으므로 이 마진콜이 파급 효과를 일으켰다. 매도가 더 많은 매도를 부르면서 이들이 대량으로 보유한 증권들은 '죽음의 소용돌이'를 일으켰다.

스콧 패터슨(Scott Patterson)은 탁월한 저서 《퀀트(The Quants)》에서 당시 사건이 월스트리트 프랍 트레이딩보다 존 그리샴(John Grisham)의 서스펜스 소설에 더 어울린다고 설명했다. 다음은 발췌문이다.

당시 퀀트 펀드와 프랍 트레이더들이 본 시장 흐름은 논리적인 설명이 불가능했다. 정교한 모형들, 벨 커브와 랜덤 워크(random walk), 정밀한 상관관계 등 퀀트를 월스트리트의 정상에 올려준 모든 수학과 과학으로도 상황을 파악할 수 없었다. 오로지 인간의 공포가 몰고 온 대혼란이어서, 컴퓨터 모형이나 복잡한 알고리즘으로는 파악할 수가 없었다. 일어날 수 없는 사건이었다!

퀀트들은 피해를 줄이려고 최선을 다했으나, 이들의 노력은 타오르는 불길에 기름을 붓는 꼴이었다. 불길을 잡으려고 내는 매도 주문이 더 많은 매도 주문을 불러와 불길을 더 키웠다. 레버리지를 해소하는 하방 압력을 막을 수 없을 듯했다.

도무지 이해할 수가 없었다. 시카고대학교 유진 파마에게 배워 효율적시장을 신봉하는 로스먼(Matthew Rothman)은 시장 흐름이 엄격한 퀀트 패턴을 따르리라 기대했다. 그러나 실제 시장 흐름은 지금까지 본 어떤 패턴으로도 설명할 수가 없었다. 모두가 손실을 보고 있었다. 모든 전략이 무너지고 있었다. 완전히 미친 시장은 아닐지 몰라도 이해할 방법이 없었다.[11]

정보 폭포와 대중의 행동: 독립성 훼손

독립성이 훼손되었을 때도 다양성이 부족한 상황과 마찬가지로 미묘하지만 중요한 변화가 발생한다. 구성원들이 다양한 모형을 사용해서 독자적으로 추정치를 산출하면 대중의 다양성은 유지되지만, 외부의 영향으로 구성원들이 자신의 추정치를 무시하거나 변경하면 독립성이 훼손된다. 이 현상을 정보 폭포라고 한다.

명확히 이해하도록 다시 설명하겠다. 독립성이 훼손되면 구성원들은 자신의 모형을 무시한 채 외부 요소에만 집중하면서 대중을

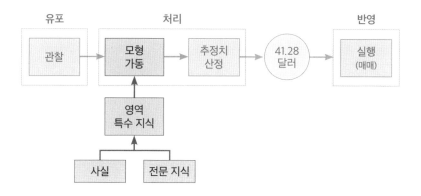

[그림 6.9] 사적 정보는 사실과 경험으로 구성되는 개인의 영역 특수 지식으로서 정보 처리 모형을 형성한다

따라간다.

5장에서 논의했듯이 사적 정보는 사실과 경험으로 구성되는 개인의 영역 특수 지식으로서 정보 처리 모형을 형성한다. 그림 6.9를 참조하라.

이 책에서 일관되게 하는 주장이지만, 모든 투자자에게는 자신의 내재가치 추정에 영향을 미치는 고유의 사적 정보가 있다. 투자자가 아무 편향 없이 산출하는 추정치는 독립적이라고 말할 수 있다. 그러나 진정한 정보우위가 없는 투자자의 사적 정보는 대개 불완전하다. 그래서 투자자는 자신의 추정치가 정확하다고 확신하지 못한다.

> 외부의 영향으로 구성원들이 자신의 추정치를 무시한 채 남들의 행동을 따르면 독립성이 훼손되며, 이런 현상을 정보 폭포라고 한다.

6장. 행동재무학을 보는 관점

잘 모르는 도시에서 식당을 선택할 때 정보 폭포의 전형적인 사례가 발생한다. 당신은 처음 방문하는 런던에서 며칠 머물 예정이고 근사한 식당에서 저녁을 먹으려 한다고 가정하자. 당신은 출발 전에 미슐랭 가이드(Michelin Guide)와 옐프(Yelp) 리뷰를 통해서 근사한 식당들을 조사한다. 런던에 도착한 당신은 호텔에 짐을 풀고 저녁을 먹으러 나간다. 사전 조사로 선택한 곳에 가보니 식당이 텅 비어 있다. 그러나 손님이 붐비는 바로 옆 식당은 훌륭한 맛집처럼 보인다. 당신은 추가 조사를 생략하고 즉시 계획을 변경해 바로 옆 식당으로 들어간다. 이제 당신은 남들의 행동에 반응해 사전 조사로 얻은 사적 정보를 무시했다. 만일 남들도 이렇게 당신과 똑같은 이유로 붐비는 식당을 선택하면 정보 폭포가 발생한다.

주식시장에서 정보 폭포가 발생하는 과정도 간단한 사례로 설명할 수 있다. 투자자문사인 밥은 일임 매매[12] 방식으로 고액 자산가들의 계정을 별도 관리하고 있다. 밥은 형광 코 질환 치료제를 개발 중인 바이오테크(Biotech Inc.)를 자세히 분석하고 있다. 현재 이 회사는 FDA 임상 2상 시험 결과를 기다리는 중이다. 밥은 이 임상시험에 대해 여러 의사와 환자들과 이야기하고 나서, 이 치료제가 2상 시험을 통과하리라 믿었다. 그는 고객 20명의 계정으로 바이오테크 주식을 평균 단가 15.37달러에 매수했다. 몇 주 뒤 주가가 17.04달러로 상승했다.

저드는 CNBC에 자주 출연하는 유명한 생명공학주 전문가이며 투자 실적도 인상적인 인물이다. 그래서 공시(13G filing)[13]를 통해서 그의 펀드가 보유한 종목을 추적하는 투자자도 많다. 밥이 SEC의 새 공시를 확인해보니 이제 저드의 펀드가 보유한 바이오테크 주식은 없었다. 직전까지만 해도 저드가 보유한 주식이 6.2%였으므로 이는 충격적인 일이었다.

밥은 심장이 멎는 듯했다. 저드가 그 주식을 매도했다면 이 회사의 형광 코 질환 치료제가 FDA 승인을 받지 못할 것으로 생각한다는 뜻이기 때문이다. 만일 승인을 받지 못한다면 바이오테크 주가는 손쉽게 반토막 이하로 내려갈 수 있다. 공포에 빠진 밥이 고객의 계정 20개에서 대량으로 보유한 바이오테크 주식을 매도하자 주가가 17.04달러에서 16.23달러로 하락한다. 그는 저드의 바이오테크 매도가 이 회사는 FDA 승인을 받기 어렵다는 신호라고 짐작하는 글을 트위터에서도 발견한다. 이 글을 읽고 나서 밥은 자신의 판단이 옳다고 더 확신한다. 몇 시간 후 바이오테크 주식은 일 평균 거래량 7배를 기록하면서 종가가 13.78달러로 하락한다.

이 일련의 사건이 바로 정보 폭포다. 밥은 공시를 통해서 추측했을 뿐, 실제로 저드가 가진 사적 정보는 알지 못한다. 밥은 자신의 사적 정보는 무시한 채, 추측에 따라 저드의 매도 판단을 모방했다.

바이오테크 주식 매매 현황을 지켜보던 밥의 고객들은 바이오테크 매도 확인 보고서를 메일로 받는다. 경쟁 제약회사에 근무하는 밥의 고객 랜디는 바이오테크가 개발 중인 형광 코 질환 치료제를 잘 알고 있다. 랜디는 밥이 현명하고 판단력이 좋다고 생각해 일임 매매를 의뢰했다. 그동안 바이오테크를 지켜보면서 그녀도 이 회사가 FDA 승인을 받으리라 생각했다. 그래서 밥의 최초 분석에는 동의했지만 이제는 의심스러워한다.

랜디는 자기 계정으로도 투자하고 있다. 그녀는 전날 바이오테크가 대량 거래를 수반하면서 3.26달러 하락해 13.78달러로 마감

되었다는 사실을 알고 있다. 주가가 더 하락하리라 생각한 그녀는 이튿날 아침 자기 계정으로 바이오테크 주식을 공매도한다. 정보 폭포는 계속 이어진다. 랜디는 일임 계정에서 주식이 매도된 것을 보고 밥에게 좋은 사적 정보가 있을 것으로 추측한다. 이는 주가가 대폭 하락한 사실로도 '확인'된다. 랜디는 자신이 모르는 2상 시험에 대해 '현명한' 투자자들은 틀림없이 알고 있으리라 생각하고서, 자신의 사적 정보는 무시한 채 밥 등 다른 투자자들의 매매를 모방한다.[14]

정보는 오로지 매매를 통해서만 명시, 종합되어 주가에 반영될 수 있다. 매매를 촉발한 사적 정보를 알 방법이 없어도 투자자들은 남들의 행동(바이오테크 매도와 주가 하락)을 보고서 남들에게 더 나은 사적 정보가 있다고 추측하기도 한다. 그러나 주가 하락을 통해서 전달된 정보가 정확하지 않을 수 있다는 사실에 유의하라. 노련한 투자자라면 누구나 알듯이, 주식 매도자들에게 항상 더 좋은 정보가 있는 것은 아니다. 어떤 주식의 큰 변동을 보고 나서 폴 손킨은 척 로이스(Chuck Royce)의 말이 떠올랐다. "누군가는 뭔가를 알고 있거나 '알고 있다고 생각한다.'"

바이오테크의 주가 하락 때문에 사람들은 자신의 분석을 의심하게 되었다. 밥과 랜디 둘 다 자신의 사적 정보를 무시한 채 다른 투자자들을 모방했다. 그 결과 대중의 독립성이 훼손되었다.

피드백 고리도 형성되었다. 바이오테크의 주가가 하락하자 누군가는 뭔가를 안다는 투자자들의 확신이 강화되었다. FDA 발표를 앞두고 주가가 하락했으므로, 이 회사가 승인받지 못한다는 정보를 누군가는 갖고 있으리라고 투자자 대부분이 생각했다. 그러나

이는 잘못된 시장 신호로 밝혀졌다. 소음이었다. 매도 때문에 주가가 하락하긴 했지만 주가 하락이 전달한 정보는 거짓이었다. 더 좋은 정보가 아니라 소음에 의해서 피드백 고리가 형성되었다. 사람들은 누군가는 뭔가를 안다고 생각했지만, 실제로 아는 사람은 아무도 없었다.

밥과 랜디가 독립성을 유지했다면 소음을 무시하고 처음에 내린 판단을 고수했을 것이다. 그러나 두 사람은 자신이 처음 내린 판단에 확신이 부족했으므로 자신의 추정치(사적 정보)를 무시한 채 남들의 행동을 모방했고, 그 결과 정보 폭포가 발생했다.

1주일 뒤 바이오테크는 FDA 2상 시험을 통과했다고 발표했다. 이날 주가는 전날 종가보다 훨씬 높은 24.55달러로 마감되었다. 밥과 랜디가 매도한 가격보다 월등히 높은 가격이었다. 이날 CNBC에 출연한 저드에게 바이오테크가 시험 통과를 발표하기 전에 왜 주식을 매도했는지 기자가 물었다. 저드는 놀란 표정으로 대답했다. "우리는 매도하지 않았습니다."

기자가 개정된 공시를 근거 자료로 제시하자 저드가 말했다. "혼동하실 만하군요. 하지만 우리는 매도하지 않았습니다. 파트너와 내가 헤어지기로 하고 보유 자산을 둘로 나누어 새 펀드를 설립했습니다. 우리는 자산 이전(in-kind distribution) 방식을 사용했으므로 매매할 필요가 없었습니다. 이제 우리가 각자 보유한 바이오테크 지분은 3.1%로 5% 미만이어서 SEC에 신고서를 제출할 필요가 없습니다. 다만 기존 펀드가 청산되었으므로, 기존 신고서를 갱신하는 과정에서 보유 주식이 없다고 보고했습니다. 아마 사람들은 우리가 보유 주식을 모두 매도했다고 생각한 모양입니다."

잠시 생각에 잠긴 표정을 짓고 나서 저드가 진행자에게 말했다. "그래서 그랬군요. 지난주에 바이오테크 주식이 왜 그렇게 폭락했는지 궁금했습니다. 우리 공시(13G) 때문이라고는 전혀 생각하지 못했습니다. 기묘한 일입니다. 주가 폭락을 보았을 때 처음에는 공포 때문이라고 생각했습니다. 기존 분석을 확신했으므로 우리는 주가 폭락이 소음에 불과하다고 생각했지만, 시장이 반대 방향으로 흘러갈 때도 자기 생각을 고수하기는 쉽지 않습니다. 우리는 대량 매물로 인한 주가 하락을 포지션 확대 기회로 삼았고, 그 결과 막대한 돈을 벌었습니다."

저드가 편안한 자세로 앉아 웃으면서 덧붙였다. "나도 주가 폭락에 놀라 주식을 팔았다면, 내 신고서가 일으킨 소음에 내가 영문도 모른 채 반응한 꼴이 되었겠지요!"

대중의 광기는 불합리한 것일까?

다양성 부족과 독립성 훼손은 둘 다 사람들의 군집행동을 유발할 수 있다. 그러나 군집행동이 그 자체로 불합리한 것은 아니다. 남들의 정보가 낫다고 믿는다면 남들을 모방하는 것도 합리적일 수 있다.

런던 식당 사례로 돌아가 보자. 당신은 사전 조사를 통해서 저녁 먹을 식당을 선택했다. 그러나 도착해보니 선택한 식당은 텅 비었고 바로 옆 식당은 손님이 붐빈다. 손님이 붐비는 식당을 창문으로 들여다보면서 당신은 생각한다. '저기 손님들은 정상으로 보이는

데도 내가 처음 선택한 식당 대신 저 식당을 선택했군.'

당신은 저 식당 손님들에게 더 나은 정보가 있다고 직감한다. 그리고 당신에게도 똑같은 정보가 있다면 똑같은 선택을 하리라 생각한다. 어쩌면 당신이 처음 선택한 식당에서 주방장이 이직했으나 조사 시점에는 이 정보가 없었을지도 모른다. 아니면 며칠 전 이 식당에서 식사한 사람이 배탈이 났고, 이 사실이 지역 신문에 실렸을지도 모른다.

위의 시나리오가 가능해도 당신이 사적 정보를 무시한 채 대중을 따르는 행동이 불합리해 보이는가? 불합리해 보이지 않는다. 그러면 올바른 선택일까? 올바른 선택일 수도 있고 아닐 수도 있다. 옆 식당 손님들의 선택이 틀렸을 수도 있다.

투자의 세계도 다르지 않다. 바이오테크 주식 사례에서 줄거리를 조금 바꿔보자. 새 정보를 입수한 저드가 실제로 주식을 매도했고 이 사실을 SEC에 신고했다고 가정하자. 밥과 랜디의 결정이 나중에는 잘못된 판단으로 밝혀졌지만, 이들의 판단이 불합리했던 것은 아니다.

'리더 따라 하기'는 정상적인 행동이다. 사람들은 일반적으로 대중을 따르는 것이 안전하다고 느낀다. 존 메이너드 케인스(John Maynard Keynes)의 고전적인 인용문에도 이런 심리가 담겨 있다. "세속적 지혜에 의하면, 관례를 거슬러 성공하는 것보다 관례를 따르다 실패하는 쪽이 평판에 유리하다." 정보 폭포가 독립성을 훼손하는 경우는 사람들이 정보가 아니라 소음을 보고 모방하거나 모방이 지나칠 때다. 하지만 이것도 불합리한 행동은 아니다.

로버트 실러 역시 이런 상황에서 나오는 투자자들의 군집행동은 불합리하지 않다고 믿는다. 그는 노벨상 수락 강연에서 다음과 같이 말했다.

내가 내리는 거품의 정의에서는 투자 심리의 전염성과 뉴스 등 정보 매체의 특성이 핵심입니다. 거품의 원인은 투자자들의 광기가 아닙니다. 거품은 겉으로만 그럴듯한 기존 가치평가 이론이 다른 이론에 밀려날 때 투자자들이 한꺼번에 휩쓸리면서 발생합니다.[15]

실러에 의하면 뉴스와 정보 매체가 대중에게 체계적으로 영향을 미쳐 발생하는 군집행동 때문에 주가가 비효율적으로 형성된다. 극단적으로는 다양성이 사라지고 독립성이 무너져서 거품이나 붕괴가 발생할 수 있다. 대중이 미래를 지나치게 낙관하면 탐욕에 휩쓸리고, 대중이 미래를 지나치게 비관하면 공포에 휩쓸린다.

파마와 실러, 둘 다 옳을까?

시장에 대한 견해가 근본적으로 상반된 유진 파마와 로버트 실러가 노벨상을 공동 수상했다는 사실은 얼핏 이상해 보일지 모른다. 파마와 실러, 둘 다 옳을까?

터프츠대학교 경제학과(파마가 학사학위를 받은 학교) 학과장 대니얼 리처즈(Daniel Richards)는 스웨덴 학술원의 결정을 완벽하게 설명했다.

노벨상 3인 공동 수상은 탁월한 결정이다. 파마는 시장이 효율적인 이유를 제시했고, 실러는 시장이 효율적이지 않은 이유를 제시했으며, 핸슨(Lars Peter Hansen)은 둘 다 옳다는 점을 입증할 계량경제학 도구를 제공했다.[16]

노벨위원회는 두 이론이 공존한다고 믿었다. 이는 2013년 노벨상 수상자 발표에서 퍼 크루셀(Per Krusell) 교수가 주목한 말에 반영되어 있다. "현재의 자산 가격 이론에는 합리적 투자자와 위험에 대한 우려도 포함되어 있고, 심리학과 행동재무학도 포함되어 있다."[17]

노벨위원회는 합리적인 투자자 모형에 대해서 다음과 같이 설명했다.

투자자들은 자산의 가치를 합리적으로 계산한다. 그러므로 자산의 가치는 미래에 예상되는 현금흐름을 바탕으로 계산해야 한다. 이런 현금흐름은 할인된다고 가정해야 합리적이다. 다시 말해서 먼 미래의 현금흐름은 가까운 미래의 현금흐름보다 가치가 작다.

노벨위원회는 다른 방식으로도 설명했다.

'완전히 합리적인 투자자' 개념은 버려야 한다. 이 가정을 벗어나면 이른바 '행동재무학'이라는 새로운 분야가 등장한다. 행동재무학의 핵심은 '잘못된 기대'다. 높은 자산 가격은 미래 현금흐름을 고평가했다는 뜻이다. 다시 말해 자산 가격이 내재가치에서 벗어나는 이유를 과도한 낙관론이나 심리 구조로 설명할 수 있다는 의미다.[18]

이는 자산 가격이 현금흐름할인모형으로 산출되긴 하지만, 인간의 감정 때문에 내재가치에서 벗어날 때도 있다는 뜻이다.

유진 파마에 의하면, 모든 가용 정보를 충분히 반영하면 주가가 효율적으로 형성된다. 따라서 정보 처리에 편향이 있어서 오류가 발생하거나 투자자들이 추정치를 명시하지 않으면, 정보가 충분히 반영되지 않아서 주가가 잘못 형성될 수 있다. 행동재무학은 이런 편향이 형성되는 과정, 편향 때문에 모든 가용 정보가 주가에 충분히 반영되지 않는 과정을 제시해 비효율성이 발생하는 이유를 설명한다. 행동재무학은 효율적시장 가설의 대안이 아니라 일부다.

2013년 노벨상은 파마의 효율적시장 가설과 실러의 관점이 상호 배타적이 아니라 보완적이라는 견해를 명백하게 밝혔다. 투자자들과 학자들의 견해도 비슷해 보인다.

효율적시장 가설과 자석

벤저민 그레이엄은 《현명한 투자자》에서 이렇게 양분해서 말했다. "시장이 단기적으로는 인기도를 가늠하는 투표소와 같지만, 장기적으로는 실체를 측정하는 저울과 같다."[19] 이는 시장이 인간의 감정에 휘둘려서 일시적으로는 가격이 부정확해질 수 있지만, 장기적으로는 가격이 대체로 정확해진다는 뜻이다.

로저 머리는 1993년 뉴욕 페일리센터[20] 강연에서 같은 개념을 약간 다른 방식으로 설명했다. "시장의 효율성을 높이는 것은 결국 증권 분석[21]입니다. 우리 모두 증권 분석에 열심히 노력했기 때문에 온갖 가치 개념과 온갖 시장가격 개념을 결합한 것입니다. 여러분과 나는 시장의 미래 투자수익성 예측력을 개선할 수 없습니다."

그는 증권 분석 과정이 '시장가격과 내재가치를 일치시키는 자석'이라고 생각했다. "여기서 내재가치는 기업, 산업, 증권의 가치를 평가할 때 추정치가 집중되는 진정한 가치를 의미합니다."[22] 이는 주가가 단기적으로는 내재가치에서 벗어날 수 있지만, 장기적으로는 시장의 힘에 의해 내재가치로 돌아간다는 뜻이다.

내재가치는 전자석

로저 머리가 사용한 자석의 비유를 확대해보자. 효율적시장은 주가를 내재가치로 끌어당기는 전자석이고, 행동재무학은 주가를 내재가치에서 밀어내는 (인간의 감정에 의해 움직이는) 자석이라고 생각할 수 있다.[23]

그림 6.10에서 보듯이 전자석은 못, 건전지, 전선으로 만들 수 있다.

[그림 6.10] 손으로 만든 전자석

6장. 행동재무학을 보는 관점

[그림 6.11] 효율적시장 역할을 하는 전자석

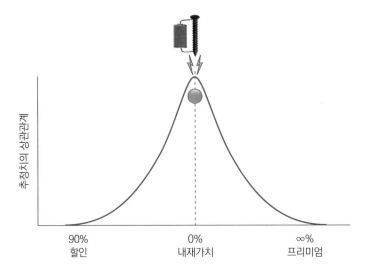

간단한 사례를 통해서 효율적시장이 주가에 미치는 자석 효과를 살펴보고, 효율적시장과 행동재무학이 어떻게 공존할 수 있는지도 알아보자. 그림 6.11처럼 분포곡선 안에 강자성(强磁性) 쇠구슬이 있고, 분포곡선 정점에 효율적시장을 나타내는 전자석이 있다고 가정하자. 이 그림에서는 전자석이 쇠구슬을 곡선의 정점에 잡아놓아 가격과 내재가치가 같아진다. 이는 시장이 정상적으로 기능해서 가격 오류가 없다는 뜻이다.

체계적 오류를 일으키는 자석

그러나 체계적 편향이 발생해서 대중의 지혜가 정상적으로 작동하지 않으면 행동재무학이 등장해서 가격을 내재가치에서 멀어지게 한다. 투자자들이 과도한 낙관이나 비관에 빠지면 이들의 독립

[그림 6.12] 행동재무학 자석이 주가를 당겨서 내재가치에서 멀어지게 한다

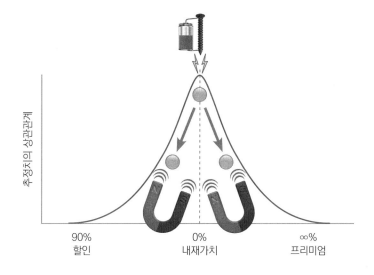

성과 다양성이 감소하면서 추정치들의 상관관계가 높아져서 주가가 내재가치보다 높아지거나 낮아진다(그림 6.12). 투자자들의 편향은 자석이 되어 쇠구슬을 분포곡선 아래로 잡아당기면서 내재가치에서 멀어지게 한다.

가격 오류는 두 가지 방법으로 수정될 수 있다. 첫째, 편향 없는 투자자들이 시장에 진입해서 가격 오류를 이용해 이익을 얻음으로써 편향된 컨센서스를 희석하는 방법이다. 이들의 시장 진입은 분포곡선 정점(가격과 내재가치가 일치하는 지점)의 전자석 스위치를 켜는 행위에 해당한다. 그러면 그림 6.13처럼 이 전자석이 행동재무학 자석을 압도하면서 주식을 내재가치로 다시 끌어당긴다.

가격 오류가 수정되는 두 번째 방법은 편향이 사라지는 것이다. 자석에 비유하면 행동재무학 자석이 힘을 잃는 것에 해당한다. 흔히 가격 오류는 이 두 가지 방법으로 수정된다.

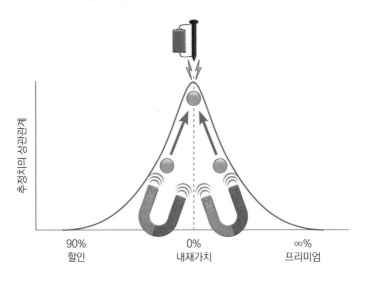

[그림 6.13] 전자석(편향 없는 투자자들)이 자석(편향)을 압도하거나 편향이
사라지면 주가가 내재가치로 회귀한다

추정치의 상관관계

90%
할인

0%
내재가치

∞%
프리미엄

　지나치게 단순화하긴 했지만 이 그림들은 효율적시장 가설과 행동재무학이 함께 주가 흐름에 미치는 영향을 보여준다. 주가를 내재가치에서 멀어지게 하는 체계적 편향이 없으면 주가는 효율적으로 형성된다. 앞에서 언급했듯이, 체계적 편향이 있다고 해서 반드시 가격 오류가 존재하는 것은 아니다.

과도한 공포와 탐욕의 위력

　미스터 마켓의 과잉 반응이 극에 달하면 시장은 붕괴하거나 거품이 형성된다. 로버트 실러는 거품의 눈덩이 효과를 다음과 같이 설명한다. 처음에 가격이 상승하면 이에 투자자들이 열광하고, 열광이 전염병처럼 사람들 사이에 퍼지며, 이 과정에서 열광이 증폭

[그림 6.14] 자석(공포와 탐욕)이 전자석(효율적시장)을 압도한다

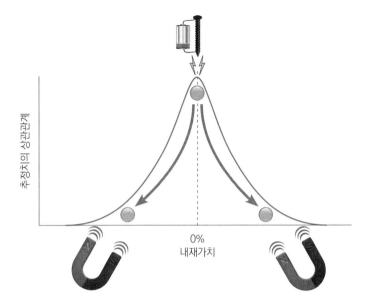

되어 갈수록 많은 투자자를 끌어들인다. 벤저민 그레이엄의 설명도 비슷하다. "투자자들의 정신 자세는 시장가격에 영향을 미칠 뿐 아니라 시장가격의 영향을 강하게 받기도 한다."[24]

거품 상태에서는 탐욕이 공포를 압도해 투자자들이 과도한 낙관에 빠진다. 반면 공황 상태에서는 공포가 탐욕을 압도해 투자자들이 과도한 비관에 빠진다. 이때 주가는 내재가치에서 멀어지게 되므로 과도한 프리미엄이나 디스카운트 상태가 된다. 효율적시장은 사라지고 공포와 탐욕이 대중을 사로잡는다. 일시적으로 자석(공포와 탐욕)이 전자석(효율적시장)을 압도한다. 자석이 쇠구슬(주가)을 잡아당겨 내재가치에서 멀리 (분포곡선의 꼬리 쪽으로) 벗어나게 한다 (그림 6.14).

이런 상황에서 투자자들의 생각이 비슷해지면서 정보 폭포가 발

6장. 행동재무학을 보는 관점

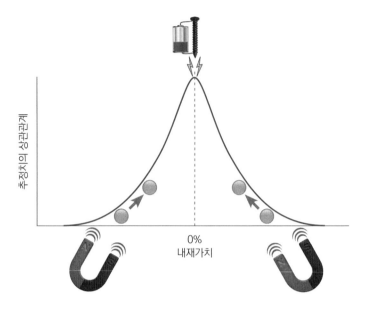

[그림 6.15] 열세인 전자석(효율적시장)이 자석(극단적 행동)을 바로잡지 못한다

생한다. 대중의 지혜는 대중의 광기로 바뀐다.

2000년 인터넷 거품과 2008년 세계 금융위기 등 일부 극단적인 사례에서는 투자자들이 너무도 흥분한 탓에 이들의 집단 감정이 전자석(효율적시장)을 압도해 쇠구슬이 내재가치로 회귀하지 못했다. 편향 없는 투자자들은 자본이나 용기가 부족해서 대중의 충동과 힘을 상쇄할 수 없었다(그림 6.15).

거품과 공황은 결국 끝난다

마침내 거품이 붕괴하거나 공황이 끝나면 투자자들도 열광 상태에서 벗어난다. 자석(극단적 행동)의 힘이 약해져서 쇠구슬을 놓아준다. 대중의 독립성과 다양성이 회복되고 주가가 내재가치로 회

[그림 6.16] 결국 전자석(효율적시장)이 자석(편향된 행동)을 압도해 주가가
　　　　　　내재가치로 회귀한다

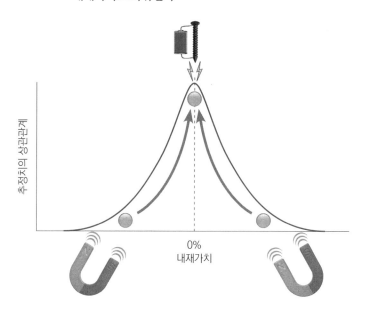

귀한다(그림 6.16).

　노벨위원회는 같은 해에 두 이론을 모두 인정했지만, 효율적시장 가설과 행동재무학 이론을 융합하는 행위가 학자와 전문가에게는 여전히 이단처럼 보일 수 있다. 그러나 두 이론을 융합하면 더 효과적인 인식 모형이 된다. '정상적인' 시장 상황에서는 대개 효율적시장 가설이 우세하지만 행동재무학이 가격을 왜곡할 때도 자주 있다. 드물긴 하지만 투자자들이 감정에 사로잡혀 체계적 오류를 일으키는 극단적인 공황 기간이나 열광 기간에는 행동재무학이 우세해진다.

　한쪽 끝에 놓인 '완벽한' 효율적시장과 다른 한쪽 끝에 놓인 공황·열광 사이에서 두 힘이 융합될 수 있다. 그림 6.17 분포곡선 중

[그림 6.17] 효율적시장과 행동재무학의 공존

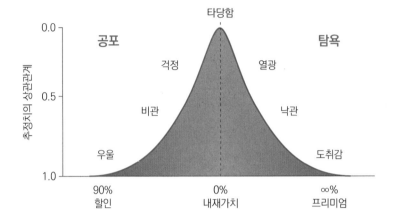

앙의 회색 영역에서는 효율적시장 가설이 더 강하고, 분포곡선 양쪽 끝의 갈색 영역에서는 행동재무학이 더 강하다. 앞에서 논의했듯이 주가가 내재가치에서 멀리 벗어나는 일은 드물지만, 어떤 경우에는 체계적 편향이 발생해 주가가 내재가치보다 극단적으로 높아지거나 낮아지기도 한다.

반영의 한계: 대중이 행동할 수 없을 때

효율적시장의 세 번째 조건은 충분히 많은 투자자가 명시, 종합, 반영을 통해서 주가에 정보를 반영하는 것인데, 이 조건을 충족하려면 투자자들이 매매를 통해서 시장가격에 영향을 미쳐야만 한다. 시장가격에 정보가 반영되어 세 번째 조건이 충족되려면, 심각한 방해 요소 없이 투자자들의 추정치가 명시, 종합되어야 한다.

2016년 8월 폴 손킨은 USC 마셜경영대학원 회계학 교수인 셰인 하이츠만(Shane Heitzman)과 대화했다. 하이츠만은 탁월한 논문 '사적 정보 입수, 매매, 주가: 비공개 합병 협상에서 나온 증거(Private Information Arrival, Trading Activity and Stock Prices: Evidence from Nonpublic Merger Negotiations)'를 저술한 교수다.

손킨이 질문했다. "나는 내 정보를 이용해서 매매하고 있습니다. 매수 호가를 고정한 채, 매도자가 내 호가에 맞춰 던지는 주식만 매수하므로 주가를 움직이지 않습니다. 나는 매매는 하지만 주가를 움직이지 않으니 내가 보유한 정보는 주가에 반영되지 않는 것인가요? 어떻게 보아야 하나요?"

하이츠만이 대답했다. "당신은 매매 활동으로 주가를 움직이지 않으면서 사적 정보의 가치를 극대화하고 있습니다. 당신이 보유한 정보는 가격에 반영되지 않고 있습니다."

요컨대 효율적시장이 유지되려면 매매 활동이 가격을 움직이는 방식으로 정보가 시장에 전달되어야 한다. 가격이 움직이지 않으면 정보가 반영되지 않는다.

효율적시장의 처음 두 조건(정보가 적절하게 유포되고 체계적 오류 없이 처리되는)이 충족되더라도, 매매를 통해서 추정치가 가격에 반영되지 않으면 시장은 비효율적일 수 있다.

매매를 가로막는 방해물은 어떤 것일까? 노벨위원회는 이런 방해물을 '제도적 제약과 이해 상충'이라고 불렀다. 이런 방해물은 크게 두 종류로 구분되며 둘 다 포지션 구축이나 유지를 가로막는다. 첫 번째 유형은 유동성 제약으로서 매매 실행을 제한할 수 있다. 두 번째 유형은 고객들의 (잠재·실제) 환매로서 이 때문에 투자자는 포지션을 구축할 수 없거나, 시장가격과 내재가치 추정치의 차이가 축소될 때까지 장기간 포지션을 유지할 수 없게 된다.

주식을 사거나 팔 때 투자자 대부분은 매매를 즉시 실행하고자 한다. 문제는 그 주식을 똑같은 시점에 똑같은 가격으로 똑같은 수량만큼 매매하려는 매수자와 매도자가 좀처럼 존재하지 않는다는 사실이다. 이 세 가지 요소(시점, 가격, 수량)가 모두 일치해서 투자자들이 주가를 움직이지 않고서도 주문을 체결할 수 있으면 그 주식은 유동성이 풍부하다고 간주된다. 반면 주문을 체결하는 과정에서 주가가 움직이면 그 주식은 유동성이 부족하다고 간주된다.

애플처럼 유동성이 풍부한 주식은 매수자와 매도자가 많아서 매수·매도 호가 차이가 작다. 그림 6.18은 2016년 4월 28일 실시간 호가 현황을 나타낸다.

이 그림을 보면 애플 매매자는 97.22달러에 200주를 매수하거나 97.21달러에 200주를 매도할 수 있었을 것이다. 매수·매도 호가 차이가 겨우 1센트여서 주가의 0.01%에 불과하다. 분석 당시 애플의 하루 평균 거래량은 약 3,600만 주였고 거래 대금은 약 350억 달러에 이른다.

그림 6.19는 같은 날 어소시에이티드캐피털(Associated Capital)의 실시간 호가 현황이다. 매수·매도 호가 차이는 커 보이지 않는다.

어소시에이티드 주식에 투자하는 사람은 30.05달러에 400주를 매수하거나 30.02달러에 1,100주를 매도할 수 있었을 것이다. 매

[그림 6.18] 애플: 2016년 4월 28일 호가 현황

직전 가격	금일 등락	매수 규모	매도 규모
97.22	−0.60(−0.61%)	97.21 ×200	97.22 ×200

실시간 호가, 2016년 4월 28일 동부 시간 오전 9시 38분 기준

[그림 6.19] 어소시에이티드캐피털: 2016년 4월 28일 호가 현황

ASSOCIATED
CAPITAL GROUP

직전 가격	금일 등락	매수 규모	매도 규모
30.02	−0.02(−0.07%)	30.02 ×1,100	30.05 ×400

실시간 호가, 2016년 4월 28일 동부 시간 오전 3시 48분 기준

수·매도 호가 차이는 0.03달러로서 주가의 0.10%다. 애플은 호가 차이가 주가의 0.01%이므로 어소시에이티드의 호가 차이는 애플의 10배에 해당하지만 여전히 작은 편이다. 그러나 당시 어소시에이티드의 일 평균 거래량은 약 2만 1,000주여서 하루 평균 거래 대금이 63만 1,000달러에 불과했다.

여기서 어소시에이티드의 당시 조정 주당순자산 약 40달러가 이 회사의 내재가치라고 가정하자. 이 주식의 가치가 40달러라고 확신하는 투자자가 매도 호가 30달러에 주식을 매수할 수 있다면, 그는 내재가치 추정치보다 25% 싸게 사는 셈이다.

그러나 어소시에이티드 주식은 일 평균 거래량이 말해주듯이 유동성이 풍부하지 않다. 예를 들어 20억 달러 규모의 펀드를 운용하면서 20개 종목만 보유하는 투자자가 있다고 가정하자. 그가 포트폴리오를 모두 구성하려면 평균 1억 달러 규모로 20개 종목을 보

유해야 한다. 그러나 어소시에이티드 주식 1억 달러어치는 330만 주가 넘고, 이 주식의 하루 평균 거래량은 2만 1,000주에 불과하다. 연간 거래일이 약 250일이고 이 펀드가 하루 평균 거래량의 절반을 매수할 수 있다고 가정할 때, 이 주식 포지션을 모두 채우려면 약 315거래일(1년 3개월)이 걸린다.

게다가 매도 호가 30.05달러에는 주식을 대규모로 매수할 수 없다. 이 가격에 주식을 대규모로 매도할 사람을 찾기가 매우 어렵기 때문이다. 사실 35달러는 물론 40달러에도 대규모로 매수할 수 있을지 의문이다.

그러므로 어소시에이티드의 주가가 내재가치보다 훨씬 낮아 보이더라도, 20억 달러 규모 펀드로 20개 종목을 보유 중인 펀드매니저라면 이 주식을 거들떠보지도 않을 것이다. 포트폴리오를 채울 수 없기 때문이다. 반면 애플 주식을 1억 달러어치 매수하고자 하면 그는 십중팔구 주가를 움직이지 않으면서도 한 시간 안에 매수할 수 있다.

> 투자자들은 유동성이 부족한 주식에는 많은 시간을 투입하지 않는다. 이 주식을 무시하는 투자자가 많으면 주가에 정보를 반영하는 투자자가 부족해진다. 요컨대 유동성 부족 때문에 주가가 잘못 형성될 수 있다. 투자자들에게 '무시'당하는 주식도 흔히 가격이 잘못 형성된다.

이 사례는 유동성에 들어가는 비용을 잘 보여준다.

매매를 가로막는 두 번째 방해물은 투자자가 포지션을 구축하거나 유지할 수 없게 한다. 어떤 주식의 가격이 내재가치보다 훨씬 낮으며 주가가 마침내 내재가치로 수렴할 것처럼 보여도 그 수렴 과정이 곧바로 진행되는 사례는 드물다.

펀드매니저 대부분은 다른 사람들의 돈으로 투자한다. 여기서 본인-대리인 문제가 발생한다.[25] 고객은 펀드매니저의 전략에 대한 지식과 이해가 부족하고, 펀드매니저는 고객에 대한 지식과 이해가 부족하다. 펀드매니저의 실적이 부진해서 손실이 발생하면 고객은 펀드매니저의 능력이 의심스러워서 추가 자금을 투자하지 않게 되며 십중팔구 환매도 검토하게 된다.

예를 들어 A 회사의 주가가 1년 뒤 26달러가 된다는 사실을 한 펀드매니저가 100% 확실하게[26] 안다고 가정하자. 그는 연 수익률 18.2%를 기대하면서 이 주식을 22달러에 매수한다(그림 6.20).

그러나 6개월 뒤 A 주식은 17달러로 하락해 미실현 손실 22.7%가 발생한다. 편의상 A 주식이 이 펀드가 보유한 유일한 종목이라고 가정하자. 같은 기간 시장지수가 변동하지 않았다고 가정하면 이 펀드의 수익률은 벤치마크보다 훨씬 낮은 -22.7%가 된다(그림 6.21).

펀드매니저는 펀드의 6개월 실적을 확인한 고객으로부터 전화

[그림 6.20] 고객이 펀드에 투자한다

[그림 6.21] 고객이 펀드 수익률 -22.7%를 확인한다

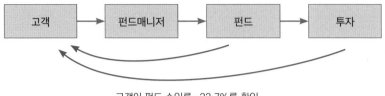

고객이 펀드 수익률 -22.7%를 확인

를 받는다. 고객은 A 주식에 대한 투자가 멍청했다면서 펀드매니저를 호되게 꾸짖는다. 펀드매니저는 6개월 뒤에는 A 주식이 26달러가 될 것이라고 침착하게 설명하면서 펀드에 추가로 투자하라고 권유한다. 그는 현재 주가 17달러에 펀드가 주식을 추가로 매수하면 그 주식의 6개월 기대수익률은 52.9%라고 알려준다.

그러나 겁먹은 고객은 화를 내면서 환매를 요구하고, 환매해주지 않으면 고소하겠다고 협박한다. 펀드매니저는 환매해주려면 주식을 17달러에 매도할 수밖에 없으므로 미실현 손실이 아니라 실현 손실 22.7%를 기록하게 된다(그림 6.22).

고객은 추가로 매수해야 하는 시점에 겁먹고 펀드를 환매했다. 이렇게 확신이 부족한 고객을 위크핸드(weak hands) 고객이라고 한다. 반면 인내심이 강하고 자본이 풍부해서 끈기 있게 버틸 수 있는

[그림 6.22] 고객이 펀드를 환매한다

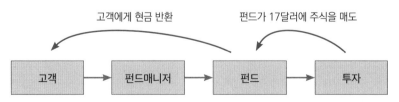

투자자를 스트롱핸드(strong hands) 투자자라고 한다.

투자업계에서는 이런 사례가 빈번하게 발생하므로, 펀드매니저들은 환매가 두려워서 포지션 규모를 제한하거나 포지션 구축을 아예 포기하기도 한다. 주가가 17달러로 하락해서 기대수익률이 매우 매력적인 시점에 초과 현금이 있어도, 펀드매니저는 십중팔구 주식을 추가로 매수하려 하지 않는다. 대신 겁먹은 고객들이 요구할 환매에 대비해서 현금을 쌓아둔다.

위크핸드 투자자에 의해 자본이 통제되면 펀드매니저는 주가가 내재가치보다 훨씬 낮아졌을 때 주가 회귀를 기대하면서 포트폴리오를 유지하기가 어렵다. 다음은 자주 인용되는 케인스의 말이다. "당신과 나의 계좌보다 시장의 광기가 훨씬 더 오래간다."

요컨대 영구 자본을 보유한 펀드매니저는 다른 펀드매니저들보다 훨씬 유리하다. 예를 들면 버크셔 해서웨이의 워런 버핏, 어소시에이티드캐피털의 마리오 가벨리, 퍼싱스퀘어홀딩스(Pershing Square Holdings)의 빌 애크먼(Bill Ackman), 고담파트너스(Gotham Partners)의 조엘 그린블랫(Joel Greenblatt), MFP인베스터스(MFP Investors)의 마이클 프라이스(Michael Price), 아이칸엔터프라이즈(Icahn Enterprises)의 칼 아이칸(Carl Icahn), 서드포인트리(Third Point Re)의 댄 롭(Dan Loeb) 등이다.

이들은 최악의 시점에도 고객의 환매를 걱정할 필요가 없기 때문이다. 영구 자본을 보유하면 스트롱핸드 투자자가 된다.

효율적시장 가설이 여전히 '우두머리'

"시장은 효율적인가?"라는 질문에 답하려면 어떤 모형도 완벽하지 않다는 사실을 깨달아야 한다. 1998년 유진 파마는 자신의 논문을 통해서 이 견해를 재확인했다. "다른 모든 모형과 마찬가지로 효율적시장이 설명하는 가격 형성 과정에도 결함이 있다(Like all models, market efficiency is a faulty description of price formation)."[27]

우리가 계속 숙고해야 하는 문제는 "학계에서 강조하는 효율적시장 가설의 약점이 너무 커서, 이 가설을 완전히 거부하고 행동재무학을 지지하는 편이 타당한가?"이다. 그 답은 '아니요'라고 우리는 믿는다.

유명한 행동재무학 옹호자 리처드 세일러(Richard Thaler)는 다음 질문을 받았을 때 흥미로운 반응을 보였다. "어떻게 하면 행동재무학으로 계속 초과수익을 낼 수 있나요?" 그는 명확하게 대답했다. "한마디로 그럴 수는 없습니다."

세일러의 말을 무시하더라도 이렇게 질문할 수 있다. "효율적시장 가설을 폐기하면 대신할 만한 더 좋은 모형이 있나요?" 오늘 기준으로[28] 이 질문에 대한 답은 '아직 없습니다'라고 우리는 믿는다.

파마는 같은 논문에서 탁월한 논제를 제기한다. "표준 과학 법칙에 의하면 효율적시장 가설은 더 나은 가격 형성 모형으로만 대체할 수 있다." 그런 모형은 아직 존재하지 않으므로 효율적시장 가설이 여전히 우두머리다. 설명하지 못하는 예외들이 여전히 존재하며 앞으로도 존재하겠지만 말이다.

파마의 효율적시장 가설이 완벽하지는 않지만, 민주주의에 관해서 윈스턴 처칠(Winston Churchill)이 한 유명한 말을 생각해보자. "민주주의가 완벽하거나 가장 현명한 제도라고 주장하는 사람은 아무도 없습니다. 실제로 사람들은 민주주의가 최악의 정부 형태라고 말합니다. 지금까지 가끔 시도된 다른 모든 정부 형태를 제외한다면 말입니다."[29]

처칠의 말처럼 효율적시장 가설이 완벽하지는 않지만, 주식시장의 작동 원리를 설명하는 이론 중에서는 여전히 최고다.

효율적시장에 관심을 두는 이유는?

우리가 효율적시장에 관심을 두는 것은 역설적이게도 알파(초과수익)를 창출하려면 시장이 효율적이어야 하기 때문이다. 시장에서 일시적으로 가격 오류가 발생했을 때, 그 오류가 수정되는 유일한 방법은 시장이 마침내 효율성을 회복하는 것뿐이다. 시장이 자신의 실수를 깨닫고 그 실수를 수정해야 투자자들이 알파를 창출할 수 있다. 그 반대는 시장에서 가격 오류가 영원히 유지되는 것이다. 그런 세상에서는 아무도 안정적으로 초과수익을 내지 못한다.

정보가 적절하게 유포되지 않거나, 체계적 오류에 의해서 다양성이나 독립성이 훼손되거나, 정보 반영에 걸림돌이 존재하면 아마 가격 오류도 존재할 것이다. 그러므로 효율적시장의 작동 원리를 이해하고 그 원리가 훼손되는 조건을 파악하면, 다른 투자자들보다 유리한 위치에서 가격 오류를 찾아내어 이용할 수 있을 것이다.

가격이 효율적으로 형성되려면 정보를 입수하고 관찰할 수 있어야 하고, 사람들이 다양한 모형을 이용해서 독립적으로 추정치를 산출해야 하며, 사람들이 매매를 통해서 추정치를 명시하여 주가에 정보가 반영되어야 한다. 이런 조건들이 하나라도 충족되지 못하면 가격 오류가 발생할 수 있다. 뒤집어 생각하면 아직 주가에 반영되지 않은 정보를 입수할 수 있거나, 남들보다 정보를 효율적으로 처리할 수 있거나, 남들이 매매하지 못할 때 매매할 수 있으면 투자에서 우위를 차지할 수 있다.

6장 핵심

- 한 시점의 주가는 회사의 내재가치에 대한 컨센서스 추정치를 나타낸다. 여기서 내재가치는 회사의 미래 현금흐름에 대한 대중의 기대를 반영한다. 그러므로 회사의 내재가치에 대한 컨센서스 추정치가 바뀌면 주가도 당연히 바뀐다. 즉 회사의 미래 현금흐름에 대한 대중의 기대가 바뀌면 주가도 바뀐다는 말이다. 더 쉽게 말하면, 투자자들의 기대가 바뀌면 주가도 바뀐다.

- 시장이 체계적 오류 없이 정보를 처리하면 주가는 효율적으로 형성된다. 반면 시장에 체계적 편향이 있다면 컨센서스가 과잉 반응하여 주가가 잘못 형성될 수 있다. 그러나 명백한 주가 오류는 필연적으로 정보의 유포, 처리, 반영과 연계되어 발생한다. 주가 오류를 부르는 체계적 편향은 다음 대중의 지혜 조건 중 적어도 하나가 충족되지 않을 때만 발생하기 때문이다.

  · 충분히 많은 투자자가 정보를 입수하고 관찰할 수 있어야 한다.
  · 충분히 많은 투자자가 사실이나 전문 지식 형태로 적정량의 영역 특수 지식을 보유해야 한다.
  · 대중의 구성이 다양해야 한다.
  · 대중이 서로 독립적으로 활동해야 한다.
  · 매매를 심하게 방해하는 요소가 없어서 가격 추정치가 명시되고 종합되어 주가에 반영되어야 한다.
  · 대중이 자신의 추정치를 명시할 유인이 있어야 한다.

- (미시) 행동재무학은 개인 투자자들의 오류에 중요한 통찰을 제공하지만 이들의 오류에 체계적인 상관관계가 존재하지 않는 한 집단의 (거시적) 행동에 큰 영향을 미치지 않는다. 그러므로 개인 투자자들의 행동이 항상 합리적인 것은 아니지만, 이들의 오류를 분석해도 집단의 행동을

예측할 수는 없다. 집단의 체계적 오류는 다양성이 부족하거나 독립성이 훼손될 때만 발생한다.

- 행동재무학이 가격 오류를 일으키게 하는 요소는 대중의 지혜가 유지되는 조건 여섯 가지 중 다양성, 독립성, 반영이라는 세 가지뿐이다.
- 행동재무학은 체계적 편향이 형성되는 과정, 편향 때문에 모든 가용 정보가 주가에 충분히 반영되지 않는 과정을 제시하여 비효율성이 발생하는 이유를 설명한다. 행동재무학은 효율적시장 가설의 대안이 아니라 일부다.
- 거품 상태에서는 탐욕이 공포를 압도해 투자자들이 과도한 낙관에 빠진다. 반면 공황 상태에서는 공포가 탐욕을 압도해 투자자들이 과도한 비관에 빠진다. 이때 주가는 내재가치에서 멀어지게 되므로 과도한 프리미엄이나 디스카운트 상태가 된다. 효율적시장은 사라지고 공포와 탐욕이 대중을 사로잡는다.
- 투자자들은 유동성이 부족한 주식에는 많은 시간을 투입하지 않는다. 요컨대 유동성 부족 때문에 주가가 잘못 형성될 수 있다. 투자자들에게 '무시'당하는 주식도 흔히 가격이 잘못 형성된다.

7장

효과적인
리서치

앞의 세 장(4~6장)에서 설명했듯이 대중의 지혜가 잘 작동한다면 주가는 모든 가용 정보를 충분히 반영해 회사의 진짜 내재가치에 가까워질 것이다. 따라서 잘못 매겨진 주가를 활용해 초과수익을 거둘 기회가 없을 것이다.

달러제너럴(Dollar General, 주로 저소득층 대상으로 저가 상품을 판매하는 미국의 유통 기업 - 옮긴이) 사례를 살펴보자. 2016년 중반 달러제너럴 주식은 주당 83달러에 거래되고 있었다. 당시 이 종목을 담당한 애널리스트 21명의 1년 목표 주가 컨센서스는 93달러로, 현재가 대비 기대수익률은 12%였다. 달러제너럴을 투자 대상으로 검토할 때 가격 오류를 발견하지 못했다면, 그림 7.1과 같이 당신의 내재가치 추정치는 컨센서스와 일치할 것이다.

특정 종목에서 가격 오류를 발견하려면, 효율적시장이 되기 위

[그림 7.1] 달러제너럴의 1년 목표 주가: 가격 오류가 없는 경우

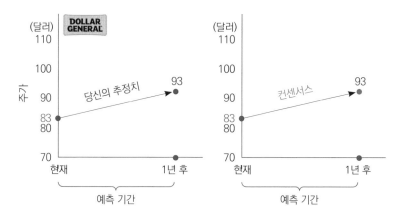

한 다음 세 가지 조건 중 하나 이상에 결함이 있어야 한다.

1. 유포: 시장이 알지 못하는 정보가 있다
2. 처리: 다양성이 부족하거나 독립성을 상실해 정보 처리에 체
   계적 오류가 발생한다
3. 반영: 정보가 주가에 반영되는 것을 방해하는 요소가 있다(유
   동성 제약, 제도적 제약 또는 대리인 문제로 매매가 제한된다)

> 시장 대비 초과수익을 거두기 위해서는 미래에 대한 투자자의 추정치가
> 컨센서스와 달라야 하고, 남들과 다른 투자자의 추정치가 옳아야 한다.

가격 오류의 원인이 되는 비효율성이 존재한다는 것을 알게 된
다면, 그 회사에 대한 당신의 내재가치 추정치는 컨센서스와 다를

[그림 7.2] 달러제너럴의 1년 목표 주가: 컨센서스 vs. 남다른 생각

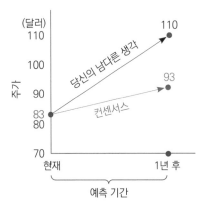

것이다. '컨센서스와 다른 관점'을 남다른 생각(variant perspective)이라고 한다(그림 7.2).

4장에서 설명했듯이, 자산의 내재가치 추정치는 해당 자산의 내용연수 동안 그 자산에서 나올 것으로 기대되는 현금흐름을, 돈의 시간 가치와 현금 수령의 불확실성을 반영해 할인하여 모두 더한 값이다. 따라서 진짜 남다른 생각을 가지려면 회사의 현금흐름에 대해 컨센서스와 다르게 전망해야 한다. 이는 회사 현금흐름의 시점, 지속 기간, 규모, 성장에 대해 컨센서스와 다르게 전망한다는 의미다(그림 7.3).

3장에서 설명한 조의 레모네이드 가판대사업 예에서 매출 성장이 없다고 가정하면 레모네이드 가판대사업의 내재가치는 주당 9.41달러로 추정된다. 매출이 10% 성장한다고 가정하면 내재가치는 주당 11.97달러로 추정된다.

조의 레모네이드 가판대사업에 투자하는 것이 합당한지 분석해오라는 지시를 상사로부터 받았다고 가정해보자. 당신은 먼저 컨

[그림 7.3] 남다른 생각으로 미래 현금흐름을 다르게 추정한다(달러제너럴)

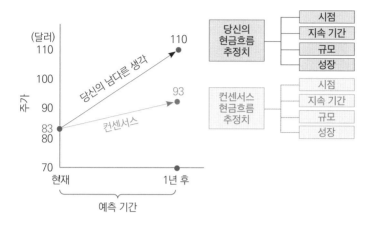

센서스부터 파악해야 한다. 리서치 보고서를 읽고, 회사를 분석하는 애널리스트들과 의견을 교환하고, 회사 관계자에게 연락해 그들의 사업 계획을 들어볼 것이다. 리서치 결과, 현재 동네의 구조와 인구 구조 때문에 조의 집 앞 유동인구가 의미 있게 늘어나기 힘들어 미래 현금흐름이 증가하지 않는다는 것이 시장의 컨센서스라고 결론을 내린다. 내재가치에 대한 컨센서스는 주당 9.41달러다.

당신은 분석을 보강하기 위해 추가 리서치가 필요하다고 생각하고 중요하지 않은 비공개 정보와 준공개 정보를 수집한다. 추가 리서치 결과, 조의 집을 포함한 블록 끝에 있는 대규모 토지의 용도 변경을 논의하기 위해 몇 주 후에 공청회가 열린다는 사실을 알게 되었다. 지역 정치인들과 부동산 개발업자들과의 면담을 통해, 아직 마을에 제출되지는 않았지만 대형 수영장을 갖춘 공원을 건설하자는 제안이 있을 것이라는 사실을 알게 되었다.

당신은 분석을 통해, 이 프로젝트가 진행되면 새로운 공원과 수

7장. 효과적인 리서치

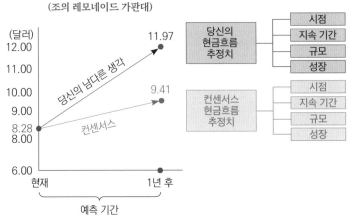

[그림 7.4] 미래 현금흐름에 대한 다른 관점이 남다른 생각을 만든다

영장으로 인해 조의 집 앞을 지나는 유동인구가 상당히 증가하고, 레모네이드 가판대의 수익과 현금흐름이 상당히 늘어날 것이라는 결론을 내린다. 분석 결과 당신은 이 사업의 현금흐름이 10% 증가할 것이라고 예상하고 이를 통해 목표가를 11.97달러로 계산한다. 이제 당신은 컨센서스와 다른 관점을 가지게 되었고, 또한 당신이 옳다고 믿기 때문에 남다른 생각을 가지게 되었다(그림 7.4).

당신이 남들과 다른 생각을 가지게 된 것은 그림 7.5에서 볼 수 있듯이 미래 현금흐름에 대한 추정치가 컨센서스와 달랐기 때문이다.

이 시점에서 당신은 중요한 두 가지 질문을 고민해봐야 한다. "가격 오류가 있다면, 시장이 놓치고 있는 것은 무엇인가?" "비효율성을 만든 원인은 무엇인가?" 이 예에서는 효율적시장이 되기 위한 세 가지 조건 중 정보의 유포에 문제가 있었다는 것을 알 수 있다. 적절하게 유포되지 않은 정보가 있었던 것이다(그림 7.6).

[그림 7.5] 미래 현금흐름에 대한 컨센서스와 당신의 남다른 생각

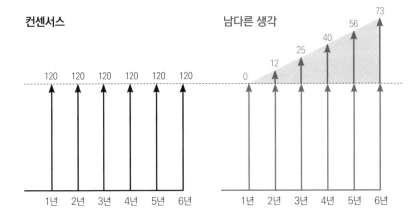

[그림 7.6] 정보가 적절히 유포되지 않으면 주가가 잘못 형성된다

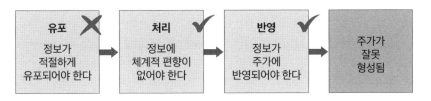

　　당신은 향후 12개월 안에 대규모 토지가 공원으로 개발될 가능성이 높다고 생각한다. 만약 이 정보가 적절하게 유포되고 체계적 편향 없이 처리되어 주가에 반영된다면, 모든 가용 정보가 주가에 완전히 반영되므로 더 높은 가격(11.97달러)에 거래될 것이라고 판단한다(그림 7.7).

　　이 간단한 예는 많은 가정을 전제로 하고 있지만, 투자자가 경쟁력을 확보하기 위해 필요한 것이 무엇인지 잘 보여준다. 남다른 생각이라는 개념을 좀 더 잘 이해하기 위해 전설적인 헤지펀드 매니

[그림 7.7] 오류가 없으면 주가가 효율적으로 형성된다

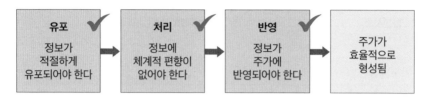

저인 마이클 스타인하트에 대해 알아보자.

2001년 찰리 로즈(Charlie Rose)와의 인터뷰에서 스타인하트는 '남다른 생각'을 다음과 같이 간결하게 설명했다. "시장에서 돈을 벌수 있는 확실한 방법은, 컨센서스와 다른 생각을 하고 그 생각이 옳다고 판명되는 것입니다." 스타인하트는 1970년대 초의 극심한 약세장에서 발견한 이 개념을 2001년 자서전 《No Bull: My Life In and Out of Markets(불황은 없다: 시장 안팎에서의 나의 삶)》에서 다음과 같이 설명했다.

이즈음 나는 '남다른 생각'을 분석 도구로 사용하는 것의 장점을 깨닫고 사람들에게 말하기 시작했다. 나는 남다른 생각을, 시장 컨센서스와 상당히 다르면서도 타당한 근거가 있는 관점으로 정의했다. 투자에서 중요한 분석 방법을 하나만 꼽으라면 남들과 다르면서도 옳은 관점을 가지는 것이라고 자주 말하곤 했다. 이 개념에는 다른 사람보다 더 많이 알고 상황을 더 정확히 인식하는 것이 포함된다. 또 시장의 기대가 무엇인지 예리하게 이해하는 것도 중요하다. 남들과 다르게 바라보는 당신의 생각이 옳다면, 그 생각이 컨센서스가 되어가는 과정은 필연적으로 의미 있는 수익으로 이어질 것이다. 시장의 기대치가 무엇인지 이해하는 것은 투자할 대상을 이해하는 것만

큼이나 중요하다.[1]

투자자가 경쟁력을 확보하는 데 중요하기 때문에 앞으로 여러 번 이 개념을 강조할 것이다. 당신이 남다른 생각을 가지고 있는지를 판단하기 위해서는 다음의 네 가지 중요한 질문을 해야 한다.

1. 당신의 견해는 컨센서스와 다른가?: 당신은 시장과 의미 있게 다른 관점을 가지고 있어야 한다.
2. 당신의 견해가 옳은가?: 더 좋은 정보를 알고 있거나 분석을 더 잘해서 당신의 추정치가 컨센서스보다 더 정확해야 한다.
3. 시장이 놓친 사항은?: 컨센서스가 틀린 이유를 잘 알고 정보의 유포, 처리 또는 반영 과정에 어떤 오류가 있는지 알고 있어야 한다.
4. 컨센서스 견해는 언제 바뀌는가?: 너무 길지 않은 시간 내에 컨센서스가 틀렸음을 깨달은 다른 투자자들이 실수를 바로잡고 비효율성을 제거함으로써 주가가 바뀔 것이라고 확신해야 한다.

요컨대 남다른 생각을 가지려면 당신의 생각이 컨센서스와 다르면서도 정확해야 하다. 벤저민 그레이엄은 《현명한 투자자》에서 이 개념을 언급하며 "용기 있게 지식과 경험을 활용하라. 당신이 사실에 근거해 결론을 내렸고 이 판단이 건전하다고 믿는다면 다른 사람들의 생각과 다르더라도 실행하라. (다른 사람들의 생각과 일치해야 당신의 판단이 옳은 것은 아니다. 당신의 데이터와 추론이 옳다면 당신의 판단이 옳은 것이다.)"라고 썼다.[2]

조의 레모네이드 가판대사업 사례에서 당신은 컨센서스와 다른 관점을 가지고 있으므로 스타인하트 분석 틀의 첫 번째 요소를 충족했다. 리서치를 통해 더 나은 정보와 뛰어난 통찰력을 가지게 되었고 자신의 생각이 옳다고 확신하므로 분석 틀의 두 번째 요소를 충족했다.

애널리스트들과 회사 관계자와의 대화를 통해 컨센서스가 틀린 이유(다른 투자자와 애널리스트는 공원 수영장에 대한 제안이 있을 것이라는 사실을 알지 못함)를 알게 되었으므로 분석 틀의 세 번째 요소를 충족했다. 마지막으로 당신은 공원 수영장 프로젝트가 승인되고 그 정보가 적절하게 유포, 처리되어 반영되면 다른 투자자들이 자기 실수를 인식하고 주가를 재조정할 것이라는 확신이 있었다.

초과수익을 내기 위해서는 남다른 생각을 할 수 있어야 하며, 남다른 생각을 할 수 있을 때 시장의 비효율성을 활용할 경쟁력이 생긴다. 경쟁력에는 세 가지 유형이 있는데, 이 유형들은 4장에서 논의했던 시장 비효율성들에 각각 대응된다.

1. **정보우위**: 시장에 충분히 유포되지 않은, 다른 투자자에게 없는 정보를 가질 때 정보우위가 발생한다. 정보우위를 가진 투자자는 "나는 이 일이 일어날 줄 알고 있었어"라고 말할 수 있다.
2. **분석우위**: 다른 투자자들의 판단을 흐리게 하는 체계적 오류(다양성 부족 또는 독립성 상실) 때문에 다른 투자자들이 보지 못하는 것을 볼 수 있을 때 생긴다. 분석우위를 가진 투자자는 "내 생각에는 이런 일이 일어날 것 같아"라고 말할 수 있다.
3. **거래우위**: 다른 투자자들이 어떤 주식을 살 수 없거나 보유하기를 꺼리는 동안, 그 주식을 사거나 보유할 수 있을 때 거래우

[그림 7.8] 리서치 과정

	4장		5장	6장	7장	
	효율적시장 가설		대중의 지혜	비효율성	투자우위를 갖는 방법들	무엇이 달라질 것인가?
	세 가지 조건		조건들이 충족되는 메커니즘	시스템이 잘 작동하지 않는 경우	투자자의 경쟁력	비효율성을 바로잡는 촉매
유포	정보가 적절하게 유포되어야 한다		정보의 수집 및 관찰	정보가 적절히 유포되지 않음	정보우위	정보의 적절한 유포
처리	정보에 체계적 오류가 없어야 한다		다양성	체계적 편향 또는 다양성 부족	분석우위	다양성과 독립성 회복
			독립성			
반영	정보가 주가에 반영되어야 한다		정보의 종합	포지션 구축·유지가 어려움	거래우위	매매의 방해물 제거

위가 발생한다.

그림 7.8은 앞의 세 장에서 설명한 시장 효율성과 관련된 요소들을 반영해 전체 프로세스를 보여준다.

이 그림에서 볼 수 있듯이 4장에서는 시장 효율성의 조건들을 설명했고, 5장에서는 이 조건들이 작동하는 메커니즘을 설명했으며, 6장에서는 오류로 인해 비효율성이 발생할 수 있는 사례들을 설명했다. 이번 장에서는 시장 효율성의 조건들이 흔들릴 때 경쟁력을 확보하는 방법과, 비효율성을 바로잡는 방법을 논의할 것이다.

정보우위

순수한 정보우위는 다른 투자자들이 접근할 수 없는 중요한 비공개 정보를 투자자가 가지고 있을 때 생긴다. 4장에서 설명한 것처럼 정보가 중요하다는 것은 그 정보만으로도 주가를 움직일 수 있다는 의미이며, 투자자는 이런 상황에서 "나는 이 정보가 사실이라는 것을 확실히 알고 있다"라고 말할 수 있다. 그러나 앞서 강조했듯이 중요한 비공개 정보를 활용해 거래하는 것은 불법이므로 이런 유형의 우위는 일반적으로 확보할 수 없다.

SEC가 내부자 거래로 누군가를 기소할 때 제출하는 SEC 고발장에는 특정 투자자가 중요한 비공개 정보를 활용해 불법적으로 거래함으로써 어떻게 초과수익을 낼 수 있는지 자세히 설명되어 있다.[3] 이와는 대조적으로 투자자가 합법적으로 순수한 정보우위를 가진 경우를 보여주는 개별 사건은 소수에 불과하다. 이런 상황은 극히 드물다.[4]

2015년 4월 28일, 트위터(Twitter)의 1분기 실적이 공식 발표 예정 시간보다 한 시간 전인 오후 3시 7분 56초에 실수로 웹사이트에 게시된 사건이 있었다. 셀러리티(Selerity)라는 회사는 웹 스크래핑 프로그램(웹사이트에 존재하는 데이터 중에서 필요한 데이터만 추출하도록 만들어진 프로그램 - 옮긴이)을 사용해 이 발표를 발견했다. 셀러리티의 소프트웨어는 사람의 개입 없이 여러 자연어 처리 알고리즘을 통해 발표 내용을 실행하고, 정보가 사실인지 확인한 후 불과 3초 뒤인 오후 3시 7분 59초에 트윗을 자동으로 생성했다. 이 정보를 믿은 투자자들은 트위터의 실적이 예상보다 나빠 다른 투자자들이 이 소식을 접하면 실망할 것이라는 사실을 깨닫고 매도했다. 이에 트위터의 거래량이 크게 증가했고 주가는 하락세로 돌아섰다.

오후 3시 28분, 거래소가 주식 거래를 중단했을 때 트위터 주가는 5%인 2.56달러 하락해서 48.67달러가 되어 있었다. 오후 3시 48분, 뉴스가 완전히 알려진 후 거래가 재개되자 주가는 7.81달러 추가 하락한 40.86달러가 되어 16% 추가 손실이 발생했다. 뉴스에 대한 주가 반응(그림 7.9)에서 알 수 있듯이 이 의도치 않은 보도자료를 먼저 접한 투자자들은 다른 투자자들에 비해 명백히 정보우위를 가졌다고 할 수 있다.

셀러리티 트윗이 올라온 후 주식 거래가 중단되기까지 21분 동

[그림 7.9] 실수로 먼저 노출된 트위터 2015년 1분기 실적에 대한 주가 반응

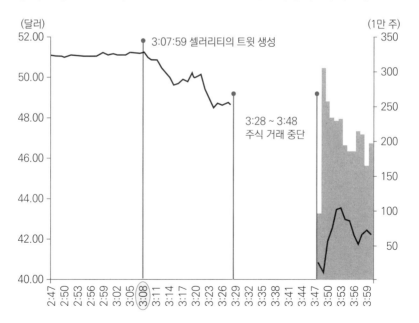

7장. 효과적인 리서치

[그림 7.10] 정보가 충분히 유포되지 않으면 주가가 잘못 형성된다

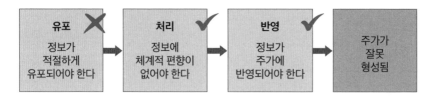

안 총 1,520만 주에 달하는 주식이 거래되었다. 비록 일부 투자자가 의도치 않은 보도자료를 활용해 매매했지만, 새로운 정보가 충분히 유포되지 않았고 주가에 반영되지 않았기 때문에 비효율성이 존재했다(그림 7.10).

정보의 중요성은 해당 뉴스가 대대적으로 보도된 후 주식 거래가 재개되었을 때의 가격 변동으로 확인되었다. 셀러리티 트윗을 통해 조기에 실적 뉴스를 접한 투자자들은 다른 투자자들이 아직 모르고 있을 때 실망스러운 실적을 먼저 알게 되었다. 그들은 순수한 정보우위가 있다고 믿었기 때문에, 거래가 중단되기 전 미리 주식을 매도했다. 그것은 완전히 합법적이었다.

스타인하트 분석 틀을 통해 이 사례를 살펴보면 특정 투자자들이 정보를 보유함으로써 남다른 생각을 갖게 된 것을 확인할 수 있다.

1. 당신의 견해는 컨센서스와 다른가?: 그렇다. 정보를 입수한 투자자들은 해당 분기의 트위터 실적이 애널리스트 컨센서스를 하회했다는 사실을 알고 있었다.
2. 당신의 견해가 옳은가?: 그렇다. 이득을 본 투자자들은 해당 정보가 신뢰할 수 있는 출처에서 나온 정확한 정보라는 것을 알고 있었다.

3. 시장이 놓친 사항은?: 실적에 관한 정보가 적절하게 유포되지 않았기 때문에 컨센서스에는 실적 부진에 대한 정보가 반영되지 않았다.

4. 컨센서스 견해는 언제 바뀌는가?: 정보를 미리 접한 투자자들은 정보가 공개적으로 알려지는 즉시 주가가 새로운 정보를 충분히 반영해 변화할 것임을 알고 있었다.

분석우위

정보우위는 정보가 유포될 때의 비효율성 때문에 발생하지만, 분석우위는 시장이 정보를 처리할 때의 비효율성 또는 오류에 의해 발생한다. 다른 투자자가 보지 못하는 것을 볼 때 순수한 분석우위를 점할 수 있다. 분석우위를 가진 투자자는 다른 투자자들과 동일한 데이터를 보면서도 분석을 통해 컨센서스와 다르면서 옳은 추정치를 도출할 수 있다.

5장에서 설명했듯이 이런 유형의 비효율성은 시장이 다양성을 잃거나 독립성을 상실해 정보를 처리하는 과정에서 체계적 오류를 일으킬 때 발생한다. 시장에 참여하는 개개인이 내재가치를 추정할 때 서로 다른 전문 지식을 갖고 있고 다른 사실을 알고 있으며 다른 모델을 사용하기 때문에 다양성이 존재한다. 반면 시장 참여자들이 동일한 사실과 전문 지식을 갖고 있고 동일한 모델을 사용해 동일한 방식으로 생각하기 시작하면 다양성은 사라진다. 다양성이 없으면 대중은 평균적인 추정치에서 크게 벗어나지 않는 답만 내놓게 된다. 이런 상황에서 대중의 추정치는 5장의 형광 코 진단 사례처럼 여러 관점이 아닌 단 하나의 관점만을 반영한다.

이와는 대조적으로 독립성은 대중의 개개인이 다른 사람들로부터 벗어나 자율적으로 판단하는 것을 말한다. 충분히 많은 참가자가 서로 영향을 받아 체계적으로 편향된 의견을 내면 대중의 지혜는 몇몇 사람이나 한 사람의 견해로 정리된다.

당신이 진정한 분석우위를 가지고 있다면 시장에 체계적 오류가 있다는 것을 알고 있으므로 다른 투자자들과는 다르게 상황을 볼 수 있다. 시간이 흐르고 상황이 전개되면서 다른 투자자들도 당신이 알고 있는 것을 보게 되면 그들의 생각도 점차 당신과 비슷하게 바뀔 것이다. 컨센서스와 다른 당신의 생각이 옳다는 것이 밝혀지면 주식의 내재가치에 대한 시장의 생각이 바뀌고, 그것이 새로운 컨센서스가 되어 주가가 변하면서 수익률이 상승할 것이다.

다양성이 부족하거나 독립성이 훼손되었을 때 발생하는 오류에 대해서는 5장에서 자세히 설명했지만 다음의 간단한 예를 통해 이 개념을 보다 쉽게 설명할 수 있다. 로버트 실러는 거품을 "가격 상승 소식이 투자자들의 욕망을 자극하고 심리적 전염을 통해 사람과 사람 사이로 퍼져나가는 상황"이라고 설명했는데 이 예는 그의 정의와 잘 맞아떨어진다.[5]

사악한 급진주의 단체가 만든 바이러스가 사람들을 색맹으로 만드는 팬데믹을 일으킨다고 가정해보자.[6] 감염된 사람 대부분은 색맹 검사표에서 12라는 숫자가 박힌 판을 볼 때 회색 점만 보일 것이다.

팬데믹이라고 해서 모든 사람이 바이러스에 감염되는 것은 아니다. 면역력이 있는 사람도 있는데 당신도 그 그룹에 속한다고 해보

자. 당신은 당연히 12라는 숫자를 볼 수 있다.

몇 주 후, 친구들에게 "12라는 숫자 안 보여? 바로 눈앞에 있잖아"라고 하면 그들은 "무슨 말인지 모르겠어. 아무리 봐도 회색 점만 보여"라고 대답할 것이다.

한편 미국 질병통제예방센터(CDC)의 과학자팀은 치료법을 찾기 위해 밤낮없이 연구한다. 마침내 백신 개발에 성공하고 CDC는 충분한 양을 생산하기 위해 최선을 다한다. 향후 12개월 동안 모든 사람이 백신을 맞을 수 있지만 일일 생산량이 제한되어 있으므로 개인의 생일에 따라 추첨을 통해 백신 접종을 배분해야 한다(매일 인구의 약 365분의 1이 치료됨). 이 약은 효과적이어서 백신 접종 후 즉시 색을 인식하는 능력이 회복된다. 친구들은 백신을 맞은 후 이미지를 보고 "야, 숫자 12가 보여. 이제 무슨 말인지 알겠어!"라고 말할 것이다.

순수한 분석우위가 있을 때 투자 세계는 색맹 팬데믹 이야기처럼 느껴진다. 분석우위가 있으면 다른 사람들이 보지 못하는 패턴을 볼 수 있고, 또 분명해 보이는 것을 왜 다른 사람들은 보지 못하는지 이해할 수 없는 경우가 많다. 당신이 옳다면 시간이 지나고 상황이 전개됨에 따라, 다른 투자자들도 마치 병을 치료한 것처럼 당신이 원래 보았던 것을 보기 시작하고 주가 또한 당신의 생각대로 움직일 것이다. 투자자들이 '치료'되는 속도는 상황에 따라 크게 다를 수 있어서, 가격 오류가 단기간에 수정될 수도 있지만 때로는 몇 년 동안 지속될 수도 있다.[7]

이와 유사한 사례로 2014년에 허벌라이프(Herbalife) 전환사채에 투자한, 폴 손킨의 제자 댄 크루거(Dan Krueger)[8]가 있다.[9] 허벌라이프는 1980년에 설립된 다단계 마케팅회사로서 주로 체중 감량을 위한 영양 제품을 판매한다.

2012년 12월, 투자에 정통하고 성공한 투자자인 퍼싱스퀘어의 빌 애크먼은 3시간 30분 동안 슬라이드 342장으로 구성된 프레젠테이션을 통해, 자신이 보유한 허벌라이프 주식의 대규모 공매도 포지션을 공개했다. 그는 허벌라이프가 폰지 사기에 불과하고 '범죄 기업'이라고 주장하며 발언을 마무리했다. 발표가 끝난 후 허벌라이프 주가는 즉시 24.24달러로 42% 하락했다.

애크먼은 허벌라이프의 가치가 '0'이라고 생각한다고 말했다. 결국 SEC와 미국 연방거래위원회(U.S. Federal Trade Commission, FTC)가 허벌라이프에 대한 조사를 시작했고, 이는 애크먼의 프레젠테이션에 대해 언론이 관심을 보이자 시작된 것으로 보인다.

2014년 7월 말, 허벌라이프는 애널리스트 예상치를 하회하는 실적을 발표했고, 애크먼은 3시간에 걸친 프레젠테이션을 또다시 진행했다. 그는 발표 도중 눈시울을 붉힐 정도로 감정적이었다. 두 번째 프레젠테이션은 매우 설득력 있었고, 그 주에 허벌라이프 주가는 28% 하락한 반면 전환사채는 19% 하락한 78달러가 되었다.[10]

당시 허벌라이프 전환사채의 투자자층은 주로 전환사채 차익거래 투자자와 투자등급 채권 투자자라는 두 그룹으로 구성되어 있었다. 전환사채 차익거래 투자자는 정교한 컴퓨터 모델을 사용해서 저렴한 전환사채는 매수하고 주식은 공매도하여 헤지한다. 이 투자 전략은 채권과 보통주 사이에 잘못 매겨진 가격 차이를 활용한다. 반면 투자등급 채권 투자자는 펀더멘털 분석을 통해 채권의 부도 가능성 대비 매력적인 수익을 제공하는 채권을 찾아낸다.

두 투자자 그룹 모두 각기 다른 이유로, 애크먼의 두 번째 발표가 있은 후 일주일 동안 채권을 매도했다. 전환사채 차익거래 투자자들은 주가가 폭락하자 컴퓨터 모델이 그렇게 하라고 지시했기 때문에 포지션을 청산했고, 투자등급 채권 투자자들은 허벌라이프의 채무 불이행 가능성이 크게 높아졌다고 생각했기 때문에 포지션을 청산했다.

당시 상황을 살펴본 월스트리트 채권 '전문가'들은 급락 직후 허벌라이프의 '적정' 채권 가격 수준은 실제 거래된 78달러가 아니라 87달러라고 분석했다. 애크먼의 프레젠테이션 정보는 적절하게 유포되었다. 하지만 허벌라이프 채권을 보유한 두 그룹은 다양성이 부족한 상태였고, 독립성이 훼손되면서 상황이 더욱 악화되었다. 결과적으로 그림 7.11처럼 투자자들이 정보를 처리하는 과정에 체계적 오류가 발생해 가격이 잘못 형성된 것이다.

허벌라이프 전환사채 투자자층은 유사한 모델을 사용하는 두 그룹의 채권 투자자가 절대다수였기 때문에 다양성이 부족했다. 이런 상황은 6장에서 설명한 2007년 퀀트 위기 때의 집단행동과 비슷했다. 그러나 다양성 부족 자체 때문에 주가가 잘못 형성된 것은 아니었다. 애크먼의 발표가 컨센서스를 왜곡했고 이것이 가격 오

[그림 7.11] 정보 처리 과정에 오류가 있으면 주가가 잘못 형성된다

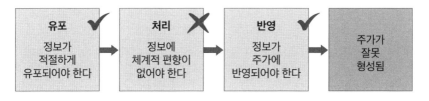

　　　　　　　　　　　　　　　7장. 효과적인 리서치

류의 외부 요인으로 작용했다.

많은 투자자는 애크먼이 허벌라이프를 철저하게 분석했을 것이고 재무 건전성에 대한 그의 평가가 옳을 것이라고 믿었다. 투자자들은 내재가치에 대한 자신의 추정치는 제쳐두고 애크먼의 생각만을 추종해 정보 폭포가 발생했다. 그 결과 '전문가'들이 적절한 가치라고 생각해 매수할 수도 있었던 87달러까지 하락했을 때도 투자자들은 매수를 주저하게 되었다.

크루거와, 그와 유사한 생각을 하는 일부 투자자는 다른 모든 투자자가 접근할 수 있는 동일한 공개 정보를 분석했지만 컨센서스와 다른 결론을 내렸고, 그 결과 남다른 생각을 가지게 되었다. 크루거는 분석하면서 몇 가지 중요한 사실에 주목했다.

애크먼의 주장이 옳고 FTC가 허벌라이프를 폐쇄할 것이라는 투자자의 두려움 때문에 채권 가격이 폭락했다. 그러나 FTC는 허벌라이프의 미국 사업에만 관할권을 가지고 있었다. 이 전환사채는 허벌라이프의 해외 자회사가 발행하고 보증했는데 이 자회사가 회사 매출의 80%를 차지하고 있었다. 따라서 미국 법인이 파산하는 최악의 시나리오가 발생하더라도 해외 법인은 직접적인 영향을 받지 않는다. 더욱이 해외 법인의 자산과 현금흐름이 채무 상환에 충분한 수준이었다.

더 중요한 것은 FTC가 허벌라이프에 불리한 판결을 내린다는 확증이 없었고, 설사 불리한 판결을 내리더라도 미국 법인이 파산할 것이라는 보장이 없었다는 점이다. 크루거는 채무 불이행 리스크가 채권 가격에 반영된 것보다 훨씬 낮다고 판단한 후 허벌라이프 채권을 매수했다.

크루거가 이 상황에서 특별한 정보를 가졌던 것은 아니다. 모든 정보는 모두에게 공개되어 있었고 크루거가 더 나은 통찰력을 가졌을 뿐이다. 그는 모든 투자자가 사용할 수 있는 동일한 데이터를 살펴보고 다른 결론을 도출했다. 남다른 생각을 가질 수 있었던 것은 그에게 분석우위가 있었기 때문이다.

그는 시장 전망이 틀렸다고 믿었다. 해외 자회사의 채무 불이행 리스크는 가능성이 매우 낮으며, 애크먼의 비난에도 불구하고 실제로 문제가 되지 않을 것이라는 확신을 가졌다. 컨센서스가 크루거의 남다른 생각과 같은 방향으로 바뀌기 시작하자 채권 가격은 회복했고 크루거의 펀드는 초과수익을 거둘 수 있었다.

스타인하트의 분석 틀을 통해 보면 크루거가 남다른 생각을 가졌다는 것을 알 수 있다.

1. 당신의 견해는 컨센서스와 다른가?: 그렇다. 크루거는 채무 불이행 가능성에 대해 시장이 과민하게 반응하고 있다고 생각했다.

2. 당신의 견해가 옳은가?: 그렇다. 크루거는 미국 자회사가 파산을 선언하더라도 해외 자회사의 채권은 채무 불이행 리스크가 거의 없다는 것을 증명할 수 있었다.

3. 시장이 놓친 사항은?: 전환사채 차익거래 투자자들은 컴퓨터 모델에 근거해 매도할 뿐, 회사의 펀더멘털은 무시했다. 투자등급 채권 투자자들은 애크먼의 비난에 흔들려 채무 불이행 가능성을 과대평가했다. 채권을 매수할 수도 있었던 신규 투자자들은 애크먼의 프레젠테이션에 설득되어 매수를 포기했다.

4. 컨센서스 견해는 언제 바뀌는가?: 투자자들이 채권의 채무 불이행 리스

크가 낮다는 사실을 깨닫게 되면 가격 오류는 수정되고 채권 가격은 이전 가치에 다시 거래될 것이다.

네 가지 질문에 대한 답변에서 알 수 있듯이 크루거는 컨센서스와 다른 생각을 가지고 있었다(그림 7.12A). 투자자들이 애크먼의 발표에 과민하게 반응했다는 사실을 깨닫고 나면 허벌라이프 채권 가격이 빠르게 액면가를 회복해 총 28%의 투자수익을 낼 것으로 예상했다. 만약 채권 만기 때까지 기다려야 한다면 그림 7.12A와 B에서처럼 연 12.2% 수익을 얻을 것으로 예상했다.

아무리 경험이 많은 투자자라도 순수한 분석우위만으로 남다른 생각을 가지기란 어려운 일이다. 이런 유형의 가격 오류를 포착하려면 많은 경험과 깊이 있는 영역 특수 지식이 필요하다.

정보우위 + 분석우위

순수한 정보우위는 드물고 순수한 분석우위 역시 수십 년의 경험이 필요하기 때문에, 투자자가 시장 대비 초과수익을 내기 위해 가격 오류를 발견하는 일반적인 방법은 정보우위와 분석우위를 같이 활용하는 것이다.

정보우위와 분석우위를 같이 활용하는 이 프로세스는 일반적으로 공개된 모든 가용 정보를 수집하는 것으로 시작된다. 노련한 투자자는 무엇에 집중해야 하는지 알기 때문에 이를 빠르고 효율적으로 확보할 수 있다. 투자 아이디어가 충분히 매력적이라면 투자

[그림 7.12A] 허벌라이프 전환사채 투자에 대한 크루거의 기대수익률

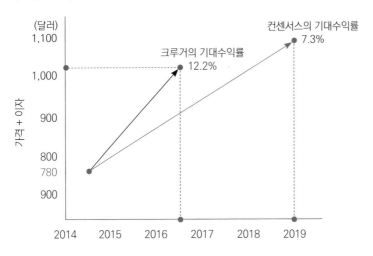

[그림 7.12B] 허벌라이프 전환사채 투자에 대한 크루거의 실제 수익률

자는 추가 정보를 수집하는 심층 분석을 하며, 이때 추가 정보는 대체로 중요하지 않은 비공개 정보이거나 준공개 정보다. 투자자는 '중요하고 비공개지만 합법적인 결론에 도달하는 것'을 목표로 모든 정보를 이용해 분석을 한다.

미국 제2순회항소법원의 월터 로 맨스필드(Walter Roe Mansfield) 판사는 1980년 엘킨드 대 리게트 & 마이어스 사건(Elkind v. Liggett & Myers, Inc.) 판결에서 이에 대한 자신의 생각을 다음과 같이 밝혔다.

> 기업과 산업을 잘 아는 숙련된 투자자는 중요하지 않아 보이는 데이터와 공개된 정보를 모자이크[11]처럼 조합해 의미 있는 분석우위를 확보할 수 있다.[12]

중요하지 않은 비공개 정보는 그 자체로는 주가에 영향을 미치지 않는다. 이런 정보는 맨스필드 판사의 모자이크에서 한 조각에 불과하다. 하지만 이 중요하지 않은 비공개 정보 한 조각이 투자자의 전체적인 분석에 더해지면, 때때로 그는 다른 투자자들이 인식하지 못한 것을 보게 되고 전체적인 그림을 더 명확히 이해할 수 있게 된다.

주가가 비효율적으로 형성되고 투자자가 남다른 생각을 가질 수 있는 것은 중요하지 않은 비공개 정보가 잘 유포되지 않아 대중의 컨센서스가 형성되는 과정에 포함되지 않기 때문이다. 이때 투자자는 전문적인 분석 기술을 리서치에 활용해 우위를 점할 수 있다. 중요하지 않은 비공개 정보를 완전히 유포된 공개 정보와 독특한 방식으로 결합함으로써 컨센서스와는 다른 생각을 하는 것이다.

즉 투자자는 자신의 정보우위와 분석우위를 함께 활용해 남다른 생각을 가지게 된다.

설명을 위해 클로버랜드팀버(Cloverland Timber)라는 소규모 상장회사를 사례로 들어보자. 이 사례는 실화를 바탕으로 하지만 무고한 사람들(그리고 죄를 지은 사람들)이 비난받는 것을 피하기 위해 약간의 각색을 가미하고 이름을 변경했다.

이 회사는 위스콘신 북부에 약 16만 에이커에 달하는 삼림지를 소유하고 관리하고 있다. 이야기가 시작될 당시 창업자 가족은 회사 발행주식의 약 26%를 보유하고 있었다.

2013년 브라운필드캐피털(Brownfield Capital)의 존 헬브(John Helve)는 클로버랜드를 알게 되어 리서치를 시작했다. 클로버랜드의 주요 자산은 현금흐름을 창출하기 위해 벌목하는 목재용 삼림지다. 이 회사는 3년마다 독립적인 제삼자로부터 삼림지에 대한 감정 평가를 받는다. 경영진은 이 평가를 통해 회사 자산의 가치를 평가하고 주주에게 추정치를 제공한다.

가장 최근에 한 감정에서 삼림지의 가치는 1억 4,000만 달러(에이커당 865달러)로 추정되었고 주당 가치는 107달러였다. 주당 78달러인 시장가격으로 볼 때 주식이 내재가치에 비해 상당히 할인된 가격에 거래되고 있는 것으로 보였지만, 가치가 실현되어 주가와의 격차가 줄어드는 데 걸리는 시간에 따라 예상 연 수익률은 달라질 수 있었다.

헬브는 분석을 시작할 때, 회사가 평가한 삼림지의 가치를 그대로 받아들여 나무의 가치가 연 3%씩 성장한다고 가정했고,[13] 10년 후 주당 가치는 144달러가 될 것으로 생각했다. 또한 주가와 내재가치의 격차가 5년 안에 좁혀져야 S&P500의 역사적 장기 수익률인 약 9.7%를 상회하는 연 수익률을 달성할 수 있다고 계산했다.

헬브의 관점에서 격차가 5년 안에 좁혀지면 이 주식은 시장 대비 초과수익을 낼 수 있었다. 격차가 좁혀지는 데 정확히 5년이 걸린다면 이 주식의 연 수익률은 S&P500 장기 평균과 같을 것이다. 그러나 5년보다 더 오래 걸리면 시장 수익률을 밑돌 것(언더퍼폼)이었다(그림 7.13).

헬브는 분석을 통해 컨센서스에 내재된 예측 기간이 5년 또는 그

[그림 7.13] 투자 아이디어를 실현하는 데 걸리는 투자 기간과 수익률

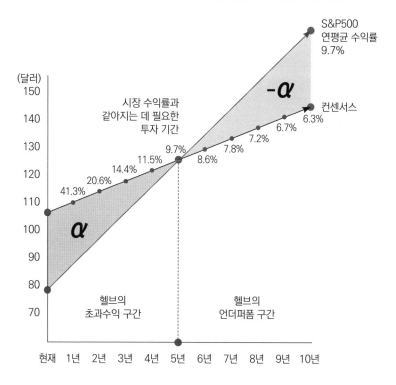

이하일 것이라고 추정했다. 따라서 그 기간이 컨센서스보다 단축되도록 만들 사건이나 성장 동력이 있는지 살펴보았다.

그는 리서치를 하면서 컨센서스 기대치를 명확히 알게 되었다. 목재는 매년 나무가 물리적으로 자라서 가치가 증가한다는 점에서 독특한 자산이다. 신중하게 관리하고 나무를 과도하게 베지만 않는다면 삼림지의 가치에 대한 리스크는 제한적이다.

재무제표를 분석하면서 삼림지가 과소평가되고 있음을 나타내는 영업지표를 발견했다. 이 지표는 경영진이 현금흐름을 최적화하고 주주가치를 극대화하는 방향으로 벌목하고 있지 않다는 것을 의미했다. 이는 클로버랜드의 대주주 일가가 상속세를 최소화하기 위해 회사 가치를 낮게 유지하려는 재정적 유인이 있다는 사실로 설명될 수 있었다.

클로버랜드는 내재가치보다 할인된 매력적인 자산을 소유하고 있지만 일반 투자자는 그 가치를 실현할 방법이 없다고 헬브는 생각했다.

저평가되고 있는 또 다른 요인도 있었다. 클로버랜드의 주식은 뉴욕증권거래소나 나스닥 같은 대형 거래소에 상장되지 않았고 SEC에 정기적으로 재무보고서를 제출할 의무가 없었다. 시가총액이 작고 유통되는 주식도 많지 않았다.

헬브는 이런 이유로 투자자들이 주식을 매수하지 않고 주주 구성에 이런 상황이 반영되어 있을 것으로 생각했다. 회사의 주주층은 주로 가치를 실현할 촉매가 미리 정해져 있지 않더라도 할인된 가격에 자산을 매수하는 데 매력을 느끼는 장기 가치투자자들로 구성되어 있었다. 월스트리트 투자자들은 이런 상황을 '잠자는 미녀'라고 부른다. 이런 주식은 몇 년 동안 거의 움직이지 않고 '잠자고 있다가' 어느 날 갑자기 깨어나 투자자들의 인내심에 보답할 수 있다. 그러나 이와 상황이 비슷한 회사들은 투자자들이 모두 같은 방식으로 생각하기 때문에 주주층의 다양성이 부족하다는 것을 고려해야 한다.

이런 요인 때문에 그림 7.13에 표시된 것처럼 주식이 내재가치보다 크게 할인된 가격으로 거래되고 있을 가능성이 높았다. 주주층의 다양성이 부족해 정보 처리 과정에 문제가 있었고, 부족한 유동성이 정보가 제대로 반영되지 못하게 하는 방해물로 작용했다. 이런 이유로 가격 오류가 발생했다.

그러나 이런 상황만으로 주가가 잘못 형성되어 있다고 판단하는 것은 잘못된 생각일 수 있다. 이른바 '가치함정'이라 불리는 상황일 수도 있기 때문이다. 이런 주식을 처음 접하는 투자자는 5년 이내에 가치가 실현될 것으로 생각하고 매수할 수 있지만, 역사를 보면 이런 가정은 지나치게 낙관적인 것이다. 클로버랜드가 그랬다. 2016년 11월까지 10년간 클로버랜드 주가는 2% 상승에 그친 반면 S&P500지수는 58% 상승해, 지난 10년간 이 주식을 보유한 투자자들은 지수 대비 56%포인트 부진한 수익률을 기록했다.

헬브는 삼림지를 더 정밀하게 평가함으로써 삼림지의 실제 가치가 장부에 기재된 것보다 더 높다고 믿었고, 이로 인해 남다른 생각을 가질 수 있었다. 클로버랜드는 대형 거래소에 상장되지 않았기 때문에 지분율이 5~10%를 초과하는 경우 SEC에 신고할 의무가 없었다. 이 덕분에 헬브의 펀드는 클로버랜드 지분을 대량 매입할 수 있었다.

일반적으로 임업 전문가들은 오프로드 차량을 타고 부지를 돌아다니며 나무의 종류, 나이, 면적 밀도 등의 통계를 기록해 삼림지의 가치를 결정한다. 전문가들은 이 정보를 사용해 삼림지의 에이커당 가치를 추정한다. 이는 펜과 종이를 사용하는 단순 수작업 과정이어서 많은 시간이 소요된다. 클로버랜드는 650제곱킬로미터에 걸쳐 16만 에이커의 삼림지를 소유하고 있어 전수 조사하기에는 너무 방대한 면적이었다. 전문가들은 삼림지 전체를 분석하는 대신 여러 부분을 표본화해서 평가했는데, 표본의 크기에 따라 매우 부정확한 평가가 나올 수도 있었다.

물론 헬브가 직접 감정 평가를 수행해 모든 에이커를 조사하는 것이 이상적일 것이다. 하지만 두 가지 이유로 불가능했다. 첫째, 전통적인 방법으로 각 에이커를 측량하려면 시간과 비용이 엄청나게 많이 들었다. 둘째, 삼림지는 사유지이기 때문에 회사가 헬브의 접근을 허용할 가능성이 매우 낮았다. 사무실에 앉아서 헬브는 '이 모든 제약 조건에서 어떻게 하면 정확한 추정치를 얻을 수 있을까?'라고 생각했다. 해답은 바로 기술이었다.

헬브는 위성 이미지를 사용해 삼림지 가치를 평가하는 전문 회사에 의뢰하는 것이 가장 비용 효율적인 해결책이라는 것을 깨달았다. 그가 선택한 회사는 위성을 임대해서 조사하고자 하는 지역 상공에 띄우고 사진을 촬영한다. 그런 다음 컨설턴트가 컴퓨터 알고리즘을 사용해서 나무의 종류와 크기, 면적 밀도를 정확하게 측정한다. 이 방법은 표본오차를 제거하기 때문에 업계에서 전통적으로 사용하던 방법보다 더 정확하게 삼림지 가치를 계산할 수 있었다.

헬브는 조사 결과에 놀라움을 금치 못했다. 컨설턴트들은 나무 상당수가 사탕단풍(sugar maple)이라고 판단했는데, 사탕단풍은 연목(softwood)보다 가치가 높은 견목(hardwood)이었던 것이다. 클로버랜드가 발간한 조사 자료에 '평균 이상의 견목이 혼합되어 있음'이라고 언급되어 있었지만, 조사 결과에 대한 어떤 추가 정보도 제공되지 않았다.

이제 헬브는 삼림지 내 나무들에 대한 상세한 정보를 얻었다. 분석 결과, 나무들의 가치가 저평가되어 있고 실제 수령이 평균 숲보다 훨씬 더 많다는 헬브의 생각이 사실로 확인되었다. 헬브는 이런 이유로 에이커당 가치가 감정가보다 훨씬 높다고 생각했다. 그가 새로 추정한 삼림지의 가치는 에이커당 1,130달러, 즉 주당 142달러였다. 그가 분석한 내재가치 추정치는 시장가격인 주당 78달러 대비 81% 수익이었고, 하방 리스크는 거의 없었다.

헬브는 자신이 인내심을 갖고 시간을 두어 천천히 매수하더라도 계속 매수한다면 주가에 상승 압력을 가할 수 있다고 우려했다. 주식 매수로 가격이 불가피하게 상승하는 것을 고려해, 헬브는 전체 포지션의 평균 매수가가 주당 85달러 정도 될 것으로 예상했다. 거래 비용을 감안한 예상 매수가와 새로운 내재가치 추정치인 주당 142달러로 다시 계산해보니, 새로 계산한 수익률이 기존보다 더 높았고 투자 아이디어가 실현되기까지 기다릴 수 있는 기간이 3년 더 늘어났기 때문에 헬브의 예상 연 수익률이 훨씬 더 매력적으로 보였다(그림 7.14).

1926년 이후 S&P500의 장기 연평균 수익률은 약 9.7%였다. 헬브는 향후에도 시장이 비슷한 수익률을 낼 것이라고 가정했다. 따

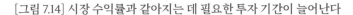

[그림 7.14] 시장 수익률과 같아지는 데 필요한 투자 기간이 늘어난다

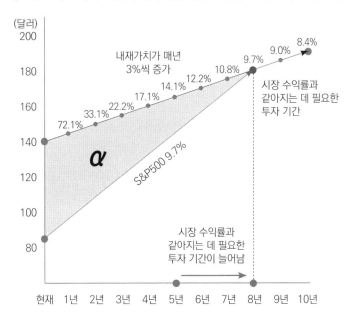

라서 그는 S&P500의 역사적 장기 수익률인 약 9.7%를 상회하는 연 수익률을 달성하기 위해 주가와 내재가치의 차이가 좁혀지기까지 기다릴 수 있는 기간을 8년으로 계산했다.

이 투자에서 가장 좋은 점은 수익과 리스크가 비대칭적이라는 점이다. 하방 리스크가 거의 없는 반면 상방으로 상당한 수익을 얻을 기회였다. 투자 타이밍은 어땠을까?

대주주 가족의 상속세 문제 때문에 주가가 가치함정에 갇혀 있다는 것이 시장 참여자들의 일반적인 생각이었고, 이런 생각은 론 (Ron)이라는 행동주의 투자자가 이사회 의장 자리를 얻기 위해 무수히 시도했다가 실패하면서 더욱 강화되었다.

헬브는 경영진이 주주를 위해 가치를 창출하도록 동기를 부여하

7장. 효과적인 리서치

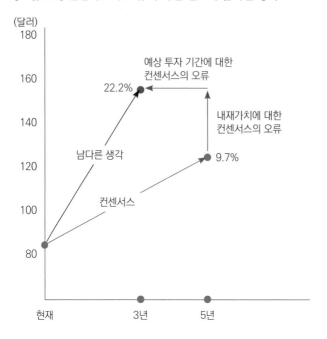

[그림 7.15] 컨센서스의 오류에 대한 헬브의 남다른 생각

(달러)

180

160 — 예상 투자 기간에 대한
컨센서스의 오류

22.2%

140 — 내재가치에 대한
컨센서스의 오류

남다른 생각

120 — 9.7%

100 — 컨센서스

80

현재   3년   5년

는 데 자신이 더 나은 역할을 할 수 있다고 생각했다. 그는 삼림지의 진정한 가치를 실현하는 가장 좋은 방법은 회사를 매각하는 것이라고 생각했다. 회사를 매각하는 데 3년 정도 걸릴 것으로 예상했지만 성공하지 못할 리스크도 있었다. 헬브는 회사를 강제로 매각하는 데 성공하지 못하더라도 투자에 대한 하방 리스크는 거의 없다고 계산했다. 그림 7.15는 내재가치 추정치와 투자 예상 기간을 기반으로 한 헬브의 남다른 생각을 보여준다. 이 투자로 연 수익률 22.2%가 기대되었다.

헬브의 펀드인 브라운필드는 2년 동안 클로버랜드 주식을 매수해 대주주 가족 소유 지분인 26%와 비슷하게 되었다. 브라운필드는 2016년 상반기에 이 사실을 공개했고 얼마 지나지 않아 이사회 의장 자리를 확보했다. 2016년 12월 말, 브라운필드는 또 다른 이사회 자리를 얻었고, 주주총회 위임장 대결을 피하기 위해 클로버랜드 이사회는 투자은행을 주관사로 선정해 회사 매각을 추진하기로 합의했다.

헬브의 생각은 두 가지 중요한 점에서 컨센서스와 달랐다. 첫째, 그는 삼림지의 가치가 에이커당 1,130달러로 컨센서스 865달러보다 높기 때문에 미래 현금흐름의 규모가 컨센서스보다 더 클 것이라고 믿었다. 둘째, 가치가 실현되기까지 버틸 수 있는 시간에 대한 그의 생각은 컨센서스에 내재된 5년보다 3년 더 길었다.

이 사례를 스타인하트의 분석 틀로 살펴보면 헬브의 투자 우위가 잘 드러난다.

1. 당신의 견해는 컨센서스와 다른가?: 그렇다. 헬브는 에이커당 가치가 컨센서스보다 훨씬 높고 그 가치를 실현하는 데 걸리는 기간은 컨센서스보다 훨씬 짧다고 생각했다.

2. 당신의 견해가 옳은가?: 그렇다. 헬브는 자신이 추정한 가치를 뒷받침하는 위성 데이터가 있었다. 그는 그 가치를 실현하는 데 걸리는 기간을 줄일 수 있을지는 확신하지 못했지만 투자에 대한 하방 리스크는 거의 없다고 확신했다.

3. 시장이 놓친 사항은?: 시장은 위성 데이터가 없었고, 헬브가 행동주의자가 되어 궁극적으로 경영진에게 회사를 제삼자에게 매각하라고 압력을 가할 계획이라는 사실도 알지 못했다.

4. 컨센서스 견해는 언제 바뀌는가?: 헬브는 3년 내에 경영진이 '유동성 이

벤트(liquidity event, 합병, 매각, 공개매수 등 회사의 가치를 실현할 수 있게 만드는 거래 - 옮긴이)'를 일으켜 주주들의 가치를 실현해줄 수 있다고 굳게 믿었다.

거래우위

정보우위는 정보 유포 과정의 비효율성, 분석우위는 시장이 정보를 처리하는 과정의 비효율성으로 인해 발생하지만, 거래우위는 투자자의 매매를 제한하는 방해물 때문에 정보가 주가에 제대로 반영되지 못하는 비효율성으로 인해 발생한다.

투자자가 진정한 거래우위를 가지고 있다면 다른 투자자가 어떤 주식을 살 수 없거나 보유하기를 꺼릴 때 그 주식을 사거나 보유할 수 있다. 6장에서는 두 가지 제도적 제약이 원인으로 작용할 수 있다는 것을 상세히 살펴봤다. 첫째, 유동성 제약 때문에 매매가 제한될 수 있다. 둘째, 고객들의 (잠재·실제) 환매 때문에 포지션을 구축할 수 없거나, 아이디어가 실현될 때까지 장기간 포지션을 유지하지 못할 수 있다. 그림 7.16에서 보는 바와 같이 정보가 주가에 반

[그림 7.16] 정보가 반영되지 않으면 주가가 잘못 형성된다

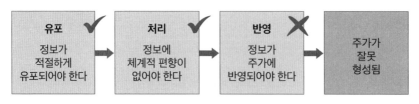

영될 때의 방해물 때문에 가격 오류가 발생한 것이다.

유동성 제약 리스크를 피하고 이를 활용하려면 투자자는 포지션을 구축하는 동안 인내심을 갖고 기다려야 한다. 아니면 유동성이 낮은 주식으로도 충분히 포지션을 구축할 수 있도록 더 작은 펀드를 운용하거나 더 작은 포지션으로 운용 규모를 줄일 수밖에 없다.

캡티브(Captive, 특정 시장에서 독점이나 과점이 형성되어 있다는 의미이며 한국에서는 주로 계열사 간 내부 시장을 뜻함 - 옮긴이) 자금, 충성도 높은 자금 또는 영구 자본은 환매에 대한 걱정을 없애주며, 이런 유형의 자본을 운용하는 펀드매니저는 고객이 최악의 시점에 환매하지는 않을까 하는 걱정 없이 투자할 수 있기 때문에 다른 펀드매니저들에 비해 상당히 유리하다.

촉매

촉매에 대해 알아보기 전에 앞서 논의한 내용들을 잠시 정리해 볼 필요가 있다. 먼저 다음 세 가지를 이해해야 한다.

- 주가가 효율적으로 형성되기 위해 필요한 조건들은 무엇인가?
- 투자 경쟁력을 만드는 요인들은 무엇인가?
- '남다른 생각'의 정의는 무엇인가?

모든 가용 정보가 잘 반영되면 주가가 효율적으로 형성될 수 있다. 이는 다음 세 가지를 의미한다.

[그림 7.17] 주가가 효율적으로 형성되기 위해 필요한 조건들

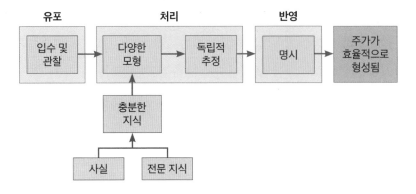

- 정보를 수집, 추출, 종합하는 투자자들에 의해 정보가 적절히 유포된다.
- 편견 없이 가치를 평가하고 추정하는 투자자들에 의해 정보가 처리된다.
- 정보가 명시, 종합, 매매를 통해서 심각한 방해 없이 주가에 반영된다.

그림 7.17에는 이런 조건들이 순서대로 잘 정리되어 있다.

우리는 다음 네 가지 조건 중 적어도 하나가 존재하는 경우에는 주가가 효율적으로 형성되지 못할 것이라는 결론을 내릴 수 있다.[14]

1. 충분한 수의 투자자가 정보를 입수하고 관찰할 수 없다.
2. 다양성이 부족하다.
3. 독립성이 훼손된다.
4. 추정치가 명시되지 않고 종합되지 않아 시장가격에 반영되지 않는다.

투자자가 경쟁력을 가지기 위해서는 세 가지 우위를 확보해야 한다. 컨센서스에 반영되지 않은 정보를 가지는 정보우위, 컨센서스가 보지 못하는 것을 보는 분석우위, 다른 투자자가 매매할 수 없거나 매매하기를 꺼릴 때 매매할 수 있는 거래우위가 그것이다.

투자자가 남다른 생각을 가지려면 가격 오류나 시장에서 잘못 판단하는 오류를 파악할 수 있어야 한다. 남다른 생각을 가지기 위한 네 가지 요건은 아래와 같다.

- 투자자의 견해가 컨센서스와 다르다: 서로 다른 생각은 주가와 내재가치의 차이에 반영된다. 그 차이가 클수록 잠재 수익률이 커지고 투자자의 생각이 컨센서스와 더 많이 다를 수 있다.
- 투자자의 견해가 옳다: 투자자는 정보우위, 분석우위 또는 거래우위를 갖고 있고, 자신의 생각에 확신을 가질 만큼 충분한 리서치를 했다.
- 시장이 놓친 사항을 정확히 파악할 수 있다: 투자자는 가격 오류의 원인을 알고 있다. 그것은 바로 정보의 유포, 처리, 반영 과정에서 오류가 발생한 것이다.
- 컨센서스 견해가 바뀌는 것을 잘 예측할 수 있다: 이 네 번째 요건이 촉매와 관련이 있다. 촉매란 주가와 내재가치의 차이(그림 7.18에서 음영 처리된 삼각형 부분)를 해소하기 시작하는 모든 이벤트로 정의할 수 있다.

컨센서스 기대치가 변할 때 주가도 변하기 때문에, 촉매는 투자자들의 기대치를 변화시켜 당신의 남다른 생각에 더 가깝게 만드

[그림 7.18] 수익률 히트맵*

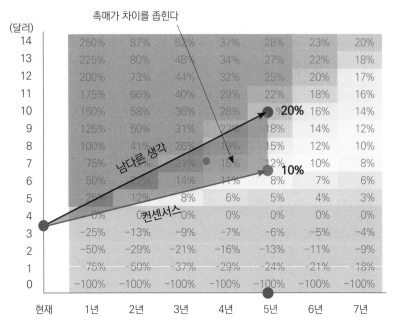

(*heat map: 색상으로 표현할 수 있는 정보를 열분포 형태의 그래픽으로 표현한 것 - 옮긴이)

는 모든 이벤트를 말한다. 이는 중요한 개념이므로 한 번 더 강조한다. 촉매는 컨센서스가 틀렸다는 것을 대중에게 알리고 컨센서스가 변하게 만드는 모든 사건이다. 비록 주가와 내재가치의 차이를 완전히 해소하지는 못하더라도, 주가와 내재가치의 차이를 좁히는 과정의 시작점 역할을 해야 한다. 촉매의 가장 중요한 측면은 컨센서스를 당신의 남다른 생각 쪽으로 유도해 시장의 오류를 바로잡는 역할을 한다는 것이다.

촉매는 정보가 적절히 유포되게 하고, 대중의 다양성 또는 독립성이 회복되게 하거나, 매매를 방해하는 요소를 줄이는 이벤트다.

촉매는 대중에게 컨센서스가 틀렸다는 것을 알려준다. 또한 색맹 백신이 숫자 12를 다시 볼 수 있게 하듯이, 촉매는 대중이 서서히 남다른 생각을 수용하도록 만든다.

간단히 말해 촉매는 시장이 모르고 있던 추가 정보이고, 투자자가 편향 없이 정보를 관찰하고 처리하도록 만드는 이벤트이며, 매매를 통해 투자자들의 생각을 표현하고 통합시키는 변화라고 할 수 있다. 결국 촉매는 주가의 비효율성을 제거하는 역할을 한다.

- 시장보다 높은 성과를 내려면 남다른 생각이 필요하다. 남들과 다른 관점에서 보면 비효율성을 파악하고 가격 오류를 활용할 수 있는 경쟁력이 생긴다. 투자자가 개발할 수 있는 경쟁력의 세 가지 우위는 다음과 같다. 이는 시장 비효율성의 세 가지 조건에 대응된다.
  - · 다른 투자자가 가지지 않은 정보를 가지고 있고 그 정보가 시장에 충분히 유포되지 않은 경우 정보우위가 존재한다.
  - · 체계적 오류나 다양성 부족 때문에 다른 투자자가 보지 못하는 것을 볼 때 분석우위가 존재한다.
  - · 다른 투자자들이 주식을 살 수 없거나 보유하기를 꺼리는 동안 그 주식을 사거나 보유할 수 있을 때 거래우위가 존재한다.
- 순수한 정보우위를 가진 투자자는 "나는 이 정보가 사실이라는 것을 확실히 안다"라고 말할 수 있다. 그러나 중요한 비공개 정보를 이용한 거래는 불법이기 때문에 이런 유형의 우위는 쉽게 생기지 않는다.
- 분석우위는 시장이 정보를 처리하는 방식이 비효율적일 때 가능하다. 분석우위를 가진 투자자는 다른 투자자와 동일한 데이터를 보지만 컨센서스와 다르게 가치를 판단하고, 결국 분석우위를 가진 투자자의 생각이 옳은 것으로 판명된다.
- 순수한 정보우위를 가질 기회는 드물고 순수한 분석우위는 수십 년의 경험이 필요하기 때문에, 전문 투자자가 초과수익을 거두는 가장 일반적인 방법은 정보우위와 분석우위를 함께 활용하는 것이다.
- 투자자들이 정보를 접했을 때 매매할 수 없어 그 정보가 주가에 반영되지 못하도록 만드는 비효율성 때문에 거래우위가 존재한다.
- 촉매는 컨센서스가 틀렸다는 것을 대중에게 알려 컨센서스가 바뀌도록 만드는 이벤트다. 이 이벤트만으로는 시장가격과 내재가치의 차이를

완전히 좁히지 못할 수도 있지만, 차이를 좁히는 과정의 시작점 역할을
해야 한다.

- 촉매는 정보가 적절히 유포되게 하고, 대중의 다양성과 독립성이 회복
되게 하거나, 매매를 방해하는 요소를 제거하는 역할을 한다. 또한 컨센
서스가 틀렸다는 것을 시장에 알려주며 시장이 모르고 있던 추가 정보
역할을 한다. 투자자가 편향 없이 정보를 관찰하고 처리하게 만드는 이
벤트이며, 매매를 통해 투자자들의 생각을 표현하고 통합시키는 변화
로 작용한다.
- 간단히 말해 촉매는 주가의 비효율성을 제거하는 역할을 한다.

8장

리스크
평가

불확실성과 리스크의 차이

월스트리트에서 불확실성과 리스크는 종종 같은 의미로 사용되지만 같은 의미는 아니다. 메리엄웹스터(Merriam-Webster) 사전에서는 아래와 같이 정의한다.

불확실성: 의심스럽거나 알 수 없는 것

리스크: 손실 또는 피해 가능성

간단한 예로 차이를 설명해보자.

할머니가 생일 선물로 복권을 주셨다고 생각해보자.[1] 복권 추첨을 하기 전에는 당첨 여부를 알 수 없다. 이때 결과에 대한 불확실성은 있지만 잃을 것이 없으니 리스크는 없다.

이번에는 동일한 복권을 2달러에 샀다고 가정해보자. 이때는 불확실성뿐만 아니라 리스크도 존재한다. 불확실성은 할머니가 복권을 선물로 주신 경우와 동일하다. 하지만 이번에는 복권 구입에 2달러를 지불했기 때문에 손실 가능성이 생겼다. 구입한 복권이 당첨되지 않으면 2달러를 손해보기 때문에 재무적 리스크가 생긴 것이다.

이 이야기에서 알 수 있듯이 불확실성 자체로는 아무런 해가 없기 때문에 리스크가 없다. 투자자는 불확실한 결과에 자본을 투입할 때만 리스크에 직면한다.

메리엄웹스터 사전은 불확실성을 '의심스럽거나 알 수 없는 것'으로 정의한다. 불확실성이 반드시 나쁜 것은 아니며 많은 경우 좋은 것일 수도 있다.[2] 그러나 일반적으로 우리는 확실한 것을 원하고 불확실한 것을 싫어한다. 확실성이 있으면 안전하고 상황을 잘 파악하고 있으며 통제할 수 있다고 느낀다. 반면에 불확실성이 있으면 불안하고 의심스럽고 무기력하게 되며 결과적으로 두려움을 느낀다.

우리가 두려워하는 것은 무엇인가? 손실이나 피해 가능성이다. 그래서 사람 대부분은 불확실성과 리스크가 같다고 생각한다.

간단히 말해 미래는 불확실하다. 미래의 현금흐름이 불확실하고, 현금흐름을 기반으로 추정한 자산의 내재가치도 불확실하며, 궁극적으로 내재

가치의 함수인 주가 역시 불확실하다. 그러나 자본을 투입해 리스크에 직면하기 전까지 투자자는 이런 불확실성에 노출되지 않는다. 메리엄웹스터 사전의 정의에 의하면 재무 리스크는 금전적으로 손실을 볼 가능성이다.

불확실성과 리스크의 혼동에서 가격 오류 발생

불확실성과 리스크를 구별하지 못하는 것은 투자자들이 흔히 저지르는 실수다. 예를 들어 투자자 대부분은 불확실성을 싫어하기 때문에, 잠재적 수익이 높고 실제 리스크가 낮은데도 불구하고 불확실성이 높다는 이유만으로 좋은 투자 기회를 놓친다. 불확실성과 리스크를 혼동하고 그에 따라 주가를 잘못 판단하기 때문에 이런 기회를 날리는 경우가 많다. 반면 현명한 투자자들은 컨센서스에 반영된 리스크가 실제보다 과장되었다는 것을 알기 때문에 이런 상황을 기회로 생각한다.

7장의 허벌라이프 채권 사례에서 남다른 생각을 했던 아울크리크자산운용(Owl Creek Asset Management)의 펀드매니저 댄 크루거는 〈그레이엄 & 도드 마을(Graham & Doddsville)〉 인터뷰에서, 2008년 금융위기 당시 리먼브러더스(Lehman Brothers) 채권을 분석하며 느낀 리스크와 불확실성의 차이를 아래와 같이 설명했다.

불확실성은 투자자들이 회피하기 위해 치러야 하는 대가와 같은 것이기 때문에(때로는 엄청난 대가를 치르기도 합니다) 부실자산 투자자인 우리에게는 친구입니다. 우리는 리먼과 같은 상황을 좋아하는데 '불확실성은 높은 반면 리스크는 낮기' 때문입니다.[3]

리먼브러더스 채권의 불확실성이 높았던 것은 "답이 없는 질문이 수백 개" 있었기 때문이며, "앞으로 몇 달, 몇 분기 또는 몇 년이 지나면 결국 답이 나올 것"을 알고 있었다고 설명했다. 그는 "수많은 문제가 산적해 답이 없어 보이는 상황에서도, 큰돈을 잃을 가능성은 거의 없고 적든 많든 확실히 벌 수 있다는 확신이 드는 가격에 매수할 기회는 생기기 마련"이라고 덧붙였다.

다른 투자자들이 리스크와 불확실성을 혼동할 때 그것을 잘 활용하면 높은 수익을 올릴 수 있으며, 이것이 바로 우리가 두 개념을 구별해야 할 이유다.

버핏, 펩시에 도전하다

버크셔 해서웨이의 회장 겸 CEO인 워런 버핏은 투자자들이 불확실성을 리스크로 잘못 인식한 상황을 잘 활용한 대가 중 한 명이다.[4] 버핏은 버크셔의 보험사업을 통해, 불확실성이 높지만 리스크는 낮은 상황을 활용할 기회를 얻는다.

예를 들어 펩시가 2003년 여름, 경품 추첨에 당첨되면 10억 달러의 상금을 받을 수 있는 '10억 달러를 향해 뛰어라(Play for a Billion)' 판매 촉진 행사를 진행했을 때, 버크셔는 그 능력을 입증했다. 10억 달러의 손실 가능성을 우려한 펩시는 이런 (매우 희박한) 결과로부터 스스로를 보호하기 위해 손실에 대비한 보험을 들었다.

행사의 내용은 다음과 같다. 펩시는 병뚜껑 10억 개에 특수 코드를 부착했고 총 400만 명이 경품 이벤트에 응모했다. 응모한 사람 400만 명 중 무작위로 100명을 선정해 게임쇼 형식의 생방송 TV 스페셜에 출연시켰다. 100명에게는 각각 6자리 숫자가 무작위로 주어졌다. 그런 다음 펩시 직원이 10면 주사위를 굴려 숫자 6개를 선택했고, 당구공에 각 숫자를 적은 후 가방에 넣었다. 켄달(Kendall)이라는 이름의 침팬지가 가방에서 공을 한 번에 하나씩 꺼내게 해서 6자리 숫자의 순서를 정하고, 그 6자리 숫자와 정확히 일치하는 숫자를 가진 참가자가 10억 달러의 상금을 획득한다.

행사 당첨 확률은 6자리 숫자를 정확히 맞힐 확률이니 100만분의 1이다(실제로는 1,000,000이 7자리 숫자이므로 999,999분의 1이다). 따라서 펩시의 예상 손실은 상금(10억 달러)을 경우의 수(999,999)로 나눈 값인 1,000달러(게임이 무한히 반복되는 경우)에 불과했다.

당첨된 사람은 2가지 옵션 중 하나를 선택할 수 있다. 1안은 2억 5,000만 달러를 즉시 일시불로 받는 것이고, 2안은 처음 20년간 매년 500만 달러, 그다음 20년간 매년 1,000만 달러, 마지막으로 41번째 해에 7억 달러를 지급받는 단계적 지급이었다. 복권 당첨처럼 일시금을 선택한 경우, 펩시의 실제 예상 손실은 2억 5,000만 달러를 999,999로 나눈 값인 250달러였다.

버크셔가 잠재적 손실에 대비하기 위해서 펩시에 1,000만 달러의 보험료를 요구했다는 소문이 있었다. 펩시의 잠재적 손실 금액인 2억 5,000만 달러를 버크셔에 지불한 보험료 1,000만 달러로 나누면 잠재적 손실 확률은 25분의 1이지만 실제 손실 확률은 1,000분의 1이었다. 펩시가 손실 리스크를 잘못 계산한 것이 분명했다. 누군가 2억 5,000만 달러에 당첨될 가능성은 있었지만 그 확률은 극히 낮았다. 버핏은 보험금을 지급할 확률은 낮고 보험료는 확률에 비해 엄청나게 높다는 것을 알았기 때문에 기꺼이 펩시의 보험 가입을 받아들였다.

펩시는 경품 추첨 행사를 통해 큰 금액의 당첨금을 지불할 수도 있는 불확실한 상황에 직면했고, 그 불확실성에 대한 두려움 때문에 발생 가능성이 매우 낮은 사건을 발생 가능성이 높다고 잘못 생각했다. 불확실성을 리스크로 착각한 것이다. 펩시는 2억 5,000만 달러의 손실 가능성을 감수하는 것이 아니라 1,000만 달러의 확정 손실을 감수하는 것을 선택했다. 물론 10억 달러 상금을 받은 사람은 없었다.

펩시 경품 추첨 행사 결과에 대해 얼마나 걱정하고 있느냐는 질문에 버핏은 펩시가 이런 행사를 더 자주 하면 좋겠다고 답했다고 한다. 아이러니한 점은 버크셔가 코카콜라의 최대 투자자인데도 불구하고 코카콜라 경쟁사인 펩시의 돈을 받을 수 있었다는 것이다!

대중의 지혜 분석 틀에서
불확실성과 리스크를 혼동하면

투자자들이 리스크와 불확실성을 혼동하면 주로 정보 처리 과정에 오류가 발생하며 이는 체계적 편향으로 이어져 대중의 지혜가 적절히 작동하지 못하게 된다(그림 8.1).

6장의 세브콘 사례에서 살펴본 것처럼, 세브콘이 최대 고객을 잃고 투자자들이 패닉에 빠지자 이들의 다양성이 훼손되었고 결국 모든 투자자가 동일한 청산가치 모형으로 세브콘을 평가하게 되었다.

7장에서 설명한 것처럼 빌 애크먼의 프레젠테이션이 촉발한 높은 불확실성 때문에 허벌라이프 채권 전망에 대한 컨센서스의 독립성이 훼손되었다. 많은 투자자가 불확실성을 잠재적 원금 손실 리스크로 잘못 해석했고, 그 결과 댄 크루거와 같은 영리한 투자자들은 이런 가격 오류 기회를 잘 활용할 수 있었다.

[그림 8.1] 정보 처리 과정에 오류가 발생해 잘못된 컨센서스가 형성된다

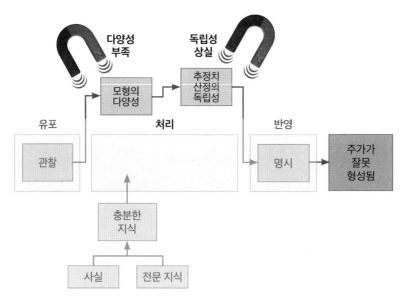

불확실성이 리스크로 변할 때

불확실성은 언제 리스크가 될까? 이 장의 서두에서 설명했듯이 리스크는 자본이 투입될 때만 발생하기 때문에 언제나 투자에 지불한 가격의 함수다.

그림 8.2에는 3장에서 설명한 테슬라 1년 목표 주가에 대한 컨센서스와 애널리스트 추정치를 비교해 테슬라의 주가를 표시했다.

[그림 8.2] 테슬라: 애널리스트들의 1년 목표 주가

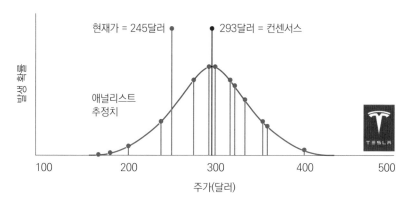

[그림 8.3] 테슬라: 컨센서스 추정치

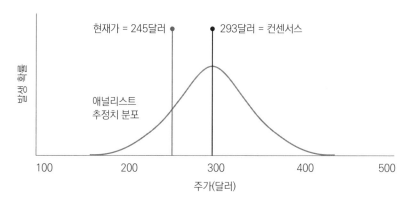

[그림 8.4] 테슬라: 컨센서스 목표 주가에 내재된 기대수익률

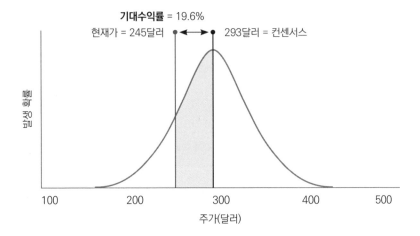

[그림 8.5] 테슬라: 주당 245달러에 투자할 때 내재된 리스크

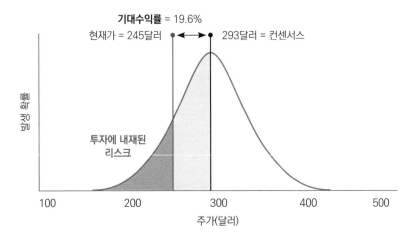

그림 8.3에는 애널리스트의 추정치들을 제거해 분포로 깔끔하게 나타냈다.

현재가 245달러와 1년 목표 주가 컨센서스 293달러의 차이는 테슬라에 투자했을 때의 기대수익률이며, 그림 8.4에 표시된 것처럼

[그림 8.6] 테슬라: 현재가보다 상승하면 불확실성은 있지만 리스크는 없다

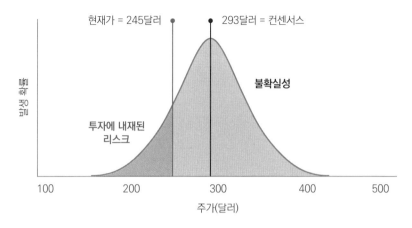

19.6%다.

그림 8.5를 보면 지불한 가격보다 실제 내재가치가 낮은 것으로 판명될 때 투자 손실이 발생한다는 것을 알 수 있다. 이 그림에서 현재가보다 낮은 경우는 차트에 갈색 음영으로 표시했고 이는 테슬라를 주당 245달러에 투자할 때 내재된 리스크를 의미한다.

현재가 이상으로 주가가 상승하는 경우도 불확실한 것은 마찬가지지만, 주가가 상승해서 원금 손실이 발생하지는 않으므로 리스크는 없다. 불확실성은 그림 8.6에서 회색 음영으로 표시되어 있으며 리스크와의 차이를 보여준다.

이 논의를 통해 내재가치의 예상 범위가 일정한 경우 주가가 변하면 리스크 수준도 달라진다는 것을 알 수 있다. 이 점을 설명하기 위해 그림 8.5에 표시된 초기 가정을 다시 확인해보자.

이제 그림 8.7과 같이 내재가치 예상 범위가 일정한 상태에서 주가가 245달러에서 278달러로 상승할 경우, 그림 8.8과 같이 기대

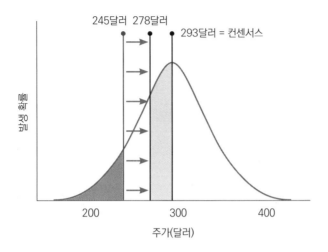

[그림 8.7] 테슬라: 주가가 245달러에서 278달러로 상승한다

245달러 278달러
293달러 = 컨센서스

발생 확률

200　　　300　　　400

주가(달러)

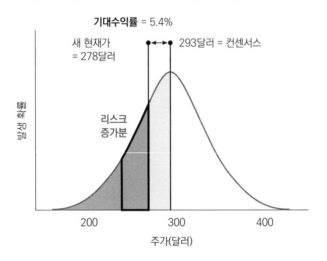

[그림 8.8] 테슬라: 주가 상승으로 기대수익률은 하락하고 리스크는 증가한다

기대수익률 = 5.4%

새 현재가
= 278달러
293달러 = 컨센서스

발생 확률

리스크
증가분

200　　　300　　　400

주가(달러)

수익률은 하락하고(19.6%에서 5.4%로 하락) 리스크는 크게 증가한다.

그 반대도 마찬가지다. 그림 8.9, 8.10, 8.11의 차트에 표시된 것처럼 주가가 278달러에서 245달러로 하락할 경우, 내재가치 예상

[그림 8.9] 테슬라: 주가 278달러일 때 투자에 내재된 리스크 수준

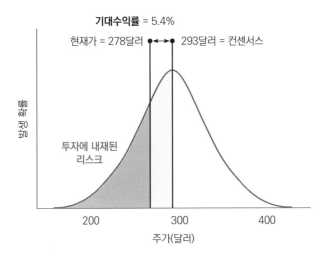

[그림 8.10] 테슬라: 주가가 278달러에서 245달러로 하락한다

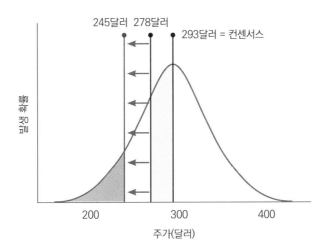

범위에는 변화가 없지만 기대수익률은 상승하고 리스크는 감소한다.

우리는 리스크를 원금 손실 가능성으로 정의하며, 이는 돈을 잃

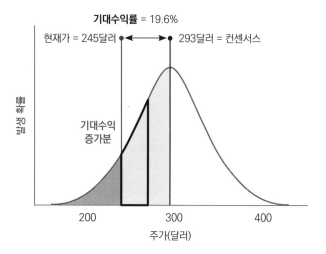

[그림 8.11] 테슬라: 주가 하락으로 기대수익률은 상승하고 리스크는 감소한다

기대수익률 = 19.6%

현재가 = 245달러

293달러 = 컨센서스

기대수익 증가분

200   300   400

주가(달러)

을 가능성과 동일하다. 따라서 미래는 본질적으로 불확실하지만 예시에서 볼 수 있듯이 자본이 투입되기 전까지는 리스크가 없으며 리스크 수준은 지불한 가격과 직접적인 관련이 있다.

모든 투자에서 리스크는 지불한 가격보다 실제 내재가치가 낮아 원금 손실이 발생할 가능성이다. 추정한 내재가치의 범위가 일정하게 유지되는 경우, 가격이 상승하면 기대수익률은 낮아지고 리스크는 높아진다. 반대로 가격이 하락하면 기대수익률은 높아지고 리스크는 낮아진다. 가격과 리스크는 양의 상관관계를 가지며, 지불한 가격이 높을수록 리스크도 높아진다.

안전마진은 리스크에 관한 것

벤저민 그레이엄은 《현명한 투자자》에서 리스크에 대해 한 장 전체를 할애했는데, 그의 리스크 개념은 안전마진에 대한 정의에 잘 드러나 있다. "건전한 투자의 비밀을 한마디로 요약하면 바로 안전마진이라는 좌우명이다." 그레이엄은 안전마진에 대해 아래와 같이 설명한다.

> 내재가치와 내재가치보다 낮은 주가, 그 차이가 바로 안전마진이다. 이 안
> 전마진이 계산 착오나 불운 탓에 발생하는 손실을 줄여줄 수 있다. 염가 종
> 목 투자자는 그 회사가 역경을 극복할 능력이 있는지에 관심을 집중한다.[5]

그림 8.12에서 주가와 내재가치 사이의 음영이 일반적으로 안전마진으로 인정되는 부분이다.

[그림 8.12] 안전마진은 기대수익률과 같다

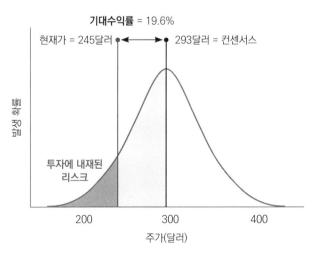

그레이엄은 이렇게 덧붙였다. "안전마진의 크기는 언제나 매수 가격에 좌우된다. 어떤 가격에 매수하면 안전마진이 충분하지만 그보다 높은 가격에 사면 안전마진이 작으며, 훨씬 더 높은 가격에 사면 안전마진이 전혀 없다."[6]

더 확실한 사업이 실제로는 더 위험할 수 있다

3장에서 설명한 것처럼 회사의 미래 현금흐름의 예측 가능성이 더 높다면 내재가치 추정치의 범위는 더 좁아질 것이다. 반대로 미래 현금흐름의 예측 가능성이 더 낮다면 내재가치 추정치의 범위는 더 넓어질 것이다. 그림 8.13에 애널리스트들이 발표한 맥코믹과 테슬라의 1년 목표 주가를 비교해 나타냈다.

처음 이 분석을 수행했을 당시 맥코믹의 주가는 85달러로 애널리스트들의 1년 목표 주가 컨센서스인 79달러를 상회했다. 아이러니하게도 맥코믹의 미래 현금흐름은 테슬라보다 예측 가능성이 높고 확실했지만, 당시 애널리스트들의 예측이 맞았다면 안전마진이 없기 때문에 맥코믹 주식은 더 위험했다(그림 8.14).

불확실성과 리스크는 동의어가 아니라는 점을 다시 한번 강조한다. 불확실성이 작다고 해서 자동으로 리스크가 줄어드는 것은 아니다. 실제로 현금흐름이 더 확실한 회사의 주식이 현금흐름이 덜 확실한 회사의 주식보다 위험할 수 있는데, 이는 지불한 가격과 안전마진의 존재 여부에 따라 리스크 수준이 달라지기 때문이다.

[그림 8.13] 맥코믹과 테슬라의 1년 목표 주가 컨센서스

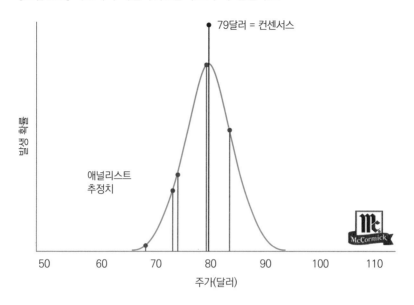

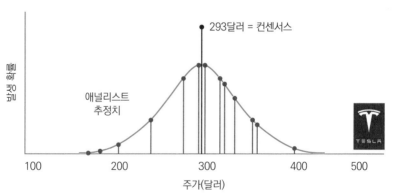

투자에는 시간이 매우 중요하다

펀드매니저는 원금 손실 리스크뿐만 아니라 벤치마크 대비 성과

[그림 8.14] 맥코믹과 테슬라의 리스크 비교

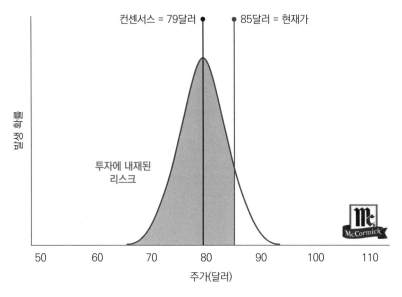

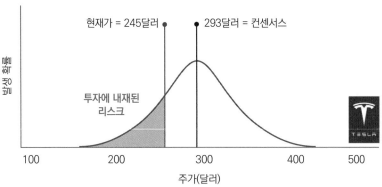

가 부진할 리스크도 고려해야 한다. 그럼에도 불구하고 펀드매니
저, 애널리스트, 증권사 영업직원 대부분이 회사의 내재가치를 추
정하는 데는 많은 시간을 할애하는 반면, 투자 기간을 고민하는 데
는 거의 시간을 할애하지 않는다는 사실은 매우 놀랍다. 시간은 투

자수익률의 핵심 요소이므로 투자 기간을 간과하는 것은 중대한 실수다.

투자 기간을 잘못 계산할 때의 리스크를 이야기하기 전에 투자 수익률에서 시간이 왜 그렇게 중요한 요소인지 알아보자.

수익률을 높이는 방법 알아보기

2013년 내셔널지오그래픽 채널에서 방영된 리얼리티 TV 프로그램인 '멜트다운(Meltdown)'은 투자의 세 가지 요소를 이해하는 것이 얼마나 중요한지 보여주는 좋은 사례다. 이 이야기는 실제 수익률에 시간이 매우 중요한 요소라는 것을 보여준다.

내셔널지오그래픽 웹사이트에서는 '멜트다운'을 "도시 보물 사냥꾼 세 명이 시장과 치열한 경쟁을 벌이며 의외의 장소에서 귀금속을 찾아내 녹여 현금으로 바꾸는 이야기"라고 설명한다.[7] 이 프로그램에서 주인공 세 명은 자신이 살고 있는 도시를 샅샅이 뒤져 귀금속이 들어 있는 아이템을 구입하고, 이를 제련소로 가져가 추출하여 현금으로 교환한다. 사냥꾼들의 목표는 돈을 잃지 않고 단기간에 적정 수준의 수익을 올리는 것이다.

'관 위의 현금'이라는 에피소드에서 문신을 한 바이커이자 사막의 폭풍 참전 용사인 디에고 칼리나완(Diego Calinawan)이 금을 찾아 장례식장에 방문한다. 그는 고인의 이니셜이 관의 헤드 패널[8]에 새겨져 있는, 사용하지 않은 관을 발견한다(가족은 마지막 순간에 시신을 화장하기로 결정했다). 장례식장 책임자가 이니셜이 금으로 만들어졌다고 말해줬지만 순도는 알 수 없었다. 관을 구입하기 전에 디에고는 "실제로 금이 얼마나 있는지 모르기 때문에 가격을 훨씬 낮춰야 한다"고 설명했다. 장례식장 주인과 오랜 협상 끝에 디에고는 관을 450달러에 구입했다. 그는 관을 픽업트럭 뒤에 싣고 창고로 가서 썰매 망치로 관을 부수고 금을 꺼냈다.

흥미롭게도 각 에피소드에는 "얼마에 살 수 있는지 알아내야 해" "시간이 돈이니 제련소가 문 닫기 전에 가져와야 해" "이만한 가치가 있으려면 금이 충분해야 해" "순도나 무게를 모르니 최대한 돈을 적게 줘야 손해 보지 않아" 등과 같은 문구들이 반복적으로 등장하는데 여기에는 투자에 중요한 요소들이 포함되어 있다.

예능 프로그램 속 출연자들이 직면하는 상황에 반복적으로 나타나는 세 가지 요소가 있다.

- 그들이 무엇을 사려고 하든 지불해야 하는 가격: 디에고의 경우 관을 사기 위해 지출한 450달러
- 제련소에서 받은 현금
- 아이템을 찾아서 구입하고 금을 확보해 제련소로 이동하는 데 걸리는 시간

이 세 가지 요소를 사용하면 예능에서 디에고가 월급날이라고 부르는 결산일의 수익률을 계산할 수 있다. 수익률을 계산하는 공식은 간단하며 가치와 가격, 시간이 들어간다.

$$\text{수익률} = \left[\left(\frac{\text{최종 가치}}{\text{최초 가치}} \right)^{\frac{1}{\text{투자 햇수}}} \right] - 1$$

이해하기 쉽게 표현하면 아래와 같다.

$$\text{수익률} = \left[\left(\frac{\text{디에고가 수령한 현금}}{\text{디에고가 지출한 현금}} \right)^{\text{디에고가 현금을 수령하는 데 걸린 시간}} \right] -1$$

디에고는 관에서 이니셜을 분리한 뒤 KFG라는 제련소로 가져가 금을 녹여 현금으로 교환했다. KFG 소유주인 사이먼(Simon)은 휴대용 엑스레이 형광 분석기를 사용해 금 함량이 75%임을 확인했고, 그 결과 금 46.7그램이 산출되었다.[9] 디에고는 이 거래에서 1,510달러를 받아 이익 1,060달러를 얻었다. 수익률을 계산해보면 디에고가 관을 잘 구입했음을 알 수 있다.

$$\text{수익률} = \left[\left(\frac{\text{1,510달러}}{\text{450달러}} \right)^{\text{1일}} \right] -1$$

$$= 235\%$$

디에고는 단 하루 만에 235% 투자수익을 올렸고, 연간으로 환산하면 엄청난 수익률이다.

주식의 투자수익률은 지불한 가격, 얻은 가치, 수익이 실현되는 데 걸리는 시간이라는 세 가지 요소에 의해 결정되며 다음 공식으로 나타낼 수 있다.

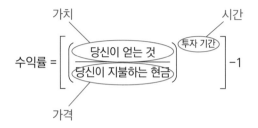

$$수익률 = \left[\frac{당신이\ 얻는\ 것}{당신이\ 지불하는\ 현금} \right]^{투자\ 기간} - 1$$

가치 / 시간 / 투자 기간 / 가격

아직 투자하지 않은 잠재적인 투자 대상을 평가하고 있다는 사실을 고려해 공식을 약간 변형해보자. 미래에 어떤 일이 일어날지, 투자로 얼마를 벌 수 있을지 확실하지 않으니 우리가 얻는 것을 가치 추정치로, 지불하는 것을 현재가로, 시간을 예상 투자 기간으로 바꿔 공식을 써보자.

$$기대수익률 = \left[\left(\frac{가치\ 추정치}{현재가} \right)^{예상\ 투자\ 기간} \right] - 1$$

주식의 기대수익률 계산법을 설명하기 위해 ZRS코퍼레이션(ZRS Corporation) 주식을 예로 들어보겠다. 현재가는 5.85달러이고 4년 이내에 주당 10.25달러의 가치가 될 것으로 예상된다. 다음 계산식에서 보이듯이 연 기대수익률은 15.0%다.

$$기대수익률 = \left[\left(\frac{10.25달러}{5.85달러} \right)^{\frac{1}{4}} \right] - 1$$

$$= \left[(1.75)^{0.25} \right] - 1$$

$$= 1.15 - 1$$

$$= 연\ 15\%$$

기대수익률 공식의 세 가지 요소 중 주식을 매수하기 위해 지불할 가격인 현재가는 유일하게 미리 알려진 항목이며, 주식 시세를 보면 쉽게 알 수 있다. 나머지 두 요소인 가치 추정치와 예상 투자 기간은 추정치이며, 이를 그림으로 나타내면 그림 8.15와 같다.

현재가 5.85달러, 가치 추정치 10.25달러, 예상 투자 기간 4년을 수익률 공식에 대입하면 연 15.0%의 기대수익률을 계산할 수 있다. 그림 8.16에는 이 세 가지 요소로 계산한 기대수익률을 표시했다.

투자의 기본 가정은 주가가 예상 투자 기간 내에 가치 추정치에 수렴해갈 것이라는 것이다. 그러나 가치 추정치가 틀렸거나 현재가와 가치 추정치의 차이를 좁히는 데 예상보다 오랜 시간이 걸리면 실제 수익률은 예측한 것보다 낮을 것이다.

예를 들어 가치 추정치 예상이 맞아서 실제 가치가 10.25달러이더라도 주식이 그 가격에 도달하는 데 4년이 아니라 7년이 걸린다

[그림 8.15] **투자수익률의 세 가지 요소**

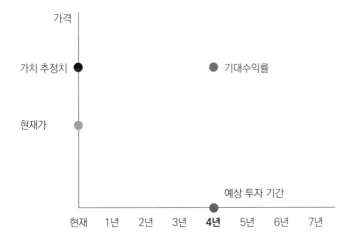

       8장. 리스크 평가

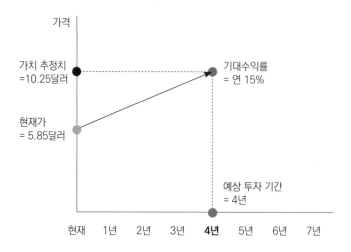

[그림 8.16] 기대수익률

가격

가치 추정치
=10.25달러

기대수익률
= 연 15%

현재가
= 5.85달러

예상 투자 기간
= 4년

현재 1년 2년 3년 **4년** 5년 6년 7년

면, 그림 8.17에서 보는 것처럼 수익률은 절반에 가까운 연 8.3%로 떨어진다.

이 예는 시간이 수익률에 중요한 요소임을 보여준다. 반면 가격이 가치에 수렴하는 투자 기간에 대한 예상은 맞았지만 ZRS 주식의 가치를 잘못 추정해 4년 후 실제 가치가 7.00달러에 불과한 경우, 그림 8.18과 같이 수익률은 연 4.6%로 떨어진다.

이제 수익률의 구성 요소와 수익률의 요소로서 시간이 가지는 중요성을 알아봤으니, 내재가치와 예상 투자 기간을 추정할 때 정확도와 정밀도를 높여서 리스크를 크게 줄일 방법에 대해 논의해보자.

[그림 8.17] 투자 기간 예측에 실패했을 때

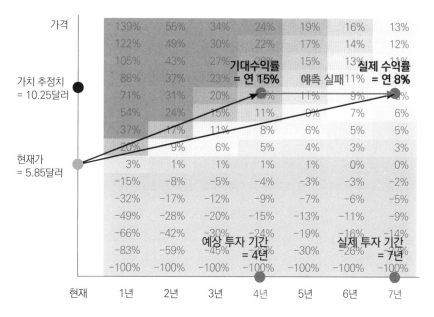

가격	139%	55%	34%	24%	19%	16%	13%
	122%	49%	30%	22%	17%	14%	12%
	105%	43%	27%	20%	15%	13%	11%
가치 추정치 = 10.25달러	88%	37%	23%	기대수익률 = 연 15%	15%	13%	실제 수익률 = 연 8%
	71%	31%	20%		11%	9%	
	54%	24%	15%	11%	9%	7%	6%
	37%	17%	11%	8%	6%	5%	5%
	20%	9%	6%	5%	4%	3%	3%
현재가 = 5.85달러	3%	1%	1%	1%	1%	0%	0%
	−15%	−8%	−5%	−4%	−3%	−3%	−2%
	−32%	−17%	−12%	−9%	−7%	−6%	−5%
	−49%	−28%	−20%	−15%	−13%	−11%	−9%
	−66%	−42%	−30%	예상 투자 기간 = 4년	−19%	실제 투자 기간 = 7년	−14%
	−83%	−59%	−45%		−30%	−26%	
	−100%	−100%	−100%	−100%	−100%	−100%	−100%
	현재	1년	2년	3년	4년	5년	6년	7년

[그림 8.18] 내재가치 추정에 실패했을 때

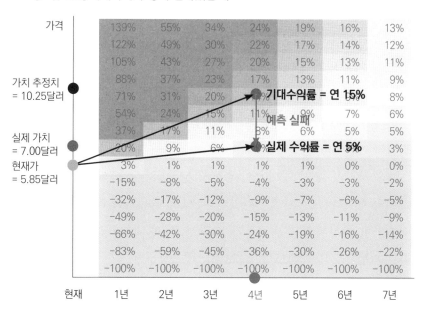

가격	139%	55%	34%	24%	19%	16%	13%
	122%	49%	30%	22%	17%	14%	12%
	105%	43%	27%	20%	15%	13%	11%
가치 추정치 = 10.25달러	88%	37%	23%	17%	13%	11%	9%
	71%	31%	20%	기대수익률 = 연 15%			8%
	54%	24%	15%	예측 실패		7%	6%
	37%	17%	11%	6%	5%	5%
실제 가치 = 7.00달러	20%	9%	6%	실제 수익률 = 연 5%		3%
현재가 = 5.85달러	3%	1%	1%	1%	1%	0%	0%
	−15%	−8%	−5%	−4%	−3%	−3%	−2%
	−32%	−17%	−12%	−9%	−7%	−6%	−5%
	−49%	−28%	−20%	−15%	−13%	−11%	−9%
	−66%	−42%	−30%	−24%	−19%	−16%	−14%
	−83%	−59%	−45%	−36%	−30%	−26%	−22%
	−100%	−100%	−100%	−100%	−100%	−100%	−100%
	현재	1년	2년	3년	4년	5년	6년	7년

내재가치 추정의 정확도와 정밀도 향상이 리스크에 미치는 영향

이전 장에서 설명했듯이 투자자는 내재가치를 가능한 한 좁은 범위로 추정하는 것을 목표로 내재가치 추정치의 정확도와 정밀도를 높이기 위해 리서치를 수행한다.

그림 8.19는 정확도와 정밀도의 차이를 보여준다. 6.5×47 라푸아(Lapua, 탄약 전문업체 라푸아가 개발한 0.338구경의 저격 소총용 탄약 – 옮긴이)가 장착된 볼트 액션 엘리세오 RTS 튜베건(bolt action Eliseo RTS Tubegun)을 사용했고 200야드(183미터) 거리에서 표적을 사격했다. 200야드 거리에서는 신기루로 인해 일반 표적의 고리가 잘 보이지 않기 때문에, 과녁 중앙이 아니라 블랙박스 중앙이 실제 표적이다.[10] 이 거리에서 탄착점 간 거리 차가 0.5인치(1.27센티미터) 이내이면 매우 정밀한 수준으로 간주된다.

이 훈련에서 낮은 정확도와 낮은 정밀도가 결합하면 한눈에 보아도 좋은 결과가 아니다. 낮은 정확도와 높은 정밀도가 결합하면 목표물을 완전히 놓칠 수 있기 때문에 더 나쁘다. 높은 정확도와 낮은 정밀도의 조합이 그보다 더 낮고, 높은 정확도와 높은 정밀도의 조합이 가장 이상적인 결과다.

다음 사례를 보면 내재가치 추정의 정확도가 높아질 때 리스크가 어떻게 줄어드는지 알 수 있다. 주식의 현재가가 80달러이고, 내재가치 추정치의 컨센서스가 85달러, 실제 내재가치는 95달러라는 가정으로 시작해보자(그림 8.20).

당신이 리서치를 해봤더니 주당 내재가치가 90달러로 추정되고

[그림 8.19] 정확도와 정밀도의 차이

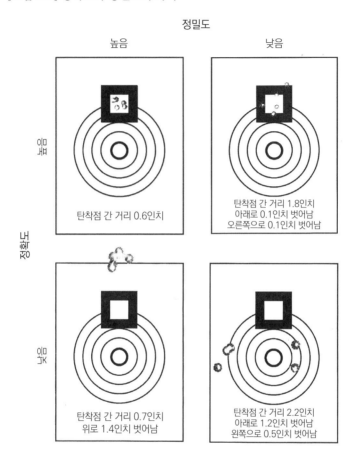

정밀도

높음 　　　　　　　　낮음

탄착점 간 거리 0.6인치

탄착점 간 거리 1.8인치
아래로 0.1인치 벗어남
오른쪽으로 0.1인치 벗어남

탄착점 간 거리 0.7인치
위로 1.4인치 벗어남

탄착점 간 거리 2.2인치
아래로 1.2인치 벗어남
왼쪽으로 0.5인치 벗어남

그 추정이 정확하다고 생각한다면, 실제 내재가치인 95달러에 더 가깝기 때문에 당신의 추정치가 컨센서스보다 더 정확하다고 할 수 있다. 그림 8.21에서 회색 음영 영역은 당신의 추정치 정확도가 컨센서스보다 높다는 것을 나타내고, 갈색 음영 영역은 당신의 추정치에 내재된 리스크를 나타낸다.

[그림 8.20] 초기 가정

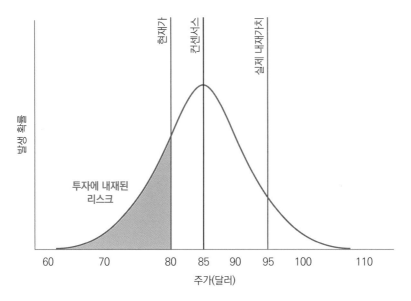

현재가 / 컨센서스 / 실제 내재가치

발생 확률

투자에 내재된
리스크

60   70   80   85   90   95   100   110

주가(달러)

[그림 8.21] 정확도가 높아진 리서치 결과

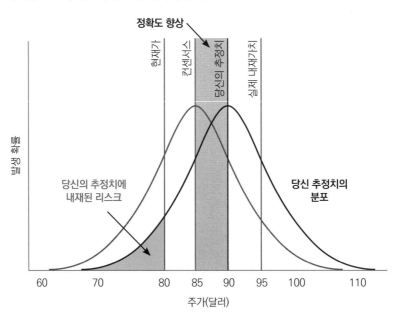

정확도 향상

현재가 / 컨센서스 / 당신의 추정치 / 실제 내재가치

발생 확률

당신의 추정치에
내재된 리스크

**당신 추정치의
분포**

60   70   80   85   90   95   100   110

주가(달러)

[그림 8.22] 정확도가 높아지면 리스크가 감소한다

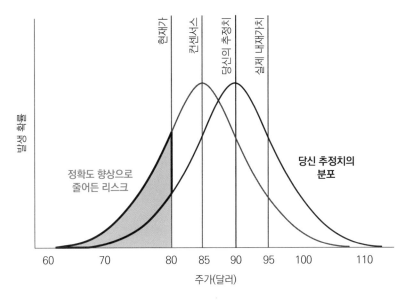

그림 8.22는 내재가치 추정치의 정확도가 높아질 때 감소하는 리스크 수준을 보여준다.

그다음 사례에서는 조금 전의 사례와 동일한 가정을 사용하여, 내재가치 추정치의 정밀도가 높아질 때 리스크가 어떻게 감소하는지 보여준다(그림 8.23, 8.24, 8.25).

리서치를 완료했을 때(추정치가 정확하다고 가정) 당신의 추정치가 컨센서스보다 더 정밀하다면 불확실성이 줄어들어 그림 8.24와 같이 투자에 내재된 리스크가 감소한다.

그림 8.25는 내재가치 추정치의 정밀도가 높아질 때 감소하는 리스크 수준을 보여준다.

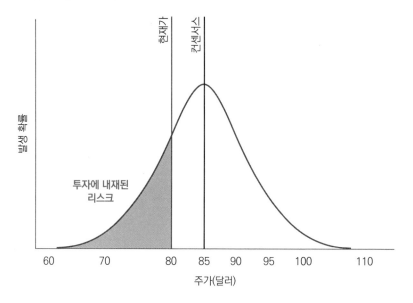

[그림 8.23] 초기 가정

현재가
컨센서스
일어날 확률
투자에 내재된
리스크
60 70 80 85 90 95 100 110
주가(달러)

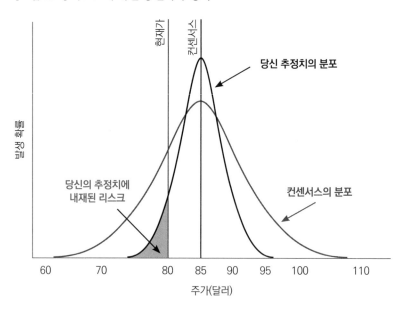

[그림 8.24] 리스크에 대한 당신의 추정치

현재가
컨센서스
일어날 확률
당신 추정치의 분포
당신의 추정치에
내재된 리스크
컨센서스의 분포
60 70 80 85 90 95 100 110
주가(달러)

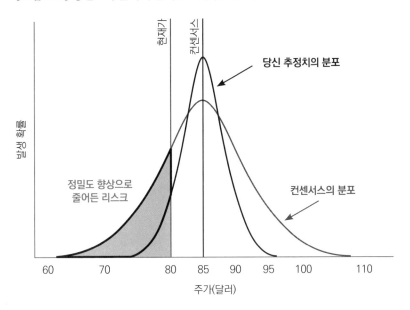

[그림 8.25] 정밀도가 높아지면 리스크가 감소한다

방금 설명한 것처럼 정확도와 정밀도가 높아지면 각각의 경우 모두 리스크가 감소한다. 그러나 정확도와 정밀도가 동시에 높아지면 리스크는 훨씬 더 크게 감소한다. 이를 설명하기 위해 앞의 두 사례와 동일한 가정을 사용해 그림 8.26에 초기 가정을 표시했다.

그림 8.27에 표시된 것처럼 내재가치 추정치의 정확도와 정밀도가 동시에 높아졌기 때문에(추정치가 정확하다고 가정) 리스크 수준이 크게 낮아진다.

그림 8.28은 정확도와 정밀도가 동시에 높아질 때 감소하는 리스크 수준을 보여준다.

[그림 8.26] 초기 가정

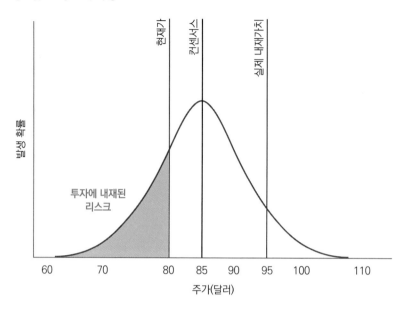

[그림 8.27] 정확도와 정밀도가 동시에 높아지면 리스크가 크게 감소한다

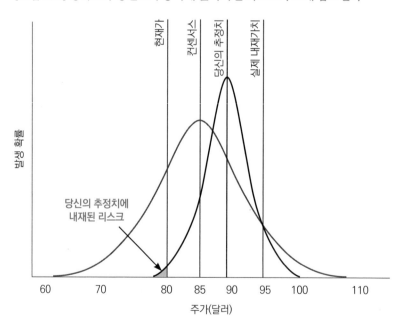

[그림 8.28] 정확도와 정밀도가 동시에 높아질 때 감소한 리스크 수준

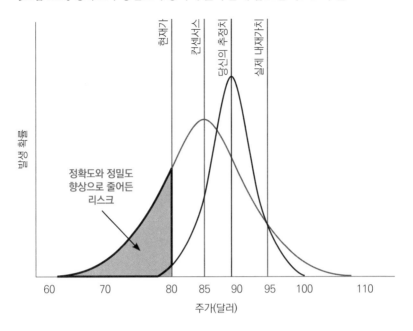

투자 기간 예측의 정확도와 정밀도 향상이 리스크에 미치는 영향

투자에서 수익률을 높이려면 내재가치를 정확하게 추정하는 것 만으로는 충분하지 않다. 투자 아이디어가 실현되는 데 걸리는 투 자 기간에 따라 연 수익률이 달라지므로 현재가와 내재가치 사이 의 격차가 줄어드는 데 걸리는 시간도 정확하게 추정해야 한다.

내재가치가 하나의 값이 아니라 범위로 존재한다는 것을 인식하 는 것이 중요하듯, 예상 투자 기간도 범위로 존재한다고 생각하는 것이 좋다(그림 8.29).

8장. 리스크 평가

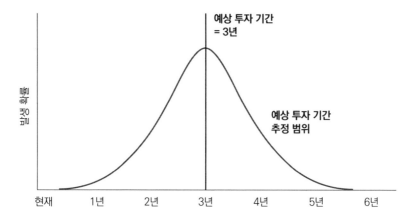

[그림 8.29] 예상 투자 기간의 범위

예상 투자 기간
= 3년

예상 투자 기간
추정 범위

현재   1년   2년   3년   4년   5년   6년

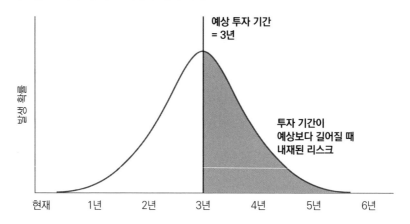

[그림 8.30] 투자 기간 예측에 내재된 리스크

예상 투자 기간
= 3년

투자 기간이
예상보다 길어질 때
내재된 리스크

현재   1년   2년   3년   4년   5년   6년

그림 8.30의 갈색 음영 영역은 투자 기간이 예상보다 길어질 때 투자에 내재된 리스크를 보여준다.

그림 8.31에 표시된 것처럼 예상 투자 기간을 과소평가하는 것 역시 수익률을 감소시키기 때문에 리스크의 원인이 된다.

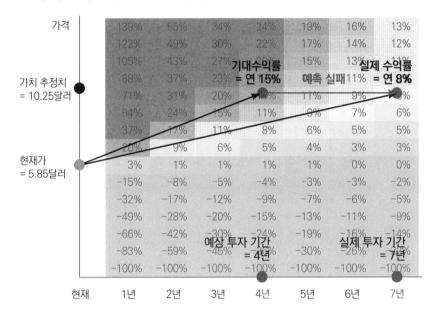

[그림 8.31] 투자 기간 예측에 실패했을 때

가격							
139%	55%	34%	24%	19%	16%	13%
122%	49%	30%	22%	17%	14%	12%
105%	43%	27%	20%	15%	13%	11%
88%	37%	23%	16%	11%	9%	8%
71%	31%	20%	13%	11%	9%	8%
54%	24%	15%	11%	9%	7%	6%
37%	17%	11%	8%	6%	5%	5%
20%	9%	6%	5%	4%	3%	3%
3%	1%	1%	1%	1%	0%	0%
−15%	−8%	−5%	−4%	−3%	−3%	−2%
−32%	−17%	−12%	−9%	−7%	−6%	−5%
−49%	−28%	−20%	−15%	−13%	−11%	−9%
−66%	−42%	−30%	−24%	−19%	−16%	−14%
−83%	−59%	−45%	−37%	−30%	−26%	−23%
−100%	−100%	−100%	−100%	−100%	−100%	−100%

기대수익률 = 연 15%
예측 실패
실제 수익률 = 연 8%

가치 추정치 = 10.25달러

현재가 = 5.85달러

예상 투자 기간 = 4년
실제 투자 기간 = 7년

현재　1년　2년　3년　4년　5년　6년　7년

리스크와 남다른 생각
: 내재가치 분포를 투자자에게 유리하게 만들기

이 장에서는 간단히 설명하기 위해 내재가치의 범위를 하나의 추정치 중심으로 정규분포로 나타냈다. 정규분포는 현재가와 내재가치의 관계를 강조하고, 지불한 가격이 리스크 수준을 결정한다는 것을 설명하는 데 유용하다. 그러나 현실적으로 투자자는 내재가치의 각 추정치에 대해 정확한 확률을 알 수 없기 때문에 내재가치 분포의 실제 모양을 알기는 어렵다.

그럼에도 불구하고 투자자는 리서치를 통해 내재가치 추정치 분

355　　　　　　　　　　　　　　　　　　　　　　　　8장. 리스크 평가

포를 자신에게 유리하게 바꾸어 리스크를 줄일 수 있으니 다음 사례로 살펴보자. 내재가치 범위, 현재가 70달러, 내재가치 컨센서스 75달러를 정규분포 그래프에 표시했다(그림 8.32). 그래프에서 현재가의 왼쪽 영역은 앞에서 설명한 것처럼 투자에 내재된 리스크를 의미한다.

이제 투자자가 자세한 리서치를 통해 남다른 생각을 하게 되었고, 이로 인해 컨센서스보다 손실 리스크가 줄어들었다고 생각해보자. 그림 8.33과 같이 투자자의 내재가치 분포는 상승 쪽으로 비스듬히 기울어져 형성될 것이다.

그림 8.34를 보면 분포가 상승 쪽으로 기울어졌기 때문에 투자에 내재된 리스크가 크게 감소했다는 것을 알 수 있다.

내재가치 추정치 분포가 한쪽 방향으로 기울어 형성되면 투자수

[그림 8.32] 투자에 내재된 리스크

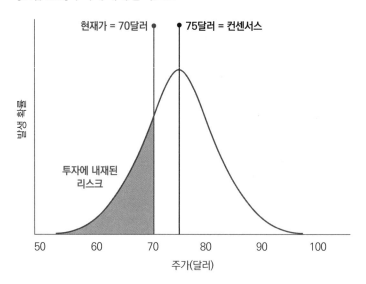

[그림 8.33] 일반적인 정규분포와 비대칭분포

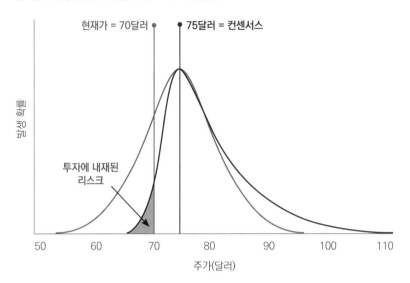

[그림 8.34] 비대칭분포로 인해 리스크가 감소한다

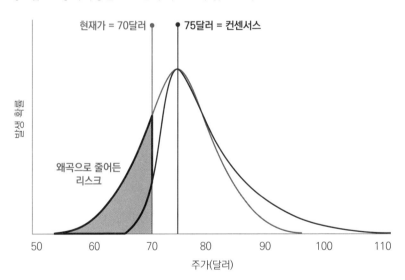

8장. 리스크 평가

익률은 비대칭적이 된다. 추정치 분포가 상방으로 기울어지면 하방보다 상방 영역이 많기 때문에 수익 가능성이 극대화하고 내재된 리스크는 최소화된다. 반면 추정치 분포가 하방으로 기울어지면 상방보다 하방 영역이 더 많기 때문에 반대의 결과가 나온다. 현명하고 경험이 풍부한 투자자들은 항상 상방으로 기울어진 분포를 가진 기회를 찾으려고 한다.

예를 들어 그림 8.35에서 클로버랜드의 내재가치에 대한 컨센서스는 정규 분포가 아니라 하방으로 기울어진 분포를 보이고 있다. 현재가는 85달러, 내재가치는 107달러이고 원금 손실 리스크는 왼쪽의 갈색 음영 영역으로 표시되어 있다.

목재는 유형자산이기 때문에 투자자 대부분은 시간이 지나도 목재의 가치가 크게 변하지 않을 것이라고 가정한다. 그래서 그림에서 볼 수 있듯이 클로버랜드의 가치는 내재가치 추정치인 107달러 대비 크게 상승할 가능성은 거의 없다. 반면 회사가 잘못 관리하거나 과도하게 벌목하거나 심각한 병충해가 발생하는 등 내재가치를 낮출 수 있는 시나리오는 다양하다.

7장에서 논의한 것처럼 브라운필드캐피털의 존 헬브는 그림 8.36에서 보듯이 회사의 가치에 대해 남다른 생각을 가지고 있었고 컨센서스와는 다른 내재가치 범위를 생각하고 있었다. 헬브는 자신의 투자에도 손실이 발생할 가능성이 있다는 것을 알고 있었지만, 그림에서 보듯이 리스크 가능성은 작다고 생각했다. 헬브가 생각하는 대로 회사 매각에 성공하면 내재가치 추정치는 142달러가 되며, 그림에서 보듯이 이 추정치보다 훨씬 낮아질 가능성은 작았다. 헬브는 남들과 다른 생각을 했기 때문에 손실을 볼 가능성이

[그림 8.35] 클로버랜드 내재가치의 컨센서스에 내재된 리스크

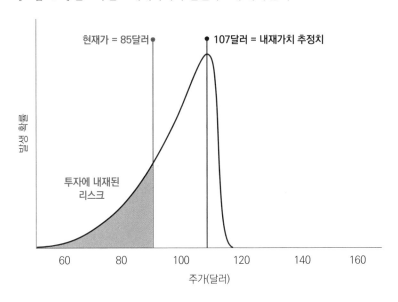

[그림 8.36] 헬브의 남다른 생각 덕분에 투자 리스크가 감소한다

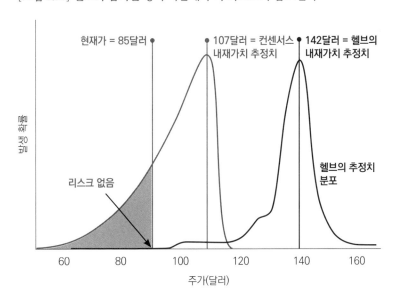

8장. 리스크 평가

없다고 생각했고 리스크 역시 없다고 판단했다.

언더퍼폼 리스크

지금까지 리스크에 대한 논의는 그림 8.37처럼 마이너스 수익률
로 표시되는 원금 손실 가능성으로 한정했다.

그러나 1장에서 설명한 것처럼 투자에는 항상 기회비용이 있기
때문에 펀드매니저의 성과는 절대 수익률로만 평가받지 않는다.
펀드매니저의 성과는 S&P500 또는 러셀2000 같은 지수를 벤치마
킹한다. 투자자에게는 인덱스펀드 투자와 같은 대안이 있으므로,

[그림 8.37] 히트맵: 원금 손실 리스크

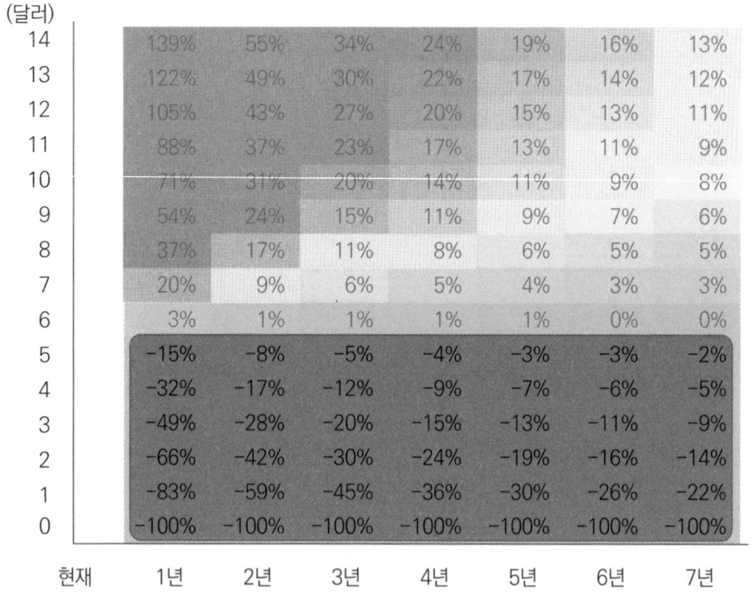

(달러)

	현재	1년	2년	3년	4년	5년	6년	7년
14		139%	55%	34%	24%	19%	16%	13%
13		122%	49%	30%	22%	17%	14%	12%
12		105%	43%	27%	20%	15%	13%	11%
11		88%	37%	23%	17%	13%	11%	9%
10		71%	31%	20%	14%	11%	9%	8%
9		54%	24%	15%	11%	9%	7%	6%
8		37%	17%	11%	8%	6%	5%	5%
7		20%	9%	6%	5%	4%	3%	3%
6		3%	1%	1%	1%	1%	0%	0%
5		-15%	-8%	-5%	-4%	-3%	-3%	-2%
4		-32%	-17%	-12%	-9%	-7%	-6%	-5%
3		-49%	-28%	-20%	-15%	-13%	-11%	-9%
2		-66%	-42%	-30%	-24%	-19%	-16%	-14%
1		-83%	-59%	-45%	-36%	-30%	-26%	-22%
0		-100%	-100%	-100%	-100%	-100%	-100%	-100%

펀드매니저가 시장 수익률 대비 부진한 성과를 보이면 투자금을 회수당할 수 있다. 따라서 펀드매니저 대부분은 시장 대비 성과가 부진할 것을 우려한다.

클로버랜드 사례에서 헬브는 방금 언급한 이유로 시장 수익률 대비 부진한 성과를 내는 것에 민감했다. 결과적으로 예상 투자 기간에 대한 그의 남다른 생각은 투자에서 중요한 요소였다. 그림 8.38에서 보는 바와 같이 그의 예상 투자 기간은 컨센서스와 크게 달랐다.

헬브의 생각대로 5년 이내에 회사 매각이 이루어지면 클로버랜드 주식은 시장 수익률을 상회할 것이지만, 컨센서스보다 더 오랜 시간이 지나 회사 매각이 성사되면 시장 수익률을 하회할 것이다 (그림 8.39). 헬브는 시장보다 더 높은 수익을 내야 하는 펀드매니저이기 때문에 타이밍을 잘 잡는 것이 투자에 중요하다는 것을 잘 알

[그림 8.38] 예상 투자 기간에 대한 헬브의 남다른 생각

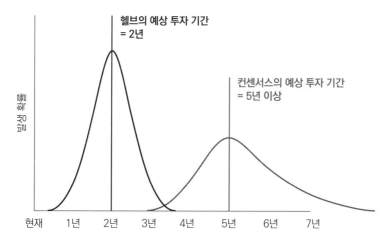

8장. 리스크 평가

[그림 8.39] 시장 수익률과 같아지는 데 필요한 클로버랜드 투자 기간

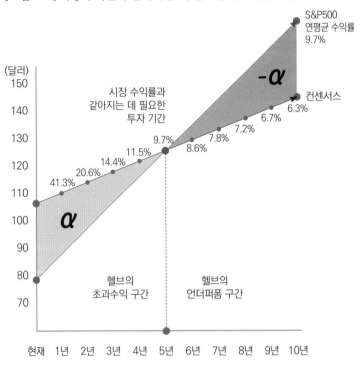

고 있었다.

펀드매니저 대부분이 자신의 성과를 시장과 비교하는 것에 신경을 쓰는 반면, 성공한 투자자들은 이를 그다지 중요하게 생각하지 않는다. 1984년 TV 프로그램 '애덤 스미스의 머니 월드(Adam Smith's Money World)'에서 워런 버핏은 "투자에 스트라이크 선언은 없다"라는 명언을 남겼다. 기회를 놓친다고 해서 피해를 입는 것이 아니므로, 투자자는 자신의 투자 기준에 맞는 기회를 찾지 못하더라도 과도한 부담을 느껴서는 안 된다는 의미다.

그러나 컬럼비아대학교의 브루스 그린왈드 교수는 인덱스펀드

[그림 8.40] 히트맵: 언더퍼폼 리스크

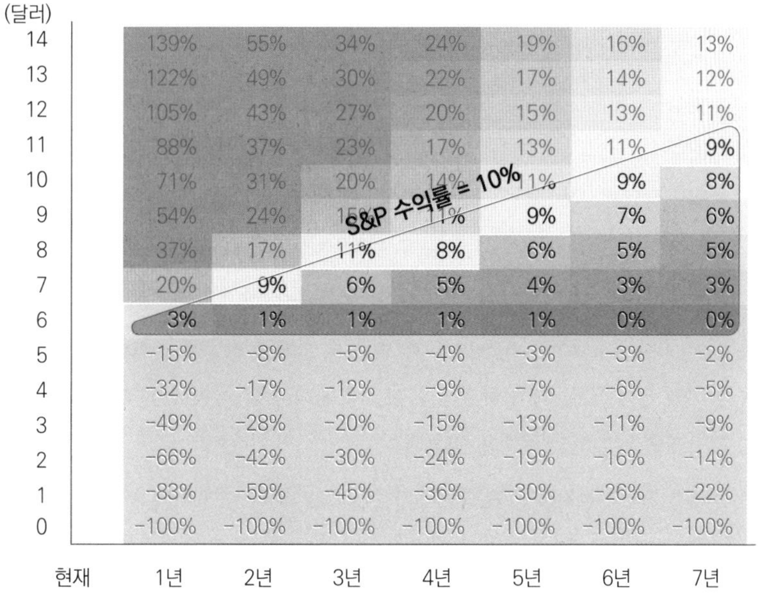

(달러)

	현재	1년	2년	3년	4년	5년	6년	7년
14		139%	55%	34%	24%	19%	16%	13%
13		122%	49%	30%	22%	17%	14%	12%
12		105%	43%	27%	20%	15%	13%	11%
11		88%	37%	23%	17%	13%	11%	9%
10		71%	31%	20%	14%	11%	9%	8%
9		54%	24%	11%		9%	7%	6%
8		37%	17%	11%	8%	6%	5%	5%
7		20%	9%	6%	5%	4%	3%	3%
6		3%	1%	1%	1%	1%	0%	0%
5		-15%	-8%	-5%	-4%	-3%	-3%	-2%
4		-32%	-17%	-12%	-9%	-7%	-6%	-5%
3		-49%	-28%	-20%	-15%	-13%	-11%	-9%
2		-66%	-42%	-30%	-24%	-19%	-16%	-14%
1		-83%	-59%	-45%	-36%	-30%	-26%	-22%
0		-100%	-100%	-100%	-100%	-100%	-100%	-100%

S&P 수익률 = 10%

에 투자한다는 대안이 있다고 지적하며 "펀드매니저가 완벽한 공이 날아오길 기다리는 동안 인덱스펀드는 계속 점수를 올리고 있다"라는 농담으로 반박했다. 이런 이유로 펀드매니저 대부분은 벤치마크와의 상대 수익률을 중요하게 생각한다.[11]

그림 8.37과 8.40에서 볼 수 있듯이 모든 투자 기회에는 원금 손실 리스크와 언더퍼폼 리스크라는 두 가지 리스크가 존재한다.

8장. 리스크 평가

- 불확실성은 그 자체로는 아무런 해가 없으므로 어떤 리스크도 따르지 않는다. 불확실한 결과에 투자자가 자본을 투입할 때만 리스크에 노출된다.

- 일반적으로 사람들은 확실한 것을 원하고 불확실한 것을 싫어한다. 확실성이 있으면 안전하고 상황을 잘 파악하고 있으며 통제할 수 있다고 느끼게 된다. 반면에 불확실성이 있으면 불안하고 의심스럽고 무기력하게 되며 결과적으로 두려움을 느낀다. 우리는 무엇을 두려워할까? 우리는 손실 또는 피해 볼 가능성을 두려워하는데, 이것이 불확실성과 리스크를 구별하지 못하는 이유다.

- 모든 투자에서 가장 일반적인 리스크는 지불한 가격보다 실제 내재가치가 낮아서 원금 손실이 영구적으로 발생할 가능성이다. 내재가치가 일정하게 유지되는 경우, 가격이 상승하면 기대수익률은 낮아지고 리스크는 높아진다. 반대로 가격이 하락하면 기대수익률은 높아지고 리스크는 낮아진다. 가격과 리스크는 양의 상관관계를 가지며, 지불한 가격이 높을수록 리스크도 높아진다.

- 불확실성과 리스크는 동의어가 아니다. 불확실성이 작다고 해서 자동으로 리스크가 낮아지는 것은 아니다. 실제로 현금흐름이 확실한 회사의 주식이 현금흐름이 불확실한 회사보다 리스크가 더 클 수 있는데, 이는 리스크가 불확실성의 함수가 아니라 지불한 가격의 함수이기 때문이다.

- 정확도와 정밀도가 높아지면 각각의 경우 모두 리스크가 감소한다. 그러나 정확도와 정밀도가 동시에 높아지면 리스크는 훨씬 더 크게 감소한다.

- 시간은 투자수익률에 중요한 요소이며 결과적으로 리스크의 또 다른 원인이 된다. 즉 회사의 내재가치를 정확히 아는 것만으로는 충분하지

않다. 투자 기간에 따라 연 수익률이 결정되므로 투자자는 현재가와 내재가치 사이의 격차를 줄이는 데 걸리는 시간을 정확하게 추정할 수 있어야 한다.

- 투자에는 기회비용이 있기 때문에 펀드매니저의 성과는 절대 수익률로 평가하지 않는다. 펀드매니저의 성과는 S&P500 또는 러셀2000 같은 지수를 벤치마킹해 평가한다. 투자자에게는 인덱스펀드 투자와 같은 대안이 있으므로, 펀드매니저가 시장 수익률 대비 부진한 성과를 보일 경우 투자금을 회수당할 수 있다. 따라서 펀드매니저 대부분은 시장 대비 성과가 부진할 것을 우려한다.
- 펀드매니저는 모든 투자에서 원금 손실 리스크뿐만 아니라 언더퍼폼 리스크에도 노출되어 있다.

2부

THE PERFECT PITCH
완벽한 종목 추천

투자 세계에서 전문가로서 성공하려는 사람이라면 좋은 투자 아이디어를 발굴하는 데 그치지 않고 다른 사람들에게 잘 소개할 수 있어야 한다. 애널리스트에게 아무리 훌륭한 아이디어가 있어도 이를 펀드매니저에게 제대로 전달하지 못하면 아무 소용이 없다.

펀드매니저는 매수, 매도 의사결정을 내릴 때 보통 애널리스트의 종목 추천을 참고한다. 펀드매니저의 목표는 시장을 이기는 것으로, 수수료와 리스크를 감안해 시장 수익률 이상의 투자수익을 올리고자 한다. 펀드매니저에게는 성과가 가장 중요하고, 좋은 성과를 내려면 시장을 이길 좋은 투자 아이디어가 있어야 한다. 애널리스트의 투자 아이디어가 정말 마음에 든다면 펀드매니저는 조급해질 것이다. 기회를 놓치지 않으려는 펀드매니저가 다음 행동을 취하도록, 애널리스트는 자신이 선정한 종목의 내용과 전달 모두에서 설득력을 갖추는 것이 가장 이상적이다.

펀드매니저는 애널리스트가 제시한 투자 아이디어를 듣고 네 가지 핵심 질문을 하게 된다. 펀드매니저를 움직이는 첫 번째 본능은 탐욕이므로 첫 번째 질문은 "얼마나 벌 수 있을까?"이다. "얼마나 벌 수 있을까?"에서 "얼마나 잃을 수 있을까?"로 생각이 바뀌면서 두려움이 들기 시작한다. 이것이 두 번째 질문이다.

리스크 대비 수익이 충분히 커 보이면 이제 펀드매니저는 이렇게 좋은 투자기회가 시장에 방치되었다는 사실이 꺼림칙할 수 있다. 펀드매니저는 "가격 오류가 분명한가?"를 자문해볼 것이다. 애널리스트는 이것이 왜 확실한 가격 오류인지를 납득시킬 수 있어야 한다. 이런 우려가 해소되면 이제 펀드매니저는 마지막 질문을 한다. "다른 투자자들은 언제, 어떻게 가격 오류를 알게 될까?" 결국 다른 투자자들이 가격 오류를 인식하고 바로잡아야 돈을 벌 수 있기 때문이다.

펀드매니저는 이 네 가지 질문에 만족할 만한 대답을 들을 수 있을 때만 아이디어를 채택할 것이다. 우리는 마이클 스타인하트의 '남다른 생각' 분석 틀을 이용해 네 가지 질문을 다루고 효과적인 종목 발표에 대해 설명할 것이다.

효과적인 종목 발표는 '30초 관심 끌기'와 '2분 설득', 그리고 좀 더 긴 '질의응답'으로 구성된다. 30초 관심 끌기는 단순하고 간결하고 강렬해야 한다. 목표는 펀드매니저의 관심을 사로잡고 투자 아이디어에 대해 더 알고 싶게 만드는 것이다. 자연스럽게 2분 설득으로 이어져야 한다. 2분 설득에서 애널리스트는 펀드매니저의 네 가지 질문을 다루고 자신의 핵심 아이디어를 명확히 표현할 수 있어야 한다. 2분 설득의 목표는 펀드매니저가 그 아이디어에 관심이 생겨 애널리스트에게 더 많이 질문하도록 유도하는 것이다. 이 3단계 구조를 사용하면 펀드매니저의 시간 효율성이 높아지고 애널리스트의 아이디어가 채택될 가능성도 커진다.

펀드매니저 대부분은 새로운 투자 아이디어에 대해 경계심을 갖는다. 시간 낭비를 하지 않고 나쁜 투자 아이디어로부터 자신을 보호하기 위해 머릿속에 매우 경계심이 강하고 약간은 편집증적인 경비원을 둔다. 이 경비원을 닥터 노(Dr. No)라고 부르자. 펀드매니저는 새로운 투자 아이디어에 대해 '아니요'가 기본값이다. 뛰어난 투자자 빌 애크먼은 잘못될 가능성이 있는 모든 것을 떠올리려고 애쓰는데, 그 과정에서 마지막 남은 가능성이 핵전쟁일 때 주식을 산다고 말한 적이 있다. 폴 손킨의 동료 크리스 플린(Chris Flynn)은 "주식을 보유하는 것은 고통스럽고 피하고 싶은 일이야. 나는 주식을 사지 말아야 할 이유를 찾기 위해 철저하게 분석해. 사지 말아야 할 좋은 이유를 찾지 못하면 할 수 없이 사는 거지"라고 말했다. 아이디어가 채택되려면 애널리스트는 이 경비원을 통과해야 한다.

이 전형적인 모습을 영화 '월스트리트'에서 볼 수 있다. 영화에서 젊은 남자 주인공은 간신히 고든 게코의 사무실에 들어가 게코와 짧은 미팅을 하게 된다. 게코는 곧바로 본론으로 들어간다. "그래, 용건이 뭔가? 나는 바쁜 사람이라네." 주인공은 첫 번째 아이디어를 말한다. "화이트우드영인더스트리라는 회사입니다. 저PER이고 이익이 폭발적으로 상승 중이며 주가가 순자산가치보다 30% 낮고 현금흐름이 탁월하며 경영진도 강력하고, 5% 지분 보유자가 둘뿐입니다." 게코는 말을 자른다. "관심 없어. 다른 종목은 없나, 자네?"[1]

흥미롭게도 이 장면이 투자업계에서는 너무나 흔하다. 주인공은 철저하게 조사해서 골랐지만 게코에게 제안하기에 적당한 주식은 아니었다.

펀드매니저는 최고의 투자에 대한 자신만의 원형(template)을 마음속에 가지고 있다. 스키마(schema, 과거 경험을 통해서 생성된 지식이나 반응 체계 - 옮긴이)라고 부르는 원형은 투자 기준에 대한 암묵적인 체크리스트로 구성된 일종의 정신 모형이다. 투자 스키마는 펀드매니저가 살아오면서 축적한 경험과 사실에서 이끌어낸 특별한 투자 지식들로 구성된다. 펀드매니저는 새로운 아이디어를 평가할 때 자신의 스키마와 비교해 아이디어가 좋은 패턴과 일치하는지 일치하지 않는지 걸러낸다.[2]

애널리스트가 가장 먼저 할 일은 펀드매니저의 스키마에 맞는 투자 아이디어를 찾는 것이다. 투자 아이디어가 펀드매니저에게 매력적일지 여부를 판단하는 것은 펀드매니저가 베이컨 아이스크림[3]을 좋아할지 여부를 판단하는 것과 비슷하다. 그는 최고의 아이스크림에 대한 자신만의 스키마를 가지고 있을 것이다. 베이컨 아이스크림과 같은 새로운 아이디어를 들으면 자신의 아이스크림 스키마를 이용해 새로운 아이스크림이 매력적인지 여부를 판단한다.

안타깝게도 펀드매니저의 스키마를 파악하는 것은 쉽지 않다. 객관적이고 명확하게 표현된 기준도 있지만 주관적이고 해석의 여지가 있는 기준도 있다. 주관적인 기준은 구체성이 부족하기 때문에 그의 모든 요구 사항을 찾아내 충족시키기는 쉽지 않다. 더욱 곤란한 것은 그가 얘기하지 않은 추가 기준이 있을 수 있다는 것이다.

경험이 풍부한 펀드매니저의 스키마는 수십 년간의 투자를 통해 정제되어 왔고 계속해서 경험이 쌓이며 더 복잡해지고 미묘한 구석을 갖게 된다. 시간이 흐르며 그의 투자 기준은 마음속 깊이 자리 잡아 제2의 천성이 된다. 완전히 표현하는 것은 불가능하다.

펀드매니저의 마음속에서 분명한 체크리스트를 끌어내기는 힘들다. 좋은 투자 아이디어를 들으면 '느낌'이 온다는 것이 더 적절하다. 노련한 펀드매니저 대부분은 자신의 기준을 완전히 설명할 수 없다. 유명한 투자자인 리언 쿠퍼먼(Leon Cooperman)은 이런 상황을 다음과 같이 표현한다.

> 우리는 투자를 자극하는 통계를 찾아다닙니다. 내가 즐겨 쓰는 비유가 있습니다. 슈퍼마켓의 맥주 판매대에 가면 브랜드가 25개나 있는데도 그중 한 브랜드에 손이 갑니다. 마찬가지로 주식시장에서도 손이 가는 종목이 있습니다. ROE, 성장률, PER, 배당수익률, 자산의 가치가 적절한 조합을 이루는 종목입니다.[4]

우리는 펀드매니저가 아이디어를 채택할 때 이용하는 다양한 기준을 찾아내고 평가하는 법에 대해 알아볼 것이다. 펀드매니저에게 적합한 아이디어를 선정하고 필요한 리서치 작업을 모두 수행했다면, 다음 단계로 해당 정보를 메시지 형태로 정리하고 체계화하는 작업을 수행해야 한다. 스티븐 툴민의 논증 모형을 이용해 정보를 설득력 있는 주장으로 구성하는 방법을 알아본다.

발표 자료를 간소하게 만들고 매니저의 네 가지 질문에 집중하는 것이 핵심이다. 리서치 과정에서 수집한 많은 정보를 발표에 포함하는 것은 좋지 않다. 하지만 애널리스트 대부분은 발표 자료에 너무 많은 내용을 담는다. 아마도 자신이 철저히 분석했다는 것을 보여주고 싶어서이거나, 아니면 발표에 가장 적합한 내용이 무엇인지 몰라서일 것이다. 그러나 이렇게 발표하면 애널리스트의 주요 주장이 데이터 속에 묻히게 되고, 펀드매니저는 숲은 보지 못하고 나무만 보게 될 가능성이 크다.

너무 많은 정보가 불필요하게 포함된 프레젠테이션은 펀드매니저의 인지 부하를 높여 그가 직접 핵심 메시지를 찾아보게 만든다. 짜증 난 그는 아이디어에 대한 흥미를 잃고 발표를 듣지 않게 된다. 분석 과정에서 수집한 정보는 아이디어를 검증하는 과정에 사용하는 것으로 충분하며 굳이 발표에 포함할 필요는 없다.

펀드매니저에게 멀티태스킹을 기대해서는 안 된다. 데이터가 가득한 자료를 해독하는 데 주의를 뺏기면 펀드매니저는 애널리스트의 발표에 집중하지 못하게 된다. 따라서 애널리스트가 프레젠테이션 내용에 포함할 정보를 선택할 때는 자료를 단순하게 만들고 메시지의 핵심만 전달하는 데 집중해야 한다. "적을수록 좋다"라는 말을 기억하자.

전달하려는 메시지의 내용을 구성했다면, 이제 이 내용을 어떻게 전달할 것인지 여러 비언어적인 요소에도 신경을 써야 한다. 예를 들어 펀드매니저가 당신에게 분석 내용을 출력해서 우편으로 보내달라고 요청했다고 하자. 어떤 봉투에 담아서 보내겠는가?

"봉투가 중요한가요? 담긴 내용은 똑같은데 내용이 좋으면 되는 것 아닌가요?" 답은 "예, 하지만…"이다. 두 봉투 중 어느 것이 더 좋은 인상을 줄지는 분명하다. 메시지의 내용과는 별개로 메시지를 전달하는 방식은 펀드매니저가 애널리스트의 역량과 신뢰성 평가에 큰 영향을 미친다. 눈 맞춤, 올바른 자세와 복장, 헤어스타일 같은 것이 모두 중요하다.

종목 추천의 이상적인 결과는 투자 아이디어의 내용과 전달이 모두 매혹적이어서 펀드매니저가 초과수익 기회를 놓치지 않으려고 최우선 순위로 그 아이디어에 몰입하게 되는 것이다.

어떤 아이디어를 제시하면 그의 주의를 끌 수 있을까?

9장

좋은 종목을
선정하는
두 가지 기준

펀드매니저는 애널리스트에게서 설득력 있는 투자 아이디어를 기대하므로, 애널리스트의 주된 역할은 초과수익 아이디어를 찾아 내서 제안하는 것이다.

그러나 펀드매니저의 성공은 자신의 투자 실적에 달렸으므로, 애널리스트가 제안하는 아이디어에 대해 지극히 조심스러워서 결함이 있는지 철저하게 검토한다. 애널리스트는 이런 집중 공격을 버텨내려면 자신의 분석을 방어할 수 있어야 한다.

펀드매니저는 지극히 바쁜 사람이다. 온종일 쏟아지는 정보와 아이디어에 파묻혀 지내므로 항상 시간이 부족하다. 펀드매니저에게는 시간이야말로 한정된 자원이자 가장 값진 자산이다. 그러므로 애널리스트는 아이디어를 제안할 기회를 얻으면 신속하고 간결하며 설득력 있게 제시해야 한다.

펀드매니저 대부분은 애널리스트가 제안하는 투자 아이디어에 대해 경계 태세를 유지한다. 신통치 않은 아이디어로 시간을 낭비하는 애널리스트를 피하려는 펀드매니저의 심리 상태는 매우 조심스럽고 병적으로 의심 많은 중무장 보초병과 같다. 이런 보초병을 '닥터 노(Dr. No)'라고 부르자.[1] 아이디어를 제안해서 채택하게 하려면 애널리스트는 이런 장애물을 극복해야 한다.

첫 번째 과제는 종목 선정이다. 관건은 펀드매니저의 스키마에 맞는 아이디어를 찾아내는 것이다. 펀드매니저 대부분의 마음속에는 완벽하다고 생각하는 스키마가 있고 노련한 이들은 이 스키마와 잘 맞는 아이디어를 높이 평가하므로, 애널리스트는 이 스키마를 표적으로 삼아 공략해야 한다.

펀드매니저의 스키마가 중요한 기준

폴 손킨은 폴 존슨의 가르침 덕분에 직장 생활 초기에 종목 선정에 관해서 중요한 교훈을 얻었다. 나중에 이야기해보니 졸업생들이 기억하는 거의 유일한 현자의 충고는 이것이다. "상사가 파란색 우산을 가져오라고 말하면, 빨간색 우산을 가져다주면서 성능은 똑같다고 설명하지 말라."

초보 애널리스트가 흔히 하는 실수는 자기 마음에 드는 아이디어로 펀드매니저를 설득하려고 시도하는 것이다. 이는 대개 좋은 전략이 아니다. 남의 다리를 긁는 셈이기 때문이다. 펀드매니저가 좋아할 만한 아이디어를 선택해야 훨씬 수월하게 설득할 수 있다.

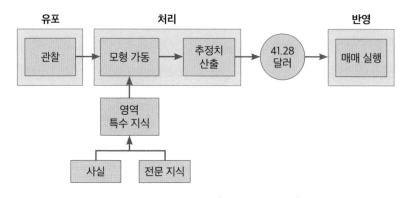

[그림 9.1] 개인이 내재가치 추정치를 산출하는 과정

유포　　　　　　　　처리　　　　　　　　　반영

관찰　→　모형 가동　→　추정치 산출　→　41.28 달러　→　매매 실행

영역 특수 지식

사실　　전문 지식

　　그러면 매니저가 어떤 아이디어에 매력을 느낄지 어떻게 판단하는가? CIA 요원처럼 지속적으로 정밀하게 매니저를 조사해서 그가 완벽하다고 생각하는 투자의 특성을 종합적으로 파악해야 한다. 다시 말해서 매니저의 머릿속에 들어가 그의 사고방식을 배워야 한다. 그림 9.1은 4장에서 논의했던 개인의 내재가치 추정치 산출 과정이다.

　　이 그림에서 보듯이 개인은 기업 관련 사건들을 관찰하고, 영역 특수 지식의 영향을 받는 모형으로 정보를 처리해서, 그 분석을 바탕으로 추정치를 산출하고, 이 추정치를 근거로 매매 여부를 결정한다. 개인의 영역 특수 지식은 경험, 전문 지식, 수집한 사실의 산물이다.

　　매니저의 사고방식을 이해하려면 매니저가 추정치에 도달한 의사결정 과정을 역설계해야 한다. 이는 매니저의 머릿속으로 들어가서 그의 모형이 작동하는 방식을 파악해야 한다는 뜻이다. 그래야만 어떤 아이디어가 매니저의 관심을 사로잡는지 알 수 있다. 그

[그림 9.2] 의사결정 과정 역설계

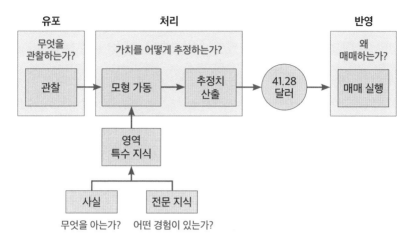

림 9.2는 매니저의 의사결정 과정을 역설계할 때 던져야 하는 질문
들이다.

펀드매니저는 장기간 시행착오를 통해 자신의 선호를 반영하는
투자 체크리스트를 만들어낸다. 그래서 일부 아이디어에는 즉시 불
쾌감을 드러내면서 본능적으로 거부 반응을 보이기도 한다.

매니저에게는 완벽한 투자의 모습을 인식하는 '마음의 눈'이 있
다. 그가 투자 기회를 판단하는 기준이 바로 이 '완벽한 투자'라는
원형(template)이다. 그는 이 원형을 이용해서 새로운 투자 기회를
신속하게 판단한다. 이 원형을 기준으로 삼아 패턴을 인식하면 투
자 결정에 필요한 시간과 에너지를 절감할 수 있기 때문이다. 이 원
형을 스키마라고 부른다.

스키마는 단순한 개념이다. 눈을 감고 아이스크림을 생각해보자.
머릿속에 이상적인 아이스크림의 모습이 떠오를 것이다. 그것은
그동안 먹었던 고급 아이스크림을 편집한 모습일 수도 있고, 이상

적이라고 생각한 특정 아이스크림의 모습일 수도 있다. 아이스크림을 주문할 때마다 우리는 그 아이스크림이 이상적인 아이스크림과 얼마나 비슷한지 무의식적으로 비교한다. 예를 들어 땅콩 알레르기가 있는 사람이라면 땅콩이 들어간 아이스크림을 '나쁜 아이스크림' 스키마로 분류한다. 반면 초콜릿과 체리를 좋아하는 사람이라면 이것이 들어간 아이스크림을 '이상적인 아이스크림' 스키마로 분류한다. 그림 9.3은 아이스크림 스키마를 나타낸다.

그러나 스키마는 고정된 요소가 아니다. 시간이 흐르면 새로운 사실과 추가 경험을 통해서 스키마가 변한다. 새 정보가 추가되면 기존 스키마가 변경된다. 예를 들어 TV에서 버거킹의 베이컨 아이스크림 광고를 보았다고 가정하자. 베이컨 아이스크림은 생각해본

[그림 9.3] 아이스크림 스키마

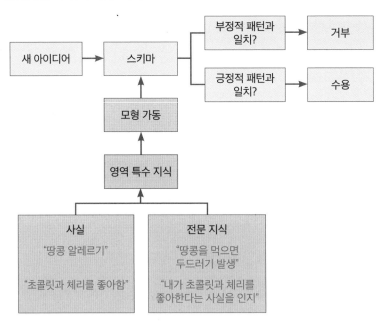

적이 없으므로 우리 아이스크림 스키마에는 아직 이런 기준이 없
다. 단지 '베이컨도 아이스크림 토핑에 사용될 수 있다'라는 새 정
보가 사실에 추가된다. 이제 우리 아이스크림 스키마에는 베이컨
토핑이 가능하다는 사실이 반영되었다.

  이번에는 버거킹에 가서 베이컨 아이스크림을 먹어보았는데 맛
이 끔찍했다고 가정하자. 이 경험을 통해서 아이스크림 스키마가
변경되어 베이컨 아이스크림은 이제 '나쁜 아이스크림'에 포함된
다. 다음에 누군가 베이컨 아이스크림을 권하면 우리는 자동으로
'베이컨 아이스크림은 맛이 끔찍해!'라고 생각하면서 즉시 사양하
게 된다(그림 9.4).

  이 사례는 개인이 무의식적으로 스키마를 사용해서 패턴을 신속

[그림 9.4] 베이컨 아이스크림 거부

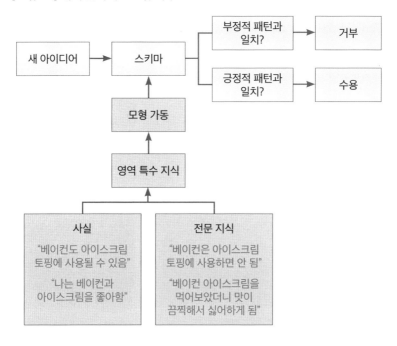

하게 인식하고 효율적으로 판단하는 과정을 보여준다. 주식 평가도 아이스크림 평가와 다르지 않아서, 펀드매니저들은 스키마를 사용해서 새 투자 아이디어를 신속하게 평가한다. 예를 들어 새 아이디어가 자신의 확고한 긍정적 패턴과 잘 맞으면 이를 고려할 것이다. 반면 자신의 긍정적 패턴과 맞지 않으면 거부할 것이다.

그런데 펀드매니저의 스키마는 두 개 이상일 수 있다는 점에 유의해야 한다. 예를 들어 한 매니저가 '회생주' 스키마, '신규 경영진은 비용 축소' 스키마, '기업 분할' 스키마, '저성장 고현금흐름 기업은 자사주 대규모 매입' 스키마를 보유할 수도 있다.

새로운 사실과 다양한 경험을 통해서 펀드매니저의 스키마가 변하기도 한다. 예를 들어 콧수염 기른 CEO에게 속은 매니저는 '콧수염 기른 CEO가 경영하는 회사는 투자 대상에서 제외' 스키마를 보유할 수 있다.[2] 스키마 안에 스키마가 존재할 수도 있다. 예를 들어 매니저는 '회생주' 스키마 안에 '적합한 CEO' 스키마 몇 가지를 보유할 수 있다.

매니저에게는 투자 성공을 통해서 형성된 스키마도 있고 투자 실패를 통해서 형성된 스키마도 있다. 어떤 매니저는 투자에 실패한 경험 때문에 장난감회사에 대한 투자는 혐오하지만, 투자에 성공한 경험 때문에 신발회사에 대한 투자는 좋아할 수도 있다. 이 매니저에게 장난감회사 주식을 추천하면 그의 '장난감회사' 스키마가 작동해 필시 제안을 즉각 거부하지만, 신발회사 주식을 추천하면 그의 '신발회사' 스키마가 작동해 제안을 매우 긍정적으로 수용할 것이다.[3]

이상적인 투자에 대한 펀드매니저의 스키마는 이상적인 아이스크림에 대한 스키마보다 조금 더 복잡하다. 매니저의 스키마에는 두 가지 중요한 기준이 포함되는데, 하나는 기업의 펀더멘털 기준이고 다른 하나는 주식의 가치평가 기준이다. 펀더멘털 기준은 사업의 질에 주목하며 업종, 경쟁력, 자본집약도, 성장률, 경영진의 자질 등의 요소들이 여기에 포함된다. 펀더멘털 기준이 제기하는 질문은 "이 사업의 질이 좋은가?"이다. 반면 가치평가 기준은 위험 대비 수익에 주목하며 "이 투자의 수익성이 좋은가?"라는 질문을 던진다.

투자 아이디어가 매니저의 펀더멘털 기준과 가치평가 기준을 충족하지 못하면 매니저는 제안을 즉시 거절한다. 아이디어가 펀더멘털 기준은 충족하지만 가치평가 기준을 충족하지 못하면 그는 주식 매수 제안은 아마 수용하지 않겠지만 어느 정도 흥미를 느끼면서 그 주식을 쇼핑 리스트에 올려놓고 관찰할 것이다. 아이디어가 펀더멘털 기준은 충족하지 못하지만 가치평가 기준을 충족하면 그는 수익 잠재력 때문에 아이디어에 더 관심을 둘 것이다. 아이디어가 펀더멘털 기준과 가치평가 기준을 모두 충족하면 그는 이 기회를 이용하려고 즉시 책상을 깨끗이 치워버릴 것이다. 그림 9.5는 네 가지 시나리오를 보여준다.

그림 9.5의 '쇼핑 리스트'에 관해서 더 논의해보자. 1970년대에 워런 버핏이 파이어먼스펀드(Fireman's Fund) 투자 포트폴리오 운용을 맡겼던 전설적 가치투자자 로버트 브루스(Robert Bruce)는 종목 선정이 신발 쇼핑과 같다고 설명한다. 브루스는 대개 신발 할인 판매 기간을 기다리지만 종종 진열장에서 마음에 드는 신발을 찾아보기도 한다. 그는 주식도 똑같은 방식으로 선정한다고 말했다. 그는 보유

[그림 9.5] 펀더멘털 기준과 가치평가 기준 매트릭스

하고 싶은 주식을 항상 찾아보지만, 할인 판매 기간에만 그 주식을 매수한다. 다른 펀드매니저들도 브루스처럼 진열대에서 주식을 찾아보기 때문에, 주가가 가치평가 기준에서 크게 벗어나지 않으면서 펀더멘털 기준을 충족하면 대개 관심을 기울인다.

책에서는 편의상 펀더멘털 기준과 가치평가 기준을 순차적으로 논의하지만 현실 세계에서는 두 기준 평가가 동시에 이루어진다. 우리는 먼저 펀더멘털 기준을 논의하고 이어서 가치평가 기준을 논의하기로 한다.

펀드매니저의 펀더멘털 기준 확인

예를 들어 주택을 구입한다고 가정하자. 주택을 구입하려는 사람은 대개 자신이 원하는 주택의 특성을 잘 알고 있으며, 자신이 꿈

꾸는 주택의 모습을 마음속에 그려놓기도 한다. 그가 꿈꾸는 주택의 기준에는 그가 원하는 온갖 요소가 포함된다.

종목 선정은 주택 선정과 같다

주택 구입과 종목 선정의 유사성을 보여주는 간단한 예를 들어보겠다. 헨리는 어떤 회사의 펀드매니저이고 당신은 그 회사의 애널리스트다. 당신의 역할은 초과수익 아이디어를 제공해 매니저를 돕는 것이다. 간단히 말해서 매니저의 포트폴리오에 적합한 주식을 찾아내면 된다. 당신은 헨리와 업무상 아는 사이지만 전에 함께 일해본 적이 없다.

하루는 구내식당에서 줄을 서다가 만나 함께 점심을 먹게 되었다. 대화하던 중 당신은 헨리가 여름 별장을 구입하려 한다는 사실을 알게 되었다. 어떤 별장을 찾느냐고 물었더니 그는 이상적인 별장의 특성 몇 가지를 말했다. 침실 5개, 가격은 1,500만 달러 미만, 테니스코트가 있고 이웃 사람들이 점잖으며 고전적 디자인의 현대적 건물이어야 하고 시장가격보다 낮아야 한다.

당신은 헨리에게 말한다. "부동산 중개업자인 친구 에드 보겐[4]이 보여준 매물 목록이 당신에게 안성맞춤일 듯하군요." 당신이 스마트폰으로 별장 사진 몇 개를 보여주자 헨리가 말한다. "와, 정말 멋져 보입니다." 당신은 별장에 관해 설명한다. "침실이 5개이고 이웃이 훌륭하며 해변이고 매도 호가는 1,250만 달러이며 고전적인 디자인의 현대적 건물입니다."

별장 아이디어를 제안하자 헨리는 즉시 무의식적으로 이 아이디

[그림 9.6] 여름 별장 스키마

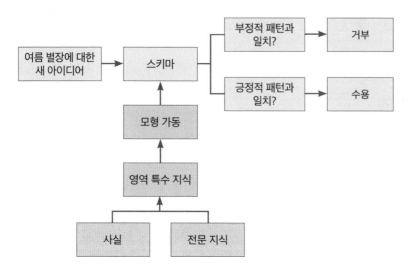

어를 그의 '이상적인 여름 별장' 스키마에 넣어 자신이 원하는 기준과 일치하는지 확인한다. 그림 9.6이 이 과정을 나타낸다.

이 별장이 매력적이며 자신의 스키마에 맞는다고 판단한 헨리는 당신의 친구 에드에게 전화해서 별장을 보러 가기로 했다.

헨리는 주말에 에드를 만나 별장을 보러 갔다. 이튿날 아침 당신은 헨리의 사무실에 찾아가 별장이 마음에 들었는지 물었다. 헨리가 "아름다운 별장이지만 패스했죠"라고 대답하자 당신은 "어떤 점이 마음에 들지 않던가요?"라고 물었다. 그는 어깨를 으쓱하면서 말한다. "솔직히 잘 모르겠어요. 에드는 매우 전문가다운 훌륭한 중개인이더군요. 그가 보여준 별장은 정말 좋았지만 뭔가 부족한 느낌이었습니다."

당신이 재차 물어보자 헨리는 별장이 자신의 취향에 맞고 해변에 있으며 이웃도 훌륭하다고 말하면서, 콕 집어서 이유를 대기는 어렵지만 마음에 들지 않더라고 말했다. 그리고 약간 곤혹스러운 표정으로 "실내가 너무 어두운 것 같았어요"라고 대답했다.

다소 당혹스러워진 당신은 사무실로 돌아와 생각했다. '음. 조금 놀랍군. 그에게 완벽하게 맞는 별장 같았는데. 그도 자기가 찾는 모든 조건을 충족했다고 말했어. 왜 마음에 들지 않았을까?'

이튿날 당신은 구내식당에서 우연히 헨리를 만나 또 점심을 함께 먹게 되었다. 대화 중 최근 헨리의 중형 가치주 펀드에 신규 자금이 유입되어 그가 새 투자 아이디어를 찾는다는 사실을 알게 되었다. 당신은 그에게 어떤 종류의 회사를 원하는지 물었다.

헨리는 이상적인 종목에 관해 설명했다. 시가총액은 20~100억 달러이고 저평가되었으며 작년 주가 상승률이 지수 상승률보다 낮은 주식이다. 금융주와 생명공학주는 피한다. 그는 애널리스트 분석 대상 기업이고, 경쟁력이 강하며, 자본 배분이 훌륭한 기업을 좋아한다고 말한다. PER은 20배 미만이고 5년 성장률은 7%를 초과하길 바란다.

당신이 말한다. "완벽하게 맞는 기업을 알지요. 윌리엄스소노마 (Williams Sonoma, 주방용품 소매회사 - 옮긴이)입니다." 당신은 스마트폰에서 구글파이낸스(Google Finance)로 들어가 이 회사의 재무 실적을 헨리에게 보여준다. 그가 "와, 이 주식 정말 매력적이군요"라고 말한다. 당신은 회사에 관해서 더 설명한다. "시가총액은 52억 달러이고 PER은 17배입니다. 5년 성장률은 약 7%이고, 작년 주가 상승률이 지수 상승률보다 낮았으며, 경쟁력이 강한 회사입니다." 당신이 윌리엄스소노마 리서치 보고서를 건네주자 헨리는 그날 중 읽

9장. 좋은 종목을 선정하는 두 가지 기준

어보겠다고 약속한다.

이튿날 아침 당신은 헨리의 사무실에 찾아가서 투자 아이디어를 어떻게 생각하는지 물어본다. 그는 "좋은 아이디어이지만 패스하려고요"라고 대답한다. 어떤 점이 마음에 들지 않는지 물어보자 그는 어깨를 으쓱하면서 말한다. "잘 모르겠어요. 훌륭한 회사로 보이지만 더 알아보고 싶지는 않군요."

더 물어보자 헨리는 윌리엄스소노마가 자본이익률이 높고 주가가 저평가되었으므로 재무 실적 면에서는 그의 기준을 충족한다고 인정한다. 그러나 콕 집어서 이유를 대기는 어렵지만 아이디어의 설득력이 부족하다고 말한다. 그러고서 덧붙였다. "아마 매출 대부분이 국내에서 나오기 때문이겠지요."

다소 당혹스러워진 당신은 사무실로 돌아와 생각한다. '음. 조금 놀랍군. 윌리엄스소노마는 그에게 완벽하게 맞는 아이디어 같았는데. 그는 이 회사의 재무 실적에 만족했어. 경쟁력도 강하고 매출 성장률도 꾸준하게 유지되었지. 주가도 저평가되었고 자본 배분도 훌륭해. 왜 좋아하지 않는지 모르겠어.'

무엇이 잘못되었을까?

헨리가 거절한 이유를 파악하려면 당신이 제안한 내용을 검토해야 한다. 먼저 여름 별장에 관한 제안을 검토해서 헨리의 의사결정 방식에 관한 통찰을 얻은 다음 이 통찰을 주식 제안에 적용해보자.

우선 헨리가 명시한 이상적인 여름 별장의 기준을 그림 9.7을 참

[그림 9.7] 명시한 여름 별장의 기준

조해서 정리해보자.

이 기준을 유형별로 분류해서 분석하면 헨리가 제안을 거절한 이유를 파악할 수 있다. 그림 9.8에서 보듯이 헨리가 명시한 기준은 정량 기준과 정성 기준으로 분류된다.

정량 기준은 객관적으로 측정되는 항목들이다. 이 항목들은 구체적인 숫자로 표시할 수 있다. 이 항목들은 계속이냐 중지냐를 결정하는 기준이기도 하다. 별장이 정량 기준을 충족하지 못하면 추가 고려 대상에서 제외된다. 예를 들어 이 별장의 침실이 2개라면

[그림 9.8] 여름 별장의 기준을 정량 기준과 정성 기준으로 분류

정량 기준	정성 기준	
침실은 5개 이상	해변 입지	좋은 이웃
3대 이상 주차 가능	테니스코트	고전적 디자인의 현대적 건물
1,500만 달러 미만	시장가격 미만	유지비가 높지 않음

[그림 9.9] 객관적 정량 기준이 충족되었다

침실은 5개 이상	침실 8개 ✔
3대 이상 주차 가능	4대 주차 가능 ✔
1,500만 달러 미만	1,250만 달러 ✔

정량 기준을 충족하지 못하므로 헨리는 이 별장의 다른 특성을 살펴보지도 않을 것이다. 그러므로 정량 기준을 충족하지 못하는 별장은 제안해도 아무 의미가 없다. 그림 9.9에서 보듯이 당신이 제안한 별장은 정량 기준을 모두 충족하므로 여기에는 확실히 아무 문제가 없다.

다음으로 정성 기준을 살펴보자. 정성 기준은 크게 두 종류로 구분되는데, 객관적 기준과 주관적 기준이다. 객관적 정성 기준은 '예'와 '아니요'의 2항으로 구성되므로 별장이 기준에 일치하든 일치하지 않든 둘 중 하나가 된다. 정성 기준 여섯 가지 중 세 가지가 객관적 기준이며 테니스코트 보유, 해변 입지, 시장가격 미만 조건이다.

기준을 충족하는지가 간단하게 확인된다는 면에서 객관적 정성 기준은 정량 기준과 비슷하다. 예를 들어 별장이 해변 입지가 아니라면 조건과 분명히 일치하지 않으므로 헨리는 이 별장의 다른 특성을 살펴보지도 않을 것이다. 헨리의 관심을 끌려면 별장은 최소한 객관적 정성 기준을 충족해야 하므로 이 기준을 충족하지 못하는 별장은 제안해도 아무 소용이 없다.

그러면 나머지 정성 기준 세 가지는 어떤가? 정량 기준 세 가지에는 구체적인 숫자가 있었다. 그리고 해변 입지, 시장가격 미만 등 객관적 정성 기준도 조건을 충족하는지 판단하기가 비교적 쉬웠다. 그러나 나머지 정성 기준 세 가지는 의미가 명확하지 않아서 별장이 조건을 충족하는지 판단하기가 훨씬 어렵다.

헨리는 좋은 이웃을 원한다고 말했지만 '좋은'을 어떻게 정의하는가? 그는 고전적인 디자인의 현대적 건물을 원한다고 말했지만 그가 생각하는 '고전적'과 '현대적'은 어떤 의미인가? "제 눈에 안경"이라는 말이 떠오른다. 점잖음의 수준을 1~10등급으로 평가해도 객관적 척도가 될 수는 없다. 한 사람이 평가하는 10등급은 다른 사람이 평가하는 10등급과 전혀 다를 수 있다. 정성 기준은 그림 9.10처럼 객관적 기준과 주관적 기준 두 종류로 구분할 수 있다.

별장은 헨리의 정성 기준을 충족했을까? 분명히 충족하지 못했다. 충족했다면 그는 별장에 계속 관심을 보였을 것이다. 그러면 어디에서 제안이 잘못되었을까?

[그림 9.10] 정성 기준의 객관적 기준과 주관적 기준

9장. 좋은 종목을 선정하는 두 가지 기준

[그림 9.11] 주관적 정성 기준이 충족되지 않았다

그림 9.11에서 보듯이 헨리가 제안을 거절한 원인은 주관적 정성 기준에 있는 것으로 보인다. 점심을 함께 먹으면서 헨리가 자신의 요구 사항을 열거했을 때, 당신은 그가 원하는 것을 잘 안다고 생각했다. 그러나 원인 제거 과정을 통해서 별장이 주관적 정성 기준을 충족하지 못했음을 알 수 있다. 별장 건물이 현대적이 아니었나? 유지비가 너무 높았나? 사람들 대부분은 별장의 이웃이 점잖다고 생각할지 몰라도 헨리는 그렇게 생각하지 않을 수도 있다.

문제는 헨리가 좋은 이웃 등 주관적 기준의 정의를 명확하게 제시하지 않았다는 점이다. 헨리가 '좋은 이웃'이 있고 '유지비가 높지 않은' 별장이라고 말했을 때는 당신이 이해한다고 생각했지만 이제는 당신이 확신할 수 없는 상태가 되었다.

어쩌면 "좋은 이웃을 어떻게 정의하시죠?" 같은 질문을 더 던졌어야 했다. 이렇게 추가 질문을 던졌다면 그 별장이 헨리에게 잘 맞는지 더 잘 판단할 수 있었을지 모른다. 그러면 헨리는 당신이 충분히 이해하도록 주관적 기준을 설명할 수 있었을까? 문제는 설명해

달라는 요청을 받았을 때 헨리 자신도 주관적 기준을 명확하게 설명하지 못했을지 모른다는 점이다.[5]

당신이 헨리의 사무실에 찾아가서 별장이 어땠는지 물었을 때 헨리는 "실내가 너무 어두운 것 같았어요"라고 말했다. 그러나 구내식당에서 함께 점심을 먹을 때는 헨리가 햇빛에 대해 언급하지 않았다. 다음 날 아침 당신은 헨리의 사무실에 찾아가 그 밖에 마음에 안 드는 것이 있는지 물었다. 헨리는 말했다. "어제 집으로 가면서 생각해보았는데 재산세가 다소 높고 조약돌 진입로가 없으며 시내에서 너무 멀더군요."

당신은 속으로 생각한다. '함께 점심 먹을 때는 언급하지 않았던 내용이군. 내가 알았더라면 그 별장을 제안하지 않았겠지.' 이제 헨리가 언급하지 않았던 추가 기준을 알게 되었으니 이를 기준 목록에 추가할 수 있다. 새 기준에는 객관적 기준도 있고 주관적 기준도 있다. 이제 헨리가 찾는 여름 별장의 모습이 훨씬 더 선명해졌다.

[그림 9.12] 명시하지 않았던 여름 별장의 기준 추가

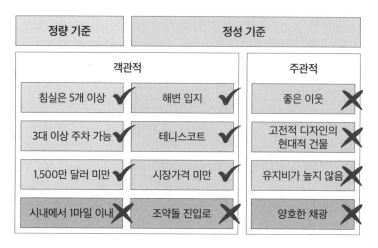

[그림 9.13] 명시하지 않은 기준이 충족되지 않았다

정량 기준	정성 기준	

객관적

침실은 5개 이상 ✔	해변 입지 ✔
3대 이상 주차 가능 ✔	테니스코트 ✔
1,500만 달러 미만 ✔	시장가격 미만 ✔
시내에서 1마일 이내 ✘	조약돌 진입로 ✘

주관적

| 좋은 이웃 ✘ |
| 고전적 디자인의 현대적 건물 ✘ |
| 유지비가 높지 않음 ✘ |
| 양호한 채광 ✘ |

그림 9.13은 헨리가 추가로 언급한 기준을 포함한 별장의 기준 목록이다. 보다시피 당신의 제안은 추가 기준을 충족하지 못했다. 새 객관적 기준은 비교적 쉽게 확인할 수 있지만 주관적 기준은 여전히 확인하기 어렵다.

친구가 여름 별장을 중개하도록 돕는 것도 좋지만 헨리에게 유용한 투자 아이디어를 찾아내는 편이 당신의 경력에 훨씬 좋다. 여름 별장 기준을 평가한 방식으로 헨리의 투자 기준을 평가해서 당신이 제안한 윌리엄스소노마 아이디어의 부족한 점을 찾아보자. 그림 9.14는 헨리가 이상적인 투자라고 명시한 기준들이다.

여름 별장 기준과 마찬가지로 헨리의 투자 기준도 유형별로 분류해서 제안의 문제점을 찾아보자. 그림 9.15에서 보듯이 헨리의 투자 기준도 정량 기준과 정성 기준으로 분류할 수 있다.

정량 기준은 모두 객관적으로 측정할 수 있는 항목들이다. 이 기

[그림 9.14] 펀드매니저가 명시한 투자 기준

강한 경쟁력 PER 20배 미만 금융주와 생명공학주는 제외

애널리스트 분석 대상 기업 자본 배분 양호 5년 성장률 7% 초과

지수 대비 미달 실적 시가총액 20~100억 달러 저평가

[그림 9.15] 투자 기준을 정량 기준과 정성 기준으로 분류

정량 기준	정성 기준	
시가총액 20~100억 달러	지수 대비 미달 실적	강한 경쟁력
5년 성장률 7% 초과	금융주와 생명공학주 제외	자본 배분 양호
PER 20배 미만	애널리스트 분석 대상	저평가

준은 구체적인 숫자로 표시할 수 있다. 계속이냐 중지냐를 결정하는 기준이기도 하다. 제안이 정량 기준을 충족하지 못하면 추가 고려 대상에서 제외된다. 예를 들어 회사의 시가총액이 5억 달러라면 정량 기준을 충족하지 못하므로 헨리는 이 회사의 다른 특성은 살펴보지도 않을 것이다. 그러므로 정량 기준을 충족하지 못하는 아이디어는 제안해도 아무 의미가 없다.

그림 9.16에서 보듯이 윌리엄스소노마는 정량 기준을 모두 충족하므로 여기에는 확실히 아무 문제가 없다.

다음으로 정성 기준을 살펴보자. 정성 기준은 크게 두 종류로 구

[그림 9.16] 윌리엄스소노마는 객관적 정량 기준을 충족한다

분되며 객관적 기준과 주관적 기준이다. 객관적 정성 기준은 '예'와 '아니요'의 2항으로 구성되므로 투자 아이디어가 기준에 일치하든 일치하지 않든 둘 중 하나가 된다. 정성 기준 여섯 가지 중 세 가지가 객관적 기준인데 지수 대비 미달 실적, 금융주와 생명공학주 제외, 애널리스트 분석 대상 조건이다.

기준을 충족하는지가 간단하게 확인된다는 면에서 객관적 정성 기준은 정량 기준과 비슷하다. 예를 들어 투자 아이디어가 금융주나 생명공학주라면 조건과 분명히 일치하지 않으니 헨리는 회사의 다른 특성을 살펴보지 않을 것이다. 헨리의 관심을 끌려면 투자 아이디어는 최소한 객관적 정성 기준을 충족해야 하므로, 이 기준을 충족하지 못하는 아이디어는 제안해도 아무 소용이 없다.

나머지 정성 기준 세 가지는 명확하지가 않다. 저평가되었는가? 자본 배분이 양호한가? 경쟁력이 강한가? 이런 요소들은 구체적인 숫자로 표시할 수 없다. 가치와 질은 주관적 척도이므로 '제 눈에 안경'이다. 그러므로 정성 기준은 그림 9.17처럼 객관적 기준과 주관적 기준 두 종류로 구분할 수 있다.

윌리엄스소노마는 헨리의 정성 기준을 충족했을까? 분명히 충족

[그림 9.17] 정성 기준의 객관적 기준과 주관적 기준

하지 못했다. 충족했다면 그는 윌리엄스소노마에 계속 관심을 보였을 것이다. 그러면 어디에서 제안이 잘못되었을까? 그림 9.18에서 보듯이 헨리가 제안을 거절한 원인은 주관적 정성 기준에 있는 것으로 보인다.

점심을 함께 먹으면서 헨리가 자신의 투자 요건을 열거했을 때, 당신은 그가 원하는 것을 잘 안다고 생각했다. 그러나 원인 제거 과정을 통해서 윌리엄스소노마가 주관적 정성 기준을 충족하지 못했음을 알 수 있다.

헨리에게는 경영진의 자본 배분이나 회사의 경쟁력이 만족스럽지 않았을지도 모른다. 헨리의 기준으로는 주식이 저평가되지 않았을지도 모른다. 펀드매니저 대부분은 윌리엄스소노마가 매력적이라고 생각할지 몰라도 헨리는 그렇게 생각하지 않을 수도 있다. 이유가 무엇일까?

이렇게 기준을 구분해서 살펴보니 헨리에게 질문을 더 던졌어야 했다. 저평가와 양호한 자본 배분을 어떻게 정의하는지, 다른 어떤

9장. 좋은 종목을 선정하는 두 가지 기준

[그림 9.18] 주관적 정성 기준이 충족되지 않았다

정량 기준	정성 기준	
객관적		주관적
시가총액 20~100억 달러 ✔ 지수 대비 미달 실적 ✔		강한 경쟁력 ✘
5년 성장률 7% 초과 ✔ 금융주와 생명공학주 제외 ✔		자본 배분 양호 ✘
PER 20배 미만 ✔ 애널리스트 분석 대상 ✔		저평가 ✘

회사가 저평가되었다고 생각하는지 물어보아야 했다. 이렇게 추가 질문을 던졌다면 윌리엄스소노마가 헨리에게 잘 맞는지 더 잘 판단할 수 있었을지 모른다. 그러면 헨리는 당신이 충분히 이해하도록 주관적 기준을 설명할 수 있었을까?

그러나 헨리는 '강한 경쟁력' 등 주관적 기준을 열거만 했을 뿐, 명확하게 정의하지는 않았다. 헨리가 '자본 배분이 양호한' 회사라고 말했을 때는 당신이 이해한다고 생각했지만 이제는 확신할 수 없는 상태가 되었다.

헨리는 당신이 충분히 이해할 수 있도록 주관적 기준을 설명해야 했다. 그러나 추가 설명을 요청했더라도 헨리 자신도 주관적 기준을 명확하게 설명하지 못했을지 모른다. 그래도 헨리는 자신이 주관적 기준을 설명할 때 당신이 정확하게 이해했으리라 기대했을 것이다. 하지만 객관적 기준과는 달리 주관적 기준에 대한 정의는 사람마다 다르다.[6]

헨리가 언급하지 않은 기준도 있을까? 투자 아이디어를 논의할

[그림 9.19] 명시하지 않았던 투자 기준 추가

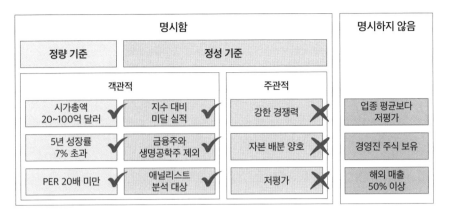

때 그의 말에서 그동안 언급하지 않았던 기준이 드러났다. "윌리엄 스소노마에 대해서 더 생각해보니 매출 대부분이 국내에서 나온다는 점이 우려됩니다. 나는 매출의 적어도 50%는 해외에서 나오는 국제적 기업을 찾습니다. 업종 평균보다 저평가되었고, 경영진이 보유한 주식이 많으면 좋겠습니다."

그림 9.19에서 보듯이 새 기준에는 객관적 기준도 있고 주관적 기준도 있다. 이제 헨리가 원하는 주식을 더 잘 이해하게 되었으므로 앞으로는 그에게 더 적합한 아이디어를 제안할 수 있을 것이다.

그림 9.20은 헨리가 추가로 언급한 기준을 포함한 투자 기준 목록이다. 보다시피 당신의 제안은 추가 기준을 충족하지 못했다.

주관적 기준은 여전히 확인하기 어렵다. 헨리가 열거하는 투자 기준을 처음 들었을 때는 당신이 이해했다고 생각했지만 이제는 이해하지 못했음을 깨달았다. 당신의 제안은 펀더멘털 기준을 모두 충족하는 데 실패했으므로 채택되지 않았다.

9장. 좋은 종목을 선정하는 두 가지 기준

[그림 9.20] 명시하지 않은 투자 기준이 충족되지 않았다

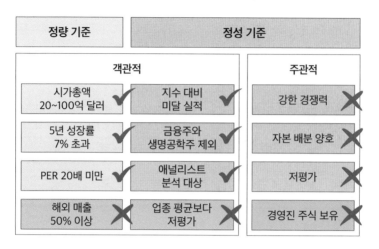

헨리의 객관적 기준은 명확해서 오해의 여지가 거의 없지만 주관적 기준은 해석의 여지가 많다. 그는 '경쟁력 강한' 회사를 원한다고 말하면서 의미가 분명하다고 생각했지만, 사실은 정의가 명확하지 않아서 기준을 충족하는지 확인하기가 거의 불가능했다.

설상가상으로 헨리에게는 명시하지 않은 투자 기준도 있었다. 그가 당신을 애먹이려고 일부러 추가 기준을 말하지 않은 것은 아니다. 추가 기준이 중요하다는 사실을 잊었을 수도 있고, 아니면 잠재의식에 불과해서 명확하게 설명하기가 어려웠을지도 모른다.

펀드매니저의 가치평가 기준 확인

헨리의 투자 기준을 그림 9.21처럼 펀더멘털 기준과 가치평가 기

[그림 9.21] 펀더멘털 기준과 가치평가 기준

정량 기준	정성 기준	
객관적		주관적

펀더멘털	시가총액 20~100억 달러	지수 대비 미달 실적	강한 경쟁력
	5년 성장률 7% 초과	금융주와 생명공학주 제외	자본 배분 양호
	해외 매출 50% 이상	업종 평균보다 저평가	경영진 주식 보유

가치평가	PER 20배 미만	애널리스트 분석 대상	저평가

준으로 구분했다. 'PER 20배 미만'처럼 객관적인 정량 기준은 이해하기 쉽다. '업종 평균보다 저평가'는 정성 기준이지만 명확해서 충족 여부를 확인할 수 있다. 그러나 '강한 경쟁력' 같은 정성 기준은 주관적이어서 해석의 여지가 많다. 업종 내 시장 지위가 지배적이라는 뜻인가, 아니면 제품 경쟁력이 강하다는 뜻인가? 이런 기준은 주관적이라 정의가 불명확하므로 충족하기가 훨씬 어렵다.

아이디어 수용을 가로막는 장애물

앞에서 언급했듯이 펀드매니저는 성공이 투자 실적에 좌우되므로 투자 아이디어 수용에 지극히 조심스럽다. 그래서 대부분은 투자 아이디어에 결함이 있는지 집중적으로 조사한다. 이 집중 조사를 통과하려면 애널리스트의 분석이 정확해야만 한다.

애널리스트가 극복해야 하는 장애물은 두 가지다. 펀드매니저가 애널리스트의 설득에 귀 기울이게 하려면 먼저 극복해야 하는 장애물은 '닥터 노'다. 그러나 펀드매니저가 아이디어를 수용하게 할 두 번째 장애물을 극복하기가 훨씬 더 어렵다.

펀드매니저의 객관적 기준을 충족하면 애널리스트는 첫 번째 장애물을 통과한다. 이에 만족한 펀드매니저는 애널리스트의 설득에 귀를 기울인다. 그러나 두 번째 장애물은 매우 강력해서 주관적 기준을 충족해야만 통과할 수 있다.

펀드매니저의 객관적 기준은 대개 명확하게 제시되므로 이를 충족하지 못하면 애널리스트는 변명의 여지가 없다. 반면 펀드매니저의 주관적 기준은 충족하기가 훨씬 어렵다.

펀드매니저가 새 아이디어에 귀 기울이게 하기도 어렵지만 이 아이디어를 채택하게 하기는 훨씬 더 어렵다. 펀드매니저가 아이디어에 귀 기울일 때 감수하는 위험은 시간 낭비 외에는 없으므로 크지 않다. 그러나 일단 투자하면 실적이 부진하거나 손실도 볼 수 있으므로 펀드매니저는 큰 위험을 떠안게 된다. 그러므로 그는 당신의 아이디어가 두 가지 기준을 모두 충족하는지 확인한다.

펀드매니저의 객관적 기준을 계속해서 충족하지 못하면 그의 가장 기본적인 투자 기준조차 파악하지 못했다는 뜻이므로 당신은 결국 해고당할 것이다. 펀드매니저의 주관적 기준을 충족하지 못하면 당신 아이디어가 채택될 확률이 낮아진다. 해고당하지는 않더라도 승진은 절대 못 하며, 보너스도 거의 받지 못하고 갈수록 업무에 좌절감을 느낀다.

> 펀드매니저의 객관적 기준을 충족하면 그가 당신의 아이디어에 귀 기울이게 할 수 있다. 그러나 그의 주관적 기준을 충족하지 못하면 그는 아이디어를 채택하지 않을 것이다.

펀드매니저의 마음을 읽어 장애물을 극복하는 방법

펀드매니저의 관심 종목을 찾아내는 열쇠는 그가 밝히지 않은 주관적 기준을 파악하는 것이다. 어떻게 하면 애널리스트가 펀드매니저의 마음을 읽을 수 있을까? 애널리스트는 그처럼 생각하는 방법을 배워야 한다. 그 방법은 무엇일까?

애널리스트는 펀드매니저가 제시한 기준에 관해서 많은 질문을 던져야 한다. 그가 투자자들에게 보낸 서한도 읽어보아야 한다. 그가 〈배런즈(Barron's)〉와 블룸버그(Bloomberg) 등 업계 전문지와 인터뷰한 기사도 살펴보아야 하고, 그의 프레젠테이션도 지켜보아야 한다.

펀드매니저가 보유한 종목을 주기적으로 살펴보면 그가 최근 투자한 종목을 확인할 수 있다. 펀드매니저는 운용 자산이 1억 달러를 초과하거나 지분이 5%를 초과하면 보유 종목을 SEC에 주기적으로 보고해야 한다. 13D, 13G, 13F가 이런 보고에 속한다.[7] 의욕적인 애널리스트는 펀드매니저가 사용하는 기준을 파악하기 위해 보유 종목에 관해서 추가 조사를 하기도 한다.

9장. 좋은 종목을 선정하는 두 가지 기준

이런 보고 정보는 펀드매니저의 최근 투자 종목에 초점을 맞춘다. 그러나 펀드매니저의 객관적 기준은 물론 주관적 기준도 파악하려는 애널리스트는 펀드매니저가 채택하지 않은 투자 아이디어를 통해서도 값진 통찰을 얻고자 한다.

이 개념을 예술계에서는 '여백의 미(negative space)'라고 부른다. 예술 비평가는 표현된 것은 물론 생략된 것도 분석해야 이미지가 전달하는 정보를 온전하게 파악할 수 있다. 이 개념을 보여주는 사례가 그림 9.22 '루빈의 꽃병(Rubin's vase)'이다. 이미지는 왼쪽 그림이 선명하지만, 오른쪽 그림의 여백을 주목해야 두 얼굴 모습이 드러난다.

SEC 보고 정보와 언론 인터뷰 자료로는 펀드매니저가 채택하지 않은 투자 아이디어를 파악할 수 없다. 조직 외부에서 애널리스트가 이런 정보를 입수하기란 거의 불가능하다. 그러므로 정보를 입수하려면 애널리스트는 펀드매니저와 긴밀한 관계가 되어야 한다.

[그림 9.22] 루빈의 꽃병과 여백

펀드매니저를 조사하는 중요한 방법 또 하나는 펀드매니저가 던지는 모든 질문을 경청해 그가 사용하는 투자 기준 목록을 작성하는 것이다. 그가 던지는 질문은 흔히 그의 주관적 기준을 파악하는 통찰을 제공한다. 다음은 펀드매니저의 기준을 파악하기 위해서 애널리스트가 물을 수 있는 질문 목록이다.

- 투자에서 기대하는 최소 수익률이 있나요?
- 투자 대상에 시가총액 제약이 있나요? 초대형주, 대형주, 중형주, 소형주, 나노주 중 어디에 해당하나요?
- 성장성을 얼마나 중시하나요? 저성장주도 괜찮은가요? 아니면 고성장주여야 하나요?
- 선호하는 가치평가 척도는 무엇인가요? EBITDA, PER, 수익가치(earnings power value) 중 어느 것을 보나요? 심층 가치주(deep value), 가치주, 가격이 합리적인 성장주(GARP), 순수 성장주 중 어느 것을 찾나요?
- 주목하는 업종과 피하는 업종은 무엇인가요?
- 선호하는 지역은 어디인가요? 국내 시장인가요, 국제 시장인가요? 선진국 시장인가요, 신흥 시장인가요?
- 경쟁력 강한 기업이나 업계 선도 기업을 원하나요?
- 역발상 투자 아이디어와 회생주 아이디어도 수용하나요?
- 어떤 성향의 경영진을 선호하나요? 기업 거버넌스(governance)에 대한 요건이 있나요? 경영진의 자본 배분 능력을 얼마나 중시하나요?
- 기업의 주주 구성도 중시하나요? 주주 대부분이 수시로 바뀌는

편을 선호하나요? 유명한 투자자들이 주주로 참여해도 상관없나요?

- 기업의 재무 레버리지가 일정 수준 이하여야 하나요?
- 금융공학 사용이나 구조조정 가능성이 있는 기업을 찾나요? 기업 인수나 행동주의 투자 대상 기업을 원하나요? 기업 분할(spinoff)이나 사업 분할(divestitures) 유망 기업을 찾나요?
- 생각하는 투자 기간은 얼마인가요? 몇 주, 몇 개월, 몇 년, 영원인가요?
- 포트폴리오의 집중도와 회전율은 어느 정도인가요?

기타 소통에서 유의할 사항

펀드매니저가 사용하는 기준들 사이에서 충돌이 발생하면 어떤 투자 아이디어도 기준을 모두 충족하기가 불가능해진다. 그러나 사용하는 기준이 많으면 펀드매니저 자신도 모든 기준을 명확하게 설명하지 못한다. 게다가 상황에 따라 중시하는 기준이 계속 바뀔 수 있다.

때로는 펀드매니저가 사용하는 기준이 모호해서 문제가 발생할 수도 있다.

밝히지 않은 기준과 모호한 기준은 미묘한 차이가 있다. 예를 들어 펀드매니저는 훌륭한 투자 아이디어가 있어도 객관적 기준을 전혀 제시하지 못할 수 있다. 이런 사례는 드물지 않다. 구체적인 기준이 무엇인지 애널리스트가 물어도 펀드매니저는 시간이 부족하거나 관심이 없어서 명확한 기준을 제시하지 않을 수도 있다. 아니면 펀드매니저는 속박당하기 싫어서 의도적으로 설명을 피할 수도 있다.

물론 펀드매니저에게 잘못이 없어도 소통에 문제가 발생할 수 있다. 펀드매니저가 기준을 명확하게 제시해도 애널리스트가 잘못 듣고 오해할 수 있기 때문이다. 펀드매니저의 주관적 기준을 파악하려면 애널리스트는 그의 모든 객관적 기준을 충분히 이해하고서 그를 세심하게 조사해야 한다. 주관적 기준을 파악하려면 많은 관찰과 소통이 필요하다.

생산성을 높이려면 소통 능력 개선이 중요

적절한 투자 아이디어를 찾아내려면 펀드매니저도 애널리스트를 효과적으로 지원해야 한다. 애널리스트는 말하지 않아도 펀드매니저의 마음을 읽어내는 사람이 아니다. 펀드매니저가 먼저 모든 객관적 기준을 애널리스트에게 명확하게 제시해야 한다. 그리고 주관적 기준을 펀드매니저 자신이 확실하게 이해하지 못하면 다른 사람은 더 이해하지 못한다는 사실을 인식해야 한다. 펀드매니저는 자신의 투자 기준에 대해 최대한 상세하게 소통해야 하며, 새 투자 아이디어가 자신의 요건을 충족하지 못하면 직접 의견을 제시해야 한다.

애널리스트는 어렵더라도 펀드매니저의 스키마를 파악해서 그의 투자 기준을 충족해야 한다. 애널리스트가 펀드매니저의 마음을 읽을 수는 없고, 펀드매니저 역시 애널리스트의 마음을 읽을 수 없다. 그 결과 소통이 단절되면 둘 다 시간을 낭비하고 좌절하게 된다. 그러나 소통을 개선하면 더 훌륭한 아이디어를 창출할 수 있으며 조직의 생산성도 높일 수 있다.

펀드매니저의 주관적 기준 파악하기

펀드매니저의 주관적 기준은 대개 수십 년 동안 투자하는 과정에서 형성되므로 여러 층으로 구성되기도 한다. 노련한 펀드매니저의 주관적 기준은 뿌리가 매우 깊어서 제2의 천성이 된다. 그는 마음속에 명확한 기준이 없어도 투자 아이디어를 들으면 적합한지 아닌지 감으로 판단할 수 있다. 그러므로 노련한 펀드매니저 대부분은 자신의 주관적 기준을 명확하게 설명하지 못한다.

전설적 투자자인 리언 쿠퍼먼의 인터뷰가 이 특성을 잘 보여준다.[8]

우리는 투자를 자극하는 통계를 찾아다닙니다. 내가 즐겨 쓰는 비유가 있습니다. 슈퍼마켓의 맥주 판매대에 가면 브랜드가 25개나 있는데도 그중 한 브랜드에 손이 갑니다. 마찬가지로 주식시장에서도 손이 가는 종목이 있습니다. ROE, 성장률, PER, 배당수익률, 자산의 가치가 적절한 조합을 이루는 종목입니다.[9]

쿠퍼먼의 말을 들어보면 인터뷰만으로 펀드매니저의 주관적 기준을 파악하기가 매우 어렵다는 사실을 알 수 있다. 그러므로 종목을 추천하려는 애널리스트에게는 펀드매니저에 대한 추가 조사가 매우 중요하다.

- 펀드매니저는 스키마를 사용해서 투자 아이디어를 신속하게 평가한다. 애널리스트가 추천하는 아이디어는 펀드매니저의 스키마와 맞아야 한다.

- 펀드매니저의 스키마에는 두 가지 중요한 기준이 포함된다. 펀더멘털 기준은 사업의 질에 주목하고, 가치평가 기준은 주식의 위험 대비 수익에 주목한다.

- 펀드매니저의 기준은 객관적 기준과 주관적 기준으로 구분된다. 객관적 기준은 대개 명확하게 제시되므로, 이를 충족하지 못하면 애널리스트는 변명의 여지가 없다.

- 펀드매니저의 객관적 기준을 모두 충족하더라도 아이디어 대부분은 펀드매니저의 주관적 기준을 충족하지 못한다. 대개 펀드매니저가 주관적 기준을 명확하게 설명하지 못하기 때문이다.

- 펀드매니저의 객관적 기준을 충족하면 그가 당신의 아이디어에 귀 기울이게 할 수 있다. 그러나 주관적 기준을 충족하지 못하면 그는 아이디어를 채택하지 않을 것이다.

10장

관심을 사로잡는
메시지 구성

펀드매니저 인터뷰가 내일 이른 아침이다. 그동안 충분히 준비했으므로 당신은 자신 있게 추천할 종목을 확보했다고 생각한다. 당신은 노련한 CIA 요원도 부러워할 정도로 펀드매니저에 대한 조사 자료를 작성했다. 이미 그의 객관적 기준을 충족시켰고 주관적 기준까지도 충분히 파악했다고 자부한다. 독자적 분석도 많이 했고 다양한 관점도 개발했으므로 당신은 정보우위와 분석우위를 확보했다고 생각한다. 끝으로 조만간 바로잡힐 시장의 가격 오류도 발견했다고 확신한다. 이제 인터뷰에 대한 만반의 준비를 했다.

펀드매니저는 내게 시간을 얼마나 줄까? 아마 많이 주지는 않을 것이다. 몇 분 지나서 지루해지면 자꾸 시계를 들여다볼 것이다. 이런 시간 제약을 고려해서 핵심을 뽑아 설득력 있게 추천하려면 어떻게 해야 할까?

펀드매니저의 관심을 사로잡는 방법

　종목 추천에 포함할 요소를 결정할 때는 집에 불이 나서 30초 안에 빠져나가야 하는 상황이라고 생각하라. 세 가지를 갖고 나간다면 무엇을 선택하겠는가? 펀드매니저에게 추천할 때도 마찬가지로 세 가지 핵심 요소를 선택해야 한다.

　펀드매니저에게 종목을 추천하는 것은 수업 시간이나 종목 추천 경연대회에서 추천하는 것과 다르다. 수업 시간이라면 30쪽짜리 파워포인트 자료를 넘기면서 웅얼거리는 목소리로 20분 동안 청중의 인내심을 시험할 수 있다. 그러나 펀드매니저에게는 그가 어떻게든 이해하리라 기대하면서 막연한 자료들을 던져주어서는 안 된다. 펀드매니저는 시간이 없고 인내심도 부족하므로, 당신이 던져주는 자료들을 짜 맞춰 이해하고서 타당성을 판단할 만한 여유가 없다. 펀드매니저에게 그런 기대를 하는 것은 무리다.

　7장에서는 맨스필드 판사의 모자이크 이론을 퍼즐에 비유해서 설명했다. 조사를 충분히 했다면 퍼즐 조각 몇 개가 빠져도 당신은 완성된 퍼즐의 모습을 알 수 있다. 그러나 다른 사람을 설득해야 한다면 이야기가 다르다. 종목 추천 대부분이 실패하는 것은 애널리스트가 뒤섞인 퍼즐 조각들을 테이블 위에 펼쳐놓고 펀드매니저에게 "이제 당신이 파악해보세요"라고 말하기 때문이다.

　노련한 애널리스트조차 펀드매니저가 완성된 그림을 보고 충분히 판단할 만큼 정보를 제공했다고 생각한다. 하지만 그런 추천에는 대개 누락된 퍼즐 조각이 너무 많다. 그림을 이해하고 아이디어를 채택하려면 펀드매니저는 완성된 그림을 보아야 한다.

투자 아이디어를 채택하게 하려면 펀드매니저에게 그림을 최대한 많이 보여주어야 한다.

펀드매니저가 이해할 수 있도록 그림을 설명하려면 제한된 시간을 어떻게 사용해야 할까? 펀드매니저가 "그래서 무슨 말씀이시죠? 여기 왜 오셨나요?"라고 물으면 어떻게 대답할 것인가?

다음은 영화 '월스트리트'에 나오는 전형적인 장면이다.[1] 청년 버드 폭스는 고든 게코의 사무실 밖에서 몇 시간을 기다린 끝에 요령을 써서 마침내 몇 분 동안 게코에게 종목을 추천할 기회를 얻었다.

게코가 폭스에게 말한다. "자네, 도대체 무슨 생각인가? 왜 자네 말을 들어야 하지?" 폭스가 처음 제시한 아이디어는 다음과 같았다. "차트 이곳에서 상승 돌파가 나왔습니다. 화이트우드영인더스트리라는 회사입니다. 저PER이고, 이익이 폭발적으로 상승 중이며, 주가가 순자산가치보다 30% 낮고, 현금흐름이 탁월하며, 경영진도 강력하고, 5% 지분 보유자가 둘뿐입니다." 게코는 "관심 없어. 다른 종목은 없나, 자네?"라고 말한다.

폭스는 당황하지 않고 즉시 두 번째 아이디어를 제시한다. "테라플라이가 있습니다. 애널리스트들은 싫어하지만 저는 좋아하는 종목입니다. 청산가치가 시가총액의 두 배입니다. 회사를 담보로 차입 인수해서 사업부 두 개를 매각하면…" 이때 게코가 다시 폭스의 말을 끊는다. "퀀트에게는 나쁘지 않은 거래지만 나는 관심 없다네." 폭스는 세 번째 아이디어를 제시한다.

폭스 블루스타항공이 있습니다.
게코 들어본 적 있어. 그래서?

폭스 유망주입니다. 조종사 300명이 중형 제트기 80대로 캐나다, 플로리다, 카리브해 노선 등을 운항합니다. 주요 도시에서 운항 점유율이 높습니다.

게코 나는 항공사 싫어. 노조가 골칫거리야.

폭스 작년에 추락 사고가 있었습니다. 최근 소송에서 항공사가 유리한 판결을 받았는데, 이는 원고도 모르는 사실입니다.

게코 자네는 어떻게 아나?

폭스 저는 압니다. 이 판결 덕분에 새 항로 계약이 체결될 겁니다. 유통주식이 많지 않으니까 서둘러 잡아야 합니다. 5포인트는 즉시 상승합니다.

게코 흥미롭군. 명함 있나? (잠시 침묵) 내가 검토하는 아이디어가 하루에 100개라네. 그중 하나를 선택하지.[2]

이것이 실제로 투자업계에서 흔히 이루어지는 대화다. 펀드매니저는 바빠서 정신없으므로 애널리스트가 관심을 끌 수 있는 시간은 잠깐뿐이다. 그러므로 가장 효과적인 추천 방법은 세 가지 독특한 요소로 30초 동안 관심을 끌고서 2분 동안 설득한 다음, 5~10분 동안 질의응답을 진행하는 것이다. 그러나 이 구조는 조언에 불과하다는 점을 기억하라. 모든 펀드매니저에게 이런 방식이 통하는 것은 아니다. 인내심 부족한 펀드매니저는 몇 마디 들어보지도 않고 애널리스트의 말을 끊고서 질문을 퍼붓기도 한다.

처음 30초[3]가 단순명료하면서도 설득력이 매우 높아야 펀드매니저의 관심을 빨리 사로잡을 수 있다. 벨 소리를 들으면 침을 흘리는 파블로프(Ivan Pavlov)의 개처럼, 당신은 펀드매니저의 관심을 끌어 왕성한 탐욕을 자극해야 한다. 관심 끌기에 성공하면 펀드매니저는 무의식적으로 당신을 향해 몸을 기울인다. 이제 펀드매니저는 당신의 말에 귀를 기울이려고 한다.

관심 끌기의 목적은 펀드매니저가 당신의 2분 설득을 듣게 하는 것이다. 2분 설득은 종목 추천의 핵심으로서 이 투자 아이디어가 매력적이라고 인식시키는 과정이다. 2분 설득에 성공하면 펀드매니저로부터 질문이 홍수처럼 쏟아진다.

설득에 성공하니 한겨울에도 춥지 않더라

폴 손킨이 30초 관심 끌기, 2분 설득에 착안하게 된 것은 순전히 우연이었다. 그는 경영대학원 졸업 후 첫 직장에서 전설적인 투자자 척 로이스 밑에서 일하게 되었다. 로이스는 지극히 바빴으므로 손킨 같은 신입 애널리스트는 얼굴을 비치기도 어려웠다.

어느 날 오후 로이스는 다리를 책상 위에 올린 채,[4] 무릎에 쌓인 서류에 빨간색 사인펜으로 표시하면서 부하 트레이더 켄에게 지시를 내리고 있었다. 손킨은 로이스에게 다가가 그의 반응을 기다렸다. 로이스는 안경 너머로 손킨을 보면서 '바쁜데 왜 귀찮게 굴어?'라는 표정을 지었다.

손킨은 접는 테이블 제조업체 미티라이트(Mity-Lite) 투자 아이디어를 신속하게 소개했다. 로이스는 아무 말 없이 책상에서 다리를 내리더니 손킨을 향해 의자를 돌리고 손을 뻗어, 손킨이 들고 있던 연차보고서를 집었다. 로이스는 주주 서한을 읽으면서 일부 문장에 빨간색 사인펜으로 밑줄을 그었다. 계속 페이지를 넘겨 재무제표까지 살펴본 뒤 로이스는 "음, 더 설명해보게"라고 말했다. 손킨은 2분 동안 설명했다.

갑자기 비서가 로이스에게 외투를 건네면서 말했다. "2시에 약속이 있어서 지금 일어나셔야 합니다." 로이스는 일어나서 외투를 입고 문으로 걸어가면서 손킨에게 질문을 던졌다.

엘리베이터를 기다리는 동안에도 질의응답이 이어졌다. 엘리베이터 문이 열리자 로이스가 탔고 손킨도 따라서 탔다. 로이스가 건물에서 나와 길 건너 주차장으로 걸어가는 동안에도 질의응답이 이어졌다. 로이스는 차에 타고서 문을 닫기 직전에 손킨에게 말했다. "켄에게 10만 주 매수 주문 내라고 해." 손킨은 사무실로 돌아오는 길에 추위에 떨면서 미소 지었다. 갑작스러운 폭설로 길에는 눈이 15센티미터나 쌓여 있었다. 손킨은 와이셔츠 차림이었지만 추운 줄 몰랐다.

이 사례는 메시지의 구조를 보여준다. 30초 동안 상대의 관심을 끌고 나서 2분 설득으로 욕구를 채워주는 구조다. 2분 설득으로 아이디어에 더 흥미를 느끼게 해서 상대가 질문하도록 유도한다. 질문을 통해서 펀드매니저는 그 투자 아이디어가 자신의 기준과 일치하는지 확인한다. 손킨이 던진 미끼에 로이스가 관심을 보였으므로 손킨은 2분 설득을 할 수 있었다. 이후 로이스는 건물에서 나와 길을 건너가면서 손킨에게 날카로운 질문을 퍼부었다. 로이스는 아이디어가 마음에 들어서 주식을 매수했다. 몇 년 후 로이스는 미티라이트 주식을 10% 넘게 보유하게 되었다.

다시 영화 이야기로 돌아가자. 게코는 왜 화이트우드영과 테라플라이는 지나쳤으나 블루스타에는 관심을 보였을까? 앞 장에서 논의했듯이 펀드매니저는 자신의 객관적 기준을 충족하는 아이디어에 대해서만 귀를 기울인다. 그러나 자신의 주관적 기준까지 충족해야 그 아이디어를 채택한다.

화이트우드영과 테라플라이는 게코가 분명히 알고 있었고 이미 관심 없는 회사였다. 하지만 블루스타는 게코가 "들어본 적 있어"라고 말한 것으로 보면 그가 모르는 회사였다. 그는 "나는 항공사 싫어. 노조가 골칫거리야"라고 말하면서 아이디어가 자신의 기준에서 벗어난다고 지적했다. 그러나 폭스가 소송에서 원고가 유리한 판결을 받았다고 말하면서 "이는 원고도 모르는 사실입니다"라고 미끼를 던지자 게코는 관심을 보였다.

블루스타에 대해서 조금 더 논의하자. 탐욕에 이끌린 게코는 그날 오후 폭스에게 전화했다. "블루스타 2만 주를 사주게. 가격은 15.125이고 15.375가 상한선이야. 망치지 말게." 폭스의 말 "5포인트는 즉시 상승합니다"는 단기 기대수익률이 30% 이상이라는 뜻이다. 게코의 탐욕이 노조에 대한 우려를 압도했다. 뉴스 발표가 임박했으니 며칠 정도의 시장 위험은 대수롭지 않다고 생각했다.

게코는 정보우위가 마음에 들었다. 이 정보는 불법이긴 해도 아직 시장에 유포되지 않아서 그림 10.1처럼 가격 오류가 발생한 상태다. 끝으로 이 정보가 조만간 발표되면 촉매로 작용하면서 주가

[그림 10.1] 정보가 충분히 유포되지 않으면 주가가 잘못 형성된다

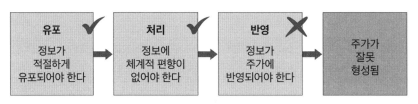

를 밀어 올릴 것이다.

폭스의 블루스타 아이디어를 스타인하트의 분석 틀로 점검해보면 모든 항목이 충족된다.

1. 당신의 견해는 컨센서스와 다른가?: 다르다. 컨센서스는 소송 결과를 중립적 또는 부정적으로 예상한다.
2. 당신의 견해가 옳은가?: 옳다. 폭스의 중요한 비공개 정보에 의하면 소송 결과는 회사에 유리하다.
3. 시장이 놓친 사항은?: 시장은 소송 결과를 모른다.
4. 컨센서스 견해는 언제 바뀌는가?: 소송 결과가 회사에 유리하다는 뉴스가 발표되면 바뀔 것이다.

미끼(관심 끌기)에는 이 모든 요소를 포함해야 이상적이다. 30초 안에 온갖 정보를 압축해서 넣어야 하지만 말이다. 블루스타 대신 8장에서 논의한 클로버랜드를 게코에게 추천한다면 대화는 다음과 같이 진행될 것이다.

당신 클로버랜드가 있습니다.

게코 들어본 적 있어. 그래서?

당신 클로버랜드는 위스콘신에 삼림지 16만 에이커를 보유하고 있습니다. 이 주식은 장외시장에서 거래되는 마이크로주(microcap)여서 아무도 관심이 없습니다.

게코 나는 마이크로주 싫어. 바퀴벌레가 들끓는 모텔이야. 들어갈 수는 있어도 나올 수 없지.

당신 작년에 행동주의 투자자인 브라운필드의 존 헬브가 컨설턴트를 고용해서 인공위성으로 삼림지를 분석했습니다. 브라운필드는 주식 26%를 매수해서 몇 달 전 이사회 의석을 확보했습니다. 현재 주가는 90달러지만 가치는 최소 140달러입니다. 행동주의 투자자는 가만 앉아서 나무가 자라는 모습만 지켜보지 않고 회사를 매각하도록 압박할 것입니다.

게코 자네는 어떻게 아나?

당신 몇 년 전 만찬에서 존 헬브를 만나 친구가 되었습니다. 그가 운용하는 브라운필드펀드는 실적이 좋습니다. 정확한 숫자는 아니지만 존이 말해준 내용이 있습니다. 삼림지 나무들의 나이와 활엽수 비중이 회사가 발표한 것보다 높아서 삼림지의 가치가 투자자들이 생각하는 것보다 훨씬 높다고 합니다. 행동주의 투자자가 성공하면 18개월 안에 50% 수익을 낼 수 있습니다. 성공하지 못하더라도 목재는 경질자산(내재가치가 있는 자산)이므로 하방 위험이 거의 없습니다.

게코 흥미롭군. 명함 있나? (잠시 침묵) 내가 검토하는 아이디어가 하루에 100개라네. 그중 하나를 선택하지.

클로버랜드 아이디어를 스타인하트의 분석 틀로 점검해보면 모든 항목이 충족된다.

1. 당신의 견해는 컨센서스와 다른가?: 다르다. 컨센서스는 주식의 가치를 107달러로 평가하지만 나는 140달러로 평가한다.
2. 당신의 견해가 옳은가?: 옳다. 인공위성으로 삼림지의 가치를 평가했으므로 내 평가가 정확하다.

3. 시장이 놓친 사항은?: 시장은 삼림지의 진정한 가치를 모른다. 시장은 행동주의 투자자가 성공할 수 있다는 사실도 알지 못하는 듯하다.

4. 컨센서스 견해는 언제 바뀌는가?: 행동주의 투자자가 이사회를 설득해 회사 매각을 결정하면 바뀔 것이다.

폭스가 블루스타를 추천할 때 그랬듯이 게코가 클로버랜드 추천에 반응한 것은 탐욕에 이끌렸기 때문이다. 게코는 돈 벌 기회라고 생각했다. 펀드매니저 대부분은 탐욕에 이끌리므로 기대수익이 매력적이면 관심을 기울인다. 그러나 종종 공포를 느껴서 "얼마나 벌 수 있지?"에서 "얼마나 잃을 수 있지?"로 생각이 바뀌기도 한다.

펀드매니저가 공포를 느끼는 것은 불확실성 때문이다. 그것은 투자 결과의 불확실성과 당신의 분석력에 대한 불확실성이다. 하방 위험이 제한적이라고 생각하거나 당신의 분석력을 믿게 되면 펀드매니저가 느끼는 공포는 완화된다.

위험은 낮고 기대수익은 충분하다고 인식하면 노련한 펀드매니저 대부분은 질문을 퍼붓는다. 너무 좋은 기회라서 믿기 어렵다고 걱정하기 때문이다. 다소 과장된 질문 공세까지 극복해야 비로소 펀드매니저가 아이디어를 채택하게 할 수 있다. 이런 걱정에 대응하려면 시장에 가격 오류가 존재한다는 점을 입증해야 한다. 이때는 5장에서 논의한 효율적시장의 조건이 충족되지 않았음을 보여주면 된다.

이 걱정까지 사라지면 펀드매니저는 마지막 우려를 다음과 같이 제기할 것이다. "시장이 어떻게 오류를 인식해서 가격에 반영할까요?" 다시 말하면 "시장가격과 내재가치의 격차를 메워주는 촉

[그림 10.2] 펀드매니저의 질문에 대응하는 방법

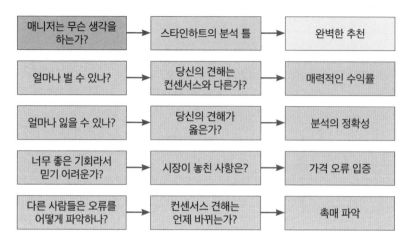

매는 무엇인가요?" 높이 평가받는 헤지펀드 매니저 세스 해못(Seth Hamot)은 이 질문을 더 흥미진진하게 던졌다. "나는 이 복잡한 상황을 파악하느라 뇌가 망가졌는데, 다른 사람들이 어떻게 이 문제를 해결해서 내게 돈을 벌어주겠소?"[5]

그림 10.2는 펀드매니저가 던질 만한 질문에 대응하는 방법을 정리한 자료다. 이 그림의 클로버랜드 추천을 분석해보면 질문 유형별로 대응 방법이 군더더기 없이 간결하게 정리되어 있다. 펀드매니저의 주요 질문 네 가지에 대한 답변 네 가지는 다음과 같다.

1. 내재가치는 주당 140달러다.
2. 행동주의 투자자는 성공할 것이다.
3. 이 가정은 주가에 반영되지 않았다.
4. 행동주의 투자자가 실패해도 하방 위험은 거의 없다.

[그림 10.3] 클로버랜드를 추천하는 완벽한 방법

매니저는 무슨 생각을 하는가?	스타인하트의 분석 틀			완벽한 추천	
얼마나 벌 수 있나?	"18개월 기대수익률이 50%입니다."	"현재 주가는 90달러이지만 내재가치는 최소 140달러입니다."		내재가치는 주당 140달러	매력적인 수익률
다른 사람들은 오류를 어떻게 파악하나?	"행동주의 투자자 지분이 26%이며 이사회 의석을 확보했습니다."	"행동주의 투자자는 수수방관하지 않고 회사 매각을 압박할 것입니다."		행동주의 투자자는 성공할 것	촉매 파악
너무 좋은 기회라서 믿기 어려운가?	"인공위성으로 삼림지를 평가했습니다."	"나무의 나이와 활엽수 비중이 회사가 발표한 것보다 높아서 삼림지의 가치가 투자자들의 생각보다 훨씬 높습니다."	"이 주식은 장외 마이크로주여서 아무도 관심이 없습니다."	가정이 주가에 반영되지 않음	가격 오류 입증
얼마나 잃을 수 있나?	"위스콘신 삼림지가 16만 에이커입니다." / "펀드 운용 실적이 우수합니다."	"그가 정확한 숫자를 알려주진 않았습니다." / "그 행동주의 투자자를 몇 년 전 한 만찬에서 만났습니다."	"성공하지 못하더라도 목재는 경질자산이므로 하방 위험이 거의 없습니다."	낮은 위험	분석의 정확성

2년 후 주가는 140달러 예상
연 수익률 41%

그림 10.3은 스타인하트의 분석 틀을 지침으로 삼아 대응 방법을 다시 정리한 자료다.

종목 추천을 수천 번 듣고 나서 깨달은 바가 있다. 미숙한 애널리스트가 가장 흔히 저지르는 실수는 결론에 도달한 과정을 제대로 이해하지 못한 상태에서 주장을 펼치는 것이다. 이 결함 탓에 질문

10장. 관심을 사로잡는 메시지 구성

공세에 대응하지 못하고 곧바로 무너지고 만다.

추천에 성공하려면 근거를 제시하면서 답변해야 한다. 주당 내재가치가 140달러라고 믿는 근거는 무엇인가? 왜 행동주의 투자자가 성공하리라 보는가? 왜 가정이 주가에 반영되지 않았다고 생각하는가? 왜 하방 위험이 거의 없는가?

매니저의 주요 질문 네 가지에 대해 강한 주장으로 대응하는 것만으로는 부족하다. 당신의 주장을 뒷받침하는 증거를 완벽하게 제시할 수 있어야 한다. 그리고 반론도 예상해서 대비해야 한다.

툴민 모형을 이용한 주장 구성

설득력 있는 주장을 구성하려면 그 주장을 면밀히 검사하는 체계나 체크리스트가 필수적이다. 누군가가 당신의 주장과 가정에 대해 까다로운 질문을 던지면서 비판해주어야 한다.

그 누군가가 바로 툴민 논증 모형을 제시한 스티브 툴민이다. 영국 철학자인 그는 도덕 추론을 집중적으로 연구했다. 그는 1958년에 출간한 독창적인 저서 《The Uses of Argument(논증의 사용)》에서 논증 분석에 사용하는 여섯 가지 요소를 제시했는데 이것이 툴민의 논증 모형이다.

툴민 모형을 이용해서 주장을 구성하고 검증하면 그 주장은 신뢰도와 효율성이 높아지고 반론에도 강해진다. 그 결과 추천의 효과가 훨씬 더 개선된다.

주장

클로버랜드 추천 과정에서 펼친 주장 하나가 "행동주의 투자자
는 회사를 매각하라고 압박하는 데 성공할 것이다"이다. 주장은 상
대가 진실이라고 믿어주길 바라는 진술이다. 설득 과정에서 상대
는 게코처럼 "자네는 어떻게 아나?" 같은 간단한 질문으로 이의를
제기할 수 있다. 이 질문에 답하려면 주장을 뒷받침하는 적절한 증
거를 제시해야 한다.

예를 들어 다음과 같은 증거를 제시하면서 존 헬브가 회사를 매
각하라고 압박하는 데 성공할 것이라고 주장할 수 있다.

1. 브라운필드는 직전에 행동주의 투자에 성공했다.
2. 클로버랜드 주가 상승률이 S&P500에 뒤처졌다.
3. 브라운필드는 클로버랜드 지분을 대량으로 확보했다.
4. 브라운필드는 이사회 의석을 확보해서 존 헬브가 이사로 취임
   했다.

증거

증거에는 사실, 통계, 관찰이나 전문 지식, 물적 증거, 전문가 의
견, 보고서 등이 포함되며, 그 특성은 여러 차원에 걸쳐 다양하게

　　　　　　　　　　10장. 관심을 사로잡는 메시지 구성

[그림 10.4] 차원별 증거의 특성

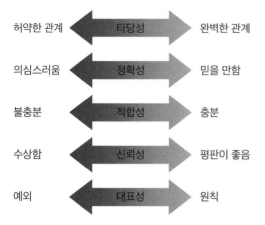

허약한 관계	타당성	완벽한 관계
의심스러움	정확성	믿을 만함
불충분	적합성	충분
수상함	신뢰성	평판이 좋음
예외	대표성	원칙

나타난다(그림 10.4).

당연한 말이지만 증거가 확실할수록 주장은 더 강해진다. 그림 10.4에 열거한 특성들은 증거의 타당성을 알려주는 중요한 지침이다. 예를 들어 "행동주의 투자자는 회사를 매각하라고 압박하는 데 성공할 것이다"라는 주장에 대해 제시한 증거 하나는 "브라운필드는 직전에 행동주의 투자에 성공했다"였다. 이 증거는 다섯 가지 차원에서 그 특성을 평가할 수 있다.

타당성: 직전에 행동주의 투자에 성공했다는 사실이 이번 투자 성공에 타당한 지표인가?

정확성: 성공을 정의하는 방식에 따라 데이터를 확인하여 정확성을 평가할 수 있다.

적합성: 이 증거만으로는 이번 투자에 성공할 것으로 입증하기에 불충분하다.

신뢰성: 데이터의 출처는 신뢰할 만하다.

대표성: 직전 투자는 환경이 전혀 다르므로 데이터의 대표성이 부족하다.

이 증거만으로는 브라운필드의 클로버랜드 투자가 성공하리라는 주장을 입증하기 어려워 보인다. 그러나 이는 네 가지 증거 중 하나에 불과하므로 나머지 세 가지 증거를 추가하면 주장이 훨씬 더 강해진다. 그러므로 주장을 뒷받침하는 증거는 둘 이상 제시하는 편이 바람직하다.

근거

상대가 당신의 주장에 이의를 제기할 때는 증거만 문제 삼는 것이 아니다. 상대는 "어떻게 그 결론에 도달했나요?" 또는 "왜 그렇게 생각하시죠?"라고 질문할 수도 있다. 이는 증거의 타당성에 이의를 제기하는 것이 아니라, 증거로부터 주장에 도달한 과정을 묻는 말이다. 이런 질문에는 증거를 추가로 제공해도 답이 되지 않는다. 대신 증거로부터 주장에 도달한 과정을 논리적으로 설명해야 한다. "그 증거가 당신의 주장을 뒷받침하는 이유는 무엇인가?"라는 질문에 대한 답을 툴민은 근거라고 부른다.

미국 수정헌법 제4조는 부당한 수색과 압수로부터 개인을 보호한다. 판사는 상당한 근거가 있을 때만 수색영장을 발부할 수 있다. 보석 강도가 있다고 가정하자. 경찰이 범죄 현장에서 수집한 지문 증거는 줄리 즐라토가 범인이라고 가리킨다. 경찰은 즐라토가 보석을 집에 숨겨두었다고 의심하지만 임의로 집에 들어가 보석을 찾을 수가 없다. 경찰이 집에 들어가려면 수색영장이 필요하다. 그

러나 판사로부터 수색영장을 발부받으려면 혐의를 입증하는 상당
한 근거를 제시해야 한다.

툴민이 말하는 근거는 주장(즐라토가 범인이다)을 뒷받침하려고 제
시하는 증거(범죄 현장에서 수집한 지문)와 비슷한 개념이다. 툴민의 근
거는 "어떻게 그 결론에 도달했나요?"라는 질문에 답을 제시한다.
　툴민의 틀로 클로버랜드 관련 주장을 분석하면 근거의 네 가지
측면이 나타난다.

1. 브라운필드는 직전 행동주의 투자에 성공했으므로 이번 투자
   에도 성공할 것이다.
2. 클로버랜드 주가 상승률이 S&P500에 뒤처졌으므로 불만을
   품은 주주들이 위임장 대결에서 브라운필드를 지지할 것이다.
3. 브라운필드는 클로버랜드 지분을 대량으로 확보했으므로 이
   사회에 상당한 영향력을 행사한다.
4. 브라운필드는 이사회 의석을 확보했으므로 경영진을 압박할
   수 있다.

펀드매니저는 근거에 대해 다음과 같이 이의를 제기할 수 있
다. "브라운필드가 직전 투자에서 성공했다고 해서 이번 투자에

도 성공한다는 뜻은 아니지요." 또는 "클로버랜드 주가 상승률이 S&P500에 뒤처졌다고 해서 주주들이 브라운필드를 지지한다는 뜻은 아니지요." 이는 증거와 주장 사이의 인과관계를 뒷받침하는 근거에 이의를 제기한다는 뜻이다.

확신하건대 대부분 설득이 실패하는 것은 주장의 근거를 대수롭지 않게 여기기 때문이다. 주장을 펼칠 때 근거를 명확하게 제시할 필요는 없을지 몰라도 증거와 주장 사이의 관계는 반드시 이해해야 하며 근거를 방어할 수 있어야 한다.

근거를 뒷받침

주장할 때는 자신의 근거를 뒷받침해야 한다.

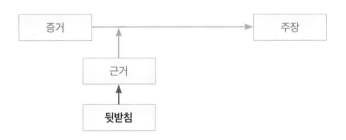

근거가 타당한 이유를 설명하는 방식으로 근거를 뒷받침해야 한다. 예를 들어 "클로버랜드 주가 상승률이 S&P500에 뒤처졌으므로 불만을 품은 주주들이 위임장 대결에서 브라운필드를 지지할 것이다"의 근거를 뒷받침한다면 다음과 같은 설명이 될 수 있다.

1. 주주 30%를 대표하는 투자자가 위임장 대결에서 브라운필드

를 지지하겠다고 말했습니다.

2. 최근 5년 동안 브라운필드는 주가 상승률이 S&P500에 뒤처진 표적 회사의 위임장 대결에서 의결권의 75%를 획득했습니다.

한정적 표현

어떤 주장이든 틀릴 수 있다는 사실을 반드시 명심해야 한다. 세상사는 불확실하므로 예상 못 한 사건이 발생하는 법이다. 예를 들어 클로버랜드 이사회가 이사 의석수를 늘려 브라운필드의 영향력을 축소할 수도 있고, 삼림지에 풍뎅이가 들끓어 피해가 발생하면서 회사의 내재가치가 감소할 수도 있다. 이런 불확실한 사건의 가능성을 고려해 주장을 펼칠 때 '아마' '유망한' '십중팔구' 등 한정적 표현을 사용해야 한다.

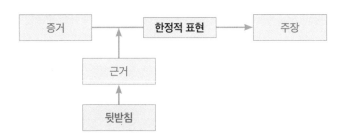

클로버랜드 사례에서는 다음과 같은 한정적 표현을 사용할 수 있다. "클로버랜드 이사회가 이사 의석수를 늘릴 가능성도 있지만 브라운필드의 투자가 십중팔구 성공할 것입니다." 또는 "이사회가 입장을 고수하면서 시간을 끌 가능성도 있지만 브라운필드는 대규모 지분을 확보했으므로 십중팔구 성공할 것입니다."

반박과 재반박

툴민 모형의 마지막 요소는 반박이다.

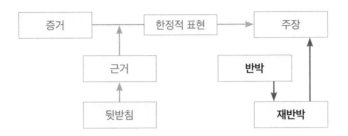

키케로(Cicero, 고대 로마의 정치가, 철학자, 웅변가 - 옮긴이)는 저서 《De Inventione(발상에 관하여)》 1권에서 다음과 같이 말했다.

> 모든 주장은 다음 중 한 가지 방식으로 반박당할 수 있다. 그 주장에 깔린 가정을 인정받지 못하거나, 가정은 인정받더라도 그 가정에서 도출된 결론이 거부당하거나, 주장하는 방식이 틀린 것으로 밝혀지거나, 더 강한 반론을 만나는 방식이다.[6]

툴민 모형에는 키케로의 생각이 반영되어 있다. 예를 들어 클로버랜드 사례에 관해서 다음과 같은 반박이 나올 수 있다. "브라운 필드가 클로버랜드 주식을 대량으로 보유하고 있어도 펀드 규모에서 차지하는 비중은 크지 않군요. 그러므로 흥미를 잃게 되면 태도가 소극적으로 바뀔지도 모르지요." 이에 대해 재반박할 때는 다음과 같이 주장의 한계나 예외를 인정하면서 반박을 완화하면 된다. "물론 브라운필드의 주식 보유량이 많지 않아서 흥미를 잃으면 초점이 흐려질 수도 있습니다. 그러나 이들은 평판이 훼손되길 원치 않으므로 아마 소극적으로 바뀌지는 않을 것입니다."

확실한 주장

종목 추천에 툴민 모형까지 동원하는 것은 과해 보일지 모르지만, 툴민 모형은 주장을 사전에 검증해 매니저의 공격에 대비하는 탁월한 수단이다. 이 모형을 이용하면 주장의 전체 구조를 엑스레이처럼 투시하면서 매니저의 공격을 받기 전에 취약한 부분을 찾아낼 수 있다.

게코의 사무실에서 클로버랜드를 추천하면서 관심 끌려고 한 설명은 대략 다음과 같았다.

방대한 정보를 철저하게 분석하고 나서 제가 내린 결론은 존 헬브의 회사 브라운필드캐피털이 클로버랜드팀버를 압박하여 9~12개월 안에 회사 매각에 성공하리라는 것입니다. 현재 주가는 90달러이지만 가치는 140달러이므로 56% 수익이 가능합니다. 주주들이 조용하고 주식의 유동성이 부족한 탓에 목재의 진정한 가치와 행동주의 투자자의 동향이 주가에 적절하게 반영되지 않은 것으로 보입니다. 행동주의 투자자가 성공하지 못하더라도 목재는 경질자산이므로 하방 위험이 거의 없습니다.

이 관심 끌기는 투자 가정 네 가지를 통해서 매니저의 관심사 네 가지를 해소한다.

1. 얼마나 벌 수 있나?: 주식의 주당 가치는 140달러입니다.
2. 다른 사람들은 오류를 어떻게 파악하나?: 행동주의 투자자가 성공하면 알게 됩니다.
3. 너무 좋은 기회라서 믿기 어려운가?: 주가에 정보가 반영되지 않았습니다.
4. 얼마나 잃을 수 있나?: 행동주의 투자자가 성공하지 못하더라도 하방 위험이 거의 없습니다.

펀드매니저가 관심을 보이면 2분 설득 단계로 넘어갈 수 있다. 이 설득을 통해서 주장을 뒷받침하는 증거를 추가로 제시해야 한다. 툴민 모형을 이용해서 2분 설득을 구성하면 가치평가에 관한 설명은 다음과 유사할 것이다.

저는 클로버랜드 주식의 가치는 주당 140달러로서 삼림지의 가치는 에이커당 1,130달러라고 믿습니다. 이렇게 평가한 근거는 브라운필드가 고용한 삼림지 평가 전문 컨설턴트의 조사 결과입니다. 컨설턴트는 정교한 컴퓨터 모형을 이용해서 삼림지의 위성 사진을 분석하여 밀도, 수령, 수종을 기준으로 에이커당 가치를 추정했습니다. 일반적으로 벌채하는 나무의 평균 수령은 40년이지만 클로버랜드 나무의 평균 수령은 거의 70년입니다. 나무는 수령이 증가할수록 목재의 부피도 증가하므로 가치가 훨씬 높아집니다. 조사에서는 사탕단풍의 비중이 큰 것으로 밝혀졌는데, 견목이므로 연목보다 가치가 훨씬 높습니다. 사탕단풍은 풍뎅이에 대한 저항력도 강해서 병충해 방지에도 유리합니다. 위성 사진을 이용한 가치평가 기법은 신기술이지만 다른 가치평가 기법과 마찬가지로 오류의 가능성이 있습니다. 그러나 이 분석 기법은 지상에서 조사하는 전통적인 가치평가 기법보다 더 정확한 것으로 입증되었습니다.

이 2분 설득에는 툴민 모형의 모든 요소가 포함되어 있다.

주장: "저는 클로버랜드 주식의 가치는 주당 140달러로서 삼림지의 가치는 에이커당 1,130달러라고 믿습니다."

한정적 표현: "위성 사진을 이용한 가치평가 기법은 신기술이지만 다른 가 치평가 기법과 마찬가지로 오류의 가능성이 있습니다."

증거: "이렇게 평가한 근거는 브라운필드가 고용한 삼림지 평가 전문 컨설 턴트의 조사 결과입니다."

근거: "컨설턴트는 정교한 컴퓨터 모형을 이용해서 삼림지의 위성 사진을 분 석하여 밀도, 수령, 수종을 기준으로 에이커당 가치를 추정했습니다."

뒷받침: "일반적으로 벌채하는 나무의 평균 수령은 40년이지만 클로버랜 드 나무의 평균 수령은 거의 70년입니다. 나무는 수령이 증가할수록 목재의 부피도 증가하므로 가치가 훨씬 높아집니다. 조사에서는 사 탕단풍의 비중이 큰 것으로 밝혀졌는데, 견목이므로 연목보다 가치 가 훨씬 높습니다. 사탕단풍은 풍뎅이에 대한 저항력도 강해서 병충 해 방지에도 유리합니다."

반박: "이 분석 기법은 지상에서 조사하는 전통적인 가치평가 기법보다 더 정확한 것으로 입증되었습니다."

애널리스트는 펀드매니저의 반박을 예상해서 재반박 논리도 준 비해놓아야 한다. 아리스토텔레스(Aristoteles)는 말했다. "신중한 변 론은 먼저 증거를 제시함으로써 상대가 반박할 여지를 사전에 분쇄

하는 것이다."7 예를 들어 위성 사진을 이용한 가치평가 기법의 타당성에 대해 펀드매니저가 반박할 가능성이 크므로 먼저 설명했다.

2분 설득 후에도 펀드매니저가 관심을 유지하면 후속 질문을 받게 되는데 이에 대해서도 사전에 예상하고 준비해두어야 한다. 자신의 주장에 대해서는 누구보다도 잘 아는 전문가가 되어야 한다. 펀드매니저는 가치평가에 관해서 다음과 같은 질문을 던질 수도 있다.

- 이 가치평가 기법은 지금까지 얼마나 정확했나요? 추정치는 대개 저평가였나요, 고평가였나요? 컨설턴트는 위성 사진으로 어떻게 수령과 수종을 분석할 수 있나요? 컨설턴트의 분석이 과거에 정확했나요?
- 컨설턴트들의 경력을 더 자세히 설명해주세요. 경력 기간이 얼마인가요? 평판은 어떤가요? 이들은 우량 고객을 확보하고 있나요?
- 사탕단풍은 일반 연목보다 가치가 얼마나 높은가요? 그러면 삼림지의 가치가 얼마나 증가하나요?
- 채굴권이나 부동산 개발을 통해서 가치가 증가할 수 있나요?

폴 손킨이 수업 시간에 항상 하는 말이 있다. "펀드매니저가 던지는 질문의 답을 모르면 어떻게 대응해야 옳은가요?" 그는 질문 후 잠시 학생들의 반응을 기다린다. 대답하는 사람이 없으면 계속 말한다. "'모릅니다만 확인해보겠습니다'가 정답입니다. 그러고서 질문을 받아 적어야 합니다. 당신이 기억하려고 적는 것이 아니라 적는 모습을 펀드매니저에게 보여주려고 적는 것입니다. 거짓말로 답해서는 안 됩니다. 노련한 펀드매니저는 상어가 물속에서 피 냄새를 감지하듯이 거짓말을 감지합니다. 거짓말을 하면 생존할 수 없습니다."

언어의 마술

단어의 선택은 지극히 중요하다. 정보가 담기지 않은 주장은 삼가라. 예를 들어 애널리스트들은 설득 과정에서 '지배적인 시장점유율'이라는 표현을 자주 사용하는데, 이는 영양가가 전혀 없는 공허한 말이다. 시장점유율이 12%란 말인가, 90%란 말인가? 회사가 시장에서 차지하는 지위는 그동안 안정적이었나? 경쟁우위가 없는 회사라면 시장점유율이 무슨 의미가 있는가? 아마도 가장 중요한 사실은 정보가 이미 주가에 반영되었다는 점이다.

이른바 교묘한 표현인 한정적 표현도 남용하지 않도록 유의하라. 예컨대 '아마' '그럴 수도' '그러해야' '~인 듯' '어쩌면' '내가 알기로' '내 느낌상' '널리 알려진' '흔히 말하는' '다수의 견해는' 등이 그런 표현이다. 주장하는 사람이 이런 표현을 쓰면 곤경에 처했을 때 빠져나가기 쉽다.

폴 손킨과 폴 존슨은 학생들이 종목을 추천하는 수업 시간에 아연 양동이와 땅콩[8]을 가져와서, 학생이 교묘한 표현을 쓸 때마다 양동이에 땅콩을 떨어뜨려 불쾌한 소음을 냈다. 이후 학생들은 점차 요점을 이해하게 되었다.

메시지 내용을 구성한 다음에는 이른바 대본을 작성하게 된다. 메시지에는 두 가지 요소가 있다. 하나는 메시지 내용이고 다른 하나는 메시지 전달이다. 이제 메시지 내용은 준비되었지만 메시지 전달도 중요하다. 메시지 전달은 다음 장에서 논의하기로 한다.

- 종목 추천에 포함할 요소를 결정할 때는 집에 불이 나서 30초 안에 빠져나가야 하는 상황이라고 생각하라. 세 가지를 갖고 나간다면 무엇을 선택하겠는가? 펀드매니저에게 추천할 때도 마찬가지로 세 가지 핵심 요소를 선택해야 한다.

- 가장 효과적인 추천 방법은 세 가지 독특한 요소로 30초 관심을 끌고서 2분 동안 설득한 다음 5~10분 동안 질의응답을 진행하는 것이다. 관심 끌기의 목적은 펀드매니저가 당신의 2분 설득을 듣게 하는 것이다. 2분 설득은 종목 추천의 핵심으로서 이 투자 아이디어가 매력적이라고 인식시키는 과정이다. 2분 설득에 성공하면 펀드매니저로부터 질문이 홍수처럼 쏟아진다.

- 완벽한 종목 추천을 하려면 애널리스트는 펀드매니저가 생각하는 네 가지 질문을 예상해서 스타인하트의 분석 틀로 설명해야 한다.

- 확신하건대 대부분 설득이 실패하는 것은 주장의 근거를 대수롭지 않게 여기기 때문이다. 주장을 펼칠 때 근거를 명확하게 제시할 필요는 없을지 몰라도 증거와 주장의 관계는 반드시 이해해야 하며 근거를 방어할 수 있어야 한다.

- 단어의 선택은 지극히 중요하다. 정보가 담기지 않은 주장은 삼가고, 교묘한 표현인 한정적 표현도 남용하지 않도록 유의하라.

11장

30초에 관심 끌고
2분 안에 설득하라

앞에서는 종목 추천 과정에서 맞이하는 장애물을 극복하는 방법을 살펴보았다. 9장에서는 펀드매니저의 스키마에 맞는 아이디어를 제공하는 방법을 논의했고, 10장에서는 매니저의 핵심 질문 네가지에 답하는 방법을 논의했다. 11장에서는 그림 11.1에서 보듯이 메시지 전달 과정에서 맞이하는 장애물을 극복하는 방법을 논의한다. 우리 목표는 메시지 내용 중 불필요한 요소를 최소화해 메시지를 효율적으로 전달하는 것이다.

메시지를 펀드매니저에게 전달하려면 먼저 관심을 끌어야 한다. 일단 30초 관심 끌기에 성공하면 2분 설득을 할 수 있으며, 이어서 5~10분 동안 펀드매니저로부터 후속 질문이 홍수처럼 쏟아질 수 있다. 이렇게 종목 추천은 30초 관심 끌기, 2분 설득, 질의응답이라는 3대 요소로 구성된다. 이렇게 3대 요소로 구성되는 메시지는 말

[그림 11.1] 장애물을 극복하는 과정

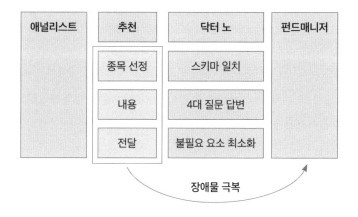

은 물론 글로도 전달할 수 있다.

30초 관심 끌기

30초 관심 끌기는 다양한 상황에서 사용할 수 있다. 글로 하는 30초 관심 끌기는 리서치 보고서 서문, 웹사이트[섬제로(SumZero), 밸류인베스터클럽(Value Investors Club), 시킹알파(Seeking Alpha) 등]에 올리는 요약 자료, 펀드매니저에게 보내는 이메일이나 첨부 편지에 사용할 수 있다. 말로 하는 30초 관심 끌기는 사무실 복도, 길거리, 투자 콘퍼런스에서 펀드매니저를 만났을 때 사용할 수 있으며 면접, 고객과의 전화 상담, 종목 선정 경연대회, 아이디어 만찬(투자 아이디어를 논의하는 저녁 식사)에서도 사용할 수 있다.

예를 들어 앞에서 논의한 클로버랜드 30초 관심 끌기는 다음과 같이 사용할 수 있다.

클로버랜드팀버는 위스콘신에 삼림지 16만 에이커를 보유하고 있으며 시가총액은 1억 5,600만 달러입니다. 방대한 정보를 철저하게 분석하고 나서 제가 내린 결론은 브라운필드캐피털이 클로버랜드팀버를 압박해 9~12개월 안에 회사 매각에 성공하리라는 것입니다. 현재 주가는 90달러이지만 가치는 140달러이므로 56% 수익이 가능합니다. 주주들이 조용하고 주식의 유동성이 부족한 탓에 목재의 진정한 가치와 행동주의 투자자의 동향이 주가에 적절하게 반영되지 않은 것으로 보입니다. 행동주의 투자자가 성공하지 못하더라도 목재는 경질자산이므로 하방 위험이 거의 없습니다.[1]

2분 설득

2분 설득 역시 말이나 글로 사용할 수 있다. 글로 하는 2분 설득은 리서치 보고서의 서문이나 요약에 사용한다. 말로 하는 2분 설득은 11장에서 논의했듯이 펀드매니저와의 면담에 사용한다. 펀드매니저와 대화할 때는 일단 30초 관심 끌기에 성공하면 어떤 상황에서든 2분 설득에 들어갈 준비가 되어 있어야 한다.

그러나 말로 하는 2분 설득에도 펀드매니저에게 추가 자료를 제공해 설명 중에 참고하거나 사후에도 찾아볼 수 있게 하는 편이 좋다. 펀드매니저는 매일 수많은 종목을 추천받으므로 당신을 기억하게 해야 한다. 게코는 폭스에게 말했다. "내가 검토하는 아이디어가 하루에 100개라네. 그중 하나를 선택하지."

다음은 증권회사 투자 콘퍼런스의 일대일 미팅에서 폴 손킨이 상장회사 CEO에게 한 말이다.

당신 회사를 분석하기가 매우 어렵습니다. 프레젠테이션 자료가 너무 산만해서 집중할 수가 없군요. 내용 파악이 전혀 안 됩니다. 저는 오늘 오후 5시까지 프레젠테이션 8건을 들어야 하는데 벌써 머릿속에서 내용이 흐릿해지고 있습니다. 내일 아침에 출근하면 가방에서 프레젠테이션 자료를 꺼내 훑어보고서 관심 없는 4건은 버릴 것입니다. 나머지 관심 있는 4건은 살펴보면서 제가 한 메모를 확인할 것입니다. 저는 잊지 않으려고 메모하지만 나중에 다시 보면 제가 쓴 메모도 읽을 수가 없더군요.

저는 콘퍼런스에 참석하느라 이틀 동안 자리를 비웠으므로 그동안 밀린 일을 해야 합니다. 개장 시간이 되어 전화가 오기 시작하면 다른 일을 해야 하므로 책상에 쌓인 프레젠테이션 자료를 한쪽으로 치워야 합니다. 6개월 후에는 높게 쌓인 프레젠테이션 자료가 쓰러지기 전에 정리합니다. 저는 자료를 빠르게 훑어보면서 '왜 아직 안 버렸지?'라고 생각하며 쓰레기통에 넣습니다.

자료는 쉽게 만들어주셔야 합니다. 로버트 헤이야비치(Robert Herjavec, 사업가 겸 투자자 - 옮긴이)가 한 말이 있습니다. "내가 당신 말에 귀 기울이게 하는 일은 당신의 몫입니다." 투자 사례를 자료에 간단명료하게 표현해주셔야 내일 아침 제 책상 위에 그 자료가 남아 있습니다. 쉽게 이해할 수 있도록 이야기를 전해주셔야 합니다. 제가 별난 사람이 아닙니다. 제가 아는 펀드매니저는 대부분 이렇게 생각합니다.

상장회사 CEO와 나눈 대화이지만 종목을 추천하는 애널리스트에게도 똑같이 적용되는 말이다. 다시 말해서 펀드매니저가 당신 아이디어를 쉽게 기억하게 하라.

일하기 편하게 해주라

펀드매니저를 편하게 해주려면 추천 자료 세트(pitch pack)라는 추가 자료를 제공해야 한다. 추천 자료 세트에는 프레젠테이션 자료, 리서치 보고서, 연차보고서 등 회사의 재무제표, 최근 분기보고서, 최근 발표된 실적 등이 포함된다. 이를 제공하면 펀드매니저는 면담할 때 자료를 훑어볼 수 있고 나중에도 회사의 기본 정보를 손쉽게 찾아볼 수 있다. 펀드매니저가 편하게 먹을 수 있도록 입에 넣어주어야 한다.

면담 전에 이메일을 보낼 때는 첨부 편지에 30초 관심 끌기를 포함하고 회사의 연차보고서, 최근 분기보고서, 최근 발표한 실적도 함께 보내라. 그리고 면담하러 갈 때 펀드매니저에게 추천 자료 세트 전체를 다시 제공하라. 전에 보내준 자료를 펀드매니저가 보관했다가 면담 시점에 다시 가져올 것으로 기대해서는 안 된다. 전에 보내준 자료 일부는 필시 분실했을 것이다.

학생 대부분은 프레젠테이션 자료를 너무 복잡하게 만든다. 철저하게 조사했음을 입증하려는 의도이거나, 가장 적절한 정보가

[그림 11.2] 너무 복잡한 슬라이드의 예

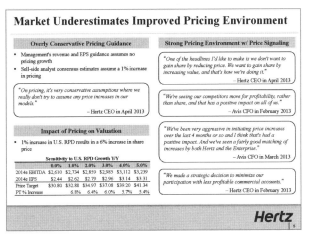

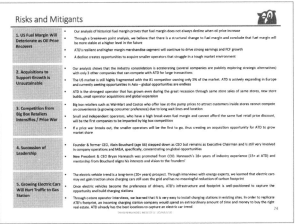

무엇인지 모르기 때문이다. 프레젠테이션 자료가 너무 복잡하면
펀드매니저가 혼란스러워한다. 이해하기 어려울 뿐 아니라 글씨가
작아져서 읽기도 힘들어진다. 예를 들면 그림 11.2는 너무 복잡한
자료다.[2] 화면 중 어디를 먼저 보아야 할지 알 수 없고, 한 부분을
읽는 동안 발표자가 다음 슬라이드로 넘어가기 일쑤다. 멀티태스

킹이 가능한 사람은 거의 없으므로 펀드매니저는 슬라이드 내용을 읽든가 발표자의 설명에 귀 기울이든가 둘 중 하나만 하게 된다.[3]

투자 아이디어는 명확하게 표현해야 설명하기 쉬운데도, 자신감이 부족하면 슬라이드에 지나치게 많은 사실과 숫자를 열거하기 쉽다. 테드(TED) 강연은 종목 추천은 아니지만 단순한 슬라이드로 소박하게 설명하는 방식에서 배울 바가 많다.

슬라이드는 단순하게

슬라이드는 어떻게 작성해야 할까? 간략해야 한다! 주드 칸이 한 불후의 말은 "적을수록 더 좋다"이다.

슬라이드 1: 회사 개요

펀드매니저는 회사의 업무를 전반적인 맥락에서 이해할 수 있어야 한다. 클로버랜드는 이해하기 쉽다. 삼림지가 어떤 모습인지는 누구나 알기 때문이다. IEH코퍼레이션(IEH Corporation)은 어떠한가? 군대, 자동차, 산업시장에서 사용되는 하이퍼볼로이드 커넥터(hyperboloid connector)를 생산하는 미국 유일의 개인 기업이다. 그러나 펀드매니저는 하이퍼볼로이드 커넥터가 어떻게 생겼고 어디에 사용되는지 전혀 모를 것이다. 하지만 그림 11.3처럼 하이퍼볼로이드 커넥터의 그림을 보여주면 펀드매니저도 즉시 이해할 것이다.

[그림 11.3] 이해하기 쉬운 슬라이드의 예

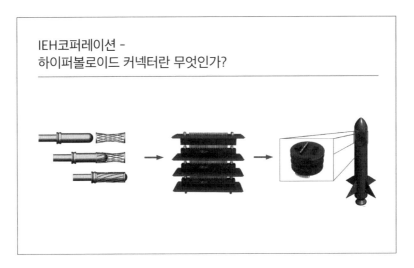

백문이 불여일견이다. 그런데도 종목 추천에서 회사의 업무를 설명할 때 그림을 거의 사용하지 않는 애널리스트가 많다는 사실은 충격적이다.

슬라이드 2: 요약 데이터

그림 11.4는 회사의 다음 요약 데이터를 보여주는 단순하고 깔끔한 슬라이드다.

- 주가 차트와 종목 코드, 현재 주가, 52주 주가 범위, 유통주식 수 등 기본 통계
- 가치평가 지표: 기업가치, 시가총액, PER, 주가/EBITDA, 자본환원율, 배당수익률

[그림 11.4] 전형적인 요약 데이터 슬라이드

핵심 통계

핵심 통계	
종목 코드	ATD.B
주가(CAD/USD)	57.97/45.21
유통주식수(100만 주)	569.2
시가총액(100만 달러)	25,736
순부채	1,777
기업가치(100만 달러)	27,513
5년 평균 자기자본이익률(ROE)	21.4%
5년 평균 투하자본이익률(ROIC)	12.8%
5년 평균 총자본이익률(ROCE)	17.7%
배당수익률	0.47%

핵심 재무 데이터						
(100만 달러) 4월 결산	2014	2015	최근 4분기	2016E	2017E	2018E
총매출액	37,962	34,530	34,033	34,914	38,155	39,029
% 성장률	6.8%	-9.0%		1.1%	9.3%	2.3%
총이익률	4,988	5,268	5,862	6,011	6,539	6,772
% 성장률	8.3%	5.6%		14.1%	8.8%	3.6%
EBITDA	1,568	1,891	2,122	2,282	2,771	3,030
% 성장률	14.4%	20.6%		20.7%	21.4%	9.3%
EPS	$1.43	$1.64	$1.97	$2.20	$2.60	$2.99
% 성장률	39.8%	14.8%		33.8%	18.4%	15.1%
컨센서스 EPS				$2.12	$2.33	$2.61
반복 잉여현금흐름 수익률	3.9%	5.0%	5.4%	6.0%	6.3%	7.3%
PER	31.6x	27.6x	22.9x	20.6x	17.4x	15.1x
EV/EBITDA	17.7x	14.9x	13.0x	11.9x	10.1x	8.7x
EV/EBITDA - 자본적 지출	24.1x	19.2x	17.0x	15.2x	12.4x	10.5x
순부채/EBITDA	1.3x	1.3x	0.8x	0.6x	0.8x	0.2x

- 이익과 현금흐름 데이터: 연 매출액, 총이익률, 영업이익률, 주 당순이익, EBITDA, 잉여현금흐름
- 재무상태표 데이터: 총자산, 총부채, 주주 지분
- 수익성 데이터: 투하자본이익률

이 정도면 충분하다! 나머지 재무 데이터는 부록에 넣으면 된다.

슬라이드 3: 다양한 관점

그림 11.5는 10장에서 다룬 네 가지 주장으로서, 펀드매니저의 다음 네 가지 질문에 대한 답변이다. 얼마나 벌 수 있나? 얼마나 잃 을 수 있나? 너무 좋은 기회라서 믿기 어려운가? 다른 사람들은 오

[그림 11.5] 클로버랜드에 대한 다양한 관점

다양한 관점

- **가치:** 현재 주가는 90달러이지만 가치는 140달러 - 예상 기간은 18개월 미만.
- **촉매:** 실적 좋은 행동주의 투자자가 매각을 압박 중.
- **가격 오류:** 행동주의 투자자가 독립적으로 평가한 가치가 회사의 평가보다 훨씬 높다는 사실을 시장은 알지 못함. 행동주의 투자자가 있다는 사실이 주가에 반영되지 않은 듯. 시장은 행동주의 투자자를 알지 못하거나 행동주의 투자가 성공하지 못할 것으로 생각.
- **하방 위험:** 행동주의 투자자가 성공하지 못하더라도 목재는 경질자산이므로 하방 위험이 거의 없음.

류를 어떻게 파악하나?

다음 슬라이드 네 장에서는 그림 11.5의 네 가지 주장을 더 자세히 설명해야 한다. 8번째인 마지막 슬라이드에는 애널리스트의 연락처만 들어 있어야 한다.

질의응답에서 약점 잡히지 않으려면

1995년 컬럼비아대학교 경영대학원을 졸업한 폴 손킨은 이듬해 다시 매주 3일 저녁 경영대학원에 나갔다. 하루는 폴 존슨의 증권 분석 수업에서 조교가 되었고, 하루는 브루스 그린왈드의 가치투자 세미나에서 채점했으며, 하루는 직접 연구(primary research)에 초점을 맞춘 팻 더프(Pat Duff)의 고급 증권 분석 수업을 청강했다.

더프의 수업에서는 학생들에게 업종을 할당하고 초대받은 펀드 매니저에게 종목 추천을 하게 했다. 관찰해보니 모든 펀드매니저가 비슷한 질문을 던졌고 이 때문에 학생들의 분석에서 허점이 드러났다. 초대받은 펀드매니저들은 다음 핵심 질문 네 가지를 반복적으로 던졌다. 얼마나 벌 수 있나? 얼마나 잃을 수 있나? 너무 좋은 기회라서 믿기 어려운가? 다른 사람들은 시장의 오류를 어떻게 파악하나?

질문을 예상하려면 자기 주장에서 약점을 찾아내야 한다. 그러고서 증거, 근거, 뒷받침을 준비해야 한다.

펀드매니저는 당신의 주장을 철저하게 조사해서 약점을 찾아낸다. 당신 대답의 설득력이 높을수록 펀드매니저는 당신이 분석을 잘했다고 믿는다. 당신의 투자 아이디어가 펀드매니저의 스키마에 이미 근접하더라도 그는 추가 질문을 통해서 당신의 분석이 자신의 투자 기준과 일치하는지 확인할 것이다. 이 질의응답 과정은 매우 중요하다. 흔히 펀드매니저의 질문을 통해서 그가 가장 중시하는 주관적 기준이 드러나기 때문이다.

애널리스트는 상대의 반박을 재반박하려면 추가 증거를 제시하는 슬라이드도 준비해야 한다. 이때는 프레젠테이션 자료를 스테이플러 대신 바인더 클립으로 묶어두면 질문에 답할 때 해당 페이지를 쉽게 꺼낼 수 있다.

애널리스트들이 저지르는 가장 흔한 실수는 펀드매니저가 설명을 끝까지 들어주리라 기대하면서 30쪽짜리 프레젠테이션 자료를 준비하는 것이다. 그러나 펀드매니저가 (잠든 경우가 아니라면) 설명을 끝까지 들어준 사례는 내가 알기로 지금까지 한 번도 없었다. 대부분 펀드매니저는 두 번째나 세 번째 슬라이드에서부터 질문을 던지므로 애널리스트는 그 질문에 답하려고 뒤에 있는 슬라이드로 건너뛰게 된다. 그러나 이에 대해서도 다시 질문을 받아 다른 슬라이드로 넘어가기 일쑤다.

면담은 내내 이런 방식으로 진행된다. 펀드매니저가 애널리스트의 설명을 조합해 마침내 네 가지 질문에 대한 답을 얻게 되더라도 애널리스트는 좌절감을 느낀다. 펀드매니저의 질문 때문에 건너뛴 슬라이드 처음 몇 장은 설명할 기회가 없기 때문이다.

애널리스트의 최우선 목표는 펀드매니저가 투자 아이디어에 매력을 느끼게 하는 것이다. 애널리스트는 펀드매니저를 즐겁게 해주어야 하므로 대화의 주도권도 넘겨주어야 한다. 펀드매니저가 투자 아이디어를 채택하려면 먼저 애널리스트의 추천을 신뢰해야 한다. 펀드매니저는 저마다 투자 아이디어를 심사하는 방식이 있으므로 애널리스트는 이 방식을 따라야 한다.

최근 폴 존슨은 한 학생의 부탁을 받았다. 다음 주에 펀드매니저에게 종목을 추천할 예정인데 연습 상대가 되어달라는 부탁이었다. 학생은 20쪽짜리 슬라이드 프레젠테이션을 의욕적으로 시작했지만 존슨은 두 번째 슬라이드에서 바로 질문을 던졌다.

깜짝 놀란 학생이 숨이 막힌 듯한 표정으로 말했다. "중간에 질문하시면 안 됩니다. 아직 설명이 끝나지 않았거든요." 그러자 존슨이 "자네 프레젠테이션은 방금 끝났다고 생각한다네"라고 대답했다. 그러고서 종목 추천을 진행하는 방식은 펀드매니저가 정하는 것이라고 알려주었다.

그러면 어떻게 수정해야 할까? 앞에서 제시한 형식을 지키면 된다. 펀드매니저의 핵심 질문 네 가지에 답하는 주요 슬라이드 다섯 장을 준비하고, 자신의 주장을 뒷받침하고 질문에 대응하는 보완 자료는 모두 부록에 넣으면 된다. 그러고서 유연하게 대응하라.

한편으로는 인내심이 부족하고 다른 한편으로는 애널리스트의 대응 방식도 궁금해서 호전적인 모습을 보이는 펀드매니저도 있다. 그러면 젊은 애널리스트 대부분은 당황하게 되고, 이에 대해 펀드매니저는 더 호전적인 모습을 보이기 일쑤다. 호전적인 펀드매니저를 진정시키는 가장 좋은 방법은 최대한 사실 중심으로 설명함으로써 논쟁이 당신의 추정에만 집중되도록 유도하는 것이다.

종목 추천 경연대회

두 저자 모두 종목 추천 경연대회 발표가 매우 부실하다는 사실에 여전히 놀라고 있다. 참가자들은 열성적이고 똑똑하며 매력적이고 근면하지만 발표는 혼란스럽고 산만하다.

대개 경연대회에서는 10분 동안 발표를 허용한다. 참가자 대부분은 앞에서 우리가 제시한 발표 방식 대신, 소방 호스로 물을 퍼붓듯이 정보를 퍼붓는다. 자신의 방대한 작업량을 과시하면 우승할 수 있다고 기대하기 때문이다. 그러나 이런 전략은 효과가 없다. 산만하게 쏟아지는 정보 조각을 모아서 퍼즐을 완성하려면 심사위원들도 골치가 아프기 때문이다. 그래서 폴 손킨이 자주 말하듯이, 최악의 참가자 중에서 그나마 나은 사람이 우승자로 선정된다.

종목 추천의 3요소(30초 관심 끌기, 2분 설득, 질의응답)는 조립 부품으로 간주하고 주어진 시간에 맞춰 대응할 수 있다. 예를 들어 경연 대회가 10분 발표 후 5분 질의응답 형식으로 진행된다면 3요소를 다음과 같이 할당할 수 있다.

먼저 30초 관심 끌기로 시작해서 회사의 업무를 간단하게 소개한다. 이때 시간은 2분을 넘기지 않아야 하고 슬라이드도 몇 장에 불과해야 한다. 다음에는 2분 설득을 4~5분으로 늘려 진행하면서 원래 주장에 대한 증거, 근거, 뒷받침을 추가한다. 나머지 4분은 반론 대응에 사용한다.

앞의 사례에서 사용한 슬라이드는 모두 8장이다. 확장판 2분 설득과 반론에 대한 대응을 포함해도 슬라이드가 15장을 넘으면 안된다.[4]

메시지 전달: 당신은 편지봉투

편지를 생각해보자.[5] 편지에는 메시지가 담긴다. 종이 위에 글자를 쓰는 방식이다. 이 편지가 목적지에 알아서 도달하리라 생각하면서 편지지를 우편함에 넣는 사람은 없다. 편지지는 봉투에 넣어서 보내야 한다. 메시지를 전달해주는 것은 봉투다. 종목을 추천할 때는 바로 당신이 봉투다.

당신이 펀드매니저와 면담할 예정이라고 가정하자. 만나기 전에 그가 투자 아이디어를 글로 써서 보내달라고 부탁한다. 봉투는 어떤 것을 선택해야 할까? 봉투에 담기는 내용은 당신이 쓴 보고서이므로 모두 똑같다. 그러나 펀드매니저가 책상에 쌓인 우편물을 고를 때는 봉투가 중요하다.

펀드매니저는 (편지를 읽어보기 전에) 봉투만 보고서도 즉시 첫인상을 받는다. 예를 들어 페덱스 봉투는 긴급하고 중요하다는 인상을 준다. '30달러나 들여서 수고롭게 페덱스로 보낼 정도라면 중요한 내용일 테니 먼저 열어봐야지'라고 무의식적으로 생각한다.

다른 봉투들을 보고서는 '잡동사니 우편물이니 시간 낭비하고 싶지 않아' 또는 '더러운 봉투에는 손대기도 싫어'라고 생각하면서 쳐다보지도 않을 것이다. 담긴 내용이 똑같더라도 봉투의 겉모습이 중요한 이유는 무엇일까? 봉투보다 내용이 더 중요하지 않을까?

봉투는 펀드매니저에게 중요한 첫인상을 남긴다. 그 첫인상이 주는 영향은 긍정적일 수도 있고 부정적일 수도 있다. 발신자는 봉투가 내용에 긍정적인 영향을 주길 바란다. 마찬가지로 외모, 목소리, 신체 언어 등 메시지를 전달하는 방법도 내용에 영향을 미친다. 봉투에 담아야 편지가 목적지에 전달되듯이, 메시지 전달 방법이 적절해야 내용이 상대에게 전달된다. 종목 추천 과정에서 메시지 전달 방법이 중요한 이유를 지금부터 살펴보자.

펀드매니저가 당신의 경력을 살펴보았거나 리서치 보고서를 읽어보았다면, 만나기 전부터 당신에게서 첫인상을 받았을지도 모른다.[6]

비언어적 신호

회의실에서 처음 당신을 만나면 펀드매니저는 본능적으로 당신과 눈을 맞춘다. 이어서 당신의 외모와 복장을 주의 깊게 관찰한다. 이 과정은 순식간에 무의식적으로 진행된다. 그러나 펀드매니저 대부분은 자신이 즉각적으로 판단한다는 사실을 의식하지 못한다. 당신이 말 한 마디를 시작하기도 전에 보내는 온갖 비언어적 신호를 통해서 그는 당신에 대한 첫인상을 형성하게 된다.

비언어적 의사소통은 언어를 제외한 의사소통을 가리킨다. 비언어적 의사소통에는 신체 언어, 표정, 자세가 포함된다. 그리고 말투, 음조, 말의 속도, 기타 표현 방식의 특징도 포함된다. 이는 말하는 내용이 아니라 말하는 방식이다. 사실은 메시지의 내용을 제외한 모든 것이 비언어적 의사소통에 포함되므로, 메시지 내용과 메시지 전달 방법을 구분해서 생각해야 한다.

학계 연구에 의하면 개인 사이의 의사소통에서는 비언어적 의사소통으로 전달되는 정보의 비중이 높다. 1960년대 말 캘리포니아 대학교 LA캠퍼스 앨버트 머레이비언(Albert Mehrabian) 교수가 실행한 여러 실험에 의하면 의사소통에서 차지하는 비중이 언어는 7%, 억양과 음조는 38%, 신체 언어는 55%였다. 이 후속 연구가 광범위하게 진행되어 사람들은 의사소통 중 90% 이상이 비언어적 의사소통이라고 믿게 되었고 이것이 이른바 7-38-55 법칙이다.

그러나 널리 용인된 사실 중 다수가 틀린 것처럼 이 법칙도 틀렸다. 외국에 가면 억양과 음조, 신체 언어만으로는 소통하는 메시지의 90%를 이해할 수 없다. 언어를 이해해야 소통할 수 있으므로 의사소통에서 언어가 차지하는 비중은 7%가 아니다. 그렇더라도 머레이비언의 연구는 억양과 음조, 신체적 언어가 중요하다고 강조한다.

예를 들어 사람들은 의사를 선택할 때 유능하고 믿을 만한 의사를 원한다. 그래서 의사의 연륜과 소속 병원과 출신 학교에 관심을 기울인다. 그리고 친구에게 추천을 받거나 인터넷에서 다른 환자가 올린 리뷰를 찾아본다. 이후 의사를 대면하면 첫인상을 받게 된다. 사람들은 의사에 잘 어울리는 의사를 원한다. 진료실에 들어갈 때는 흰 가운을 입고 청진기를 두른 전형적인 의사의 모습을 기대한다. 진료실은 청결하고 깔끔하며 잘 정리된 모습이길 바란다. 의사가 눈 맞춤을 하고 침착한 태도를 유지하면서 자신 있는 목소리로 말해주길 바란다. 이런 특성을 갖춘 의사를 만나면 사람들은 유능하다고 믿으면서 안심하게 된다.

사람들 대부분은 진료실에 들어가는 순간 의사(또는 다른 전문가)에 대한 첫인상을 받는다. 당신을 처음 만나는 펀드매니저도 마찬가지다.

학계 연구에 의하면 개인 사이에서는 비언어적 의사소통이 서로 무의식적으로 이루어지면서 순식간에 첫인상이 형성된다. 안타깝게도 첫인상은 바꾸기가 어렵다. 그래서 "첫인상에는 두 번째 기회가 절대 없다"라는 상투적인 문구도 있다. 그런데도 사람들 대부분은 첫인상이 거의 대화 없이 무의식적으로 순식간에 형성된다는 사실을 알지 못한다. 그래도 첫인상이 형성되는 방식을 이해하면 첫인상을 올바르게 형성하는 데 도움이 된다.

흥미롭게도 여러 학계 연구는 첫인상이 순간적인 관찰을 바탕으로 형성되는데도 매우 정확하다고 밝힌다. 1993년 하버드대학교 심리학자 날리니 앰바디(Nalini Ambady)와 로버트 로젠탈(Robert Rosenthal)은 학생들의 학기 말 평가 점수로 교수들의 능력을 평가하는 연구를 했다. 이들은 대학생들에게 대학교수 13명의 10초짜리 동영상 3종을 소리를 제외하고 보여주었다. 그러고서 신체적 매력, 친절성, 능력, 자신감, 호감도, 온정, 정직성 등 비언어적 의사소통만을 기준으로 교수들을 평가하게 했다. 산만한 몸짓, 찡그림, 앉는 자세, 시선, 고갯짓 등 신체적 언어에 대해서도 기록하게 했다.

연구 결과는 놀라웠다. 학기 말 평가 점수가 높은 교수들은 이 연구에서 매력, 친절성, 자신감, 호감도, 능력도 더 높다고 평가받았다. 몸짓이 산만하거나 찡그리는 교수들은 평가 점수가 훨씬 낮았다.[7]

펀드매니저들도 마찬가지다. 다만 교수가 아니라 당신을 평가한다는 차이만 있을 뿐이다. 펀드매니저는 당신이 처음 다가오는 순간 비언어적 의사소통을 바탕으로 긍정적 또는 부정적 첫인상을 무의식적으로 형성한다. 그가 당신의 외모를 바탕으로 순식간에 형성하는 첫인상은 자신도 모르게 면담 방식에 영향을 미친다.

당신은 유능하고 믿을 만한가?

10장에서는 펀드매니저가 다음 네 가지 질문에 대한 답을 찾고자 한다고 설명했다.

1. 얼마나 벌 수 있나?
2. 얼마나 잃을 수 있나?
3. 너무 좋은 기회라서 믿기 어려운가?
4. 다른 사람들은 오류를 어떻게 파악하나?

종목을 추천하는 동안 펀드매니저가 네 가지 질문에 대한 당신의 설명을 마음속으로 저울질하면서 찾고자 하는 단 하나는 "당신은 믿을 만한가?"에 대한 답이다.

첫 번째 질문 "얼마나 벌 수 있나?"에 대한 답을 찾으면서 펀드매니저는 자문한다. "이 기회는 분석 가능한가? 애널리스트가 추정하는 내재가치는 정확한가? 이 내재가치에 도달한다고 추정하는 기간은 정확한가?"

두 번째 질문 "얼마나 잃을 수 있나?"에 대한 답을 찾으면서 펀드매니저는 걱정한다. "애널리스트가 빠뜨린 위험은 없을까? 위험 발생 확률을 과대평가하거나 과소평가하지는 않았을까?"

세 번째 질문 "너무 좋은 기회라서 믿기 어려운가?"에 대한 답을 찾으면서 펀드매니저는 자문한다. "이 정보가 이미 주가에 반영되지 않았다고 어떻게 확신하지?"

네 번째 질문 "다른 사람들은 오류를 어떻게 파악하나?"에 대한 답을 찾으면서 펀드매니저는 생각한다. "이 애널리스트는 가격 오류를 제거해 갭을 메워주는 촉매를 지금까지 정확하게 찾아냈나?"

이 밖에도 질문은 계속 이어진다. 애널리스트가 뭔가 빠뜨리지 않았을까? 애널리스트의 결론이 옳을까? 그의 판단을 믿어도 될까? 그의 연구를 믿을 수 있을까? 이런 질문들이 돌고 돌아 결국 펀드매니저가 처음에 떠올렸던 질문 "당신은 믿을 만한가?"로 돌아간다. 그림 11.6은 이 과정을 10장에서 개발한 과정에 추가한 그림이다.

펀드매니저가 당신을 믿으려면 당신의 분석이 정확해야 하고, 분석 과정에서 빠뜨린 사항이 없어야 하며, 추천도 정확해야 한다.

[그림 11.6] 펀드매니저: "그는 믿을 만한가?"

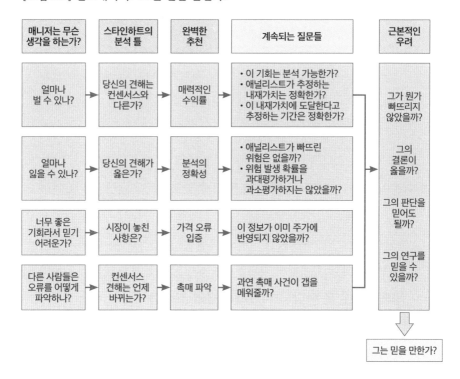

매니저는 무슨 생각을 하는가?	스타인하트의 분석 틀	완벽한 추천	계속되는 질문들	근본적인 우려
얼마나 벌 수 있나?	당신의 견해는 컨센서스와 다른가?	매력적인 수익률	• 이 기회는 분석 가능한가? • 애널리스트가 추정하는 내재가치는 정확한가? • 이 내재가치에 도달한다고 추정하는 기간은 정확한가?	그가 뭔가 빠뜨리지 않았을까?
얼마나 잃을 수 있나?	당신의 견해가 옳은가?	분석의 정확성	• 애널리스트가 빠뜨린 위험은 없을까? • 위험 발생 확률을 과대평가하거나 과소평가하지는 않았을까?	그의 결론이 옳을까?
너무 좋은 기회라서 믿기 어려운가?	시장이 놓친 사항은?	가격 오류 입증	이 정보가 이미 주가에 반영되지 않았을까?	그의 판단을 믿어도 될까?
다른 사람들은 오류를 어떻게 파악하나?	컨센서스 견해는 언제 바뀌는가?	촉매 파악	과연 촉매 사건이 갭을 메워줄까?	그의 연구를 믿을 수 있을까?

그는 믿을 만한가?

그는 당신이 유능하고 믿을 만한지 판단하려고 한다. 과거에도 당신과 접촉한 이력이 있다면 그는 지금까지 당신의 추천이 얼마나 자주 적중했는지, 당신의 분석이 얼마나 철저한지는 물론 당신의 강점과 약점, 한계, 편견이 무엇인지도 알고 있을 것이다.

그러나 그가 과거에 당신과 접촉한 이력이 없어서 실적을 모른다면 당신이 유능하고 믿을 만한지 어떻게 판단할까? 그는 처음 만나서 받는 첫인상만을 통해서 당신의 능력과 신뢰도를 평가하게 된다.

왜 능력과 신뢰도가 중요할까? 능력은 네 가지 질문에 대답하는 능력을 가리킨다. 그가 평가하는 능력에는 당신의 지능, 역량, 감각, 기량, 재능, 창의성, 집중력, 에너지, 끈기, 수완이 포함된다. 이런 자질을 갖추지 못했다면 누가 믿으려 하겠는가.

그가 평가하는 신뢰도에는 당신의 정직성, 성실성, 진정성, 자신감, 철저함, 신뢰성이 포함된다. 예를 들어 확증 편향(confirmation bias)은 사람들이 자신의 믿음과 일치하지 않는 정보는 과소평가하고 일치하는 정보는 과대평가하는 보편적인 인지 편향이다. 그는 당신이 확증 편향 같은 함정에 빠지지 않았다고 확신할 수 있어야 한다. 그러므로 당신이 모르는 사항에 대해서는 둘러대거나 숨기지 않고 그대로 인정하는 사람이라고 그가 믿을 수 있어야 한다.

무의식적으로 편향된 펀드매니저의 스키마

능력과 신뢰도는 '호감도'에 따라 증가하거나 감소한다. 호감도는 신체적 매력, 카리스마, 기질, 세련미, 온정, 협조성, 공손함, 청결성, 성향, 열정의 영향을 받는다. 호감도가 투자 아이디어나 주장의 질을 높이거나 낮추지는 않아도 수용성은 높이거나 낮추므로 설득의 성공에 영향을 미친다. 펀드매니저가 당신을 좋아하면 당신이 더 유능하고 믿을 만하다고 인식하므로 당신의 주장을 더 수용한다. 반면 펀드매니저가 당신을 싫어하면 당신의 주장을 의심하므로 어떤 말로 설득해도 수용하지 않는다.

부당하게 들릴지 모르지만 펀드매니저는 당신과 인사하고 악수하기도 전에 당신의 능력, 신뢰도, 호감도에 대한 첫인상을 이미 (무의식적으로) 형성해놓았다. "단지 보기만 하고서도 펀드매니저가 어떻게 나를 평가할 수 있나요?"라고 물을 만하다. 답은 간단하다. 그가 스키마를 사용하기 때문이다.

9장에서 논의했듯이 사람들은 모든 평가에 항상 스키마를 사용한다. 교수, 의사, 경찰, 정치인, CEO, 심지어 잠재 배우자도 스키마로 평가한다. 우리 스키마는 레이더 시스템과 같아서 무의식적으로 매우 신속하게 사람들을 분류하고 평가하며 판단한다. 펀드매니저도 마찬가지로 처음 만나는 애널리스트를 스키마로 평가한다. 그의 체크리스트는 이전에 만난 애널리스트들을 통해서 형성된다. 펀드매니저에게 이상적인 종목을 발굴하려면 그의 스키마를 파악해야 하듯이, 나에 대한 평가를 이해하려면 그의 스키마를 파악해야 한다.

펀드매니저가 처음 만나는 애널리스트를 평가하는 스키마의 구조는 9장에서 논의한 새 아이디어를 평가하는 스키마와 비슷하다. 그림 11.7처럼 새 아이디어를 새 애널리스트로 대체하면 된다.

사람들 대부분이 나이, 인종, 키, 몸무게, 성별에 대해 가진 편향, 편견, 고정관념은 다른 사람을 평가하는 스키마에서 큰 역할을 한다. 이런 편향은 마음속에 새겨져 있어서 효과적인 의사소통을 방해한다.

펀드매니저의 인지 편향과 고정관념도 당신으로부터 받는 첫인상에 영향을 미친다. 더 큰 문제는 펀드매니저 대부분이 자신의 편향과 고정관념을 전혀 의식하지 못한다는 점이다. 그러므로 첫인상이 정확하게 형성되더라도 편향과 고정관념이 여전히 당신의 메시지 전달을 방해할 수 있다.

이런 편향은 당신에게만 적용될 수도 있고 모든 애널리스트에게

[그림 11.7] 펀드매니저가 '새 애널리스트'를 평가하는 스키마

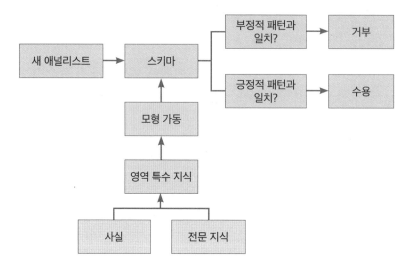

적용될 수도 있다. 일부 편향은 과거 당신의 행동에서 비롯될 수도 있다. 예를 들어 과거에 펀드매니저가 당신에게 요청한 리서치 보고서가 부실하다고 판단해서 당신을 신뢰하지 않을 수도 있다.

원인이 무엇이든 이렇게 펀드매니저가 당신을 신뢰하지 않으면 의사소통이 매우 어려워진다. 해법은 무엇일까? 펀드매니저의 신뢰를 회복하도록 열심히 노력해야 한다. 가장 효과적인 방법은 이후 업무의 질을 높여 그의 인식을 바꾸는 것이다.

가장 중요한 보편적 편견은 애널리스트의 나이, 경험, 집안에 대한 편견이다. 예를 들어 애널리스트가 22세라면 경험이 부족한 사람으로 간주된다. 12세에 투자를 시작한 영재가 아니라면 그 나이에 투자를 10년 경험할 수가 없기 때문이다. 나이는 극복하기가 어려운 심각한 장애물이다. 나이가 중요한 이유는 무엇일까? 투자에

는 경험이 중요하며, 나이가 많을수록 경험이 풍부하다고 인정받기 때문이다.

첫인상을 형성하는 비언어적 신호

당신의 능력, 신뢰도, 호감도에 대한 첫인상은 펀드매니저에게 순식간에 형성되지만, 첫인상을 무의식적으로 유발하는 요소가 무엇인지 이해하는 것은 중요하다. 앞에서도 언급했듯이 사람들 대부분은 얼굴을 보면서 눈을 맞추고 신체의 특성, 자세, 복장을 관찰한다.

프린스턴대학교 심리학과 알렉산더 토도로프(Alexander Todorov) 교수의 매우 흥미로운 연구에 의하면 입의 굴곡, 눈동자 사이의 거리, 입술의 두께 등 얼굴의 특징은 첫인상 형성에 중요한 요소여서 지능과 신뢰도 인식에 큰 영향을 미친다. 토도로프는 "뛰어나고 지성적이며 단호한 인상을 주는 얼굴은 입술이 가늘고 눈가에 주름이 있으며 나이 든 얼굴이다"라고 말한다.[8] 주름이 꼭 나쁜 것은 아닌 셈이다. 얼굴의 특징은 바꿀 수 없으므로 여기서는 자세히 논의하지 않겠다. 다만 이런 편향이 있다는 사실만 기억해두자.

그러나 첫인상에 영향을 주는 요소 중에는 우리가 바꿀 수 있는 것도 많다. 우리 목표는 부정적 영향을 미치는 외부 요소를 찾아내서 제거하거나 변경하는 것이다. 벽돌이 가득 담긴 외바퀴 손수레 밀기 시합을 한다고 가정하자. 손수레에서 벽돌을 많이 덜어낼수록 더 빨리 갈 수 있다. 토도로프의 연구에 의하면 입술이 두껍고 눈가에 주름이 없는 젊은이는 불리하다. 이는 손수레에서 덜어낼 수 없는 벽돌에 해당한다.

그러나 손수레에서 덜어낼 수 있는 벽돌도 있다. 가장 쉽게 변경할 수 있는 신체적 특징은 헤어스타일과 복장이다. 믿기 힘들겠지만 눈이 나쁘지 않아도 안경을 쓰면 더 긍정적인 이미지를 만들어낼 수 있다.

2001년 예일대학교 심리학과 마리안 라프랑스(Marianne LaFrance) 교수는 헤어스타일과 첫인상의 관계를 연구했다. 그는 사람들이 인식하는 남녀 헤어스타일의 매력도와 지성이 반비례한다고 결론지었다. 사람들은 가르마를 탄 중간 길이 머리의 남자는 지성적이고 부유하다고 인식했지만, 머리가 긴 남자는 근육질이고 성격은 좋아도 무식하다고 인식했다. 머리가 짧고 헝클어진 여자는 대담하고 지성적이며 외향적이라고 인식했고, 중간 길이의 평상적인 머리인 여자는 지성적이고 성격이 좋다고 인식했으며, 머리가 긴 여자를 가장 매력적으로 인식했다.[9]

당신의 복장은 첫인상에 영향을 미치는 방대한 정보를 전달한다. 이에 관한 수많은 연구 중에서 가장 대표적인 연구가 있다. 2012년 영국 하트퍼드셔대학교와 튀르키예 이스탄불 빌기대학교 연구진이 놀라운 결과를 발표했다. 피험자 308명에게 정장을 입은 남자 모델들의 얼굴을 흐리게 처리한 사진을 보여주었다. 모델 한 사람은 맞춤 정장을 입었고 나머지는 모두 기성복 정장을 입었다. 정장의 색상과 패턴은 똑같았다.

피험자들에게 각 사진을 5초 동안 보여주고서 모델의 자신감, 성공, 신뢰도, 급여, 유연성을 1~7점 척도로 평가하게 했다. 다섯 가지 특성 모두 높은 점수를 받은 모델은 맞춤 정장을 입은 사람이었다. 정장 사이의 차이는 미미했고 피험자들은 겨우 5초만 보았는데도 점수 차이가 크게 벌어졌다. 이는 복장 차이가 첫인상에 큰 영향을 미친다는 의미다.

안경과 첫인상의 관계를 분석하는 연구는 1940년대 초에 시작되었다. 이 연구에서 안경을 쓴 사람은 신체적 매력은 부족해도 지성은 더 풍부하다고 인식된다는 결과가 일관되게 나왔다. 다음 두 그림을 보면 다양한 요소가 잠재의식에 미치는 영향을 알 수 있다. 당신은 두 사람 중 누구의 투자 아이디어를 채택하고 싶은지 즉시 선택하라. 왼쪽에 있는 제브인가, 오른쪽에 있는 제브인가?

당신은 물론 대부분 펀드매니저도 오른쪽 제브를 선택할 것이다. 왜 오른쪽을 선호하는지 자신에게 물어보라. 아마 왼쪽 제브는 나이트클럽에서 밤새워 놀다가 바로 출근한 모습이기 때문일 것이다. 메시지의 내용이 똑같은데도 애널리스트의 외모가 왜 중요할까? 비본질적인 요소 때문에 메시지가 손상되면 절대 안 되기 때문이다. 앞에서 언급한 봉투와 마찬가지다.

어느 봉투가 더 매력적인가? 담긴 메시지는 똑같아도 오른쪽 봉투가 확실히 더 매력적이다.

이번에는 조금 더 어려운 선택을 해보자. 왼쪽 제브와 오른쪽 제브 중 하나를 즉시 선택하라.

이 사례에서는 차이가 훨씬 미세하다. 선임 펀드매니저 대부분은 본능적으로 오른쪽 제브를 선택할 것이다. 자세히 보면 머리, 복장, 안경, 수염에서 차이를 발견할 것이다. 둘 다 그런대로 괜찮은 외모다. 왼쪽 제브는 그 나이에 더 어울리는 모습이고, 오른쪽 제브는 더 보수적인 복장이다. 어느 복장이 피하고자 하는 무관한 요소를 최소화할지 생각해보라.

제브는 고등학교 2학년 여름방학 동안 가벨리펀드(Gabelli Fund)에서 인턴으로 근무했다. 제브의 아버지인 폴 손킨도 가벨리펀드에서 근무했으므로, 제브가 주는 인상이 그의 아버지에게도 간접적으로 영향을 미치는 상황이었다.

두 사람은 제브가 근무를 시작하기 전에 복장을 논의했다. 폴은 제브에게 매일 깨끗이 면도해야 한다고 말했다. 제브는 자기 나이의 인턴은 아무도 면도를 하지 않는다고 대답했다. 폴이 다시 말했다. "사회적으로 용인되는 수준이라고 해서 다 괜찮은 것은 아니란다. 나는 마흔일곱 살이어서 사흘 동안 면도하지 않고 출근하는 것은 허용할 수 없어. 마리오는 일흔세 살 구닥다리니까 장담컨대 그도 허용할 수 없을 거다. 마리오가 말로는 괜찮다고 할지 몰라도 무의식적으로는 좋게 보지 않을 거야. 상사는 너의 복장과 외모에서 인상을 받으니까 '남들이 어떻게 하는지'는 중요하지 않아." 제브가 매일 아침 깨끗이 면도하고 출근했음은 두말할 필요가 없다.

직장에서 허용되는 복장은 세월이 흐르면서 바뀌었다. 예를 들어 투자은행의 '유니폼'은 전통적으로 정장과 넥타이였다. 그러나 현재 업계에서 가장 높이 평가받는 투자은행의 설립자가 제시한 복장 규정은 넥타이를 매지 않은 정장이다. 나의 조언은 정상에 오른 인물의 스타일을 따르라는 것이다. 최근 나온 〈월스트리트저널〉기사가 이 조언을 완벽하게 요약해준다. "복장에는 부족 요소가 있다. 우리는 모두 똑같은 옷을 입게 되며, 리더가 어떤 옷을 입어도 마찬가지라는 말이다."[10]

폴 손킨은 수업 중 학생들에게 복장에 관한 조언을 자주 한다.[11] 복장의 목적은 부정적인 인상을 주지 않는 것이라고 그는 말한다. 이에 대해 그가 제시하는 간단한 기준은 모임이 끝나고 30분 후에는 참가자 누구도 자신의 복장을 기억하지 못하게 입는 것이다.

이는 남자는 회색이나 파란색 정장에 흰색이나 파란색 셔츠, 검은색 벨트, 검은색 양말, 검은색 구두를 착용하되 넥타이는 다소 색상이 있어도 괜찮다는 뜻이다. 그리고 면도는 깨끗이 하고 헤어스타일은 보수적이어야 하며, 보석이나 향수나 조잡한 장식의 펜도 삼가야 한다. 지미 로저스(Jimmy Rogers, 미국 가수)와 척 로이스를 제외하면 나비넥타이가 어울리는 남자는 거의 없다.

손킨은 여학생에게도 똑같이 조언한다. 파란색이나 검은색 재킷과 스커트에 검은색 구두를 착용하되 컬러 셔츠는 재량껏 선택하고, 단순한 보석과 소박한 귀걸이는 착용하되 향수는 삼가며, 머리는 짧게 자르거나 뒤로 넘기고 손톱은 짧게 자르고 눈길을 끌지 않는 색으로 칠한다.

인터넷에서 최근 미국 대통령, 포천(Fortune) 500대 기업의 CEO들, 빌 애크먼, 대니얼 롭, 바버라 마르친(Barbara Marcin), 마리오 가벨리, 찰리 드레퓌스(Charlie Dreifus) 등 성공적인 투자자들을 찾아보면 이들의 복장도 마찬가지다. 남자들은 검은색 정장, 흰색이나 파란색 셔츠, 절제된 넥타이로 우아하지만 간소하게 나무랄 데 없이 입었고, 여자들은 매력적이지만 보수적인 옷차림이다.

복장에 관한 최고의 책은 최신 개정판조차 1988년에 출간된 존 몰로이(John T. Molloy)의 《성공하는 남자의 옷차림(Dress for Success)》

이다.[12] 1970년대에 몰로이는 복장이 인식에 미치는 영향을 조사했다. 책에 나오는 사례 하나를 소개하겠다.

몰로이는 사무실 25개를 미리 선정하고 〈월스트리트저널〉[13]을 들고 방문해 접수 담당자를 만나서는 신문을 책임자에게 직접 전달하게 해달라고 부탁했다. 베이지색 비옷을 입었을 때는 신문 25부를 그날 아침에 모두 배달할 수 있었지만, 검은색 비옷을 입었을 때는 25부를 배달하는 데 1.5일이 걸렸다. 이 사례가 주는 교훈은 검은색 비옷은 입지 말라는 것이다.

헤어스타일에 관한 사례로는 2003년 폴 손킨 밑에서 인턴으로 활동한 제자 데이비드 이야기가 있다. 데이비드는 머리가 어깨까지 내려올 정도로 길었다. 폴은 이런 외모를 인정할 수 없어서, 월스트리트에 진출하려면 머리를 잘라야 한다고 데이비드에게 알아듣도록 여러 번 힌트를 주었다.[14] 인턴들이 기업 방문을 나가기 전날 밤, 폴이 마침내 말했다. "너 레게 머리 깎아야겠다. 그 머리라면 너를 어디에도 데려갈 수 없어." 이튿날 아침 데이비드는 머리를 단정하게 자르고 사무실에 나타났다.

몇 년 뒤 데이비드는 자신의 헤지펀드를 설정했고 컬럼비아 경영대학원 외래교수가 되었다. 데이비드의 이야기를 사례로 준비하면서 손킨은 그에게 (친구나 가족의 마약 중독 따위를 고치기 위한) '사랑의 매'가 도움이 되었는지 물었다. 데이비드는 대답했다. "벌써 15년이 지났군요. 제 생각으로는 당신이 옳았습니다. 사실은 그 이야기를 학생들에게 항상 합니다. 우리의 복장, 외모, 착용하는 보석과 시계, 타고 다니는 차… 이 모든 것이 이미지를 만들어냅니다. 당시 제가 발산하던 이미지가 장기적으로 제 경력에 보탬이 되지 않았다는 사

> 실을 이해합니다. 그러나 고집스럽게도 '나는 긴 머리가 좋아요'라
> 고 말했죠. 하마터면 (당신이 준) 기회를 놓치고 푸념할 뻔했습니다."

사소한 말처럼 들릴지 모르지만 미팅 장소에 갈 때는 서류 가방
이나 작은 가방(배낭과 운동용 가방은 제외) 하나만 지참하라. 연구에
따르면 물건을 둘 이상 갖고 다니면 산만하다는 인상을 준다.

미세한 표정으로도 드러나는 비밀

신뢰도, 능력, 호감도 등 인식에 영향을 주는 비언어적 신호에는
억양과 음조는 물론 표정, 말의 속도, 말 더듬기도 포함된다. 예를
들어 펀드매니저가 던진 질문에 대한 답을 몰라서 당신이 놀란 표
정을 지으면서 머뭇거린다고 가정하자. 그러면 펀드매니저는 이
비언어적 신호를 무의식적으로 감지할 것이며 당신의 신뢰도와 능
력에 대한 그의 인식은 저하될 것이다.

'나는 놀란 표정을 짓지 않고 망설이지도 않겠어'라고 생각할 수
도 있다. 문제는 이것이 무의식적인 반응이어서 통제하기가 지극
히 어렵다는 점이다.

'미세표정(microexpression)'이라고 부르는 무의식적 표정 변화는
지속 시간이 0.25초 미만이다. 미세표정은 대개 외부 사건에 의해
촉발되며 그 사람이 경험하는 감정에 관해서 방대한 정보를 전달
한다. 인간의 보편적 감정에는 분노, 혐오, 공포, 슬픔, 기쁨, 놀람,

경멸이 있는데 이들 모두 미세표정을 촉발한다.

예를 들어 당신이 소풍을 갔는데 벌 한 마리가 갑자기 얼굴 쪽으로 다가온다고 가정하자. 다가오는 것이 벌인지 몰라도 당신의 뇌는 위험을 감지하고 반사적으로 손을 휘둘러 벌을 쫓아버릴 것이다. 당신은 이렇게 반응했다는 사실을 나중에야 인식하게 된다. 이 반응은 반사 작용이었다. 누군가 이 장면을 사진으로 찍었다면 당신은 놀람과 공포가 섞인 표정이었을 것이다. 이 얼굴 반응이 미세표정이다. 이는 무의식적인 반응이어서 통제할 수 없다.

마찬가지로 펀드매니저로부터 예상 못 한 질문을 받으면 당신은 벌을 보았을 때처럼 놀람과 공포가 섞인 표정을 지을 것이다. 얼굴에 즉시 이런 감정이 드러날 것이며, 이는 무의식적인 반응이므로 통제할 수 없을 것이다. 이 미세표정의 지속 시간은 0.25초 미만이지만 펀드매니저는 무의식적으로나마 이를 인식할 것이다. 그는 당신의 미세표정에 대한 반사 작용으로 혐오와 경멸의 감정을 드러낼지 모른다. 그의 반응을 무의식적으로 인식하면 당신은 더 초조해져서 말을 더듬고 얼굴이 빨개지면서 진땀을 흘릴 것이다. 이번에는 펀드매니저가 당신의 신체 반응을 무의식적으로 인식하면서 악순환이 이어진다. 누군가 침묵을 깰 때까지.

미세표정은 중요한 비언어적 정보를 유출해 상대의 반응에 영향을 준다는 사실을 인식해야 한다. 안타깝게도 당신이 표정을 통제해 정보 유출을 막을 방법은 거의 없다. 이에 대비하는 현실적인 방법 단 하나는 펀드매니저의 질문에 방심하지 않는 것이다. 그러므로 애널리스트는 펀드매니저의 기준을 이해하고서 주요 주제와 질문을 예상해야 한다. 다시 말해서 준비를 철저히 해야 한다.

비언어적 신호로도 드러나는 정서 상태

안구 운동과 신체 언어 등 기타 비언어적 신호로도 정서 상태가 드러날 수 있다. 예를 들어 면담 중에 긴장한 나머지 눈을 빠르게 깜빡이거나 얼굴이 빨개지거나 자세가 불안해지기 쉽다. 이런 행동은 당신이 긴장했음을 알리는 미세하지만 중요한 신호가 된다. 입술 깨물기, 넥타이 매만지기, 손장난, 머리 다듬기, 입이나 목에 손 대기 같은 동작도 당신이 긴장과 불안에 빠졌다는 신호가 된다. 어깨를 으쓱하는 동작은 알지 못한다는 뜻이고, 상체를 뒤로 젖히고 팔짱을 끼는 행위는 불편하다는 뜻이다.

미세표정을 통제하기도 지극히 어렵지만 이런 동작도 삼가도록 최대한 노력해야 한다. 부모님이 항상 말하듯이 면담할 때는 바른 자세로 똑바로 앉아 눈을 맞춰야 한다. 미소도 긴장했음을 알리는 신호가 될 수 있다.

면담의 구조

면담의 목적은 나의 투자 아이디어를 상대가 채택하게 하는 것이다. 이때 다양한 요소가 설득을 방해한다는 사실을 인식해야 한다. 자세, 복장, 안경 선택 등을 통제하면 설득력을 높일 수 있다. 펀드매니저가 언제 비언어적 신호에 집중하고 언제 메시지에 집중하는지를 파악하는 것이 대단히 중요하다.

첫 면담의 6단계

첫 면담에서는 비언어적 신호와 메시지 내용이 균형을 유지해야 한다. 이제 애널리스트와 펀드매니저가 처음 만나는 과정을 6단계로 구분해서 살펴보자.

첫 번째는 '첫눈' 단계로서 펀드매니저가 애널리스트를 처음 만나는 순간이다. 두 번째는 '한담' 단계로서 악수하면서 사교적인 인사를 주고받는 순간이다. 첫 번째 단계와 두 번째 단계의 공통점은 주로 비언어적 의사소통을 통해서 펀드매니저가 첫인상을 받게 된다는 점이다. 그림 11.8에서 보듯이 이 두 단계에서는 메시지가 전달되지 않는다. 이는 펀드매니저가 손에 든 '봉투'를 개봉할지 말지 생각하는 단계에 해당한다.

다음 세 단계는 애널리스트가 아이디어를 소개하는 '30초 관심 끌기', 애널리스트가 주장을 펼치는 '2분 설득', 펀드매니저가 캐묻고 애널리스트가 답변하는 '질의응답'이다. 이 세 단계의 공통점은

[그림 11.8] 첫 면담의 6단계

첫눈	한담	30초 관심 끌기	2분 설득	질의응답	작별 인사
키, 몸무게 매력 복장 머리 안경 나이 얼굴 모양	음의 높낮이 악수 눈 맞춤 자세 표정 진지함	아이디어의 매력도 확신 열정 몸짓	주장의 질과 설득력 어조 확신	증거 근거 뒷받침 반박 어조 방어	자세 눈 맞춤 악수 프로 근성 예의 바름

11장. 30초에 관심 끌고 2분 안에 설득하라

메시지 내용에 관심이 집중된다는 점이다.

마지막은 '작별 인사' 단계로서 비언어적 의사소통이 또다시 중요한 역할을 한다.

폭스와 게코의 첫 면담

영화 '월스트리트'에서 폭스는 게코의 비서를 3개월 따라다니며 괴롭힌 끝에 게코와 면담할 일정을 잡았다. 폭스는 게코의 생일에 선물로 시가 한 상자를 들고 사무실 앞에 나타났다. 몇 시간 기다린 후 안내를 받아 사무실에 들어갔다. 게코는 전화 통화를 하면서 폭스를 훑어본다. 그는 무의식적으로 폭스의 신뢰도, 능력, 호감도를 순식간에 평가한다.

게코는 수화기를 내려놓으면서, 사무실에서 서성거리는 사람들에게 말한다. "바로 이 녀석이야. 기회를 달라고 59일 연속 찾아온 사람이." 이어서 폭스를 보면서 말한다. "자네는 끈질긴 인물 사전에 들어갈 만해." 게코가 받은 첫인상은 폭스가 젊고 야심 차며 끈질기다는 것이었다. 이런 자질 덕분에 폭스는 게코의 사무실에 발을 들여놓을 수 있었다. 게코의 말을 들으면서 폭스는 바보처럼 활짝 웃는 표정을 짓는다. 불과 4초 만에 게코는 폭스에 대한 첫인상을 형성했다.

이어서 사교적 인사가 진행된다. 게코가 수화기를 내려놓자 폭스가 일어서서 인사한다. "처음 뵙겠습니다, 게코 선생님. 저는 버드 폭스입니다." 폭스는 눈을 맞추면서 손을 뻗어 게코와 힘차게 악수한다. 게코는 "자네가 똑똑한 사람이길 바라네"라고 말한다. 이어서 시가를 가리키면서 "이런 건 어디서 구했나?"라고 묻자 폭스는 "공항에 지인이 있습니다"라고 대답한다. 게코는 "그래서 어쩐 일인가, 친구?"라고 묻는다. 이때 폭스가 자리에 앉는다. 어깨에는 힘이 들어가 있고 미세표정에는 긴장과 불안감이 드러난다.

말하기 전에 내려다보면서 기침하는 모습에서 또다시 폭스의 비언어적 신호가 등장한다. 폭스는 머뭇거리면서 말한다. "저는 NYU 경영대학원에 다니면서 당신에 관한 글을 모두 읽었습니다. 당신이 엄청난 천재라고 생각하면서 항상 한 가지만 꿈꿨습니다. 당신 같은 인물과 사업을 하는 꿈입니다." 폭스의 입에 발린 말을 들으면서 게코는 답답하고 짜증스럽다는 표정을 짓는다. 폭스는 놀란 표정이며 하는 말도 어색하다. 게코가 자기 회사와의 거래에 관해 묻자 폭스는 당황한 표정을 짓는다.

게코는 단도직입적으로 묻는다. "그래서 용건이 무엇인가, 자네? 왜 여기에 왔지?" 폭스는 일어서서 종이를 꺼내 설명을 시작한다. 갑자기 그의 목소리가 커지면서 자신감이 넘친다. "차트 이곳에서 상승 돌파가 나왔습니다. 화이트우드영인더스트리라는 회사입니다. 저PER이고, 이익이 폭발적으로 상승 중이며, 주가가 순자산가치보다 30% 낮고, 현금흐름이 탁월하며, 경영진도 강력하고, 5% 지분 보유자가 둘뿐입니다."

이 장면은 그림 11.8의 면담 구조에서 1~3단계에 해당한다. 만나기 전까지 폭스에 대한 게코의 첫인상은 젊고 야심 차며 끈질긴 녀석이었다. 그러나 게코를 직접 만났을 때 폭스의 대응은 서툴렀다. 그는 머리를 빗어 뒤로 넘겼고, 바보처럼 활짝 웃는 표정을 지었으며, 값싼 정장을 입었고, 신체 언어는 불편하고 어색해 보였다. 사교적 인사를 할 때는 말을 더듬어서 자신감이 부족한 모습이었다.

게코는 주로 투자 아이디어와 무관한 비언어적 신호를 통해서 무의식적으로 정보를 흡수했다. 그러나 폭스가 자신감 넘치는 모습으로 설명을 시작하자 게코가 정보를 흡수하는 방식은 비언어적 의사소통에서 언어적 의사소통으로 전환된다.

의사소통을 방해하는 기타 장애물

의사소통을 방해하는 기타 장애물 몇 개에 대해서 간단히 언급하고자 한다. 이런 것들은 실제 메시지나 애널리스트와는 무관하지만, 효과적으로 소통하려면 극복해야 하는 장애물이다.

가장 명백한 장애물은 소음 등 물리적 장애물이다. 예를 들어 투자 아이디어를 설명할 때 밖에서 공사 소음이 들리면 펀드매니저는 설명을 듣기 어렵다. 또는 비즈니스 만찬 때 당신과 펀드매니저 사이에 다른 사람이 앉아 있으면 펀드매니저는 당신의 말을 듣기 어렵다. 식당에서 소음이 너무 크면 바로 옆에 앉아 있는 펀드매니저조차 설명을 들을 수 없다.[15]

개선 방안은 무엇일까? 더 적절한 시점까지 설명을 연기하거나 더 조용한 장소로 펀드매니저를 이동시키는 것이다. 이 사례들은 너무 지당한 이야기이지만 소음 때문에 펀드매니저의 수용성이 감소할 수 있음을 명심해야 한다.

펀드매니저의 정서 상태도 장애물이 될 수 있다. 분노와 스트레스에 빠진 상태이면 펀드매니저는 당신의 메시지를 듣지 못한다.

개장 직후에는 펀드매니저에게 사방에서 온갖 정보가 쏟아져 들어오므로 투자 아이디어를 소개해도 관심을 끌기 어렵다. 마찬가지로 펀드매니저가 환매를 요구하는 주요 고객과 다투고 스트레스를 받았을 때는 어떤 메시지도 전달하기 어렵다. 개선 방안은? 더 적절한 시점까지 기다리는 것이다.

언어도 메시지 전달을 가로막는 장애물이 될 수 있다. 언어 장애물은 다양한 형태를 띤다. 사용하는 언어가 다르면 펀드매니저는 당연히 메시지를 이해하지 못한다. 그러나 애널리스트가 유창하게 말해도 모국어가 아니면 구사하는 어휘가 부족해서 정확하게 표현하기 어렵다. 강한 억양도 실내 소음처럼 의사소통을 방해할 수 있다. 업계 전문 용어도 장애물이 된다. 업계 전문 용어를 이해하면 의사소통에 유용하지만 펀드매니저가 메시지를 이해하지 못할 수도 있다.[16]

세 가지 장애물 모두 사소해 보일지 모르지만 이 때문에 메시지가 제대로 전달되지 않는 사례를 나는 무수히 보았다. 세 가지 장애물 모두 쉽게 극복할 수 있는데도 흔히 젊은 애널리스트들은 그 중요성을 간과해 적절하게 대응하지 못한다.

카네기홀 무대에 서는 방법은?

이 고전적 농담의 답은 누구나 알고 있다. 이 답은 종목 추천에도 똑같이 적용된다. 몇 년 동안 섬기면서 일한 펀드매니저에게 종목을 추천하든, 경연대회에서 발표하든, 새 직장에서 처음으로 종목

을 추천하든, 취업 면접에서 종목을 추천하든 마찬가지다.[17]

    답은 연습하고 연습하고 더 연습하는 것이다. 종목 추천은 시간과 경험을 통해서 습득하는 기술이다. 애널리스트는 주장이 자연스러워지고 증거가 명확해질 때까지 연습해야 한다. 여기서 연습 방법까지는 논의하지 않겠지만, 투자업계에 진입하는 사람이라면 메시지 전달의 중요성을 진지하게 받아들이기 바란다. 이 책의 도입부에서 말했듯이, 펀드매니저에게 전달되지 않는 아이디어라면 처음부터 없는 것이나 마찬가지다.

- 펀드매니저를 편하게 해주려면 이른바 추천 자료 세트(pitch pack)라는 추가 자료를 제공해야 한다. 추천 자료 세트에는 프레젠테이션 자료, 리서치 보고서, 연차보고서 등 회사의 재무제표, 최근 분기보고서, 최근 발표된 실적 등이 포함된다. 이를 제공하면 펀드매니저는 면담할 때 자료를 훑어볼 수 있고 나중에도 회사의 기본 정보를 손쉽게 찾아볼 수 있다. 펀드매니저가 편하게 먹을 수 있도록 입에 넣어주어야 한다.

- 펀드매니저는 회사의 업무를 전반적인 맥락에서 이해할 수 있어야 한다. 그러므로 애널리스트는 회사의 사업을 쉽고 단순명료하게 설명할 수 있어야 한다. 사업이 복잡하면 그림을 사용하라. 백문이 불여일견이다.

- 질문을 예상하려면 자기 주장에서 약점을 찾아내야 한다. 그러고서 증거, 근거, 뒷받침을 준비해야 한다.

- 우리 목표는 부정적 영향을 미치는 외부 요소를 찾아내서 제거하거나 변경하는 것이다. 벽돌이 가득 담긴 외바퀴 손수레 밀기 시합을 한다고 가정하자. 손수레에서 벽돌을 많이 덜어낼수록 더 빨리 갈 수 있다.

- 미세표정은 중요한 비언어적 정보를 유출해 상대의 반응에 영향을 준다는 사실을 인식해야 한다. 안타깝게도 당신이 표정을 통제해 정보 유출을 막을 방법은 거의 없다. 이에 대비하는 현실적인 방법 단 하나는 펀드매니저의 질문에 대해 방심하지 않는 것이다. 그러므로 애널리스트는 펀드매니저의 기준을 이해하고서 주요 주제와 질문을 예상해야 한다. 다시 말해 준비를 철저히 해야 한다.

주석

서문

1. 크리스티앙 제르보스(Christian Zervos)와의 대화(1935), 도어 애시턴(Dore Ashton)이 편집한 《Picasso on Art》(New York: Viking, 1972) 중에서 인용했다.
2. 폴 새뮤얼슨(Paul Samuelson)의 말을 빌리면 "부정확한 과학은 거듭되는 장례식을 통해 진보한다".
3. 늙은 개에게 새로운 기술을 가르치기 어려운 것처럼, 경험 많은 실무자들은 매우 완고하고 자신만의 방식이 정해져 있다.
4. 유명한 헤지펀드 매니저인 스티브 코헨(Steve Cohen)은 월스트리트의 '인재 부족' 때문에 자체적으로 포인트72대학교(Point72 University)를 설립했다.
5. 미국의 유명 예능 프로그램 '새터데이 나이트 라이브(Saturday Night Live)' 세대가 아니라면 클래런스가 비틀스의 다섯 번째 멤버였다는 사실을 모를 것이다. 구글에서 'Clarence fifth Beatle'로 검색해보면 그의 인터뷰를 찾아볼 수 있다.

1장. 자산과 사업의 가치 평가

1. '손안의 새 한 마리'가 '숲속의 새 두 마리'보다 더 가치 있다는 것은 할인율이 매우 높거나 숲속에 실제로 새 두 마리가 있는지 매우 불확실하다는 것을 뜻한다. 아니면 새를 잡는 것이 매우 어려울 수도 있다.
2. 우리는 뛰어난 투자자인 빌 애크먼의 강의에서 도움을 받았다. 구글에서 'Bill Ackman lemonade stand'를 검색하면 플로팅대학교에서 만든 탁월한 비디오 "William Ackman: Everything You Need to Know About Finance and Investing in Under an Hour"를 볼 수 있다.

3. 사적시장가치는 마리오 가벨리가 만든 용어로서 2장에서 논의한다.

4. 예시에서 5% 할인율을 사용한 특별한 이유는 없다. 다른 할인율을 사용해도 괜찮다. 개념이 중요하다.

5. 저자들은 CAPM이 기업의 자기자본비용을 구하는 좋은 방법이 아니라고 생각한다. 투자업계에서 빈번하게 사용되기 때문에 논의 과정에 포함하긴 했지만 저자들은 베타 개념은 폐기 처분되어야 한다고 생각한다.

6. Seth A. Klarman, *Margin of Safety: Risk-Averse Value Investing Strategies for the Thoughtful Investor* (New York: HarperCollins, 1991).

7. 우리는 야후파이낸스가 베타를 어떻게 계산했는지, 이 값이 정확한지 모른다. 이 논의는 개념을 설명하기 위한 것이므로 숫자의 정확성은 중요하지 않다.

8. Whitney Tilson. "Notes from the 2003 Berkshire Hathaway Annual Meeting." 버크셔 해서웨이 주주총회, 네브래스카주 오마하시, 2003년 5월 3일.

2장. 경쟁우위와 성장의 가치 평가

1. 현실에서는 현금과 같은 유동자산의 가치가 장부가와 차이 나는 경우도 많이 발생한다. 예를 들어 애플(Apple)은 2016년 3월 재무상태표에 2,330억 달러의 현금을 가지고 있다고 나오는데, 애플이 가진 현금은 대부분 국외에 있기 때문에 이 돈을 본국으로 가져오려면 세금을 내야 한다. 애플이 청산될 경우 실제 현금은 장부에 있는 2,330억 달러가 아닐 가능성이 높다.

2. Roger F. Murray and Gabelli Asset Management Company "Lecture #1. Value Versus Price." Roger F. Murray lecture series, Museum of Television & Radio, New York, January 22, 1993.

3. 컨트롤 프리미엄은 구매자가 해당 자산에 대한 통제권을 갖기 위해 지불해야 하는 프리미엄이다. 인내심 요소는 외부 주주들의 눈치를 보지 않고 의사결정을 내릴 때 경영진이 갖는 시간적 여유를 말한다. 시장 접근성은 주식이나 채권 시장에서 자본을 조달하는 능력이다. 다른 조건이 동일하다면 대체로 상장기업이 비상장기업보다 자본시장 접근이 쉽다.

4. 미래에도 해당 펀드가 연 8.5% 수익률을 꾸준히 올릴 것이라고 가정할 경우다.

5. ROIC를 계산하는 구체적인 방법과 자세한 논의는 마이클 모부신의 2014년 6월 4일 논문 'Calculating Return on Invested Capital'을 추천한다. 구글에서 'Mauboussin calculating return on invested capital'을 검색하면 구할 수 있다.

6. 경쟁우위에 대한 심도 깊은 논의는 브루스 그린왈드와 주드 칸의 책 《경쟁 우위 전략 (Competition Demystified)》을 참고하라.

7. DCF를 사용해 설명할 텐데 독자들은 이를 이용한 가치평가가 지나치게 학문적이라고 느낄 수 있다. 그럼에도 저자들은 DCF를 사용해 설명하는 것이 핵심 개념을 전달하는 데 매우 효과적이라고 생각한다. 나아가 1장에서 살펴본 것처럼 모든 가치평가 방법은 DCF에서 파생되었다고 할 수 있다. 따라서 DCF를 이용한 분석은 다른 가치평가 방식에도 그대로 적용할 수 있다.

3장. 증권의 내재가치 평가

1. Benjamin Graham and David L. Dodd. *Security Analysis* (New York: The McGraw-Hill Companies, Inc. 1934), 17.

2. 같은 책.

3. 같은 책.

4. 같은 책.

5. Klarman, *Margin of Safety.*

6. Warren E. Buffett, "An Owner's Manual: A Message from Warren E. Buffett, Chairman and CEO." 1999년 버크셔 해서웨이 주주 서한.

7. 2014년 버크셔 해서웨이 연차보고서

8. Buffett, An Owner's Manual.

9. Klarman, *Margin of Safety.* 다른 두 가지는 청산가치법과 사적시장가치법이다. 두 방법 모두 핵심은 현금흐름할인법이다. 1장의 "나는 DCF 사용하지 않아"를 참조하라.

10. 로저 머리는 월스트리트에서 성공적인 경력을 쌓은 후 1956년 컬럼비아 경영대학원의 부학장이 되었다. 벤저민 그레이엄이 은퇴한 후 증권 분석 강의를 맡아 1977년까

지 가르쳤고 시드니 코틀(Sidney Cottle), 프랭크 블록(Frank Block)과 함께 1998년 출간된 《증권분석》(5판)을 공저했다.

11. 이 일련의 강연은 로저 머리의 뛰어난 제자인 마리오 가벨리가 조직했다. 몇 년 전에 컬럼비아 경영대학원에 합류한 브루스 그린왈드는 로저 머리의 강연을 듣고 그레이엄의 설득력 있는 논리에 크게 공감했다. 그린왈드는 1993년 컬럼비아 경영대학원에 가치투자 강의 과정을 개정하면서 로저 머리에게 참여해달라고 요청했다. 이후 컬럼비아의 가치투자 과정은 가장 대표적인 금융 프로그램이 되었다.

4장. 시장 효율성을 보는 관점

1. Richard P. Feynman, Robert B. Leighton, and Matthew L. Sands, *The Feynman Lectures on Physics* (New York: Basic Books, 2010).

2. 같은 책.

3. Aye M. Soe, CFA, Ryan Poirer, FRM, "SPIVA U.S. Scorecard" Year-End 2016. S&P Dow Jones Indices, McGraw Hill Financial, Inc.

4. Aye M. Soe, CFA, "Does Past Performance Matter? The Persistence Scorecard." June 2014. S&P Dow Jones Indices, McGraw Hill Financial, Inc.

5. 주식시장이 제로섬 게임이냐에 대해서는 다른 주장도 있지만 알파 창출이 사실상 제로섬 게임이라는 점은 훨씬 쉽게 이해할 수 있다.

6. 월스트리트, 올리버 스톤(Oliver Stone) 감독, 20세기폭스, 1987.

7. 최고의 펀드매니저들이 책을 낼 때마다 월스트리트에서도 똑같은 흐름이 나타났다. 예컨대 세스 클라먼이 저서 《안전마진》(1991)으로, 조엘 그린블랫이 저서 《주식시장의 보물찾기》(1997)로 자신의 지식을 대중에게 전해주자 '투자 게임'에서 승리하기가 훨씬 어려워졌다.

8. Nolan Dalla, "Nolan Dalla Asks, Has Poker Become Unbeatable?" PokerNews.com, iBus Media Ltd., June 23, 2015.

9. 이 데이터를 제공해준 헤이버애널리틱스의 패트릭 새윅(Patrick Sawick)에게 감사한다.

10. 아이프레오(Ipreo) 데이터베이스에 의하면 미국의 액티브 주식형 펀드는 약 2만

3,000개다.

11. 마이클 모부신은 이 주제로 탁월한 논문을 발표했다. "Alpha and the Paradox of Skill: Results Reflect Your Skill and the Game You Are Playing," July 15, 2013.

12. 이 책에서 논의하는 효율적시장은 주식시장 전체가 아니라 개별 증권 가격에 한정한다는 점에 유의하기 바란다. 그러므로 여기서 언급하는 '정보'는 특정 증권 관련 정보를 가리킨다. 여기서 언급하는 대중과 집단 역시 특정 증권에 관심을 두거나, 견해를 밝히거나, 매매하는 투자자들을 가리킨다. 이런 집단의 구성은 시간이 흐르면 (새 투자자가 들어오고 기존 투자자가 나가면서) 바뀌지만 특정 시점에서 보면 고정되어 있다.

13. 시장 효율성 논쟁에서 우리는 어느 쪽도 편들지 않지만 모든 면에서 시장은 매우 효율적이라고 생각한다.

14. E. F. Fama, "Efficient Capital Markets II," *Journal of Finance* 46 (1991): 1575.

15. 증권거래위원회(SEC)도 중요한 증권 관련 법률과 규정을 발표한다. 이런 법규는 새 법안과 판결에 따라 끊임없이 변화한다. 그러므로 이 책의 범위를 벗어나는 모호한 영역이다. 그래도 SEC와 골드만삭스 준법감시부서에서 근무했던 폴 손킨은 비공개 정보와 내부자 거래에 관한 법규가 매우 중요하다고 생각해, 컬럼비아대학교에서 증권 분석을 가르칠 때 SEC 변호사였던 친구를 강사로 초빙해서 관련 주제를 다각적으로 논의했다. 이 강의에서 경고했는데도 한 학생은 졸업 후 내부자 거래로 유죄 선고를 받았다.

16. FD는 '공정공시(full disclosure)'를 뜻한다. 다음을 참조하라. Google "SEC Final Rule: Selective Disclosure and Insider Trading."

17. SEC Regulation FD, § 17 CFR 243.100–243.103 (2000).

18. 같은 글.

19. 2011년 매트릭스이니셔티브즈(Matrixx Initiatives) 대 시라쿠사노(Siracusano) 소송에서 미국 대법원은 비공개 정보의 중요성 판단에 (뉴스에 반응해서 주가가 상승했는지를 분석한) 통계적 유의성을 '명백한 기준(bright-line)'으로 인정하지 않았다. Matrixx Initiatives, Inc. v. Siracusano, 131 S.Ct. 1309 (2011).

20. 사족일지 몰라도 중요한 비공개 정보를 이용해서 매매하는 행위는 불법이지만 (이

책을 쓰는 2016년 6월 시점 현재) 그 정보를 보유하는 행위 자체는 불법이 아니다. 중요한 비공개 정보를 보유한 사람에게는 두 가지 선택 대안이 있다. 증권 매매를 자제하거나, 정보를 공개하는 것이다.

21. SEC Regulation FD, § 17 CFR 243.100-243.103 (2000).

22. 이는 '공식' 용어가 아니라 저자들이 만든 용어다.

23. 예컨대 자동 처리 프로그램으로 특정 호텔 체인에 예약을 시도해 그 호텔의 공실률을 파악한다.

24. 1967년 정보공개법이 강화되어 일반 국민도 연방 행정기관에 정보를 요청할 수 있으므로, 그 정보가 정부나 사익을 손상하지 않는 한 공개해야 한다. 다음 논문을 참조하라. Gargano, Rossi and Wermers, 'The Freedom of Information Act and the Race Towards Information Acquisition.' (2015)

25. 이런 구분은 유동적이어서 시간이 흐르면 바뀐다는 점을 명심하기 바란다. 예컨대 지금까지 반영할 수 없는 정보였어도 발표되는 순간 반영할 수 있는 정보가 된다.

26. 모형은 개인의 의사결정 과정을 지배하는 신념, 원칙, 또는 인과관계로 정의된다. 개인의 모형은 사실, 전문 지식, 또는 경험으로 구성되는 영역별 지식의 영향을 받는다.

5장. 대중의 지혜를 보는 관점

1. 잭 트레이너는 뛰어난 투자 전문가이자 높이 존경받는 금융 이론가로서 금융 논문을 다수 저술했다. CFA협회 〈파이낸셜 애널리스트 저널(Financial Analysts Journal)〉의 편집자로도 10년 넘게 활동했다.

2. Jack L. Treynor, "Market Efficiency and the Bean Jar Experiment," *Financial Analysts Journal* 43, no. 3 (1987): 50 – 53.

3. 폴 존슨의 논문 초안 'Academy Awards, Sharon Stone and Market Efficiency(아카데미상, 샤론 스톤, 시장 효율성)'은 1998년 9월에 처음 발표되었다.

4. James Surowiecki, "The Financial Page: Manic Monday (and Other Popular Delusions)," *The New Yorker*, March 26, 2001.

5. 스콧 페이지는 아카데미상을 분석한 적은 없지만 대중의 지혜에 관한 논문을 누구보

다도 많이 발표한 전문가다.

6. 이 논문은 다음 책에 실렸다. *Mauboussin on Strategy*, Legg Mason Capital Markets, March 20, 2007.

7. 월스트리트에는 이런 유인이 매우 많으므로 이 그림에 표시할 필요가 없다고 보았다.

8. 소음 트레이더(noise trader)라고도 한다.

9. 실제로 점성술도 사용된다. 점성가펀드(Astrologers Fund, Inc.)의 이사 헨리 웨인가튼(Henry Weingarten)은 1988년부터 금융 점성술을 사용하고 있다. 그는 《Investing by the Stars: Using Astrology in the Financial Markets(별에 의한 투자: 점성술을 이용한 금융시장 분석)》의 저자이기도 하다.

10. 물론 모든 사람이 사용하는 모형이 '정확'하면 문제가 없다. 예를 들어 모두가 방의 크기를 측정한다고 가정하자. 이때 모두가 정확한 줄자를 사용한다면 모형이 똑같아도 정확한 답을 얻게 된다. 그러나 주식시장처럼 복잡한 환경에도 적용되는 '정확한' 모형은 거의 없다. 특히 주식의 가치평가에는 이런 사례가 매우 드물다.

11. 이 사례를 제시한 노스웨스턴대학교 켈로그경영대학원 네드 스미스 교수에게 감사드린다.

12. 앞의 사례에서는 다양성과 독립성 덕분에 더글러스 박사가 제시한 답이 정확했지만 부정확할 수도 있었다.

13. 이를 차익거래의 방해물이라고도 하며 6장에서 논의한다.

14. 항아리에 담긴 콩의 개수를 정확하게 예측하는 방법에 관해서는 다음 탁월한 논문을 참조하라. Edward O. Thorp, "How Many Beans in the Jar?" *Popular Mechanics* (November 1965).

15. 폴 존슨은 열광적인 만년필 수집가여서 만년필에 대해 놀라울 정도로 박식하며 세계 최대 수준으로 만년필을 소장하고 있다.

16. 이 펜 사례에서는 팀이 모든 지식을 보유하게 되었다. 그러나 집단이 영역 특수 지식을 모두 보유하지 않아도 매우 정확한 답을 제시할 수 있다는 점에 유의해야 한다. 개인들이 충분한 지식을 갖추기만 해도 집단은 지혜를 발휘할 수 있다.

17. 당시 영국 통화 시스템은 10진법이 아니었다. 12펜스가 1실링이고 20실링이 1파운드이니 240펜스가 1파운드였다.

18. 1,197파운드는 대회 참가자들의 추정치 평균이었다. 골턴은 자신의 논문에 오류가 있음을 발견하고 1907년 3월 28일 편집자에게 편지를 보내 수정을 요청했다. 다음 논문을 참조하라. Kenneth F. Wallis, "Revisiting Francis Galton's Forecasting Competition," *Statistical Science* 29 (2014): 420 – 424.

19. Scott E. Page, *The Difference: How the Power of Diversity Creates Better Groups, Firms, Schools, and Societies* (Princeton, NJ: Princeton University Press, 2008).

20. Karl Pearson, *The Life, Letter and Labours of Francis Galton*, vol. 2, *Researches of Middle Life* (Cambridge: Cambridge University Press, 1924).

21. 모형이 매우 복잡할 필요는 없다. 예를 들어 황소 전문가라도 이렇게 생각할 수 있다. "황소의 키는 약 180센티미터이고 나이는 약 5세로 보이므로 무게는 약 1,200파운드일 것이다." 황소 비전문가라면 이렇게 생각할 수 있다. "황소의 키는 180센티미터로 보인다. 키가 180센티미터인 남자의 몸무게는 약 200파운드이고 황소의 크기는 남자 6명 정도로 보이므로 황소의 무게는 6명 × 200파운드 = 1,200파운드다."

22. 이 방정식을 설명하는 동영상을 보려면 유튜브에서 'Scott Page diversity prediction theorem'을 검색해보라.

23. 여기서 다양성에 의해서 감소한 개인 오차의 평균은 7파운드에 불과하지만 개인 오차의 평균이 100% 감소했다는 점에 유의해야 한다.

24. 예컨대 처음에 생각했던 예측치 1,031파운드와 전문가의 예측치 1,400파운드를 평균해서 새 예측치 1,216파운드를 제시했다.

25. 비틀스 멤버가 아닌 사람은 클래런스 워커다. 자세한 내용을 원하면 구글에서 'Clarence fifth Beatle'로 검색해보기 바란다.

26. 또는 TV 프로그램 '새터데이 나이트 라이브'를 참고하라.

27. 정오면체 주사위는 실제로 존재한다. 루 조키(Lou Zocchi)가 발명해 2005년 미국 특허(번호 6926275)를 받았다. 시험 결과 공정한 주사위는 아닌 것으로 밝혀졌다.

28. 정사면체 주사위는 실제로 존재하며 공정한 것으로 밝혀졌다.

29. 정삼면체 주사위도 실제로 존재한다.

30. 그림 5.33은 그림 5.32의 응답자 선택 횟수를 선택 비율로 전환해서 보여준다.

31. 반올림 과정에서 단수 차이가 발생할 수 있다.

32. 기업이 초과 실적을 달성하게 하려고 월스트리트 애널리스트들이 추정치를 의도적으로 낮춘다는 주장도 있다. 이 주장은 이 책의 논의 범위를 벗어나지만 이 사례에서 월스트리트의 공식 추정치가 컨센서스 추정치보다 낮은 이유 중 하나로 언급될 수 있을 것이다.

33. "Frequently Asked Questions." Estimize Inc. 웹사이트. 2016년 4월 4일 접속.

34. 그래서 월스트리트 애널리스트들은 흔히 독립적이지 않다. 이들은 자신의 추정치가 월스트리트 컨센서스에서 크게 벗어나면 컨센서스와 비슷해지도록 수정한다. 이는 앞에서 논의한 황소 전문가 사례와 비슷한 현상이다.

6장. 행동재무학을 보는 관점

1. Graham and Dodd, *Security Analysis*.

2. Benjamin Graham, *The Intelligent Investor: A Book of Practical Counsel* (New York: HarperBusiness 1973).

3. Daniel Kahneman and Amos Tversky, "Judgment Under Uncertainty: Heuristics and Biases," *Science* 185 (September 27, 1974): 1124 – 1131.

4. Daniel Kahneman and Amos Tversky, "Prospect Theory: An Analysis of Decision Under Risk," *Econometrica* 47, no. 2 (March 1979): 263 – 291.

5. 미시 행동재무학과 거시 행동재무학은 공식 용어가 아니라 저자들이 만든 용어다.

6. 수많은 연구는 여성이 남성보다 감정에 덜 휩쓸리므로 투자를 더 잘한다고 밝혔다.

7. Robert J. Shiller, "Do Stock Prices Move Too Much to Be Justified by Subsequent Changes in Dividends?" *American Economic Review* 71, no. 3, (June 1981).

8. 같은 글.

9. 같은 글.

10. 운용하는 자산의 내재가치를 평가할 때는 가치를 3개 '층'으로 평가한다. 투하자본의 가치, 경쟁우위의 가치(성장이 없는 경우), 추가 성장의 가치다. 이 사례에서는 3개 투자자 집단이 각 층 하나만 평가 모형으로 사용한다고 가정한다. 이 가정이 비현실적으로 보일 수도 있지만 사실은 현실에 가까울 수도 있다. '심층 가치주' 투자자들은 청산

가치만 사용하고, 사모펀드 투자자들은 사적시장가치만 사용하며, '가치주' 투자자들은 투하자본 가치만 사용하고, '가격이 합리적인 성장주(GARP)' 투자자들은 경쟁우위 가치만 사용하며, '성장주'투자자들은 성장 가치만 사용한다고 생각할 수도 있다.

11. Scott Patterson, *The Quants: How a New Breed of Math Whizzes Conquered Wall Street and Nearly Destroyed It* (New York: Crown, 2010).

12. 일임 매매는 고객이 금융회사 직원에게 자금을 맡기고 증권 매매를 일임하는 투자 방식이다.

13. 특정 투자자가 유통 주식의 5% 이상을 보유하면 의무적으로 공시해야 한다.

14. 자신은 정보를 안다고 생각하지만 실제로는 모르면서 매매하는 사람들을 '소음 트레이더'라고 부른다. 피셔 블랙(Fischer Black, 블랙-숄스 모형을 만든 미국 경제학자)은 1986년 7월 〈저널 오브 파이낸스(The Journal of Finance)〉에 실린 탁월한 논문에서 이를 '소음(Noise)'이라고 불렀다. 구글에서 'Fischer Black Noise'로 검색해보기 바란다.

15. Robert J. Shiller, "Prize Lecture: Speculative Asset Prices," December 8, 2013, Stockholm, Sweden.

16. Philip Primack, "Fama's Market—A Nobel for the Economist Who Explained Why Stock Prices Are So Hard to Predict." *Tufts Magazine*, Winter 2014.

17. 2013년 노벨 경제학상 발표, 스웨덴 왕립과학한림원 사무총장 스테판 노마크(Staffan Normark) 교수, 2013년 10월 14일.

18. The Royal Swedish Academy of Science, "The Prize in Economic Sciences 2013," 유진 파마, 라스 피터 한센, 로버트 실러의 2013년 노벨 경제학상 수상을 확인하는 보도자료.

19. Graham, *The Intelligent Investor.*

20. 2007년 6월 5일 The Museum of Television & Radio(TV 라디오 박물관)의 명칭이 페일리미디어센터(Paley Center for Media)로 변경됨.

21. 머리가 정의하는 증권 분석은 증권 가격이 산출한 내재가치보다 유의미하게 낮으면 매수하는 과정이다.

22. Roger F. Murray and Gabelli Asset Management Co., "Lecture #1. Value Versus Price." Roger F. Murray lecture series, Museum of Television & Radio, New York, January 22, 1993.

23. 이 사례에서는 시장이 틀렸다고 가정한다. 앞에서 논의했듯이 체계적 편향은 컨센서스 견해가 틀렸을 때만 가격 오류를 유발한다.

24. Graham and Dodd, *Security Analysis*.

25. 다음 논문에서 아이디어를 빌려왔다. A. Shleifer and R. Vishny, "The Limits of Arbitrage," *National Bureau of Economic Research*, July 1995.

26. 이 사례에서는 편의상 그렇게 가정했지만 미래 주가를 확실하게 알기는 불가능하다.

27. Eugene F. Fama, "Market Efficiency, Long-Term Returns, and Behavioral Finance," *Journal of Financial Economics* 49, no. 3 (1998): 283 – 306.

28. 이 글을 처음 쓸 때 '오늘'은 2016년 5월 9일이었다. 저자들이 교정쇄를 검토 중인 '오늘'은 2017년 7월 22일이다. 지난 1년 동안 저자들은 효율적시장 가설을 대체할 만한 이론이 없다고 더 확신하게 되었다.

29. 영국 하원 연설, 206 – 07 The Official Report, House of Commons (5th Series), vol. 444, November 11, 1947.

7장. 효과적인 리서치

1. Michael Steinhardt, *No Bull: My Life In and Out of Markets* (New York: Wiley, 2001).

2. Graham, *The Intelligent Investor*.

3. 예를 들어 2016년 5월 19일에 접수된 SEC 고발장을 살펴보자. "이 사건은 프로 스포츠 도박사인 윌리엄 '빌리' 월터스(William 'Billy' Walters)가 오랜 친구이자 딘푸드컴퍼니(Dean Foods Company) 이사인 토머스 C. 데이비스(Thomas C. Davis)에게 받은 정보를 바탕으로 반복적이고 매우 수익성이 높은 내부자 거래를 한 것과 관련이 있다. 2008년부터 2012년까지 데이비스는 월터스에게 최소 6번의 분기 실적을 미리 알려주고 딘푸드의 수익성 높은 자회사인 화이트웨이브푸드컴퍼니(WhiteWave Foods Company) 분사에 대한 정보를 사전에 알려주는 등 딘푸드의 극비 정보를 유출했다. 이런 정보를 바탕으로 월터스는 딘푸드 주식을 매매해 불법 매매 수익을 거뒀고 총 4,000만 달러 이상의 손실을 피했다." 더 자세한 내용은 구글에서 'SEC complaint Walters Davis'를 검색하면 확인할 수 있다.

4. 예를 들어 CEO가 투자자 한 명 또는 여러 명에게 중요한 비공개 정보를 실수로 말한 경우다. 공정공시규정에 따라 회사는 향후 24시간 또는 다음 거래 시작일 중 더 빨리 도래하는 시점 내에 공정공시를 해야 한다.

5. Shiller, "Do Stock Prices Move Too Much to Be Justified by Subsequent Changes in Dividends?".

6. 이 예는 2011년 개봉한 영화 '컨테이젼(Contagion)'을 기반으로 한 것이다.

7. 이 예는 '임계 투여량'이라는 개념과 '상황이 바뀌려면 충분히 많은 투자자가 필요하다'라는 정의를 잘 설명한다.

8. 댄은 뮤추얼셰어(Mutual Shares)에서 전설적인 가치투자자 마이클 프라이스(Michael Price)와 근무했던 제프 알트먼(Jeff Altman)이 설립한 아울크릭자산운용의 파트너이자 펀드매니저다. 또한 컬럼비아 경영대학원 겸임교수로 부실채권 투자를 가르치고 있다.

9. 전환사채는 미리 정해진 가격에 보통주로 전환할 수 있는 채권이다. 보통주에 대한 콜 옵션이 부여된 '플레인 바닐라 채권(보통 91일물 양도성예금증서에 가산금리를 더하는 가장 기본적인 형태의 채권 - 옮긴이)'이라고 생각하면 된다. 보유자는 만기 시 원금을 돌려받거나, 원금 대신 정해진 비율의 보통주로 전환하는 옵션을 선택할 수 있다.

10. 채권 가격은 액면가 대비 달러로 표시된다. 액면가는 일반적으로 100으로 설정되며 이는 채권 액면가 $1,000달러의 100%를 나타낸다.

11. 이것이 모자이크 이론(mosaic theory)이라는 용어의 기원이다.

12. 엘킨드 대 리게트 & 마이어스 사건, 635 F.2d 156, Court of Appeals, 2nd Circuit, 1980.

13. 이 가정은 보통 나무가 1년에 평균적으로 얼마나 자라는지를 기준으로 삼았다.

14. 대중의 지혜가 제대로 작동하지 못하는 조건은 기술적으로 여섯 가지다. 그러나 주식시장에서 대중이 적절한 수준의 특수 영역 지식을 보유하지 못해 가격 오류가 발생하는 경우, 대중이 자신의 추정치를 밝힐 유인이 없어 가격 오류가 발생하는 경우는 현실적으로 파악하기 어렵다. 따라서 이 논의에서는 나머지 네 가지 조건에 초점을 맞춘다.

8장. 리스크 평가

1. 선물로 복권을 주는 것은 생각보다 이상하지 않다. 폴 손킨의 할머니 필리스(Phyllis) 는 실제로 생일 선물로 카드와 긁는 복권을 주었고, 산타는 매년 폴 존슨의 크리스마 스 양말에 복권을 넣어주었다.

2. 나심 니콜라스 탈렙의 책 《안티프래질(Antifragile)》을 읽어보면 불확실성과 관련된 뛰어난 통찰을 얻을 수 있다.

3. "Daniel Krueger: Uncertainty Is Our Friend." *Graham & Doddsville*, Winter 2013, 17–18.

4. 현재 버크셔의 재보험 그룹을 이끌고 있는 아지트 자인(Ajit Jain)이 버크셔의 보험 사 업을 주도하는 것으로 알려져 있다.

5. Graham, *The Intelligent Investor*.

6. 같은 책.

7. '멜트다운'을 월스트리트 버전으로 표현하면 '최근 경영대학원을 졸업한 젊은이 세 명이 주식시장과 치열하게 경쟁하며 시장을 이기기 위해 의외의 장소에서 시장의 비 효율성을 찾아내는 이야기'라고 쉽게 설명할 수 있다.

8. 헤드 패널은 관 뚜껑의 윗부분이다.

9. 금 함량 75%는 18캐럿이며 나머지 25%는 보통 은과 구리다. 금덩어리의 무게는 62.3그램이고 금은 46.7그램(62.3그램×75%) 함유되어 있다.

10. 이 시각적 현상을 더 자세히 알고 싶다면 몇 가지 좋은 기사와 동영상이 있다. 구글 에서 'how to read mirage'를 검색해보라.

11. 버핏은 《워렌 버핏 투자 노트(The Tao of Warren Buffett)》에서 펀드매니저들의 현실 을 다음과 같이 표현했다. "주식시장은 스트라이크 선언이 없는 게임이다. 날아오는 공마다 방망이를 휘두를 필요는 없다. 자신이 가장 좋아하는 공만 노려라. 펀드매니 저의 문제는 팬들이 '스윙해, 이 멍청아'라고 계속 외친다는 것이다."

2부. 완벽한 종목 추천

1. 월스트리트, 올리버 스톤 감독, 20세기폭스, 1987.

2. 사람들은 경험을 통해 패턴을 만든다. 상황이 자신이 과거에 배우고 경험한 패턴과 일치하는지 파악해 빠른 의사결정을 내릴 수 있다. 게리 A. 클라인(Gary A. Klein)의 책 《의사결정의 가이드맵(Sources of Power)》을 참고하라.

3. 베이컨 아이스크림은 실제로 2021년 여름 버거킹에서 출시했다. 퍼지캔디와 캐러멜, 베이컨 크럼블과 베이컨 한 조각을 얹은 바닐라 아이스크림이며 저자들은 절대 먹지 않았다.

4. "Lee Cooperman—Buying Straw Hats in the Winter", Graham & Doddsville, Fall 2011, 5.

9장. 좋은 종목을 선정하는 두 가지 기준

1. 펀드매니저는 새 투자 아이디어를 들으면 기본적으로 '거부'한다. 폴 손킨의 동료 크리스 플린은 자주 말했다. "주식 보유는 대개 고통스러워서 피하고 싶습니다. 그래서 나는 주식을 사지 말아야 하는 이유를 찾으려고 철저하게 조사합니다. 사지 말아야 하는 타당한 이유를 끝내 찾지 못할 때만 마지못해서 삽니다." 빌 애크먼은 어떤 주식이 잘못될 가능성을 모두 검토했을 때 마지막으로 남는 가능성이 핵전쟁일 경우 주식을 산다고 말했다.

2. 2012년 그레이엄과 도드 조찬 모임에서 펀드매니저는 메릴 위트머(Meryl Witmer)는 콧수염 기른 CEO가 경영하는 회사를 싫어한다고 말했다.

3. 폴 존슨은 퍼스트맨해튼에 근무할 때 장난감회사와 관련된 매우 흥미로운 경험을 했다. 회사의 설립자이자 성공한 펀드매니저인 샌디 가츠먼(Sandy Gottesman)이 그에게 말했다. "내가 총을 한 자루 줄 테니 책상 서랍에 보관해두게. 만일 내가 자네에게 와서 장난감회사 주식을 사고 싶다고 말하거든 그 총으로 나를 쏘게나."

4. 에드 보겐은 폴 손킨과 가까운 친구이며 노련한 부동산 중개인이다.

5. 당신도 '이상적인 여름 별장'을 상상해보라. '좋은 이웃'을 어떻게 정의하겠는가? 폴 손킨은 다음과 같이 정의한다. "좋은 이웃은 너무 시끄럽지 않고, 난잡한 파티를 하지 않으며, 짖는 개가 없고, 아이들이 떼를 지어 거리에서 뛰어다니지 않으므로 조용하다. 집에 대해 긍지가 있어서 항상 깔끔한 상태로 유지한다. 범죄도 최소 수준이다. 사람들은 자기 일에만 신경 쓴다." '좋은' 이웃에 대한 당신의 정의는 십중팔구

다를 것이다. 깊이 생각하지 않고서는 이런 기준을 명확하게 설명하기 어렵다.

6. 당신도 '자본 배분 양호'를 정의해보라. 폴 손킨은 다음과 같이 정의한다. "ROIC가 높은 회사라면 자본 배분의 최우선은 재투자가 되어야 한다. 이후에는 잉여현금을 회사에 쌓아두지 말고 자사주 매입 방식으로 주주들에게 환원해야 한다." 폴은 배당을 좋아하지 않는다. 부채 많은 기업을 좋아하지 않으므로, 부채를 일으켜서 자본 구조를 최적화하는 것은 양호한 자본 배분이라고 생각하지 않는다. '양호한 자본 배분'에 대한 당신의 정의는 십중팔구 다를 것이다. 깊이 생각하지 않고서는 이런 기준을 명확하게 설명하기 어렵다.

7. 사람들은 운용 자산이 1억 달러를 초과하면 누구나 13F에 따라 보고해야 하는 것으로 생각하지만, 사실은 그렇지 않다. 13F에 의하면 '기관투자가'가 보고하게 되어 있다. SEC는 분기마다 13F 증권 공식 목록을 발표한다. 추가 정보를 원하면 SEC 웹사이트에서 '13f filing requirements'를 검색하면 된다.

8. 리언 쿠퍼먼은 컬럼비아 경영대학원 졸업 직후 골드만삭스에 입사했고 마침내 골드만삭스자산운용(Goldman Sachs Asset anagement)의 회장이 되었다. 1991년 그는 오메가어드바이저(Omega Advisors) 투자조합을 설립했고, 2017년 3월 현재 운용 자산 규모는 61억 달러가 넘는다. 포브스(Forbes)에 의하면 쿠퍼먼의 재산은 32억 달러다.

9. "Lee Cooperman—Buying Straw Hats in the Winter," *Graham & Doddsville*, Fall 2011, 5.

10장. 관심을 사로잡는 메시지 구성

1. 다음 섹션으로 넘어가기 전에 구글에서 'Wall Street Bud Fox meets Gordon Gekko'를 검색해서 보기 바란다.

2. 월스트리트, 올리버 스톤 감독, 20세기폭스, 1987.

3. 왜 30초일까? 이는 마일로 프랭크(Milo Frank)의 명저《How to Get Your Point Across in 30 Seconds or Less(설득, 30초 안에 끝내라)》에서 인용한 것이다. 폴 손킨이 강력하게 추천하는 책이다. 프랭크는 1940년대와 1950년대에 험프리 보가트(Humphrey Bogart)와 마릴린 먼로(Marilyn Monroe) 등이 소속된 에이전시 윌리엄 모리스(William Morris)의 에이전트였다. 1990년에 출간된 이 책에는 그의 경험이 담겨 있다.

4. 로이스는 종종 바닥에 구멍이 난 구두를 신었는데, 직원들은 그가 책상에 다리를 올려놓는 것이 구멍 난 구두를 보여주려는 의도라고 생각했다. 가치투자자에게는 구멍 난 구두가 명예 훈장이다.

5. 세스 해못은 보스턴에 있는 자산운용사 로크, 리든 앤드 해못 자산운용(Roark, Rearden, and Hamot Capital Management)의 파트너다. 그는 나머지 두 파트너가 자기보다 훨씬 똑똑하다고 자주 말한다.

6. Marco Tulio Cicero and H. M. Hubbell, *Cicero, De inventione: De optimo genere oratorum: Topica* (Cambridge: Harvard University Press, 1960).

7. Aristotle, *The Art of Rhetoric* (London: HarperPress, 2012).

8. 땅콩 대신 호두나 브라질너트로도 같은 효과를 낼 수 있다.

11장. 30초에 관심 끌고 2분 안에 설득하라

1. 폴 손킨이 위 자료를 읽는 데 실제로 걸린 시간은 40초였다.

2. 그림 11.2에 예로 든 슬라이드 두 장은 2014년과 2016년 퍼싱스퀘어 경연대회에서 상금이 10만 달러인 1등 상을 받은 작품들이다. 그렇더라도 둘 다 너무 복잡해서 읽기가 매우 어렵다.

3. 2017년 4월 21일 폴 손킨은 제10회 퍼싱스퀘어 경연대회에 심사위원으로 참여했다. 심사위원들은 사전에 이메일로 결승전 진출자 5명의 프레젠테이션 자료를 받았고, 경연대회 날에는 6센티미터 두께의 슬라이드 바인더를 받았다. 경연대회는 10분 발표 후 10분 질의응답 형식으로 진행되었다. 그중 하나는 슬라이드가 71페이지에 부록이 7개였다. 각 슬라이드에는 6~10포인트 크기로 쓴 정보가 빽빽이 들어 있었다. 페이지마다 데이터가 엄청나게 많아서 폴의 눈이 핑핑 돌 정도였다. 슬라이드의 정보를 주워 모으느라 그의 귀에는 발표자의 설명이 들어오지 않았다. 폴은 극단적인 정보 과다 상태에 빠졌으므로 슬라이드 정보는 투자 판단에 전혀 도움이 되지 않았다. 폴은 계속 생각했다. 적을수록 좋다, 적을수록 좋다.

4. 폴 손킨은 종목 추천 경연대회에서 슬라이드는 10장 이하로, 글자 크기는 20포인트 이상으로 제한해야 한다고 생각한다. 집에 불이 나서 30초 안에 빠져나가야 하는 상

황이라면 애널리스트도 가장 중요한 항목만 선택해서 발표할 수밖에 없을 것이다.

5. 편지가 무엇인지 모른다면 이메일을 출력했다고 생각해보라. 출력한 이메일이 편지에 해당한다.

6. 11장에서는 당신이 펀드매니저를 만난 적이 없다고 가정했다. 만일 만난 적이 있다면 그는 이미 첫인상을 받았다고 보아야 한다.

7. N. Ambady and R. Rosenthal, "Half a Minute: Predicting Teacher Evaluations from Thin Slices of Nonverbal Behavior and Physical Attractiveness," *Journal of Personality and Social Psychology* 64, no. 3 (1993): 431 – 441.

8. A. Todorov, C. Y. Olivola, R. Dotsch, and P. Mende-Siedlecki, "Social Attributions from Faces: Determinants, Consequences, Accuracy, and Functional Significance," *Annual Review of Psychology* 66, no. 1 (2015): 519 – 545.

9. Marianne LaFrance, "First Impressions and Hair Impressions: An Investigation of Impact of Hair Style on First Impressions," February 2001.

10. Nandini D'Souza Wolfe, "Seven Office Menswear Dilemmas—and How to Manage Them," *Wall Street Journal,* April 13, 2017.

11. 이 이야기는 "그래도 당신은 이렇게 하라"는 뜻이다. 폴 손킨을 아는 사람들은 폴이 복장에 관해 조언한다는 사실을 알면 비웃을 것이다. 현재 폴이 즐겨 입는 정장과 넥타이는 1990년대 말 스타일이며, 구입한 시점에도 유행하지 않은 스타일이기 때문이다.

12. 흥미롭게도 여기 인용한 〈월스트리트저널〉 기사 밑에는 '성공의 케케묵은 냄새'라는 제목으로 몰로이의 책을 조롱하는 기사도 있었다. 기자 제이컵 갤러거(Jacob Gallagher)는 "몰로이의 조언 일부는 레저 수트(1970년대 유행하던 캐주얼복)처럼 현실과 전혀 동떨어진 내용이다"라고 썼다. 갤러거는 1975년에 출간된 몰로이의 책에서 확실하게 시대에 뒤처진 내용 18개를 인용해서 열거한다. 그러나 이 기사는 정보를 제공한다기보다는 독자들의 이목을 끌려고 선정적으로 표현했다. 일부 내용이 시대에 뒤처졌다는 점은 의심할 여지가 없지만 행간을 읽으면 얻을 수 있는, 시대를 초월한 교훈도 많다. 그래서 이 책을 추천한다.

13. 젊은 독자는 모를 수도 있지만 오래전에는 〈월스트리트저널〉이 (온라인판 없이) 흑

백으로 인쇄된 종이판으로만 발간되었다.

14. 내가 쓴 이야기가 맞는지 확인해달라고 부탁하자 데이비드는 다음과 같이 이메일로 답신했다. "당신이 여러 번 힌트를 주었을지 모르지만 저는 너무 멍청해서 알아차리지 못했습니다."

15. 이런 이유로 폴 손킨은 미드타운 맨해튼의 작은 식당에서 점심 약속을 자주 한다. 이 식당은 유명하지는 않지만 2층이 밝고 조용하다. 반면 시그램빌딩의 식당은 절대로 피한다. 견목과 유리 장식에서 나는 끔찍한 소음 탓에 바로 옆에 앉은 사람과도 소통하기 어렵기 때문이다.

16. 젊은 애널리스트들은 'NOPLAT' '정상 CASM' 'OLED 기술' 'SSSG' 등 두문자어를 사용할 때 항상 이런 실수를 저지른다. 두 저자의 교직 경력과 직장 경력을 더하면 65년인데도 'NOPLAT'의 'L'이 무슨 뜻인지 몰라서 정의를 찾아보아야 했다. NOPLAT는 Net Operating Profit Less Adjusted Taxes의 두문자어로서 '세후 순영업이익'을 가리킨다.

17. 투자업계의 모든 취업 면접은 본질적으로 종목 추천이다. 펀드매니저의 유일한 관심사는 그 애널리스트가 종목 추천을 할 수 있는가이기 때문이다. 펀드매니저는 인터뷰 전문가가 아니다. 인터뷰에 관해서 자주 듣는 이야기가 있다. 펀드매니저는 이력서를 보면서 애널리스트의 학력이나 경력에 관해서 "이런저런 업무는 마음에 들었나요?" 등 지엽적인 질문을 던지다가 나중에야 "당신이 제안하는 최고의 투자 아이디어는 무엇입니까?"라고 묻는다.

완벽한 종목 추천

| 초판 1쇄 | | 2025년 6월 2일 |
| 2쇄 | | 2025년 6월 20일 |

| 지은이 | | 폴 손킨, 폴 존슨 |
| 옮긴이 | | 이건, 박성진, 정채진 |

펴낸곳		에프엔미디어
펴낸이		김기호
편집		양은희
기획·관리		문성조
디자인		채홍디자인

신고		2016년 1월 26일 제2018-000082호
주소		서울시 용산구 한강대로 295, 503호
전화		02-322-9792
팩스		0303-3445-3030
이메일		fnmedia@fnmedia.co.kr
홈페이지		http://www.fnmedia.co.kr
ISBN		979-11-94322-09-2

값 25,000원